ECUPL
1952-2022

风雨不惑

何勤华／主编

华东政法大学
法律史研究生教育40年
纪念文集

法律出版社
LAW PRESS · CHINA
北京

图书在版编目(CIP)数据

风雨不惑：华东政法大学法律史研究生教育40年纪念文集/何勤华主编. -- 北京：法律出版社，2022
ISBN 978-7-5197-7104-1

Ⅰ. ①风… Ⅱ. ①何… Ⅲ. ①高等学校－法制史－专业－究生教育－上海－纪念文集 Ⅳ. ①D929-53

中国版本图书馆CIP数据核字(2022)第169918号

风雨不惑
——华东政法大学法律史研究生教育40年纪念文集
FENGYU BUHUO
—HUADONG ZHENGFA DAXUE FALÜSHI YANJIUSHENG JIAOYU 40 NIAN JINIAN WENJI

何勤华 主编

策划编辑 沈小英
责任编辑 毛镜澄 黄 筝 王 鸿 任 娜
装帧设计 鲍龙卉

出版发行 法律出版社
编辑统筹 法治与经济出版分社
责任校对 王 丰 李景美
责任印制 吕亚莉
经　　销 新华书店

开本 710毫米×1000毫米 1/16
印张 46　**字数** 617千
版本 2022年10月第1版
印次 2022年10月第1次印刷
印刷 北京中科印刷有限公司

地址：北京市丰台区莲花池西里7号(100073)
网址：www.lawpress.com.cn
投稿邮箱：info@lawpress.com.cn
举报盗版邮箱：jbwq@lawpress.com.cn
销售电话：010-83938349
客服电话：010-83938350
咨询电话：010-63939796

书号：ISBN 978-7-5197-7104-1
定价：460.00元

凡购买本社图书，如有印装错误，我社负责退换。电话：010-83938349

学等领域持续发力，华政的学术影响力、社会影响力持续提升。

党的十八大以来，学校坚持以习近平新时代中国特色社会主义思想为指导，全面贯彻党的教育方针，落实立德树人根本任务，推进习近平法治思想的学习研究宣传阐释，抓住上海市高水平地方高校建设契机，强化“法科一流、多科融合”办学格局，提升对国家和上海发展战略的服务能级和贡献水平。在理论法学和实践法学等方面形成了一批“立足中国经验，构建中国理论，形成中国学派”的原创性、引领性成果，为全面推进依法治国，建设社会主义法治国家贡献华政智慧。

建校70周年，是华政在“十四五”时期全面推进一流政法大学建设，对接国家重大战略，助力经济社会高质量发展的历史新起点。今年，学校将以“勇担时代使命、繁荣法治文化”为主题举办“学术校庆”系列活动，出版“校庆文丛”即是其重要组成部分。学校将携手商务印书馆、法律出版社、上海人民出版社、北京大学出版社等，出版70余部著作。这些著作包括法学、政治学、经济学、新闻学、管理学、文学等多学科的高质量科研成果，有的深入发掘中国传统法治文化、当代法学基础理论，有的创新开拓国家安全法学、人工智能法学、教育法治等前沿交叉领域，有的全面关注“人类命运共同体”，有的重点聚焦青少年、老年人、城市外来人口等特殊群体。

这些著作记录了几代华政人的心路历程，既是总结华政70年来的学术成就、展示华政“创新、务实、开放”的学术文化；也是激励更多后学以更高政治站位、更强政治自觉、更大实务作为，服务国家发展大局；更是展现华政这所大学应有的胸怀、气度、眼界和格局。我们串珠成链，把一颗颗学术成果，汇编成一部华政70年的学术鸿篇巨作，讲述华政自己的“一千零一夜学术故事”，更

富特色地打造社会主义法治文化引领、传承、发展的思想智库、育人平台和传播高地，**更高水准地**持续服务国家治理体系和治理能力现代化进程，**更加鲜明地**展现一流政法大学在服务国际一流大都市发展、服务长三角一体化、服务法治中国建设过程中的新作为、新担当、新气象，向学校70年筚路蓝缕的风雨征程献礼，向所有关心支持华政发展的广大师生、校友和关心学校发展的社会贤达致敬！

七秩薪传，续谱新篇。70年来，华政人矢志不渝地捍卫法治精神，无怨无悔地厚植家国情怀，在共和国法治历史长卷中留下了浓墨重彩。值此校庆之际，诚祝华政在建设一流政法大学的进程中，在建设法治中国、实现中华民族伟大复兴中国梦的征途中，乘风而上，再谱新章！

郭为禄

叶　青

2022年5月4日

前　言

1981 年，国务院学位委员会发布了《关于下达首批博士和硕士学位授予单位的通知》，华东政法学院获得了招收法制史和国际法两个专业硕士研究生的资格。时隔 20 年，2001 年，上海市学位委员会转发了国务院学位委员会的文件，华政获得了招收法律史专业博士研究生的资格。华政的硕士、博士研究生教育由此起步。

40 年来，我们法律史专业一共培养了 548 名硕士、308 名博士和 87 名博士后，为国家法治建设事业作出了突出贡献。回顾 40 年来的风雨历程，总结 40 年研究生教育的成果、经验和不足，对于我们继往开来，将华政的法律史专业研究生教育培养工作做得更好，具有重要的意义。为此，在学校的支持下，我们编辑了这本《风雨不惑——华东政法大学法律史研究生教育 40 年纪念文集》，以鼓舞士气、激励斗志，将华政的法律史学科进一步往前推进，为华政乃至全国法律史专业的发展进步尽一点微薄之力。

本书共分影像、大事记、人物、随笔、访谈、学位论文、学会活动 7 个部分，收录了一批反映华政法律史研究生培养和学科发展壮大之历史的珍贵照片、文献，展示了本学科师生在各种场景下亮丽的风采，描述了同学相亲、师生相爱、同事相携、团结互助、攻坚克难、走向辉煌的不平凡经历。虽然，法律史学科现在已经从

40年前改革开放之初的“显学”，慢慢转型为法学众多二级学科中的一个被日益“边缘化”的分支，但其对整个法学学科的学理性、基础性支撑作用是不可否认的。从19世纪德国历史法学派的智慧中可以感知，在一定意义上，一个国家法律史学的繁荣与否，体现了该国法学发展的整体水平与风貌。

作为华政法律史专业的第一届研究生，在本书初稿完成、即将出版之时，笔者的心情尤为激动。看着一张张有历史沧桑感觉的照片，自己从一个学生变为老师，从青年变成中年，又慢慢变成老年；看着自己的一届届学生从青涩稚嫩，变得日渐成熟、风华正茂，真的是感慨万千。此时，也只是在此时，才真正领悟到2000年前曹操的名诗——“老骥伏枥，志在千里。烈士暮年，壮心不已”的不服老的心态。但对于一个专业、一门学科的发展，必须要有“长江后浪推前浪，一代更比一代强”的理念。在唏嘘、感叹自己即将老去的同时，将更多的时间和精力放在培养年轻人，让他们更好地成长，以让本学科薪火相传之上。想到这一点，人一下子就变得通透了，就感觉可以从晚年曹操的惆怅、不服老心态之下解脱出来，对学术和生活有了新的使命和新的目标。

本书作为华政校庆70周年的纪念丛书之一，编辑出版得到了华政科研经费的资助。于明教授率领的研究生团队，为本书的编辑付出了艰辛的劳动。而本学科的老师和历届毕业生响应学科的号召，积极撰写回忆文章，提供照片和文献以及同学线索，使本书增色不少。对此，笔者均表示一片诚挚的谢意。由于篇幅的限制，21届博士生每一届的合影都收齐并编入了本书，而38届（1984年、1985年、1988年法律史专业没有招生）硕士研究生仅收录了若干届的合影，此点也请相关同学原谅，以后再找机会弥补。

对于本学科的未来，无论今后的旅程多么艰难，笔者还是充满了信心。这里，也可以借用一句广告语：“即使无人鼓掌，也要优雅地谢幕，不枉自己的认真付出。”

何勤华

于华东政法大学法律文明史研究院

2022 年 8 月 7 日立秋

目录

一、影　　像

二、大　事　记

三、人　　物

四、随　　笔

五、访 谈

六、学位论文

七、学会活动

一、影像

历史留影

青年时代的王召棠老师

徐轶民老师

（1954 年分配至华政工作时摄）

青年时代的王召棠老师

陈鹏生老师

青年时代的徐轶民老师

徐轶民教授与何勤华等研究生同学在厦门大学参加外国法制史年会（1984 年 1 月）

全国外国法制史研究会第一届理事会在武汉大学合影（1982 年 4 月）
（照片左起分别为张学仁、徐轶民、陈盛清、林榕年、林向荣）

徐轶民老师与周伟文等研究生同学在云南石林合影（1985 年 3 月）

王召棠老师与刚留校工作时的何勤华老师（1984 年）

王召棠老师和曹建明老师在比利时访问（1987 年 4 月）

时任司法部部长蔡诚（中）与时任教育部司长甘绩华（右）看望王召棠教授（左）（1991 年 11 月）

陈鹏生老师在安徽淮南矿业学院工作时的留影（20 世纪 70 年代）

陈鹏生老师在日本访问时为神户女子大学题字（1988 年）

陈鹏生老师访问我国台湾地区时与陈立夫先生合影（1991 年）

陈鹏生教授等部分学科成员在山东大学参加中国法律史学会合影（2003年11月）

陈鹏生教授从教40周年暨贺陈鹏生教授80华诞（2011年11月19日）

读研时的何勤华老师

王立民教授在德国帕桑大学讲学（1995 年）

王召棠、陈鹏生、何勤华教授在法律史研究生招生30周年庆典上合影（2011年9月）

何勤华教授与石井紫郎教授（右三）等日本学者在华政松江校区合影（2010年8月）

何勤华、沈国明、李秀清教授在"全国十大杰出青年法学家"颁奖仪式上的合影（2011 年）

徐永康、李秀清、周伟文等老师访问韩国时的合影（2011 年 11 月）

研究生教育历程

国务院学位委员会文件

（81）学位字018号

关于下达首批博士和硕士学位授予单位的通知

国务院有关部、委、总局，中国科学院、中国社会科学院，解放军学位领导小组：

我国首批博士和硕士学位授予单位名单，已于十一月三日经国务院批准，现发给你们。这个名单还将在国务院学位委员会公报上公布。现将有关问题通知如下：

（一）经国务院批准的首批博士和硕士学位授予单位名单，请初审归口部门负责下达到有关高等学校和科研机构（名单中黑体字为学位授予单位）。在学位授予单位的初审和复审过程中，对各单位申报的部分学科、专业作了调整。请各初审归口部门将专业调整的情况，同时通知各有关高等学校和科研机构。

（二）各学位授予单位应按照《中华人民共和国学位条例》及其暂行实施办法的有关规定，认真履行授权的职责，进

1

1981 年获批全国首批硕士学位授予权文件档案（校档案馆藏）

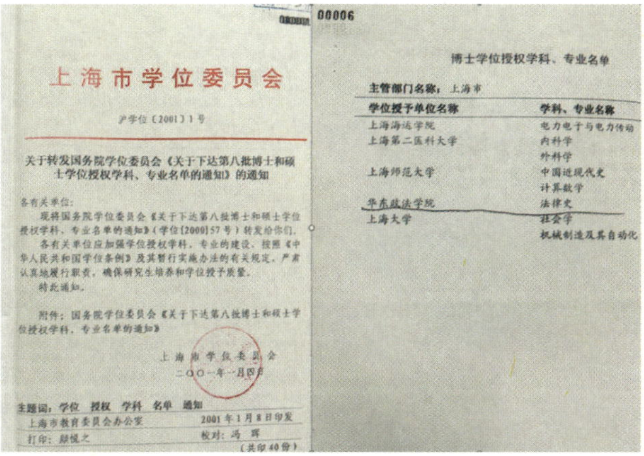

上海市学位委员会

沪学位〔2001〕1号

关于转发国务院学位委员会《关于下达第八批博士和硕士学位授权学科、专业名单的通知》的通知

各有关单位：

现将国务院学位委员会《关于下达第八批博士和硕士学位授权学科、专业名单的通知》（学位〔2000〕57号）转发给你们。

各有关单位应加强学位授权学科、专业的建设，按照《中华人民共和国学位条例》及其暂行实施办法的有关规定，严肃认真地履行职责，确保研究生培养和学位授予质量。

特此通知。

附件：国务院学位委员会《关于下达第八批博士和硕士学位授权学科、专业名单的通知》

上海市学位委员会

二〇〇一年一月四日

主题词：学位　授权　学科　名单　通知

上海市教育委员会办公室　2001年1月8日印发

打印：颜悦之　校对：冯晖

（共印40份）

00006

博士学位授权学科、专业名单

主管部门名称：上海市

学位授予单位名称	学科、专业名称
上海海运学院	电力电子与电力传动
上海第二医科大学	内科学
	外科学
上海师范大学	中国近现代史
	计算数学
华东政法学院	法律史
上海大学	社会学
	机械制造及其自动化

2001 年获批法律史博士学位授予权文件档案（校档案馆藏）

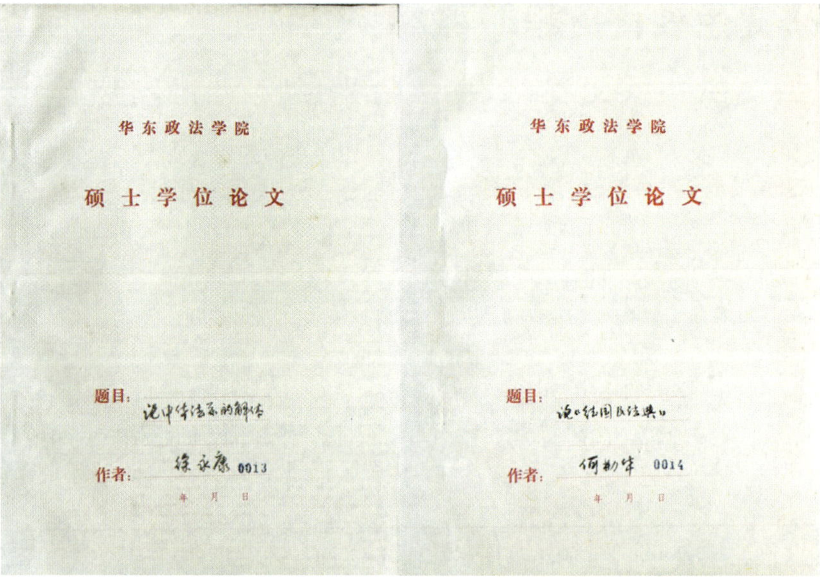

华东政法学院

硕士学位论文

题目：论中华法系的解体

作者：徐永康 0013

年 月 日

华东政法学院

硕士学位论文

题目：论《德国民法典》

作者：何勤华 0014

年 月 日

首届硕士学位论文（法律史中心资料室藏）

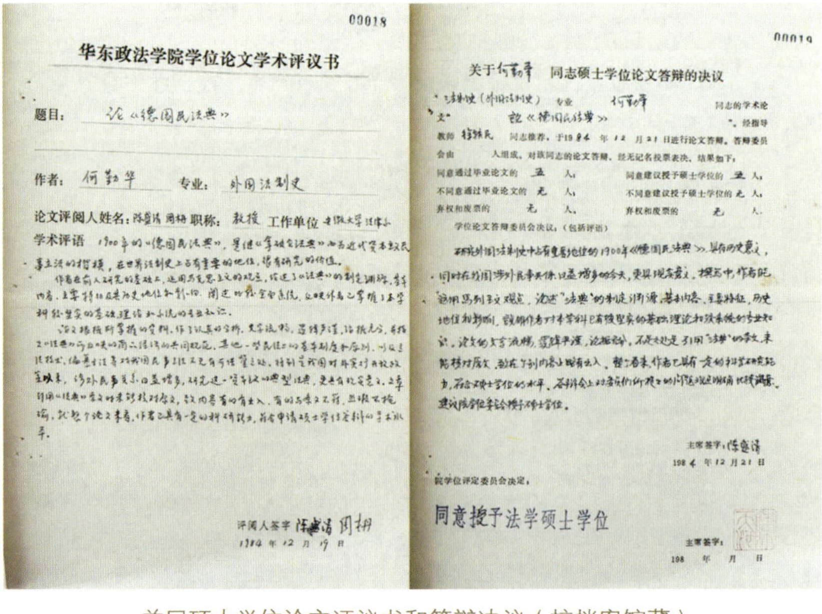

00018

华东政法学院学位论文学术评议书

题目：论《德国民法典》

作者：何勤华 专业：外国法制史

论文评阅人姓名：陈盛清 周枏 职称：教授 工作单位

学术评语 1900年的《德国民法典》，是继《拿破仑法典》之后近代资本主义民事立法的楷模，在世界法制史上占有重要的地位，很有研究的价值。

评阅人签字 陈盛清 周枏

1984 年 12 月 19 日

00019

关于何勤华 同志硕士学位论文答辩的决议

法律史（外国法制史） 专业 何勤华 同志的学术论文“论《德国民法典》”，经指导教师徐轶民同志推荐，于1984年12月21日进行论文答辩。答辩委员会由 人组成。对该同志的论文答辩，经无记名投票表决，结果如下：

同意通过毕业论文的 五 人，同意建议授予硕士学位的 五 人，

不同意通过毕业论文的 无 人，不同意建议授予硕士学位的 无 人，

弃权和废票的 无 人，弃权和废票的 无 人。

学位论文答辩委员会决议：（包括评语）

建议院学位委员会授予硕士学位。

主席签字：陈盛清

1984 年 12 月 21 日

院学位评定委员会决定：

同意授予法学硕士学位

主席签字：

198 年 月 日

首届硕士学位论文评议书和答辩决议（校档案馆藏）

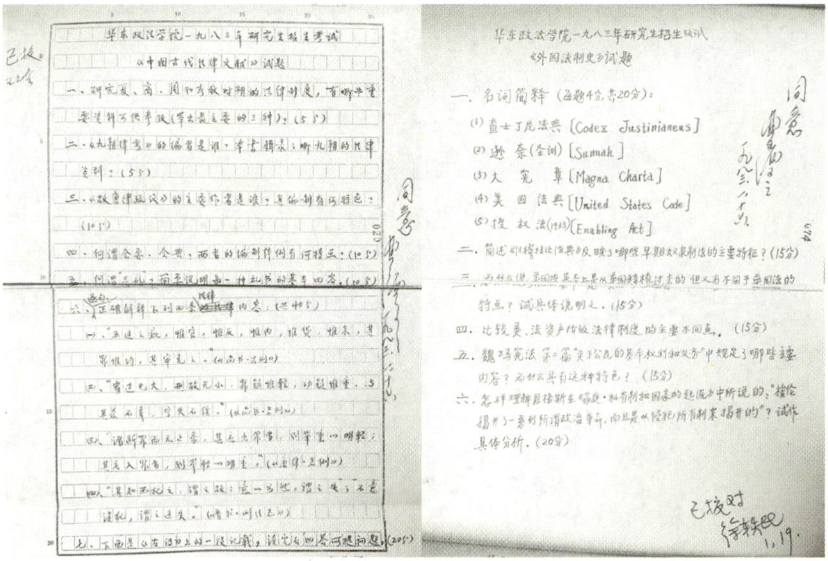

华东政法学院一九八三年研究生招生考试

《中国古代法律文献》试题

一、研究夏、商、周和春秋时期的法律制度，有哪些重要资料可供参考（举出最主要的三种）？（5分）

二、《九朝律考》的编者是谁？本书辑录了哪九朝的法律资料？（5分）

三、《故唐律疏议》的主要作者是谁？其编制有何特色？（10分）

四、何谓会要、会典？两者的编制体例有何特点？（10分）

五、何谓"三礼"？简要说明每一种礼书的基本内容。（10分）

六、正确解释下列四条法律内容：（共40分）

（一）"五过之疵，惟官，惟反，惟内，惟货，惟来，其罪惟均，其审克之。"（《尚书·吕刑》）

（二）"宥过无大，刑故无小。罪疑惟轻，功疑惟重。与其杀不辜，宁失不经。"（《尚书·大禹谟》）

（三）"诸断罪而无正条，其应出罪者，则举重以明轻；其应入罪者，则举轻以明重。"（《唐律·名例》）

（四）"其知而犯之，谓之故；意以为然，谓之失；不意误犯，谓之过失。"（《晋书·刑法志》）

七、下面是《左传》上的一段记载，请完成四个问题。（20分）

华东政法学院一九八三年研究生招生考试

《外国法制史》试题

一、名词简释（每题4分，共20分）：

(1) 查士丁尼法典 [Codex Justinianeus]

(2) 逊奈（圣训）[Sunnah]

(3) 大宪章 [Magna Charta]

(4) 美国法典 [United States Code]

(5) 授权法(1933) [Enabling Act]

二、简述《汉穆拉比法典》反映了哪些早期奴隶制法的主要特征？（15分）

三、为什么说，美国法基本上是从英国移植过来的，但又有不同于英国法的特点？试具体说明之。（15分）

四、比较英、法资产阶级法律制度的主要不同点。（15分）

五、魏玛宪法第二篇"关于公民的基本权利和义务"中规定了哪些主要内容？为什么具有这种特色？（15分）

六、怎样理解恩格斯在《家庭、私有制和国家的起源》中所说的："梭伦揭开了一系列所谓政治革命，而且是以侵犯所有制来揭开的"？试作具体分析。（20分）

已校对 徐轶民 1.19.

1983 年研究生入学考试试题（校档案馆藏）

1984 年 12 月首届硕士学位论文答辩会（中国法制史方向）

1984 年 12 月首届硕士学位论文答辩合影（中国法制史方向）
（左起：徐连达、叶孝信、徐永康、王召棠、徐轶民、陈鹏生）

1984 年 12 月首届硕士学位论文答辩合影（外国法制史方向）
（左起：李昌道、徐轶民、陈盛清、何勤华、周枏、刘学圃）

首届研究生毕业典礼（时任院长陈天池为徐永康颁发毕业证书）

1985 年 6 月第二届硕士学位论文答辩留影（中国法制史方向）
（左起：陈鹏生、徐连达、叶孝信、王召棠、徐轶民、王立民）

1999 年 6 月硕士学位论文答辩（中国法制史方向）

2002 年 5 月硕士学位论文答辩（外国法制史方向）

2004 年 6 月首届博士学位论文答辩（外国法制史方向）

2004 年 6 月首届博士学位论文答辩合影（外国法制史方向）

2004 年 6 月硕士学位论文答辩合影（外国法制史方向）

2007 年 6 月博士学位论文答辩合影（中国法制史方向）

2016 年 6 月硕士学位论文答辩合影（外国法制史方向）

2021 年 6 月博士学位论文答辩合影（中国法制史方向）

学科成员合影

2000 年法律史导师组合影

20 世纪 90 年代教研室部分老师及家属于镇江考察时合影

2006 年法律史教研室合影

2005 年外国法制史教学团队合影

2006 年法律史部分老师合影

2009 年法律史教研室合影

2014 年法律史学科成员合影

2012 年古籍所部分成员在瓜州考察时合影

2016 年法律史学科成员合影

2016 年法律史学科部分成员在日本京都考察时留影

2021 年法律史研究中心师生在安阳考察时合影

2021 年法律史博士研究生导师组部分教师合影

历届硕士研究生合影

陈鹏生教授与首届 3 位中国法制史硕士研究生合影

徐轶民教授和他指导的前 3 届硕士研究生合影

徐轶民教授与他指导的10位硕士研究生合影（2004年7月31日，上海兴国宾馆）

前排左起依次为：晏圣民、郭淑英（徐轶民夫人）、徐轶民、胡歆琴（原研究生科科长）、王鑫；后排左起依次为：沈建平、王春、刘大力、傅东辉、何勤华、段祺华、周伟文、秦瑞亭

华政首届攻读硕士学位研究生毕业合影留念（1985年1月）

1999 级法律史硕士研究生合影

1999 级、2000 级、2001 级外国法制史硕士研究生合影

2001 级外国法制史硕士研究生合影

2004 级、2005 级外国法制史硕士研究生合影

2004 级外国法制史硕士研究生毕业 10 周年合影（2017 年）

2006 级、2007 级外国法制史硕士研究生合影

2009 级外国法制史硕士研究生合影

2013 级外国法制史硕士研究生与何勤华教授合影

2018 级法律史硕士研究生合影

2018 级中国法制史硕士研究生合影

2019 级中国法制史硕士研究生合影

2021 级法律史硕士研究生与何勤华教授合影

博士研究生、博士后合影

何勤华教授与首届博士研究生课后合影

王立民教授与首届博士生研究生课后合影

徐永康教授与首届博士研究生课后合影

首届法律史博士生毕业合影（2004 年 6 月）

2002 级博士研究生合影（2003 年，长宁校区）

2002 级博士研究生合影（2014 年，苏州大学）

2003 级博士研究生合影（2004 年 4 月，浙江南北湖）

2003 级博士研究生合影（2004 年 6 月，松江校区）

2004 级博士研究生合影

2005 级博士研究生合影

2006 级博士研究生合影

2007 级博士研究生合影

2008 级博士研究生合影

2009 级博士研究生合影

2010 级博士研究生合影

2011 级博士研究生合影

2012 级博士研究生合影

2013 级博士研究生合影

2014级博士研究生合影

2015级博士研究生合影

2016 级博士研究生合影

2017 级博士研究生合影

2018 级博士研究生合影

2019 级博士研究生合影

2020 级博士研究生合影

2021 级博士研究生合影

法律史博士后（部分）合影（2019 年 4 月）

法律史博士后（部分）合影（2021 年 7 月）

法律史博士后（部分）合影（2021 年 5 月）

法律史博士后（部分）合影（2021 年 9 月）

重要学术活动留影

全国外国法制史研究会第四届年会在华政召开（1986 年 11 月）

全国外国法制史研究会第十二届年会在华政召开（1997 年 10 月）

张伟仁教授在长宁校区东风楼讲座（2002 年 12 月）

法律史研究中心成立大会（2004 年 6 月）

法律史研究中心揭牌仪式（2004 年 6 月）

“法律史课程建设”学术研讨会（2008 年 3 月）

“法律史课程建设”学术研讨会“外国法律史课程建设专场”（2008 年）

法律史专业硕士研究生招生 30 周年、博士研究生招生 10 周年庆典合影（2011 年 9 月）

法律史专业硕士研究生招生30周年、博士研究生招生10周年庆典（2011年9月）

华东政法大学法律史硕士点招生三十周年、博士点招生十周年文丛

《大清新法令》出版学术研讨会（2011 年 12 月）

首届“出土文献与法律史研究”学术研讨会（2011 年 6 月）

“中俄法制变革比较研究”国际学术研讨会留影（2011 年 11 月）

首个国家社科基金重大项目“法律文明史”开题论证会（2012 年 3 月）

上海法学研究生暑期学校——“法律文化与社会变迁”（2012 年 6 月）

“法律翻译与法律移植”国际学术研讨会（2012 年 11 月）

中世纪欧洲世俗法研讨会（2012 年 12 月）

第三届中法文化遗产法研讨会（2013 年 6 月）

"大陆法系的变迁及其现状"学术研讨会合影（2013 年 6 月）

瑞士弗里堡大学法学院彭瑞宁（René Pahud de Mortanges）教授讲座（2013 年 6 月）

纪念宋教仁先生逝世 100 周年研讨会（2013 年 11 月）

“罗马法的传统和现代发展”国际研讨会（2014 年 7 月）

中国法学会比较法学研究会 2014 年年会（2014 年 11 月）

"世界古代法"国际学术研讨会（2014 年 9 月）

剑桥大学约翰·阿利森（John Allison）教授讲座（2015 年）

“法律文明史”成果鉴定会（2015 年）

“法学研究的问题意识与多元格局”学术研讨会（2016 年 10 月）

美国康奈尔大学於兴中教授“比较法哲学”课程结课留影（2017 年 6 月）

出土文献与法律史研究学术研讨会（2019 年）

全国法学与史学跨学科前沿论坛（2021 年 10 月）

中国儒学与法律文化研究会 2019 年年会暨“传统法文化再探讨”学术研讨会（2019 年 5 月）

全国外国法制史研究会第三十四届年会暨“国际法与涉外法的历史变迁”学术研讨会（2021 年 12 月，上海主会场合影）

二、大事记

法律史专业建设大事记（1981~2022 年）

1981 年

11 月 25 日

国务院学位委员会发布《关于下达首批博士和硕士学位授予单位的通知》，华政法律史学科获全国首批硕士学位授予权。

王召棠教授、徐轶民教授获全国首批法律史硕士研究生招生资格。

1982 年

2 月

招收首届硕士研究生 7 人（何勤华、高桐、任自昌、蒋迅、徐永康、程维荣、姜永琳）。

4 月 26~30 日

全国外国法制史研究会成立大会在武汉大学举行，徐轶民教授当选理事。

8 月

徐轶民教授任副主编的《外国法制史》由北京大学出版社出版。

9 月

招收第二届硕士研究生 3 人（王立民、胡银康、傅东辉）。

1983 年

8 月 14~19 日

中国法律史学会年会在西安召开，选举产生了第二届理事会，王召棠教授当选中国法律史学会副会长。

9 月

招收第三届硕士研究生 4 人（殷啸虎、杨心明、段祺华、刘小冰）。

1984 年

1 月

全国外国法制史研究会第二届年会在厦门大学召开，会议主题为“如何建立具有中国特色社会主义的外国法制史学科体系”。会议选举了研究会理事会，徐轶民当选副会长。

12 月 24 日

外国法制史首届硕士论文答辩会，陈盛清教授任答辩主席，李昌道、周枏、徐轶民、刘学圃任答辩委员。何勤华、高桐、任自昌、蒋迅 4 位同学参加答辩。

12 月 26 日

中国法制史首届硕士学位论文答辩会，叶孝信教授任答辩主席，徐连达、王召棠、徐轶民、陈鹏生任答辩委员。徐永康、程维荣、姜永琳 3 位同学参加答辩。

1985 年

3 月

全国外国法制史研究会第三届年会在云南大学召开，会议主题为“当代外国法制史研究的发展状况”。会议选举产生了研究会第二届理事会，徐轶民教授当选副会长，何勤华老师当选理事。

5月28日

外国法制史第二届硕士论文答辩会，周枏教授任答辩主席，李昌道、李宗兴、徐轶民、刘学圃任答辩委员。傅东辉同学参加答辩。

6月13日

中国法制史第二届硕士论文答辩会，叶孝信教授任答辩主席，徐连达、王召棠、徐轶民、陈鹏生任答辩委员。王立民、胡银康2位同学参加答辩。

1986年

9月

王召棠、徐永康编著《中国法制史纲》由浙江人民出版社出版。

招收第四届硕士研究生4人（周伟文、刘大力、蒋集耀、顾俊杰）。

8月10日

中国法律史学会第三届年会在安徽合肥召开。会议选举了第三届理事会，王召棠教授继续当选副会长。

10月10日

陈鹏生教授任全国哲学社会科学法学学科规划小组成员。

11月28日

主办全国外国法制史研究会第四届年会，会议在华政举办，会议主题为“外国法制史如何为中国社会主义法制建设服务”以及“外国法制史学科体系的设想”。

12 月

陈鹏生教授应邀给中共上海市委、市政府、市人大作法制报告。这一举措为全国首例，新华社作专题报道。

1987 年

9 月

招收第五届硕士研究生 2 人（金敏、沈建平）。

10 月

陈鹏生教授被增补为硕士研究生指导教师。

1989 年

3 月

全国外国法制史研究会第六届年会在中山大学举办，会议主题为“当代外国法制丛书的编撰”。会议选举产生了研究会第三届理事会，徐轶民教授当选副会长，何勤华老师当选理事。

9 月

招收第六届硕士研究生 1 人（蓝若兰）。

12 月 6 日

曹漫之主编《唐律疏议译注》在吉林人民出版社出版。学校举行《唐律疏议译注》出版新闻发布会。

1990 年

4 月

张寿民老师被增补为硕士研究生指导教师。

9 月

招收第七届硕士研究生 2 人（陈立彤、谭伟平）。

10 月 25 日

中国法律史学会批准成立儒学与法律文化研究会，陈鹏生教授任会长，何勤华副教授任秘书长。

1991 年

6 月

中国儒学与法律文化研究会首届学术研讨会在无锡华东疗养院举办，会议主题为“儒学与法律文化”。

9 月

招收第八届硕士研究生 1 人（王春）。

1992 年

8 月

全国外国法制史研究会第九届年会在北京举行，会议主题为“外国法制史研究会成立十周年的成果总结”。会议选举了第四届理事会，徐轶民教授当选副会长，何勤华副教授当选理事。

9 月

招生第九届硕士研究生 2 人（李本森、秦瑞亭）。

10 月

王召棠、徐轶民、何勤华 3 位老师获批国务院政府特殊津贴。

1993 年

1 月 9~12 日

中国儒学与法律文化研究会第二届学术研讨会在南京举办，会议主题为“《论语》思想的现代法文化价值”。

5 月

华政法律文化研究所成立，陈鹏生教授任所长，徐永康副教授、郝铁川副教授任副所长。

9 月

招收第十届硕士研究生 2 人（魏琼、晏圣民）。

1994 年

7 月

王立民教授的《论唐后对唐律的变革》获上海市哲学社会科学（1986~1993 年）论文类二等奖。

9 月

招收第十一届硕士研究生 2 人（王鑫、张德强）。

11 月

王立民教授赴德国帕桑大学讲学 1 年。

12 月

华政港澳台法研究所成立，陈鹏生教授任所长。

1995 年

法律史学科获批司法部重点学科。

2 月

徐轶民教授主编的《外国法制史纲》由红旗出版社出版。

5 月

陈鹏生教授任法制史专业导师组组长，张寿民副教授任副组长。

8 月

中国法律史学会第五届年会在南京召开，陈鹏生教授当选常务理事。

中国儒学与法律文化研究会第三届学术研讨会在安徽黄山举办，会议主题为“儒家义利观与市场经济”。

9 月

招收第十二届硕士研究生 1 人（孙丽娟）。

1996 年

1 月

何勤华教授的《西方法学史》由中国政法大学出版社出版。

4 月

何勤华教授、郝铁川教授被增补为硕士研究生指导教师。

7 月

全国外国法制史研究会第十一届年会在西安召开，会议主题为“社会主义市场经济暨西部开发与外国法制研究”。会议选举产生了研究会第五届理事会，徐轶民教授当选副会长，何勤华教授当选常务理事。

9 月

招收第十三届硕士研究生 2 人（郭光东、吴晓梅）。

12 月

王立民教授的《论唐后对唐律的变革》获司法部直属院校“八五”期间优秀论文奖。

1997 年

1 月

何勤华教授当选中国法学会常务理事。

4 月

王立民教授、徐永康教授被增补为硕士研究生指导教师。

5 月

中国儒学与法律文化研究会第四届学术研讨会在河南大学举办。会议主题为“儒家思想与现代道德和法治”。

5 月 18 日

王立民教授的《古代东方法研究》获司法部“九五”期间优秀科研成果三等奖。

9 月

招收第十四届硕士研究生 4 人（邵爱红、吴秋发、张奕、蒋序刚）。

10 月 21 日

承办全国外国法制史研究会第十二届年会，会议在长宁校区召开，会议主题为“社会主义市场经济与外国法治研究”。

1998 年

6 月

何勤华教授的《汉语“法学”一词的起源及其流变》获上海市哲学社会科学优秀成果奖论文类一等奖。

何勤华教授的《西方法学史》获上海市哲学社会科学优秀成果奖著作类三等奖。

9 月

招收第十五届硕士研究生 3 人（陈灵海、曹冠业、李孝猛）。

9 月 13 日

陈鹏生教授当选中国法律史研究会执行会长、王立民教授任副秘书长。

10 月

王立民教授获评教育部“全国优秀教师”称号。

11 月 2 日

经司法部批准，法律史学科为第二批部级重点学科。

1999 年

4 月

丁凌华教授、周伟文副教授被增补为硕士研究生指导教师。

4 月 6 日

王立民教授获批国务院政府特殊津贴。

8 月 12 日

全国外国法制史研究会挂靠单位由武汉大学变更为华东政法学院。

9 月

招收第十六届硕士研究生 3 人（陈颐、吴旭阳、赵海晨）。

9 月 18 日

王召棠教授、徐轶民教授获首届华东政法大学“功勋教授”荣誉称号。

11 月 30 日

何勤华教授获评第二届全国十大杰出中青年法学家。

2000 年

4 月

全国外国法制史研究会第十三届年会在湘潭大学举办。会议选举产生了第六届理事会，何勤华教授接替中国人民大学林榕年教授当选研究会会长，李秀清副教授当选副秘书长。

7 月

何勤华教授的《秦汉律学考》获上海市第五届哲学社会科学优

秀成果奖论文类一等奖；王立民教授的《上海法制史》获著作类三等奖。

9 月

李秀清副教授被增补为硕士研究生指导教师。

招收第十七届硕士研究生 9 人（任超、程维、张斐、廖初民、王铁雄、高珣、林华昌、郑取、吉霁光）。

11 月 5 日

王立民教授的《上海法制史》获司法部优秀科研成果三等奖。

2001 年

1 月 8 日

国务院学位委员会发布《关于下达第八批博士和硕士学位授权学科、专业名单的通知》，华政获批法律史学科博士学位授予权。

何勤华教授、王立民教授、徐永康教授获博士研究生导师资格。

4 月

赵元信副教授被增补为硕士研究生指导教师。

8 月

徐永康老师获批国务院政府特殊津贴。

与兰州大学共同承办全国外国法制史研究会第十四届年会，会议主题为“20 世纪外国经济法的理论与实践”。

9 月

招收第一届博士研究生 15 人（郭光东、曲阳、李秀清、郑少华、朱晓喆、徐菲、刘晓雅、刘守刚、沈大明、陈柳裕、孟祥沛、陈灵海、杨正鸣、李孝猛、姚秀兰）。招收第十八届硕士研究生 10 人（冷霞、王沛、王晓锋、刘洋、马贺、张煜昊、徐明、王红梅、唐红林、丁长二）。

10 月

何勤华教授获全国“百千万人才工程”领军人才称号。

11 月 5~7 日

中国儒学与法律文化研究会第五届学术研讨会在厦门大学举办，会议主题为“走向 21 世纪的中国法文化”。

12 月

何勤华、王立民、丁凌华、张寿民、赵元信等老师共同完成的“大力加强中外法律史教材建设推进教学改革”获上海市教学成果奖一等奖。

2002 年

童之伟教授被增补为法律史专业博士研究生指导教师。

3 月

华政于上海主办首届“华东政法学院博士论坛”。论坛由何勤华教授主持，华政法制史博士研究生与其他院校的老师及学生参与此次论坛。

4 月 6 日

西北政法学院教授、法学博士王健在长宁校区讲座，主题为“关于中国近代法研究断想”。

8 月

与贵州大学共同承办全国外国法制史研究会第十五届年会，会议主题为“20 世纪外国司法制度的改革”。

会议选举李秀清副教授为秘书长，华政成为研究会秘书处单位。

9 月

何勤华教授的《中国法学史》获上海市第六届哲学社会科学优秀成果奖著作类一等奖；王立民教授的《古代东方肉刑论》获论文类三等奖。

招收第二届博士研究生 18 人（陈颐、周伟文、胡玉鸿、龚汝富、占茂华、冯引如、高尚、汤唯、王兰萍、吴旭阳、季立刚、夏雪、洪佳期、方立新、孙加峰、孙维飞、袁忠明、黄大赛）。招收第十九届硕士研究生 10 人（张彬、徐清、游云庭、徐震宇、赵丹、肖征祁、王春丽、姜茂坤、黄冬云、郑志）。

11 月

王立民教授担任全国高等教育自学考试指导委员会法学类专业委员会委员。

11 月 5~6 日

中国艺术研究院中国文化研究所梁治平研究员在长宁校区讲座，主题为“法治的两种理念”及“法律史的视界”。

12 月 4 日

中国台湾地区“中研院”历史语言研究所张伟仁教授应邀在长宁校区讲座，主题为“学习法史三十年”，讲座由何勤华教授主持。

2003 年

7 月 3 日

何勤华教授的《中国法学史》获教育部第三届全国高校人文社会科学优秀成果奖三等奖。

9 月

招收第三届博士研究生 24 人（苏彦新、王素芬、杨积讯、魏琼、任超、廖初民、孟红、陈融、王铁雄、姚建龙、张海斌、高珣、吕利、郑取、黄武双、洪冬英、曲玉梁、袁兆春、许莉、魏淑君、韦浩、杨成炬、卞琳、潘小军）。

招收第二十届硕士研究生 16 人（陈颖、胡骏、颜晓闽、顾盈颖、胡建会、彭杨、刘君、焦月、施春强、陈芳洲、唐建平、杨辉、朱作鑫、刘金平、刘一、冯尚）。招收高校教师攻读硕士学位 13 人（应培礼、步海英、陈琛、储桂节、樊艳霞、李琴、栾军、马霞、孙大明、覃奕、王戎、吴敏、肖玉英）。

9 月 23 日

何勤华教授获中央组织部、中央宣传部、中央统战部、人事部、教育部共同颁发的“全国优秀留学回国人员”荣誉称号。

10 月

与烟台大学共同承办全国外国法制史研究会第十六届年会，会议主题为“20 世纪外国民商法的改革”。

10 月 20 日

全国著名法学家、中国政法大学终身教授张晋藩老师在松江校区及长宁校区分别讲座。

11 月

王立民教授获上海高校教学名师奖。

11 月 6 日

南京大学法学院的张中秋教授讲座，主题为“中国传统法律文化与现代法制”。

11 月 17 日

中国法律史学会 2003 年年会在济南召开。会议选举了第七届理事会，王立民教授当选执行会长，徐永康教授当选常务理事。

2004年

2月

何勤华教授主持的“外国法制史”课程获批教育部首批“国家精品课程”。

4月

沈国明教授、郝铁川教授、孙潮教授被增补为法律史专业博士研究生指导教师。杨师群教授被增补为硕士研究生指导教师。

5月11日

主办第一期中法图杯博士论坛，主题为“从宪法到宪政”，论坛在松江校区举行。

5月14日

上海大学法学院田涛教授在长宁校区讲座，主题为“东西方法律文化碰撞之一——当西方遇到东方”。

5月26日

主办第二期中法图杯博士论坛，主题为“法律何以信仰”，论坛在长宁校区交谊楼举行。

5月28~31日

中国儒学与法律文化研究会第六届学术研讨会在山东威海举办，会议主题为“全球化背景下的法文化”。会议选举陈鹏生教授担任会长，何勤华教授当选副会长，徐永康教授当选秘书长，丁凌华教授为副秘书长。

6月2日

北京大学法学院院长朱苏力教授讲座，主题为“窦娥的悲剧——法律与文学”，讲座由何勤华教授主持。

6 月 3 日

外国法制史首届博士学位论文答辩举行，北京大学朱苏力教授任答辩主席，复旦大学黄洋教授，华政何勤华教授、王立民教授、徐永康教授任答辩委员。李秀清、郑少华、曲阳、徐菲、刘守刚、刘晓雅 6 位同学参加答辩。

6 月 4 日

中国法制史首届博士论文答辩举行，苏州大学杨海坤教授任答辩主席，华东师范大学庄辉明教授，华政何勤华教授、王立民教授、徐永康教授任答辩委员。孟祥沛、李孝猛、姚秀兰、陈柳裕 4 位同学参加答辩。

6 月 5 日

《法学研究》杂志社张少瑜研究员在长宁校区交谊楼讲座，主题为“法学研究的方法论及其他”。

6 月 11 日

华政法律史研究中心成立，由何勤华教授担任中心主任。

8 月 30 日

召开课题专家鉴定会，“西方发达国家法律发达史”课题通过了由上海交通大学的童之伟教授、上海大学的倪正茂教授以及复旦大学的刘士国教授组成的专家评审组的鉴定。课题分项目《澳大利亚法律发达史》以及《加拿大法律发达史》已由法律出版社出版。

9 月

何勤华、李秀清教授主编的《外国法制史》教材获上海市优秀教材一等奖。

王立民教授的《中国古代刑法与佛道教——以唐宋明清律典为例》和李秀清教授的《中国移植苏联民法模式考》获上海市第七届

哲学社会科学优秀成果奖论文类三等奖。

招收第四届博士研究生 21 人（夏菲、马贺、李求轶、韩强、马聪、冷霞、张玉堂、蔡东丽、王沛、王月明、邹剑锋、谢如程、郭为禄、郭春莲、周卫平、刁振娇、唐红林、张益刚、芦琦、朱淑丽、胡照青）。招收第二十一届硕士研究生 19 人（于明、张玲、朱怡、刘长跃、胡娟、解锟、陈碧文、张平、朱佳、徐诗洋、任传宇、姚远、王宇翔、顾旻娜、蒋云飞、邓慧明、孔晶、魏栋培、余金鸽）。

9 月 20~23 日

与山西大学共同承办全国外国法制史研究会第十七届年会，会议主题为“20 世纪西方宪政的发展及其演变”。

12 月 23 日

陈鹏生教授被授予华东政法大学“功勋教授”荣誉称号。

2005 年

法律史学科获批成为上海市重点特色学科。

华政外国法与比较法研究院成立，何勤华教授任院长。

4 月

王立民教授的《上海市地方性教育立法框架研究》获上海市第八届教育科学研究成果一等奖。

王立民教授荣获上海市第六届教育科研工作先进个人。

5 月

日本庆应大学石川明教授获华政名誉法学博士，授予仪式在长宁校区举行。

6 月

俞江教授、李秀清教授、汪康懋教授被增补为博士研究生指导教师。

7 月

李秀清教授的《日耳曼法研究》由商务印书馆出版。

8 月 22 日

全国外国法制史研究会第十八届年会在青海省西宁市召开，会议主题为“20 世纪外国刑事法律的理论与实践”。会议选举产生第七届理事会，何勤华教授继续当选会长，李秀清教授当选副会长兼秘书长，陈颐老师担任副秘书长。

9 月

何勤华教授主持的“外国法制史”课程建设获国家级教学成果奖二等奖。

招收第五届博士研究生 22 人（曹呈宏、邵宗日、邓继好、刘强、刘显娅、荆月新、郭延军、陈郁如、郑现喆、林安民、蒋冬梅、姜茂坤、张彬、饶传平、穆中杰、林华昌、倪铁、倪万英、吴旅燕、曾坚、刘志欣、于晓青）。招收第二十二届硕士研究生 16 人（张洁、武嘉、吕琦、厉星星、陈龙、岳从啸、王韶迦、马瑛、李冬冬、肖燕、王捷、王文涛、刘承涛、彭芸安、陈慧、唐焱）。

11 月

王立民教授的“以现代教育理念建设诊所法律教育课程”获上海市教学成果奖二等奖。

12 月

“法史网”（http://www.fashi.net）正式开通。

王立民教授任教育部高等学校法学学科教学指导委员会委员。

2006 年

外国法与比较法研究院获批成为上海市高水平特色项目。

2 月

王立民教授任浙江省委建设“法治浙江”专家咨询委员会委员。

2 月 23 日

主办“西法东渐与上海近代法文化”学术研讨会暨上海市法学会外国法与比较法研究会成立大会。会议在华政召开，来自北京大学、清华大学、中国政法大学、上海市政法委、上海市高级人民法院、上海市法学会和沪上各高校等 50 多位专家学者出席会议。会议宣布上海市法学会外国法与比较法研究会正式成立，由何勤华教授担任首任会长。

5 月 25 日

北京大学法学院院长朱苏力教授在长宁校区讲座，主题为“电影与消费者权利保护——无极与馒头”，讲座由李秀清教授主持。

5 月 28 日

承办商务印书馆的“外国法学汉译和出版规划会议”。

8 月

中国儒学与法律文化研究会第七届学术研讨会在江苏省连云港市召开，会议主题为“传统法文化与和谐社会”。

何勤华教授的《中国法学史》（三卷本）由法律出版社出版。

8 月 1~3 日

与内蒙古大学法学院共同承办全国外国法制史研究会第十九届年会。会议在内蒙古大学召开，来自全国 50 多所高校的 130 多位学者出席会议，会议主题为“多元的法律文化”。

9 月

招收第六届博士研究生 22 人（陈兵、陈婉玲、果海英、胡建会、胡骏、胡桥、黄爱武、荚振坤、蓝涛、李婧、练育强、穆伯祥、潘申明、屈文生、王红梅、王亚军、阎锐、颜晓闽、杨辉、叶芳、虞瑾、张东平）。招收第二十三届硕士研究生 20 人（李明倩、王伟臣、方宇、王姝苏、蒋文星、余甬帆、刘晓东、刘璧君、张雪、张伟、方堃、廖灿强、孙晓鸣、李爱然、殷唯青、王惠、贾丽娜、蒋蓓妮、胡琳琳、李梓）。

10 月

李秀清教授的《日耳曼法研究》获上海市第八届哲学社会科学优秀成果奖著作类一等奖。

俞江教授的《继承领域内冲突格局的形成——近代中国的分家习惯与继承法移植》获上海市第八届哲学社会科学优秀成果奖论文类一等奖。

10 月 12 日

何勤华教授主编的《外国法制史》、李秀清教授的《日耳曼法研究》获司法部第二届全国法学教材与科研成果奖三等奖。

10 月 14 日

由华政王立民教授操办、与新疆大学共同承办中国法律史学会 2006 年学术年会在新疆博格达宾馆召开，来自全国各高校的 200 多位学者出席会议，会议主题为“中国历史上的法律与社会发展”。

2007 年

法律史学科获批“国家级重点学科”。

这一学科平台是华政首个国家重点学科，也是上海市首个法学国家重点学科。

4 月

陈灵海副教授被增补为硕士研究生指导教师。

7 月 26 日

华政“功勋教授”、法律史学科奠基人徐轶民教授与世长辞，享年 82 岁。

9 月

招收第七届博士研究生 15 人（侯勃、解锟、孔晶、夏秀渊、张进德、蔡迪、姚远、聂虎臣、沈阳、张周国、栾时春、钱泳宏、徐少辉、尹伟琴、翟芳）。招收第二十四届硕士研究生 22 人（吴玄、张倩、尤维丽、应慧娟、者丽琼、顾婷、恽艳茹、郭春阳、陈楠、刘征、肖崇俊、姚笑圆、高原、刘文佳、陈志湘、曾璐、袁唯、陈影、崔懿晟、周嫣、文竹、熊猛）。招收高校教师攻读硕士学位 7 人（符超翔、陈晖阳、曾德伟、王时锐、梁昌洲、周勋、欧阳娇）。

10 月

王立民教授主编的《中国法制史》获上海市优秀教材二等奖。

与江西财经大学共同承办全国外国法制史研究会第二十届年会，会议主题为“混合的法律文化”。

11 月 27 日

王立民教授主持的“中国法制史”课程获批 2007 年度“国家精品课程”。

12 月

华政外国法与比较法研究院获批成为上海市普通高等学校人文社会科学重点研究基地。

12 月 24 日

日本广岛大学法科大学院田边诚教授在长宁校区讲座，主题为

“日本的司法实务人才培养体系变革的最新动态”，讲座由李伟群副教授主持。

12 月 28 日

华政“法律史本科教学团队”入选教育部“国家级教学团队”。

12 月 30 日

主办“私法的变革：亚洲的经验”国际学术研讨会。

2008 年

1 月

俞江教授的《近代中国的法律与学术》由北京大学出版社出版。

1 月 11 日

美国密歇根大学法学院前院长圣安东尼教授（Theodore Antoine）与夫人来访华政。华政何勤华教授、刘晓红教授、李秀清教授以及董保华教授等与其进行了亲切友好的会谈。

2 月

李秀清教授任法律史研究中心主任。

3 月 19 日

主办“法律史课程建设学术研讨会”，会议在长宁校区交谊楼举行，来自全国各高校 45 位专家出席本次会议。

3 月 20 日

华政重点学科发展与建设暨学位点申报研讨会在交谊楼圆桌会议室召开。

3 月 25 日

复旦大学法学院王志强教授在长宁校区讲座，主题为“中国古代的‘判例’制度”，讲座由李秀清教授主持，俞江教授评议。

4 月

陈颐副教授、洪佳期副教授、高珣副教授被增补为硕士研究生指导教师。

4 月 8 日

北京大学近代法学研究所李贵连教授在长宁校区讲座，主题为“诛与弑，革命与谋反——传统革命的是与非”，讲座由徐永康教授主持，中国政法大学法律史学研究院刘广安教授评议。

4 月 9 日

意大利比较法学家、东皮埃蒙德大学法律系教授安德烈·塞拉菲尼（Prof. Andrea Serafino）在长宁校区作讲座，主题为“法律改革与经济发展”（Law Reform and Economic Development），讲座由罗马法和欧洲法研究中心主任张礼洪教授主持。

4 月 12 日

主办“中国古代法律的确定性”国际学术研讨会，会议在长宁校区交谊楼举行。来自中、日两国的 17 位专家学者及法律史研究中心全体成员出席本次会议。

5 月

陈鹏生、徐永康主编的《儒家法文化与和谐社会》由吉林人民出版社出版。

5 月 10 日

中国儒学与法律文化研究会 2008 年学术研讨会暨“在现代化过程中如何看待传统中国文化”学术论坛在广东省汕头迎宾馆举行。

5 月 14 日

王立民教授、高珣、高茂冲老师等共同撰写的论文《国家统一司法考试与法学教育改革》获上海市第九届教育科学研究成果教育改革实验奖三等奖。

6月

高珣老师的专著《隋朝法制与统一秩序研究》由法律出版社出版。

6月2日

清华大学法学院高鸿钧教授在长宁校区讲座，主题为“中国法治的三驾马车”，讲座由李秀清教授评议。

9月

招收第八届博士研究生15人（熊建明、焦应达、任海涛、赵笑君、王笑红、陈晓聪、翟冠慧、于霄、张莉、张维新、王晓峰、丁德昌、周登谅、肖秀娟、孙建伟）。招收第二十五届硕士研究生23人（严佳斌、卢然、陈佳吉、舒曼、段征、顾寅跃、余莉、秦贝贝、刘佳、金芳翠、王翔、陶业峰、茹茹、张静文、聂潍、胡震宇、栾绿川、蒋永铿、龚坚、朱志培、董能、徐娜、陈艳）。

美国密歇根大学法学院郝山教授（Nico Howson）来中心访问交流，为期3个月。

9月22~24日

与华中科技大学共同承办全国外国法制史研究会第二十一届年会，会议主题为“英美法系及其对中国的影响”。

10月

何勤华教授的《比较法在近代中国》获上海市第九届哲学社会科学优秀成果奖论文类一等奖。

10月25日

承办上海市法学会外国法与比较法研究会“法治改变了中国——纪念改革开放30周年”研讨会。会议在长宁校区交谊楼召开。来自上海各高校、研究机构的热心于外国法与比较法研究的

30余名学者参会。

11月25日

主办“中国法制史课程建设”学术研讨会，会议在长宁校区交谊楼顺利召开。来自全国各高校的5位学者及我学科何勤华教授、王立民教授等出席本次会议。

12月

何勤华教授的《中国法学史》获得首届中国法学优秀成果奖著作一等奖。

何勤华教授获上海市第九届哲学社会科学优秀成果奖，王立民教授获上海市第七届邓小平理论研究和宣传优秀成果奖。

2009年

1月

王立民教授入选“上海领军人才”。

2月

法律史团队入选首批“上海高校创新团队”。

2月25日

日本龙谷大学法学部教授北川秀树在长宁校区主讲“比较法专题讲座”第一讲，主题为“日中环境法制之比较”，讲座由李秀清教授主持，曲阳副教授担任翻译。

4月

冷霞老师入选“上海市晨光计划项目”。

4月1日

西北政法大学王健教授在长宁校区主讲“比较法专题讲座”第三讲，主题为“中国法律教育的历史反思”，讲座由上海师范大学蒋传光教授评议。

4 月 8 日

中国社会科学院苏亦工教授主讲“比较法专题讲座”第四讲，主题为“法治与和谐理念的文化渊源”，讲座由杨师群教授评议。

4 月 14 日

何勤华教授、王立民教授获“当代中国法学名家”荣誉称号。

4 月 24 日

承办“当代中国法学名家论坛法律史分论坛”（华政与《当代中国法学名家》编委会共同主办），会议主题为“新中国法律史学研究回顾与展望”。会议在长宁校区交谊楼举行，来自全国各高校的众多知名学者出席会议。

4 月 25 日

中国政法大学杨玉圣教授主讲“比较法专题讲座”第五讲，主题为“美国合众为一的历史经验”。

4 月 27 日

澳门科技大学法学院、中国政法大学比较法研究所米健教授主讲“比较法专题讲座”第六讲，主题为“澳门法十年”，讲座由李秀清教授主持。

5 月 11 日

美国拉斯维加斯内华达大学刑事司法系陆红副教授主讲“比较法专题讲座”第七讲，主题为“法社会学的理论及研究方法”，讲座由李秀清教授主持。

6 月 23 日

主办“加强中国法制史课程教学科研工作”学术研讨会。会议在长宁校区交谊楼举行，上海各高校的 20 余位学者出席会议。

8 月

何勤华教授获教育部第五届高等学校教学名师奖。

8 月 11 日

与商务印书馆、《光明日报》、外国法与比较法研究院共同主办的“中国近代法学作品翻译与引进”学术研讨会暨《新译日本法规大全》首发式。会议在长宁校区交谊楼举行，来自全国多所高校和出版机构的 40 余位专家出席本次会议。

9 月

何勤华教授、王立民教授参与的《“法学教育高地”的创新与实践》获得第六届高等教育国家级教学成果二等奖。

招收第九届博士研究生 14 人（李明倩、王伟臣、方堃、王海军、张婷、穆红琴、欧扬、王捷、周会蕾、于鹏飞、张海峰、李远明、刘承涛、王瑞山）。招收第二十六届硕士研究生 25 人（阮小婧、许钗玲、郭文青、占志铖、卢煜林、杨颖、肖毅立、陈旭、田芳菲、徐黄凯、姜林林、朱耀文、赵博阳、沈杰、王旋、孙科、江小夏、刘颖、李颖杰、王安廷、马晶莹、姚宝国、应婵珺、何明钢、康大玮）。

9 月 24~25 日

与辽宁大学共同承办全国外国法制史研究会第二十二届年会，会议主题为“大陆法系及其对中国的影响”。会议还就“外国法制史学科 60 年——成就、问题及展望”展开了研讨。

10 月

王沛副教授、冷霞副教授被增补为硕士研究生指导教师。

何勤华、魏琼主编的《西方商法史》获司法部第三届全国法学教材与科研成果奖二等奖。

11 月 17 日

中国社会科学院法学研究所张群博士在长宁校区讲座，主题为“中国住房权的历史考察”，讲座由洪佳期副教授主持，吴一鸣博士评议。

12 月

王立民教授主持的“中国法制史”精品课程建设项目获上海市教学成果奖二等奖。

王立民教授的《古代东方法研究》获首届中国法律文化研究成果奖三等奖。

王沛副教授的《黄老“法”理论源流考》由上海人民出版社出版。

12 月 21 日

经校长办公会议讨论通过，恢复“华东政法大学法律古籍整理研究所”建制，由张伯元研究员担任名誉所长，王沛副教授担任常务副所长。

2010 年

3 月 18 日

日本东京外国语大学亚非言语文化研究所陶安教授在长宁校区讲座，主题为“从张家山汉简《奏谳书》谈制定法与判例的关系”，讲座由法律古籍整理研究所常务副所长王沛老师主持，法律古籍整理研究所名誉所长张伯元研究员评议。

4 月 7 日

承办上海市法学会外国法与比较法研究会“英国法专题”研讨会暨换届选举会议，会议在长宁校区召开。来自上海各界的 40 余位专家学者出席会议。李秀清教授担任外国法与比较法研究会新一任会长。

4 月 13 日

台湾政治大学法律学系黄源盛教授在长宁校区讲座，主题为

"古今之间一刀切？——刑法中伦常条款的存与废"。

4 月 15 日

台湾政治大学法律学系黄源盛教授在长宁校区讲座，主题为"民初的裁判史料与研究方法（1912—1928）"，讲座由王立民教授和徐永康教授评议。

5 月 17 日

西南政法大学俞荣根教授在长宁校区讲座，主题为"百年法治忧喜录"，讲座由李秀清教授主持。

6 月

冷霞著《英国早期衡平法概论：以大法官法院为中心》由商务印书馆出版。

6 月 3 日

中国艺术研究院中国文化研究所梁治平研究员在长宁校区讲座，主题为"法律是什么？——以《劳动合同法》为中心"。

8 月 23 日

主办"全球化视野下的亚洲法的变革"国际学术研讨会，会议在长宁校区交谊楼圆桌会议室举行。来自世界的 20 余所高校及出版单位的 60 余位国内外专家学者出席了此次会议。

9 月

招收第十届博士研究生 13 人（吴玄、熊玉梅、周小明、方砚、赵亮、汪强、李耀跃、谢舟、虞浔、杜军强、段宝玫、翟旭丹、王丹丹）。招收第二十七届硕士研究生 25 人（王思杰、何元龙、沈伟、尚锴、陈沛、林海、杨寻、李海有、李秋实、佟思进、沈群、黄晶、刘倩、苏静瑜、胡志勇、黄筱群、纪宗猛、李林、王佳、严佳瑾、张欣、朱龙娟、童兰兰、杨文君、李洋）。

9 月 18 日

丁凌华教授的《中国丧服制度史》获第三届钱端升法学研究成果奖提名奖。

10 月 19 日

台湾政治大学法律学系黄源盛教授在华政讲座，主题为“法律移植百年——历史视角下的六法全书”。

10 月 22 日

台湾政治大学法律学系黄源盛教授在华政讲座，题为“台湾社会变迁与制度发展”，讲座由李秀清教授主持。

11 月

李秀清教授荣获第六届“全国十大杰出中青年法学家”称号。

11 月 9 日

清华大学苏亦工教授在华政讲座，主题为“有我与无我：谈谈中国古代道德与法律的相互转化”，讲座由李秀清教授主持。

11 月 19 日

主办“中韩法学的新发展”国际学术研讨会，会议在长宁校区交谊楼圆桌会议室举行。20 余名中韩专家学者出席了此次会议。

12 月

与华南师范大学共同承办了全国外国法制史研究会第二十三届年会，会议主题为“法与宗教的历史变迁”。会议选举产生了研究会第八届理事会，何勤华教授连任会长，李秀清教授当选副会长，陈颐副教授当选秘书长，冷霞老师任副秘书长。

12 月 10 日

何勤华教授获第二届上海市法学优秀成果奖。

12 月 12 日

于霄老师的“1925 年英国财产法的立法研究”入选 2010 年第

三批国家社科基金后期资助项目。

12 月 23 日

华政法律古籍整理研究所名誉所长张伯元研究员在长宁校区讲座，主题为“包山司法简的价值及其研究”，讲座由王沛副教授主持。

2011 年

1 月

王立民教授任上海市法学会法理法史研究会副会长。

4 月 17 日

日本学者、武汉大学简帛研究中心博士后水间大辅先生在长宁校区讲座，主题为“日本近年秦汉法律史研究热点”，讲座由王沛副教授主持。

5 月 17 日

法国国家科学研究院研究员、巴黎政治大学教授吕西安·若姆在长宁校区讲座，主题为“1789 年人权宣言的丰富内涵与理论困境”。

6 月

丁凌华教授被增补为博士研究生指导教师。屈文生副教授被增补为硕士研究生指导教师。

洪佳期老师的“上海会审公廨审判研究”入选国家社科基金后期资助项目。

6 月 3 日

主办首届“出土文献与法律史研究”学术研讨会，会议在长宁校区举行。

6月6日

主办“古代远东法研究”国际学术研讨会，会议在长宁校区交谊楼举行。来自全国多所高校和研究机构的著名专家学者30余人出席本次会议。

主办“中国法律史研究现状及展望”国际学术研讨会，会议在长宁校区交谊楼举行，由陈灵海副教授主持。

6月13日

台湾政治大学法律学系黄源盛教授在长宁校区讲座，主题为“禅观有情世界——法学、历史与人生”，讲座由李秀清教授主持。

9月

招收第十一届博士研究生14人（张武汉、卢玮、骆永兴、陈阳、刘佳伟、赵江风、李洋、朱颖、赵勇、邬勖、汪娜、王瑛滔、曾婧、陈影）。招收第二十八届硕士研究生30人（徐奕斐、单纯、宗华、马龙君、周梦远、林甲、叶天琼、侯宁、张雯倩、缪丽园、袁杲炜、马泽、李润、韦力、黄毛毛、孙婷、孙博、张瑜、钱逸琼、张蕾、何少芳、李永增、边鹏、龚雪、马芳林、何娜、罗越、曹晓玮、李俊海、陈迪）。

屈文生副教授的《普通法令状制度研究》由商务印书馆出版。

9月17日

中国法律史学会主办、法律史学科承办第五届全国法律文化博士论坛，论坛在长宁校区交谊楼举行。来自全国多所高校的30位法学博士研究生和中、韩两国的10余位教授出席本次会议。

主办“近代亚非拉地区法研究”国际学术研讨会，会议在长宁校区交谊楼举行。来自全国多所高校及各界的20余位专家学者出席本次会议，会议由王立民教授主持。

9 月 18 日

主办“华东政法大学法律史学科硕士招生 30 周年、博士招生 10 周年纪念大会暨 21 世纪法史学新问题探索学术研讨会”，会议在长宁校区交谊楼举行。法律史专业全体师生与各届返校毕业生齐聚一堂，共同追忆学科的发展历程，总结 30 年来的成就与经验，探索法律史学研究的发展之道。

10 月 22~23 日

与海南大学共同承办全国外国法制史研究会第二十四届年会，会议主题为“公法与私法的互动”。

10 月 29 日

与中国政法大学俄罗斯法研究中心共同主办“中俄法制变革比较研究”国际学术研讨会，会议在长宁校区四十号楼小礼堂举行。来自中、俄两国多所高校及各界的 80 余位专家学者出席本次会议。

10 月 29 日 ~11 月 4 日

何勤华教授率代表团赴德国、瑞士访问。

11 月

何勤华教授主持的“法律文明史”课题获批国家社科基金重大项目立项。该课题是华政获批的第一个国家社科基金重大项目。

11 月 9 日

北京大学法学院徐爱国教授在长宁校区讲座，主题为“多妻制习俗与现代法律的应对”，讲座由李秀清教授主持，李桂林教授评议。

11 月 13 日

南开大学法学院侯欣一教授在华政讲座，主题为“改革开放以来中国法治进程回顾与展望”，讲座由王立民教授主持。

11 月 15 日

上海市外国法与比较法研究会主办、法律史学科与上海大学法学院共同承办"上海市外国法与比较法研究会 2011 年年会暨'美国法研究的新进展'"学术研讨会，会议在上海大学举行。来自上海多所高校的 20 余位专家学者出席本次会议。

11 月 18 日

德国马克斯·普朗克欧洲法律史研究所所长托马斯·杜斐教授在长宁校区讲座，主题为"欧洲法律史与全球史——研究之传统及其展望"。

11 月 19 日

"陈鹏生教授从教 40 周年暨贺陈鹏生教授 80 华诞"座谈会举办，座谈会由王立民教授主持。

11 月 23 日

王立民教授获中国法律文化研究成果奖二等奖和中国法学教育研究成果奖三等奖，李秀清教授获中国法律文化研究成果奖三等奖，陈颐、王沛、高珣、张卓明获中国法律文化研究成果奖青年奖。

11 月 26 日

徐永康教授为团长，陈刚教授、刘松山教授、周伟文副教授、许莉副教授及李秀清教授参与的华政外国法与比较法代表团参加了由韩中法学会主办、韩国亚洲大学承办的"韩中法学的新动向及争点"国际研讨会。

12 月

王立民教授、牟逍媛主编的《诊所法律教育研究》获第二届中国法学教育研究成果奖三等奖。

12 月 2 日

与商务印书馆共同主办“中国的近代化与传统法的转型——《大清新法令》点校本出版座谈会”，会议在商务印书馆礼堂隆重召开。来自全国多所高校和出版机构的 40 余名专家学者出席了本次座谈会。

12 月 3 日

与清华大学法学院法政哲学研究中心共同主办 2011 年清华法政哲学论坛暨“国家理性与现代国家”国际学术研讨会，会议在清华紫光国际交流中心举行。来自全国学术界的 60 余位代表参加此次会议。何勤华教授、李秀清教授及于明、陆宇峰、王婧等老师出席。

2012 年

2 月

姚远老师的“租界法制与中国法制现代化——以上海租界为视角”获批 2012 年教育部人文社会科学研究青年基金项目。

3 月

徐永康教授指导的钱泳宏博士的《清代夫妻相犯研究——基于〈大清律例〉与刑科档案的法文化考察》博士研究生学位论文入选 2011 年上海市研究生优秀成果（学位论文）。

3 月 25 日

2011 年度国家社科基金重大项目“法律文明史”开题论证会在长宁校区交谊楼隆重举行，会议由华政科研处处长罗培新主持。

中国社会科学院法学所徐炳研究员、中国人民大学法学院赵晓耕教授、西北政法大学汪世荣教授、中南财经政法大学法学院陈景良教授、中山大学法学院徐忠明教授在长宁校区讲座，主题为“法律史五人谈”，讲座由王立民教授主持。

5 月 11~13 日

中国儒学与法律文化研究会 2012 年年会暨“儒学与法律价值观”学术研讨会在江苏徐州顺利举行。陈鹏生教授、何勤华教授、徐永康教授、丁凌华教授及法制史教研室的部分教师参加此次年会。

5 月 21~22 日

何勤华教授、崔吉子教授、屈文生副教授、孙晓鸣老师应邀赴韩国首尔大学参加中韩建交 20 周年“中国改革开放与法制建设”研讨会，何勤华教授作会议主旨报告。

5 月 24 日

北京大学法学院徐爱国教授在长宁校区讲座，主题为“司法权的历史透视”，讲座由李桂林教授主持。

6 月 25 日 ~7 月 4 日

上海市学位委员会办公室主办、华政研究生教育院和法律史学科共同承办的“2012 年上海法学研究生暑期学校”在长宁校区顺利举行，本期暑期学校的主题为“法律文化与社会变迁”。

7 月

张伯元研究员的“出土法律文献丛考”入选国家社科基金后期资助项目。

姚远老师被增补为硕士研究生指导教师。

7 月 3 日

日本国立东京外国语大学亚非语言文化研究中心副教授陶安先生在长宁校区讲座，主题为“秦汉刑罚等序系统——以出土法律史料为基础”，讲座由王沛副教授主持。

8 月

于明老师入选“上海市晨光计划项目”。

9 月

招收第十二届博士研究生 14 人（张宪丽、冀明武、戴秀河、王文涛、陈婴虹、林仪明、裴乾坤、杨晓波、孔志强、周颖、宫雪、江小夏、赵博阳、方宇）。招收第二十九届硕士研究生 31 人（孙斯文、严玮、胡一旭、王凯、陈晓燕、侯磊、薛谦、卜音英、孙莲莲、李宜利、薛欢、陈孟德、郑鹏程、魏巍、杨钦云、黄赛楠、何仁俊、杨颖、朱琳、徐琪、单若昱、毛子辰、王晓彤、李康宁、鲍舒婷、项天伦、方胤、马心怡、刘慧、羊彬、王哲华）。

9 月 25~26 日

与四川大学共同承办全国外国法制史研究会第二十五届年会，会议主题为“超国际法的历史变迁”。

9 月 28 日

王沛副教授当选中国法律史学会法律古籍整理专业委员会副会长。

10 月

王立民教授的“中国法制史学的演进与思考”获批司法部科研项目。

10 月 11 日

法国高等社会科学研究院帕特里斯·葛尼斐教授在长宁校区讲座，主题为“法国大革命的特征：唯意志论、普适主义与合法性——法国、英国、美国革命比较研究”，讲座由李秀清教授主持。

10 月 30 日

陈鹏生教授获首批“全国杰出资深法学家”荣誉称号。

华政与上海市法学会主办“庆贺陈鹏生教授获评‘全国杰出资

深法学家’称号座谈会”，会议在市委政法委四楼会议室召开，来自各界的代表共50余人参加，由上海市法学会李继斌副会长主持。

王婧老师的《罗斯科·庞德的社会学法理学：一种思想关系的考察》由上海人民出版社出版。

11月1日

北京航空航天大学法学院高全喜教授在长宁校区讲座，主题为“革命、改革与宪制：‘八二宪法’及其演进逻辑”，讲座由卢勤忠教授主持。

11月5日

清华大学法学院冯象教授在长宁校区韬奋楼讲座，主题为“钢铁是怎样没有炼成的：一种历史的批判”。

北京大学法学院朱苏力教授在长宁校区四十号楼小礼堂讲座，主题为“司法分析与司法表述的不同逻辑”。

11月8日

李秀清教授入选“上海领军人才”。

11月13日

台湾政治大学法律学系黄源盛教授在长宁校区讲座，主题为“春秋折狱与儒家法学”，讲座由李秀清教授主持。

11月17日

与《华东政法大学学报》编辑部共同主办“法律与社会认知神经科学”学术研讨会，会议在长宁校区交谊楼圆桌会议室正式召开。来自全国10余所高校的专家学者出席了本次会议。

11月20日

上海市法学会外国法与比较法研究会主办、法律史学科与上海财经大学法学院共同承办“外国法与比较法研究会2012年年会”，会议在上海财经大学行政楼召开，本次年会主题为“比较法视野下的中国百年法律变革”。来自上海市多所高校及研究机构的数十名学者与会交流。

11 月 29 日

中山大学法学院院长徐忠明教授在长宁校区学讲座，主题为“明清法律知识史的两种进路”，讲座由徐永康教授主持。

与华政外语学院、韩国法研究中心和韩国国立首尔大学法学院联合主办“法律翻译与法律移植”国际学术研讨会，会议在松江校区召开。来自国内外 10 余所高校及出版单位的 30 余位国内外专家学者出席了此次会议。

12 月

何勤华教授、李秀清教授入选《2011 年中国杰出人文社会科学家研究报告》名单，获“中国杰出人文社会科学家”荣誉称号。

陈灵海副教授和何勤华教授分别获得上海市第十一届哲学社会科学优秀成果奖论文类二等奖和三等奖。

与上海市法学会法理法史研究会、上海市政治学会、上海市社会科学院法学研究所共同主办“全面推进依法治国与推进政治体制改革”研讨会，会议在长宁校区交谊楼举行。来自上海市各法学院校及科研机构的专家学者共 30 余人参加此次会议。

12 月 9 日

与中国法律史学会法律古籍整理专业委员会共同主办第二届“出土文献与法律史研究”学术研讨会，会议在长宁校区举行。来自中国政法大学古籍所、武汉大学简帛研究中心、湖南大学岳麓书院、华政等单位的 10 多位学者参加了会议。

12 月 12~15 日

意大利米兰大学安东尼奥 · 帕多瓦 · 斯奇奥帕（Antonio Padoa

Schioppa）教授在长宁校区讲座，讲座主题为“法律趋于全球化？——欧洲法从中世纪至当今的发展”，由张礼洪教授担任主持。

12月14日

法律史学科与意大利驻上海领事馆、罗马法和欧洲法研究中心共同主办“帝国、公民权和法律的全球化”国际学术研讨会，会议在长宁校区交谊楼举行，会议由张礼洪教授主持。

12月15日

主办“中世纪欧洲世俗法”国际学术研讨会暨“法律文明史”第六子课题结项鉴定会，会议在长宁校区交谊楼举行。

12月26日

何勤华教授当选中国人民政治协商会议上海市第十二届委员会委员。

李秀清教授当选上海市第十四届人民代表大会代表。

2013年

1月9日

主办国家社科基金重大项目“法律文明史”子课题负责人会议，会议在长宁校区交谊楼举行。首席专家何勤华教授与全体子课题负责人出席本次会议。

3月

李秀清教授当选民建中央法制委员会主任。

3月5日

李秀清教授被授予“2011—2012年度上海市三八红旗手”称号。

3月26日

王立民教授的《中国的租界与法制现代化——以上海、天津和汉口的租界为例》获第六届高等学校科学研究优秀成果奖（人文社会科学）论文类三等奖。

3 月 30 日

北京大学法学院朱苏力教授在长宁校区讲座，主题为“法律人思维的辨析”，讲座由李秀清教授主持。

4 月 23 日

日本国立东京外国语大学亚非语言文化研究中心陶安副教授在长宁校区讲座，主题为“汉文帝刑法改革与法律史研究方法论浅谈”，讲座由王沛副教授主持。

4 月 25 日

清华大学法学院苏亦工教授在长宁校区讲座，主题为“费孝通暮年的文化自觉”，讲座由李秀清教授主持。

4 月 30 日

与上海人民出版社共同主办“清末民国法律史料丛刊”点校工作会议。来自全国各科研院所的丛刊各卷的点校者、勘校者出席本次会议。

5 月 8 日

复旦大学吴景平教授在长宁校区讲座，主题为“中国政治体制现代性的缺失——以蒋介石日记和宋子文档案为中心”，讲座由李秀清教授主持。

5 月 22 日

清华大学法学院冯象教授在长宁校区讲座，主题为“国歌赋予自由”，讲座由李秀清教授主持。

6 月 1 日

主办“大陆法系的变迁及其现状”学术研讨会，会议在长宁校区交谊楼举行。来自全国多所法学院校和出版机构的 40 余位学者出席本次研讨会。

6 月 6 日

北京大学法学院李贵连教授在长宁校区讲座，主题为“沈家本与现代法治：法律改革者的追求”，讲座由龚汝富教授主持。

6 月 8~9 日

中国儒学与法律文化研究会第十一届学术研讨会在南开大学举办，会议主题为“儒家文化与中国宪政建设”。会议选举徐永康教授为会长，高珣副教授为秘书长。

6 月 14 日

何勤华教授、李秀清教授、程金华教授、屈文生副教授受邀参加中国社会科学杂志社和西南政法大学共同主办的“启蒙与近代以来中国法治进程”学术研讨会。

中山大学逸仙学者讲席教授、博雅学院院长甘阳教授在长宁校区讲座，主题为“变法与守法：法治，历史，保守主义”，讲座由胡娟老师主持。

6 月 17 日

王捷老师的“出土简牍所见楚国司法基本构造与运作研究”和王婧博士的“英国上议院司法权研究（1876—2009）”入选 2013 年国家社科基金青年项目。

6 月 21 日

瑞士弗里堡大学法学院宗教法研究中心主任彭瑞宁（René Pahud de Mortanges）教授在长宁校区讲座，主题为“瑞士法与法国法、德国法”，讲座由李秀清教授主持。

6 月 29 日

与中国人民大学法学院、法国奥弗涅大学法学院联合主办“中法文化遗产法研讨会”，本届研讨会的主题是“公众参与文化遗产保护的法律机制”，会议在长宁校区交谊楼举行。来自世界多所高校的 50 余位专家学者出席本次会议。

7 月

于明、董春华老师被增补为硕士研究生指导教师。

于霄老师的“中国土地信托法律问题研究”获批教育部人文社会科学研究青年基金项目。

7 月 10~11 日

与上海市社会科学界联合会、日本东京大学东洋文化研究所合作主办“古代中国与东亚世界”国际学术研讨会，会议在长宁校区交谊楼举行。

8 月 1~26 日

法律古籍整理研究所在法律史研究中心举办了 7 次暑期研读班系列活动。

9 月

冷霞著《英国早期衡平法概论——以大法官法院为中心》获 2013 年第三届中国法律文化研究成果奖一等奖。

招收第十三届博士研究生 13 人（王思杰、杜丽君、汪湖泉、肖崇俊、赵美玲、谢志民、肖志珂、张娜、徐望、阎婷、胡译之、沈伟、李超）。招收第三十届硕士研究生 27 人（李雪、宋天馨、蒋辰、杨晓艳、王帅、宋麟、李守进、王鹏飞、陶亚骏、姜威、杨安舒、胡妮娜、俞梦、张晓、肖芳婷、周书琪、张宁、郑欣沂、刘璐、黄海、金淑媛、盛丹丹、姜增、袁钰超、王冰洁、张武、郑小青）。

9 月 21~22 日

与东南大学法学院共同承办“全国外国法制史研究会第二十六届年会”，会议在南京市东南大学隆重召开。本届年会的主题为

“大学的兴起与法律教育”，来自全国多所高校、科研机构和出版单位的140余位专家学者出席了本届年会。

9月23日

复旦大学韩昇教授在长宁校区讲座，主题为“唐代政治法律的原则与实践”，讲座由陈灵海副教授主持。

10月9日

中国法律史学会在杭州举行会员代表大会。王立民教授、徐永康教授、丁凌华教授当选常务理事。

北京大学法学院朱苏力教授在长宁校区讲座，主题为“当代中国的死刑问题”，讲座由罗培新教授主持。

台湾辅仁大学法律学系黄源盛教授在长宁校区讲座，主题为“色戒——从无夫奸到通奸除罪化的百年沧桑”，讲座由吴允锋副教授主持。

10月15日

台湾辅仁大学法律学系黄源盛教授在长宁校区讲座，主题为“法律继受与法律语言的转换——以晚清《大清新刑律》的立法为例”，讲座由王沛副教授主持。

11月

何勤华教授担任首席专家的国家社科基金重大项目“法律文明史”通过专家评估，获国家社科基金重大项目滚动资助80万元。

11月9日

与上海市法学会外国法与比较法研究会共同举办“纪念宋教仁先生逝世一百周年研讨会”，会议在长宁校区交谊楼举行。来自全国多所高校、科研机构和出版单位的30多位专家学者参加了本次会议。

11 月 10 日

奥地利维也纳大学米洛·维克（Milos Vec）教授在长宁校区讲座，主题为“普遍主义与排他性”（Universalism and Exclusion），讲座由屈文生副教授主持。

11 月 15 日

与华政外语学院、国际金融法律学院共同主办“中国法学的外译与外国法学的汉译”专家研讨会，会议在长宁校区交谊楼正式举行。李秀清教授担任“中国法学的外译”专场研讨主持人。

11 月 20 日

清华大学法学院冯象教授在长宁校区讲座，主题为“‘你们当中谁没有罪？’——从圣经故事看有罪推定的今昔”，讲座由李秀清教授主持。

11 月 30 日

与法律古籍整理研究所、湖南大学岳麓书院国学研究中心共同举办第三届“出土文献与法律史”研讨会，会议在松江校区举行。本次会议以“岳麓书院藏秦简”为主题。来自全国多所高校和出版单位的 30 多位国内外专家学者参加了本次会议。

12 月

华政近代法律文献研究所成立。该研究所隶属于法律学院，负责人由龚汝富教授担任。

12 月 9 日

法律史学科董春华副研究员主持的中青年课题“产品自身损害赔偿研究”获批 2013 年度国家法治与法学理论研究项目。

12 月 10 日

复旦大学文史学院孙英刚副研究员在长宁校区讲座，主题为“作为开放的中国：以佛教为中心”，讲座由陈灵海副教授主持。

12 月 24 日

《学术月刊》资深编辑周奇老师在长宁校区讲座，主题为“学术研究中的问题意识”，讲座由陈灵海副教授主持。

2014 年

1 月 16 日

主办国家社科基金重大项目“法律文明史”子课题负责人会议，会议在长宁校区交谊楼举行。何勤华教授与全体子课题负责人出席本次会议。

3 月 4 日

复旦大学汉唐文献中心仇鹿鸣副教授在长宁校区讲座，主题为“观众与权力——碑铭所见中国古代政治运作与历史写作”，讲座由陈灵海教授主持。

3 月 8 日

主办“宗教法改革的理论与实践”学术研讨会暨“法律文明史”第五子课题结项鉴定会，会议在长宁校区交谊楼举行。来自全国多所科研机构的 30 余位专家学者出席了会议。

3 月 12 日

屈文生副教授的“中西法律交流的翻译史研究”获教育部霍英东基金会第十四届高等院校青年教师基金研究课题资助。

3 月 17 日

复旦大学历史系余欣教授在长宁校区讲座，主题为“触摸世界帝国的气息与脉动：考古文物所见唐代的外来文明”和“发现之旅：西域考古与探险”，讲座由陈灵海教授主持。

3 月 20 日

何勤华教授主持的“外国法制史”和王立民教授主持的“中国

法制史”两门课程获批第三批“国家级精品资源共享课”立项。

4~5 月

日本东京大学教授高见泽磨前来华政法律史研究中心开展为期1个多月的访问学者计划。

4 月 15 日

复旦大学历史系教授赵立行教授在长宁校区讲座，主题为“西欧附庸采邑制度”，讲座由陈灵海教授主持。

4 月 22 日

北京大学法学院朱苏力教授在长宁校区讲座，主题为“宪制的军事塑造”，讲座由李秀清教授主持。

4 月 27 日

主办“近代法的成长：中国法”学术研讨会暨“法律文明史”第11子课题结项鉴定会，会议在长宁校区交谊楼举行。来自全国多所科研机构的专家学者和课题组成员20余人出席。

中山大学法学院徐忠明教授、西北政法大学汪世荣教授和北京大学法学院李启成副教授在长宁校区讲座，主题为“中国法制史诸问题研究”，讲座由李秀清教授主持。

4 月 28 日

中国人民大学法学院何家弘教授在长宁校区讲座，主题为“冤案讲述：刑事司法的十大误区”，讲座由李秀清教授主持。

4 月 29 日

复旦大学历史系教授李宏图教授在长宁校区讲座，主题为“思考18世纪的苏格兰启蒙运动”，讲座由李秀清教授主持。

5 月 13 日

瑞士弗赖堡大学法学院宗教法研究中心主任彭瑞宁（René Pahud de Mortanges）教授前来我校进行为期一周的访问交流。

5 月 18 日

主办“英美法系的历史与现实”学术研讨会暨国家社科基金重大项目“法律文明史”第 8 子课题结项鉴定会，会议在长宁校区交谊楼举行，来自全国高校的 10 余名专家出席会议。

5 月 23~24 日

“传统法律文化与法治中国建设”学术研讨会暨中国儒学与法律文化研究会 2014 年年会在扬州大学举行。

5 月 30 日

美国罗耀拉・玛丽蒙特大学历史学系副教授安东尼・佩隆在长宁校区讲座，主题为“教会法与中世纪教会的生活”。

6 月 3 日

美国明尼苏达大学历史系方强教授在长宁校区讲座，主题为“民国北京政府时期的平政院”，讲座由陈灵海教授主持。

6 月 8 日

与研究生教育院、复旦大学历史学系合作承办“法律・历史・互动・变迁”学术沙龙暨复旦大学—华东政法大学青年学者工作坊，会议在长宁校区交谊楼举行。来自多所高校、科研机构的 50 余名专家、师生参加了学术沙龙的讨论。

6 月 16 日

王立民教授的“租界法制与中国法制近代化研究”、屈文生副教授的“中英中美不平等条约翻译史研究（1842—1943）”获批 2014 年国家社科基金一般项目。

王海军主持“俄罗斯联邦转型期司法权运行机制研究”获批 2014 年国家社科基金青年项目。

7 月

王捷、于霄被增补为硕士研究生指导教师。

7月4~5日

与罗马法和欧洲法研究中心以及中国民法学研究会共同主办“罗马法的历史传统和现代发展”国际研讨会，会议在长宁校区交谊楼举行。50余位中外学者出席本次会议。

7月6日

主办“古代西方法研究”学术研讨会暨“法律文明史”第4子课题结项鉴定会，会议在长宁校区交谊楼举行。来自全国多所科研机构的专家学者和课题组成员共30余人出席会议。

7月28日

董春华副研究员的“输血感染病毒侵权责任实证研究——以上海、河南为研究对象”获批上海市哲学社会科学规划一般课题。

于霄主持“土地承包经营权信托交易结构及相关法律问题研究”获批上海市哲学社会科学规划青年课题。

8月4日

与外国法与比较法研究院共同主办“东亚法的可能性”学术研讨会，会议在长宁校区交谊楼举行。来自全国各高校的20余名专家学者受邀出席会议。

9月

招收第十四届博士研究生13人（王涛、封涌、向广宇、李岩、周阿求、黄河、王胜、刘志娟、刘丁、陈旭、楚盛男、高媛、万山）。招收第三十一届硕士研究生27人（张琳琳、裘越萍、于莹、刘芸伊、朱婷、袁也、赵阳、高童非、黄桦、赵宝、林昀、解琪、马灯、翟晓强、胡俊成、陈一、周欢、朱琳、朱雪、黄子娴、魏雪飞、陈莅蓓、杜波、李梁念、宋伟哲、刘力、王瑞超）。

9月20日

与厦门大学法学院共同承办全国外国法制史研究会第二十七届

年会，会议在福建省厦门市召开。来自全国多所高校、科研机构和出版单位的近 190 位专家学者出席了本届年会。

9 月 28 日

与外国法与比较法研究院共同主办“世界古代法——古代社会的法律与商业”学术研讨会，会议在长宁校区交谊楼举行。来自全国各高校的 30 余名专家学者受邀出席会议。

10 月

苏彦新教授获聘为博士研究生指导教师。

屈文生教授的《从词典出发：法律术语译名统一与规范化的翻译史研究》获上海市第十二届哲学社会科学优秀成果奖著作类一等奖。

10 月 12 日

与外国法与比较法研究院共同主办“苏联法的成长与变迁”学术研讨会暨国家社科基金重大项目“法律文明史”第 10 子课题结项鉴定会，会议在长宁校区交谊楼举行。来自全国多所科研机构的特邀专家以及“法律文明史”课题组成员出席会议。

10 月 13 日

陈颐副教授参与撰写的《法学流派的人学之维》（著作）荣获江苏省第十三届哲学社会科学优秀成果奖一等奖。

10 月 19 日

法律古籍整理研究所与甘肃政法学院共同在兰州举办第四届“出土文献与法律史研究”学术研讨会。

10 月 23 日

清华大学法学院冯象教授在长宁校区讲座，主题为“你去使这些人的心肥肿——从真理悖论看司法改革的逻辑”，讲座由李秀清教授主持。

11 月 12 日

康奈尔大学法学院斯图瓦特·施瓦布（Stewart Schwab）教授在长宁校区讲座，主题为“美国法律教育的新趋势”，讲座由于明副教授主持。

11 月 13 日

复旦大学历史系冯贤亮教授在长宁校区讲座，主题为“命案尸场——清代江南地方政府的刑事操作”，讲座由陈灵海教授主持。

11 月 15 日

与外国法与比较法研究院共同主办“现代公法的变革”学术研讨会暨国家社科基金重大项目“法律文明史”第 13 子课题结项鉴定会，会议在长宁校区交谊楼举行。来自全国多所科研机构的特邀专家以及“法律文明史”课题组成员 30 余人出席会议。

11 月 19 日

王海军著《〈罗斯法典〉研究》由北京大学出版社出版。

11 月 20 日

与上海人民出版社共同举办“清末民国法律知识的建构与传播”学术研讨会暨“清末民国法律史料丛刊”首发式，会议在长宁校区举行。来自全国多所高校的专家学者和丛刊各卷的点校者、勘校者出席会议。

11 月 22 日

主办“现代私法的变革”学术研讨会暨国家社科基金重大项目“法律文明史”第 14 子课题结项鉴定会，会议在长宁校区交谊楼举行。来自全国多所科研机构的专家学者、编审和课题组成员 30 余人出席会议。

11 月 22~23 日

中国法学会比较法学研究会 2014 年年会在长宁校区隆重召开，

会议主题为“法律全球化：中国与世界”。来自全国多所高校及科研机构的140余位专家学者出席会议。李秀清教授当选常务副会长，苏彦新教授为常务理事，于明任副秘书长。

12月8日

美国康奈尔大学法学院於兴中教授在长宁校区讲座，主题为“《论语》和《孔子家语》中的政治观念”，讲座由于明副教授主持。

12月13日

河南大学法学院杨松涛副教授在长宁校区讲座，主题为“近代早期英格兰的法律、政治与社会：史料理论与方法”，讲座由于明副教授主持。

12月31日

李秀清教授入选“百千万人才工程”国家级人选，并由人力资源和社会保障部授予“有突出贡献中青年专家”荣誉称号。

2015年

1月13日

国家社科基金重大项目“法律文明史”子课题负责人会议在长宁校区交谊楼举行。项目首席专家何勤华教授、诸子课题负责人出席会议。

1月29日

李秀清教授获批国务院政府特殊津贴。

3月23日

何勤华教授率法律史学科成员李秀清、陈颐、王沛、魏敏、于明一行6人赴日本福冈，参加九州大学植田信广教授藏书赠与仪式。植田信广先生为日本九州大学法学院教授，是著名的日本法制史研究专家。在植田教授即将退休之际，欣然将自己的藏书共计

5000余册赠与华政法律史研究中心。

4月1日

香港理工大学翻译学博士杨焯老师在长宁校区讲座，主题为“法律史论著翻译的规范与技巧”，讲座由陈灵海教授主持。

4月21日

法国国家科学研究院研究员、巴黎政治大学教授吕西安·若姆(Lucien Jaume)在长宁校区讲座，主题为“法国大革命中的重生理念”。

5月

华政法律文明史研究院成立。该研究院为实体研究机构，由何勤华教授担任院长，龚汝富教授、陈颐副教授担任副院长，胡骏博士担任秘书长。

李秀清教授的《中法西绎：〈中国丛报〉与十九世纪西方人的中国法律观》由上海三联书店出版。

法律史专业胡志勇的硕士学位论文《奕劻与清末新政》入选2014年上海市研究生优秀成果（学位论文）（指导教师为徐永康教授）。

法律史国家重点学科古籍整理研究所张伯元、王沛、王捷、姚远等师生一行6人赴湖北省多地进行了为期8天的学术考察和交流。

5月7日

清华大学法学院冯象教授在长宁校区讲座，主题为“利百加的儿子——论自由伦理”，讲座由李秀清教授担任主持。

5月8日

北京大学法学院朱苏力教授在长宁校区讲座，主题为“探寻良法”，讲座由李秀清教授主持。

5月11日

世界著名罗马法学家、意大利比萨大学罗马法教授、博士研究生导师阿尔多·贝特鲁奇（Aldo Petrucci）在长宁校区讲座，主题为“欧洲法律传统和欧洲共同买卖法草案”，讲座由李秀清教授担任主持人。

6 月 17 日

日本京都大学人文科学研究所教授、著名秦汉简牍专家冨谷至在长宁校区讲座，主题为“律与令——中国古代法典的形成”，讲座由王沛副教授主持。

6 月 23 日

美国亚利桑那州立大学陈怀宇副教授在长宁校区讲座，主题为“清华、圣约翰与民初中美大学交流：以麦克尔罗伊为中心”，讲座由李秀清教授主持。

6 月 24 日

中国人民大学法学院副教授尤陈俊和重庆大学人文社科高等研究院副教授田雷在长宁校区讲座，主题为“法律史研究中的材料问题：立场与方法”，讲座由王沛和于明副教授共同主持，中国社科院法学所助理研究员王帅一和中国政法大学副教授胡晓进评议。

6 月 25 日

李秀清教授的“‘中国评论’与十九世纪末西方视野中的中国法”获批 2015 年度国家社科基金重点项目。

6 月 26 日

美国康奈尔大学法学院讲席教授於兴中在长宁校区讲座，主题为“西方法理学前沿问题”的学术讲座，讲座由李秀清教授主持。

7 月

何勤华教授当选中华司法研究会副会长。

7 月 2 日

“法的国际化与法的本土化”学术研讨会暨国家社科基金重大

项目“法律文明史”第16子课题结项鉴定会在华政交谊楼圆桌会议室举行。

9月

招收第十五届博士研究生11人（谢国儿、齐凯悦、段鹏超、张钢、杨艳、陈超、姚澍、路晓霞、徐红军、王翔、张宁芳）。招收第三十二届硕士研究生23人（龙嫚雨、李思逸、谢佳欢、郭梦蝶、尤娇娇、陈建斌、查芳红、韩龙河、龚宇婷、毛皓强、张文君、朱琦、许欢、乔志鑫、李怡蒨、薛慧、周广愉、李朋志、祝天剑、向阳、田珍芳、潘思羽、陈曦宇）。

9月2日

剑桥大学皇后学院约翰·埃里森（John Allison）教授在长宁校区讲座，主题为“戴雪对法治理念的革新”，讲座由李秀清教授主持。

10月

王立民教授的《甲午战争后中国区域法制的变化》获上海市第14届哲学社会科学优秀成果论文类一等奖。

于明副教授的专著《司法治国——英国法庭的政治史（1154—1701）》由法律出版社出版。

10月22日

英国牛津大学法学院鲍德温·西尔克斯（Boudewi jn Sirks）教授在长宁校区讲座，主题为“罗马法中的可转让票据”，讲座由张礼洪教授主持。

10月24日

与广西民族大学法学院共同承办的全国外国法制史研究会第二十八届年会在广西壮族自治区南宁市隆重召开。来自全国多所高校、科研机构和出版单位的近170位学者出席了本届年会。

会议选举产生了研究会第九届理事会。何勤华教授当选会长，李秀清教授、苏彦新教授当选副会长，陈颐副教授当选常务理事兼秘书长，冷霞副教授担任副秘书长。

10 月 29 日

清华大学法学院冯象教授在长宁校区讲座，主题为“宣誓之后，法教义学何去何从”，讲座由于明副教授主持。

11 月

茆巍副教授的“疯癫与法律：清代疯疾犯罪的惩罚与预防”获批 2015 年中国法学会部级法学研究课题立项。

王立民教授的《会审公廨是中国的审判机关异议》获第四届中国法律文化研究成果奖三等奖。

11 月 3 日

《中国大百科全书》（第 3 版）法学学科编委会议在北京召开，何勤华教授、李秀清教授、于明副教授分别担任“外国法律史”分支主编、副主编和秘书。

11 月 6 日

上海市法学会外国法与比较法研究会 2015 年年会暨“法治与法西斯主义的抗争”学术研讨会在上海外国语大学虹口校区综合楼英伦厅顺利召开。上海市高校及研究机构 60 余名从事外国法与比较法研究的专家学者参加了本次会议。

12 月

陈颐副教授的中青年课题“近代中国司法职官年表”获批 2015 年度司法部国家法治与法学理论研究项目。

陈颐副教授参与撰写的著作《法学流派的人学之维》获得教育部第七届高等学校科学研究优秀成果奖三等奖。

王捷老师的专著《包山楚司法简考论》由上海人民出版社出版。

12 月 4 日

“华政民商法论坛之高峰论坛第四期——第一期中德民法评注会议：民法典总则的编纂与合同法法律评注”学术研讨会在松江校区明镜楼顺利举行。来自全国多所高校及华政民商法学科和法律史学科的近百位专家、学者参加。

12 月 10 日

美国哥伦比亚大学李峰教授在长宁校区讲座，主题为“西周政治制度”，讲座由王沛副教授主持。

12 月 11 日

屈文生教授的《从词典出发：法律术语译名统一与规范化的翻译史研究》获第七届高等学校科学研究优秀成果奖（人文社会科学）语言学类三等奖。

12 月 12 日

第五届“出土文献与法律史研究”学术研讨会在上海顺利召开。

12 月 23 日

李秀清教授的《中法西绎：〈中国丛报〉与十九世纪西方人的中国法律观》一书被评为《法治周末》“2015 十大法治图书”。

12 月 26 日

主办“青年比较法论坛（2015 · 上海）：全球社会治理与法治”，会议地址在华政松江校区附近的学苑宾馆。

2016 年

1 月

“法律文明演进研究”基地（首席专家：何勤华）成功入选上海市社会科学创新研究基地。

1 月 16 日

陈灵海教授被增补为博士研究生指导教师。

2 月

王立民教授的《唐律新探》（第 5 版），由北京大学出版社出版。

3 月 10 日

于明副教授获教育部霍英东基金会第十五届高等院校青年教师奖二等奖。

3 月 30 日

敦煌研究院马德研究员在松江校区讲座，主题为“敦煌写本民间法律文书述略”，讲座由王沛副教授主持。

3 月 31 日

瑞士弗赖堡大学法学院宗教法研究中心主任彭瑞宁（René Pahud de Mortanges）教授在长宁校区讲座，主题为“移民与宗教：瑞士所面临的挑战及其应对”，讲座由马贺副教授主持。

4 月 14 日

清华大学法学院冯象教授在长宁校区讲座，主题为“AI 伦理和法学的危机——从 AlphaGo 人机大赛说起”，讲座由李秀清教授主持。

4 月 22 日

屈文生教授入选 2015 年度“长江学者奖励计划”青年学者。

4 月 22~26 日

受日本京都大学法学部寺田浩明教授的邀请，何勤华、李秀清、陈颐、王沛、于明、魏敏等学科成员赴日本京都、大阪参加学术交流活动。

5月9日

美国明尼苏达大学历史学系的方强教授在长宁校区讲座，主题为“不畏浮云遮望眼——谈谈美国的中法史研究”，讲座由陈灵海教授主持。

5月21日

与曲阜师范大学法学院和区域法律文化研究所共同协办的中国儒学与法律文化研究会2016年会暨“儒学复兴与法律文化重建”学术研讨会在山东曲阜顺利召开，会议主题为“儒学复兴与法律文化重建”。

5月28~29日

与中国社会科学院近代史研究所法律史研究群、华中科技大学近代法研究所联合主办，华中科技大学法学院承办“第二届近代法律史论坛”在武汉华中科技大学国际学术交流中心召开，本届论坛主题是“近代法律人的世界”。

6月

王沛副教授的“新出金文、简牍所见周秦法制变革研究”、茆巍副教授的“清代司法检验再研究”、徐震宇博士的“正当法律程序原则早期发展史研究”获批2016年国家社会科学基金年度项目和青年项目。

苏彦新教授的专著《近代欧洲国家私法的历史基础》由上海三联书店出版。

王海军老师的专著《近代俄国司法改革史》由法律出版社出版。

6月27日

2011级李洋的博士学位论文《美国驻华法院研究》、2011级黄毛毛的硕士学位论文《上海公共租界领事公堂研究》入选2015年上海市研究生优秀学位论文。

6 月 29 日

智利天主教大学法学院马科斯·哈拉米略教授（Marcos Jaramillo）在长宁校区讲座，主题为“财产权：儒家思想与真正的自然法之间”，讲座由孙平博士担任主持和翻译。

8 月 20~21 日

主办的“律令与教法：中古世界的法令、礼制与信仰”学术研讨会，在福建省南靖县召开，本次研讨会的主题为“中古世界的法令、礼制与信仰”。

9 月

招收第十六届博士研究生 13 人（裴仕彬、王静、宋宇宁、吴伟彬、崔雅琼、姜增、王炳军、齐盛、周海灵、龚湉晰、肖毅立、黄海、Khattiya Mookdavan）。招收第三十三届硕士研究生 22 人（林友标、文博、毛兴满、陈梅、王率先、杨城新、徐心怡、李琴、罗带、张雪莹、曾润轩、仇睿、柴雯、郑昕、张雯珺、陈婉琴、苗雨鹤、刘璐、胡序震、邱滨泽、张博文、李雪涛）。

9 月 9 日

与上海市社会科学界联合会方志办公室共同承办的“上海法学研究 30 年暨上海社科志‘法学章’编纂研讨会”在社联大楼隆重召开，会议由李秀清教授主持。

9 月 17~18 日

与大庆师范学院法学院共同承办的全国外国法制史研究会第二十九届年会在大庆隆重举行，来自全国多所高校、科研机构和出版单位的 130 余位学者出席了本届年会。本届年会的主题为“民法典编纂的域外经验借鉴”。

10 月 25 日

王捷老师的论文《“直诉”源流通说辨正》获第四届董必武青年法学成果奖提名奖。

10 月 28 日

清华大学法学院冯象教授在长宁校区讲座，主题为“‘那生还的和牺牲了的’——从林肯的葛底斯堡演说说起”，讲座由李秀清教授主持。

10 月 30 日

与“社科法学连线”共同主办的“法学研究的问题意识与多元格局——《法治及其本土资源》初版 20 周年”学术讨论会在长宁校区交谊楼圆桌会议室举行。

11 月 12~13 日

与本校法律古籍整理研究所共同承办的第六届“出土文献与法律史研究”暨庆祝华东政法大学法律古籍整理研究所成立 30 周年学术研讨会在长宁校区成功举办，会议主题为“楚地出土法律文献”。

11 月 13 日

湖南大学简帛文献研究中心主任陈松长教授在长宁校区韬奋楼讲座，主题为“岳麓秦简中的几个令名小识”，讲座由姚远老师主持。

11 月 16 日

武汉大学历史学院院长陈伟教授在长宁校区讲座，主题为“秦简牍与秦人法制”，讲座由王捷博士主持。

11 月 17 日

何勤华、李秀清、陈颐、冷霞、王沛等参与整理的《清末民国法律史料丛刊》获上海市第十三届哲学社会科学优秀成果奖一等奖。

李秀清的《中法西绎:〈中国丛报〉与十九世纪西方人的中国法律观》和于明的《司法治国——英国法庭的政治史(1154—1701)》获上海市第十三届哲学社会科学优秀成果奖二等奖。

12月

王捷博士的《"直诉"源流通说辨正》和王沛副教授的《刑名学与中国古代法典的形成》获第三届上海市法学会优秀成果奖。

12月18日

与法律文明史研究院、外国法与比较法研究院共同主办的"中华法系的变迁及其历史遗产"学术研讨会暨国家社科基金重大项目"法律文明史"第7子课题"中华法系"课题结项鉴定会在长宁校区交谊楼圆桌会议室举行。会议由何勤华教授主持,来自多所科研机构的30余位专家学者和课题组成员出席了会议。

沈阳师范大学霍存福教授、中南财经政法大学陈景良教授以及中国政法大学张中秋教授在长宁校区讲座,主题为"法律学术与法律人",讲座由陈灵海教授主持。

北京大学法学院李启成教授、中国人民大学法学院尤陈俊副教授以及广西民族大学法学院伍光红教授在长宁校区讲座,主题为"法律创新与法科研究生",讲座由于明副教授主持。

2017年

2月9日

华政"功勋教授"、法律史学科奠基人王召棠教授与世长辞,享年91岁。

3月

《今日中国》推出《中国法治建设特刊》,推选出"影响中国法治进程的百位法学家"。法律史学科王召棠教授、陈鹏生教授、何勤华教授入选。

董春华老师的《输血感染病毒侵权责任实证研究》由法律出版社出版。

3 月 22 日

英国谢菲尔德大学助理教授张铁铁在长宁校区讲座，主题为“英美法律教育的比较与趋势”，讲座由于明副教授主持。

4 月 21 日

华中科技大学李贵连教授在长宁校区讲座，主题为“法治是什么——基于历史的考察与省思”的讲座，北京大学法学院李启成教授、中国社会科学院法学研究所孙家红副研究员参加，讲座由龚汝富教授主持。

吉林大学法学院教授刘晓林、中国社科院法学研究所助理研究员王帅一、中国政法大学法律史研究院副教授陈煜在长宁校区讲座，主题为“中法史研究新动态：材料与问题”，讲座由王沛教授主持。

4 月 22 日

承办的第三届近代法律史论坛在长宁校区交谊楼圆桌会议室召开。本届研讨会的主题为“局部与全局：近代中国区域法制的时空演进”。

天津财经大学近现代法研究中心主任侯欣一教授在长宁校区讲座，主题为“怎样才能办出好的法学教育：以民国高等法学教育为例”，讲座由王立民教授主持。

5 月

丁凌华教授参与创作和录制的《法律讲堂》节目播出后佳评不断。丁凌华教授荣获中央电视台社会与法频道颁发的“最佳电视新人奖”荣誉称号。

5 月 8 日

日本就实大学人文科学部教授、北京大学中国古代史研究中心研究员李开元在长宁校区讲座，主题为“补《史记》轪侯利苍列传——研究、叙事与思想的交合”。

5 月 25 日

美国明尼苏达大学教授、美国中国历史学家协会主席方强在长宁校区讲座，主题为“当代美国的中国法律史研究——人物·作品·方法”，讲座由陈灵海教授主持。

6 月

王海军、胡骏老师被增补为硕士研究生指导教师。

7 月 29 日

国家社科基金重大项目“法律文明史”结项评审会在长宁校区华谊楼召开。

8 月

王沛老师的《西周邦国的法秩序构建：以新出金文资料为基础的研究》、于明老师的《司法治国——英国法庭的政治史（1154—1701）》、王捷老师的《“直诉”源流通说辨证》、姚远老师的《东汉内郡县法官法吏复原研究》获第五届中国法律文化研究成果奖三等奖。

8 月 26~27 日

协办第一届东方法律文化研讨会暨《〈尚书〉章句集解》出版发布会。

陈灵海教授被选举为中国法律史学会东方法律文化分会执行会长。

9 月

陈灵海教授“清代成案的性质与功能研究”、姚远博士的“长沙新出简牍所见东汉基层司法运作研究”获批2017年国家社科基金年度项目。

招收第十七届博士研究生13人（孙晓鸣、李前程、张戈平、陈珏、余洋、涂钒、王瑞超、徐志强、陈一、胡裕岭、靳匡宇、王梦奇、刘维）。招收第三十四届硕士研究生26人（邓丛、曹诗腾、罗锐、李毅、翁亚娜、周小凡、王志苹、张耀文、唐梅、庞潇、董安静、管笑雪、吴志勇、晁芸芸、丁霖暄、高凌艳、蒋世平、胡瑜锴、陈天成、李一枝、陈迁美、刘佳芸、王牧云、蒋岚、董亭君、王晓）。

9月9~10日

与甘肃政法学院共同承办的全国外国法制史研究会第三十届年会在兰州隆重举行。来自全国多所高校、科研机构和出版单位的130余位学者出席了本届年会。本届年会的主题为“法律、贸易、文化——探寻中西法律文化交流的轨迹”。

10月10日

上海市法学会外国法与比较法研究会“世界东西：比较法律史的阐释”研讨会在华东师范大学中北校区召开。来自上海市多所高校及科研机构近40位学者与会。

10月19日

意大利的里雅斯特大学历史学教授、牛津大学客座教授圭多·阿巴蒂斯塔（Guido Abbattista）在长宁校区讲座，主题为“中国的法、正义和法典化以及欧洲的思考”，讲座由张礼洪教授担任主持，李秀清教授评议。

10月25日

屈文生教授、陈颐教授被增补为博士研究生指导教师。

11月11~12日

与法律古籍整理研究所、湖南大学岳麓书院、湖南大学法学院与中国法律史学会法律古籍整理专业委员会共同主办的第七届“出土文献与法律史研究”学术研讨会在长沙召开。来自海内外多所高校和科研机构的50余位学者参加会议。

11月22日

上海师范大学戴建国教授讲座，主题为“防闲考核：宋代审判制度管窥”，讲座由陈灵海教授主持。

11月29日

复旦大学郭永秉教授在长宁校区讲座，主题为“从早期古文字看中国上古时代的刑——附谈‘瀍’字”，讲座由陈灵海教授主持。

12月

董春华副研究员的自选课题“我国残疾人侵权责任制度之合理构建”获中国法学会2017年度部级法学研究课题立项。

12月2日

北京大学李红海教授、清华大学聂鑫教授、中国政法大学王银宏副教授、西南政法大学杜苏老师在长宁校区讲座，主题为“比较法律史研究的新视野”，讲座由于明副教授主持。

华东师范大学法学院田雷教授在长宁校区讲座，主题为“外国法律史研究的‘皮囊’与‘骨髓’——以美国宪法史研究为例”，讲座由于明副教授主持。

12月3日

与吉林大学司法文明协同创新中心共同举办的“西方法律文明史研讨会”在华政长宁校区交谊楼举行，会议主题为“西方法律文明史的变迁”。

12月6日

上海交通大学凯原法学院赖骏楠老师在长宁校区讲座，主题为“中国近代思潮中的国民程度问题”，讲座由陈灵海教授主持。

12月11日

复旦大学法学院王伟教授在长宁校区讲座，主题为“中国近代留洋法学博士考：问题及思考”，讲座由李秀清教授主持。

12月17日

北京大学博雅讲席教授朱苏力在长宁校区讲座，主题为“齐家——作为一种基层政权制度”，讲座由李秀清教授主持。

2018年

1月

李秀清教授入选2017年中宣部文化名家暨“四个一批”人才。

1月27日

“新时代中国特色社会主义法学理论创新发展学术研讨会”在上海师范大学哲学与法政学院召开。王立民教授在开幕式上致辞，并在主旨演讲中发言。

2月

李秀清教授获国家“万人计划”社会科学领军人才称号。

4月21日

中国法学会比较法学研究会2018年年会在宁波召开。会议增补了部分副会长和常务理事，苏彦新教授被增补为研究会副会长。

4月22日

清华大学法学院陈新宇教授在松江校区讲座，主题为《近代中国第二次礼法之争》，讲座由陈灵海教授主持。

4月26日

浙江大学杜正贞副教授在长宁校区讲座，主题为“民国法律变化下的宗族应对：以龙泉季氏修谱案为例”和“契约、庄册与勘图：民国山林诉讼中的确权和定界”，讲座由龚汝富教授和李秀清教授主持。

5月

何勤华教授承担的国家社科基金重大项目“法律文明史”被全国哲学社会科学规划办公室发布的《2017年度国家社科基金基础类重大项目结项成果概述》评价为“理论研究扎实，成果分量厚重”。

5月29日

挪威奥斯陆大学周勇教授在长宁校区讲座，主题为“北欧萨米法的历史发展——法律多元论的视角”，讲座由李秀清教授主持。

5月31日

北京大学法学院徐爱国教授在长宁校区讲座，主题为“法理学研究的转向——以侵权法为例”，讲座由李秀清教授主持。

6月

王沛教授的《道术与刑书——大变局下的早期中国法》由法律出版社出版。

冷霞副教授主编的《变革与重塑：英国法的现代转型》由上海三联书店出版。

6月5日

陈迪博士“里耶、岳麓简牍所见秦代的犯罪与刑罚执行研究”获批2018年国家社科基金青年项目立项。

6月26日

王海军副研究员的课题“俄罗斯检察监督运行机制研究”获批2018年度最高人民检察院理论研究课题。

7月

洪佳期副教授的专著《上海会审公廨审判研究》由上海人民出版社出版。

9 月

招收第十八届博士研究生 11 人（陈川、詹继续、毛皓强、陈宇超、翟欢、谢之杰、冯文灏、汪单、乔志鑫、谢超、李琴）。招收第三十五届硕士研究生 25 人（韦达、徐开来、潘佳妮、张晓倩、李烨、杨方惠、张文玉、李锦元、胡欣悦、田好奇、顾非易、张瑞琦、庞蕾、朱群杰、孙精远、刘学娜、孟瑶、朱世超、高凌燕、王新蕾、胡晓、杨芳芳、张雪瑞、尤佳君、杜晓松）。

9 月 8 日

中国法律史学会在徐州召开会员代表大会。龚汝富教授、王沛教授、陈灵海教授当选常务理事。

9 月 10 日

于明副教授在第三届上海高校青年教师教学竞赛中获社会科学组一等奖，并获“上海市教学能手”荣誉称号。

9 月 12~14 日

与南京师范大学共同承办“社会主义宪法的历史未来——纪念苏俄宪法颁布一百年周年”学术研讨会，何勤华教授、李秀清教授、陈颐教授、王海军副研究员应邀出席。

9 月 22~23 日

承办全国外国法制史研究会第三十一届年会，本次会议在合肥召开。来自全国多所高校、科研机构和出版单位的 180 余名学者出席盛会，本届年会的主题为“法律文明的起源和变迁——以五大古文明为中心”。

9 月 26 日

日本就实大学李开元教授在长宁校区讲座，主题为“解构《史记·秦始皇本纪》：四篇文章的大拼盘”，讲座由陈灵海教授主持。

9 月 29 日

西北政法大学王健教授在长宁校区讲座，主题为“中德法学交往历史若干史实考证”，讲座由陈颐教授主持。

10 月

屈文生教授的“一带一路沿线国家法律文本翻译、研究及数据库建设”获批 2018 年国家社科基金重大项目。苏彦新教授的“中世纪古典教会法研究”获批上海市哲学社会科学基金项目。

10 月 21 日

承办“第七届青年法史论坛”学术研讨会，会议在长宁校区召开。会议主题为“传统法律秩序的构建与运行”，来自全国 28 所高校与科研院所的 40 余位青年学者参加了论坛。

10 月 30 日

复旦大学出土文献与古文字研究中心刘钊教授讲座，主题为“出土文献与《山海经》”，讲座由王沛教授主持。

11 月 1 日

挪威奥斯陆大学法学院院长达格（Dag Michalsen）在长宁校区讲座，主题为“北欧社会的法律与法学史”，讲座由李秀清教授主持。

11 月 4 日

上海市法学会外国法与比较法研究会 2018 年年会在上海政法学院举行，会议主题为“人工智能与法律变革”。何勤华教授代表研学会致辞，李秀清教授对全场发言进行总结。

11 月 14 日

何勤华教授的《以古代中国和日本为中心的中华法系之律家考》和王立民教授的《甲午战争后中国区域法制的变化》荣获上海市第十四届哲学社会科学优秀成果论文类一等奖。

李秀清教授的《〈印中搜闻〉与19世纪早期西方人的中国法律观》、王沛教授的《西周邦国的法秩序构建：以新出金文为中心》、陈灵海教授的《记忆与遗忘的竞赛：清代律学史中的“箭垛”和“失踪者”》荣获论文类二等奖。

11月19日

南开大学杨振红教授在长宁校区讲座，主题为“《岳麓秦简（伍）》再嫁令与嫪毐之乱”，讲座由姚远老师主持。

11月24日

主办第八届“出土文献与法律史研究”学术研讨会。会议在长宁校区举办，来自中国社会科学院、清华大学、中国政法大学、南昌大学、华侨大学、秦始皇帝陵博物院、法律出版社、格致出版社等近20所高校、文博科研机构的30余位专家学者参加了此次会议。

陈颐教授的《钦定大清现行刑律》（点校本）获中国法律史学会第二届优秀研究成果奖三等奖。

11月25日

中国艺术研究院中国文化研究所梁治平研究员在长宁校区讲座，主题为“理论的旅行——法律东方主义在中国”，讲座由于明副教授主持。

王沛教授的论文《刑名学与中国古代法典的形成——以清华简、〈黄帝书〉资料为线索》荣获第七届钱端升法学研究成果奖论文类三等奖。

11月26日

中国艺术研究院中国文化研究所梁治平研究员在长宁校区讲座，主题为“鹦鹉买卖与虎骨利用——野生动物保护的法律困境”，讲座由李秀清教授主持。

上海交通大学历史系邱澎生教授在长宁校区讲座，主题为“由司法场域看明清中国的法律变迁”，讲座由龚汝富教授主持。

12 月 8 日

主办“耶林法学思想研究——纪念耶林诞辰 200 周年学术研讨会”，会议在长宁校区交谊楼举办，来自全国 14 所高校的 50 余位专家学者参加了本次研讨会。

2019 年

1 月

王立民教授的《上海法制史》（第 2 版），由上海人民出版社出版。

4 月 15 日

清华大学出土文献研究与保护中心李均明教授在长宁校区讲座，主题为“谈长沙五一广场东汉简牍”，讲座由王沛教授主持。

5 月 10 日

西南政法大学俞荣根教授在长宁校区讲座，主题为“中华法系的重新认识”，讲座由龚汝富教授主持。

5 月 11 日

主办“中国儒学与法律文化研究会 2019 年会”，会议在长宁校区交谊楼召开。大会主题为“传统法文化再探讨”，全国多所高校 50 余位学者出席会议。会议选举龚汝富教授为研究会会长，姚远副教授为秘书长。

5 月 19 日

上海市法学会法理法史研究会 2019 年年会暨“中国法学理论研究 70 年”学术研讨会在上海市法学会二楼会议室顺利举办，王立民教授作 2018 年度研究会工作报告。

6 月

何勤华教授受聘为上海市文史研究馆馆员。

6 月 17 日

比利时荷兰语鲁汶大学研究员、哈佛大学亚洲中心研究员马晓冉（Maria Adele Carrai）在长宁校区讲座，主题为“作为法律史学家的丁韪良与晚清政治”，讲座由李明倩副教授主持。

6 月 24 日

与华政研究生院共同承办 2019 年上海“法律文明的互动与变迁”研究生暑期学校开学典礼在长宁校区举行。李秀清教授、王沛教授、邱唐博士等作为承办方代表出席开学典礼。

7 月 12 日

王捷副教授的“楚秦司法行政简册新研”获批 2019 年国家社科基金项目。

8 月 10 日

美国哥伦比亚大学李峰教授、吉林大学考古学院刘晓霞博士在长宁校区讲座，主题为“西周宗族制度和青铜器的生产系统问题：西周经济的新考察”和“商代青铜器花纹的微观研究：青铜器研究的新视点”，讲座由王沛教授主持。

8 月 24~25 日

与山西大学共同承办全国外国法制史研究会第三十二届年会。年会在山西大学召开，来自全国多所高校的 180 余位专家学者参与了本次年会。本次年会主题为“近代宪法文明的起源和变迁——暨魏玛宪法颁布一百周年纪念”。

9 月

招收第十九届博士研究生 10 人（单天羽、赵宝、王力康、谢行焱、刘毅、叶湘、李晓光、陈皓、周小凡、侯莎）。招收第三十六届硕士研究生 27 人（刘琪、徐天骄、吴怡、张凯静、刘玙习、詹瑞、陈明睿、王隆、张顺、苑宝丹、段定、袁晨风、高海霞、沈依逸、林琦婧、徐琨捷、韩林好、王嘉仪、王加好、陈怡玮、张妮娜、沈子渊、伏春雨、李斌、应浩珍、贾高邦、王继慧）。

9 月 9 日

王沛教授被增补为博士研究生指导教师。王婧、魏敏、赵智勇老师被增补为硕士研究生指导教师。

9 月 17 日

何勤华教授当选为上海市法学会第十一届学术委员会委员。

10 月 12~13 日

主办第九届“出土文献与法律史研究”国际学术研讨会，会议在长宁校区顺利举办。来自近海内外 30 所高校、科研机构、文博机构的近 60 位专家学者参加了会议。

10 月 15 日

中国政法大学王宏治教授在长宁校区讲座，主题为“中国刑法史专题：反贪、亲亲相隐匿、复仇和唐玄宗废除死刑的尝试”，讲座由邱唐副研究员主持。

10 月 31 日

比利时鲁汶大学维姆·德科克（Wim Decock）教授在长宁校区讲座，主题为“萨拉曼卡学派和欧洲法律传统的道德基础”，讲座由李秀清教授主持，张礼洪教授、上海社会科学院法学所董能助理研究员担任评议。

11 月 2 日

奥斯陆大学法学院院长达格·密奇尔森教授在长宁校区讲座，主题为“1800—2020 年北欧宪法和宪法历史”，讲座由李秀清教授主持。

11 月 8 日

硕士研究生毛皓强的学位论文《莫普改革与近代国家的主权建构》和硕士研究生乔志鑫的学位论文《秦汉的罪数问题研究——以两则奏谳案例为中心》荣获第四届曾宪义先生法律史奖学金优秀硕士论文奖。

11 月 14 日

王立民教授被授予华东政法大学"功勋教授"荣誉称号。

11 月 15 日

澳门大学法学院院长唐晓晴教授在长宁校区讲座，主题为"权与法的主客之辨"，讲座由李秀清教授主持，金可可教授和孙维飞教授评议。

11 月 19 日

华东师范大学历史学系王进锋副教授在长宁校区讲座，主题为"贵族家臣与西周社会的活力源泉"，讲座由王沛教授主持。

11 月 21 日

德国马克斯·普朗克欧洲法律史研究所所长托马斯·杜斐（Thomas Duve）在长宁校区交谊楼第四会议室讲座，主题为"全球法律史导论"，讲座由李秀清教授主持，李明倩副教授参与评议。

11 月 25 日

日本内阁府本府参与兼经济财政咨询会成员原丈人先生在长宁校区讲座，主题为"公益资本主义"，讲座由何勤华教授主持，魏敏老师担任翻译。

11 月 28 日

复旦大学法学院王伟教授在长宁校区讲座，主题为"法律教育的真与美——《中国近代留洋法学博士考（第二版）》历史档案图片解析"，讲座由李秀清教授主持。

11 月 29 日

中国人民大学法学院侯猛教授在长宁校区讲座，主题为“什么不是法律实证研究？”，讲座由于明教授主持。

12 月 4 日

王立民教授的“中国租界法制文献整理与研究”获批 2019 年度国家社会科学基金重大项目。

12 月 6 日

上海市法学会外国法与比较法研究会 2019 年年会暨“比较法视野中的国家、贸易与法律”研讨会在上海市法学会成功举办。李秀清教授致开幕词，董春华副研究员在会上作了题为《论侵权法中的恶意》的主题发言。

12 月 9 日

何勤华教授领衔的“世界法治文明演进与中国法治理论发展”团队被批准为 2019 年高水平地方高校创新团队法学战略创新团队。

2020 年

7 月

陈鹏生教授获“上海市侨界杰出人物”荣誉称号。

何勤华教授作为项目首席专家的“中华法系与中华法律文化问题研究”获批 2020 年度国家社科基金重大委托项目。

9 月

招收第十九届博士研究生 10 人（陈鹏、王懋、董安静、周欢、黄朱红、曹雳、龚茁、李雪涛、张陶然、万立）。招收第三十六届硕士研究生 24 人（刘飞飞、刘泽元、龚书凝、甄思嘉、张啸、陈敏诗、连泽恺、庄晨曦、张丽萍、孙昊源、廖晓颖、曹翟、向柳欣、姜添、刘智明、赵娅楠、袁霖、刘庆武、步凌燕、杜丽茹、林珍珍、高婉月、王文静、姚浩亮）。

10 月

王沛教授“新出土资料视野下的早期中国法律成文化问题研究”获批 2020 年度国家社科基金项目。

10 月 17~18 日

与湖南师范大学法学院共同承办的全国外国法制史研究会第三十三届年会，在湖南省长沙市岳麓山下的枫林宾馆正式召开。来自全国多所高校、科研机构和出版单位的 200 余名专家学者出席了本次盛会。本届年会的主题为“法律移植与法治发展——亚非拉地区的实践与经验”。

11 月 14 日

第十届“出土文献与法律史研究”学术研讨会在长宁校区交谊楼召开，研讨会主题为“出土法律文献研究的新动态”，本次会议以线上、线下相结合的方式举办。

11 月 17 日

同济大学法学院汪雄涛副教授讲座，主题为“明清法律社会史的旨趣”，讲座由王捷副教授主持。

11 月 20 日

承办上海市法学会外国法与比较法研究会换届大会暨 2020 年学术年会。会议在上海市法学会成功举办。来自上海市多所高校、科研机构及实务部门的 40 名外国法与比较法领域的专家学者参加了本次年会。经研究会成员大会选举，产生了研究会第五届理事会。于明教授当选新一届会长，冷霞副教授当选副会长兼秘书长，王静老师为副秘书长。

11 月 21 日

上海社会科学院法学研究所研究员孟祥沛在长宁校区讲座，主题为“新中国民法典的编纂历程”的学术讲座，讲座由洪佳期副教授主持。

11 月 24 日

复旦大学法学院赵立行教授在长宁校区讲座，主题为“‘人文主义法学’的内涵及其阐释路径”，讲座由于明教授主持。

12 月

于明教授入选“上海市曙光计划”。

12 月 3 日

王沛教授作为项目首席专家主持的“甲、金、简牍法制史料汇纂通考及数据库建设”获批 2020 年度国家社科基金重大项目。

12 月 4 日

华东师范大学法学院田雷教授在长宁校区讲座，主题为“八二宪法草案的形成过程——四十年后再回首”，讲座由于明教授主持。

2021 年

1 月 18 日

与挪威奥斯陆大学合作共建“中国—北欧法研究中心”。中心成立仪式在线上举办，李秀清教授、于明教授出席会议。

3 月

冷霞等著《英美法系》(《法律文明史》第 8 卷）由商务印书馆出版。屈文生教授等著《不平等与不对等》由商务印书馆出版，入选“国家社科基金成果文库”。

3 月 2 日

王沛教授担任首席专家的“甲、金、简牍法制史料汇纂通考及数据库建设”课题组在长宁校区交谊楼召开了国家社科基金重大项目开题论证会。

3 月 18~21 日

王沛、姚远、邬勖等教师率研究生赴荆州、武汉调研。

4 月 2 日

与复旦大学法学院共同主办“来自何处——中国法律教育史研讨会”，会议在长宁校区顺利举行。来自多所高校和科研机构的 50 多位专家学者参加会议。

南京大学法学院张仁善教授在长宁校区讲座，主题为“近代法律精英的家国情怀”，讲座由王沛教授主持。

4 月 14 日

上海市法学会法理法史研究会成员大会召开，会上选举产生了研究会新一届理事会。王捷副教授当选为副会长，王立民教授被聘为新一届研究会顾问。

5 月 18 日

上海博物馆青铜部副研究馆员胡嘉麟在长宁校区讲座，主题为“三星堆遗址的文化内涵和祭祀模式”，讲座由王沛教授主持。

5 月 21 日

史志强博士获“2021 年度博士后国际交流计划引进项目”资助。

5 月 27 日 ~6 月 2 日

王沛、王捷、姚远、陈迪等教师率研究生赴河南鹤壁、浚县、淇县、安阳、成都调研。

5 月 28~29 日

与挪威奥斯陆大学合作举办“中国—北欧法研究中心”首届国际学术研讨会。本次研讨会在线上举行，中、挪两国 20 余位专家学者参加了本次会议。于明教授主持会议，史志强博士作主题发言。

5月29日

与安阳师范学院法学院共同承办中国儒学与法律文化研究会2021年年会暨“儒学法文化与国家治理现代化”学术研讨会。本次会议在河南安阳召开，全国多所高校70余位专家学者参加会议。

6月9日

王静博士、史志强博士获中国博士后科学基金第69批面上资助。

6月16日

上海师范大学哲学与法政学院院长蒋传光教授在长宁校区讲座，主题为“法律史学研究的方法论思考”，讲座由何勤华教授主持。

6月17日

南昌大学国学院助理研究员周博老师在长宁校区讲座，主题为“甲骨文法制资料整理中的几个问题——以肉刑为例”，讲座由王沛教授主持。

6月20日

国家社科基金重大项目“中国租界法制文献整理与研究”之“与中国租界法制相关重要问题研究”学术研讨会在长宁校区召开，会议由项目首席专家王立民教授主持。

6月21日

杭州师范大学沈钧儒法学院院长郝铁川教授在长宁校区讲座，主题为“中国全面依法治国的两大目标、八大挑战及八大应对措施”，讲座由何勤华教授主持。

7月8日

何勤华教授主编的《外国法制史》（第6版）入选首批上海高等教育精品教材名单。

8 月 24 日

第十一届“出土文献与法律史研究”国际学术研讨会在线上顺利召开。来自国内外的 60 余位专家学者参加会议。

9 月

招收第二十届博士研究生 9 人（张顺、张欣、陈迁美、胡晓、韦达、朱群杰、路培欣、马琳、张弘毅）。招收第三十七届硕士研究生 25 人（黄诗雨、王瑜、陈楠、宋宛霖、陈欣如、杨爱青、黄奕琪、陈佳颖、聂子衿、葛家、马晓菲、黄嘉鸿、张思甜、汤怡琳、孙嘉琪、蒋羽、蔡剑锋、许克明、杨友媛、阮芳惠、黄为钊、徐欣、陈凤华、伍卓航、周皓伦）。

10 月

王立民教授的专著《上海法制史》获第七届中国法律文化研究成果奖二等奖。

10 月 9 日

复旦大学法学院赖骏楠副教授在长宁校区讲座，主题为“清代的乡村市场与国家介入：以地权为中心”，讲座由王沛教授主持。

10 月 12 日

王立民教授担任首席专家的“马克思主义理论研究与建设工程”教材《中国法制史》获首届全国优秀教材奖二等奖。

10 月 14 日

华东师范大学历史学院王进锋副教授在长宁校区讲座，主题为“西周时期个人命运的转变——兼说历史研究的三条路径”，讲座由王沛教授主持。

10 月 21 日

中国人民大学法学院尤陈俊副教授作线上讲座，主题为“如何看待法律史研究的社会科学化”，讲座由王沛教授主持。

10 月 23~24 日

与中国社科院世界史所、中国社科院近代史所共同举办首届“全国法学与史学跨学科前沿论坛”。会议在上海开元名都酒店举行，全国 30 多个科研院所的百余名专家学者参加会议。

10 月 28 日

吉林大学法学院刘晓林教授作线上讲座，主题为“唐律中的‘无罪’”，讲座由王沛教授主持。

11 月 5 日

史志强博士入选 2021 年度上海市浦江人才计划。

11 月 11 日

同济大学法学院陈颐教授在长宁校区讲座，主题为“《现行律》民事有效部分故事”，讲座李秀清教授主持。

11 月 12 日

复旦大学法学院赵立行教授在长宁校区讲座，主题为“欧洲从‘抑商’到‘重商’法律历史逻辑”，讲座由于明教授主持。

11 月 18 日

华东师范大学法学院田雷教授在长宁校区讲座，主题为“美国法律史研究与八二宪法研究经验交流”，讲座由李秀清教授主持。

11 月 19 日

于明教授被增补为博士研究生指导教师。茆巍副研究员、肖崇俊助理研究员、陈迪助理研究员、邱唐副研究员被增补为硕士研究生指导教师。

11 月 21 日

与上海外国语大学法学院共同承办上海市法学会外国法与比较法研究会 2021 年年会，会议主题为“国别与区域法的新视野”，会议在上海外国语大学虹口校区第二报告厅举行。来自上海市多所高校近 50 名专家学者出席研讨会。

11 月 27 日

华政法律史学科学术骨干张寿民教授与世长辞，享年 81 岁。

12 月 4 日

承办全国外国法制史研究会第三十四届年会暨会员代表大会。本次会议采取线上、线下结合的方式举办，线下主会场设在长宁校区。会议主题为“国际法与涉外法的历史变迁”，全国多所高校 200 多名学者参加了本次会议。

本次会员代表大会选举了新一届理事会。何勤华教授当选研究会会长，李秀清教授、苏彦新教授当选副会长，于明教授当选常务理事兼秘书长，冷霞副教授当选常务理事兼副秘书长，屈文生教授、王沛教授当选常务理事。

2022 年

1 月

李秀清教授入选教育部“长江学者奖励计划”特聘教授。王沛教授入选教育部“长江学者奖励计划”青年学者。

3 月 29 日

全国杰出资深法学家、华政“功勋教授”、法律史学科带头人之一陈鹏生教授与世长辞，享年 90 岁。

3 月 30 日

中央依法治国办、中央宣传部、外交部、教育部、司法部、商务部联合发布《关于印发国家级涉外法治研究基地名单的通知》，依托华政法律史国家重点学科设立国家级涉外法治研究基地。该基地为华政获批的第一个国家级研究基地。

三、人物

历任研究生导师简介

（以在本专业任职时间为序）

王召棠

1926~2017年。毕业于中国人民大学法律系。华东政法大学“功勋教授”，法律史学科奠基人，享受国务院政府特殊津贴。曾任华东政法学院法律系主任、法律古籍研究所所长，曾兼任中国法律史学会副会长、上海市法学会理事、上海市法学理论与历史研究会总干事。出版专著《王召棠法学文集》，主编、合著《中国法制史》《中国法制史纲》《中国法律制度史》《唐律疏议译注》《宋史刑法志注释》等。在《复旦学报》《法学》等期刊发表多篇论文。曾获“司法行政银星荣誉章”。1999年被授予华东政法学院“功勋教授”称号，2017年被中国法学会评为“影响中国法治建设进程的百位法学家”。

1981年获批全国首批硕士研究生指导教师。

徐轶民

1925~2007年。毕业于复旦大学法律系。华东政法大学“功勋教授”，法律史学科奠基人，享受国务院政府特殊津贴。1948年在上海暨南大学参加革命工作。曾任华东政法学院图书馆委员会主任，曾兼任全国外国法制史研究会副会长。参与编纂《辞海》《中国大百科全书》《战后世界历史长编》《简明法制史词典》《法学词典》，主编《简明外国法制史》，作为副主编参与司法部高等学校法学统编教材《外国法制史》《外国法制史新编》的编写工作。发表《略论法律的继承性》《罗马法学家在罗马法发展中的作用》等30余篇学术论文。1997年获司法部颁发的“司法行政银星荣誉章”，1999年被授予华东政法学院“功勋教授”称号。

1981年获批全国首批硕士研究生指导教师。

陈鹏生

1932~2022年。华东政法大学“功勋教授”，法律史学科带头人之一，享受国务院政府特殊津贴。曾任中国法律史学会执行会长、儒学与法律文化研究会会长、华东政法学院副院长、上海市政协委员兼社会法制委员会副主任等。独著《陈鹏生法学文选》，参与编著《简明中国法制史》，与徐永康教授主编《儒家法文化与和谐社会》，与反町勝夫主编《儒家思想与现代道德和法治》等。在《中国法学》《法学研究》《学术月刊》《法学》《法学季刊》等期刊发表论文70多篇。担任国家重点社科项目成果《中国法律思想通史》（近代卷）、《中国法制通史》（隋唐卷）主编。2004年被授予华东政法学院“功勋教授”称号，2012年获首届“全国杰出资深法学家”荣誉称号。

1987年任硕士研究生指导教师。

张寿民

1941~2021年。华东政法大学教授，法律史学科学术骨干。出版专著《俄罗斯法律发达史》，主编《罗马法史纲》《外国经济法制史》，参加《外国法制史纲》《简明法制史词典》《法学大辞典》的撰稿工作。在《法学》《复旦学报》《外国法制史汇刊》等期刊和论文集发表10余篇论文，在《科学画报》等期刊上发表科幻文学翻译作品10余篇。曾获司法部“司法行政银星荣誉章”等荣誉。

1990年任硕士研究生指导教师。

何勤华

1955年生。北京大学法学博士。现任华东政法大学法律文明史研究院教授，兼任全国外国法制史研究会会长、中华司法研究会副会长，享受国务院政府特殊津贴。曾任华东政法大学校长、中国法学会常务理事。出版《西方法学史》、《法律文明的起源》、《中国法学史》（三卷本）等100余部著作。在《中国社会科学》《法学研究》《中国法学》等期刊发表论文200余篇。曾两次留学日本东京大学。获“全国十大杰出中青年法学家”“国家级教学名师”“百千万人才工程”“全国优秀留学回国人员”等荣誉称号。2019年6月入选上海市文史馆馆员。

1996年任硕士研究生指导教师，2001年任博士研究生指导教师。

郝铁川

1959年生。华东师范大学历史学博士。现任杭州师范大学沈钧儒法学院院长，兼任华东政法大学教授。曾任华东政法学院副院长、上海市委宣传部副部长、上海市金山区区长、上海文史研究馆馆长，享受国务院政府特殊津贴。出版《中华法系研究》《周代国家政权研究》《〈周礼〉与中国文化》《儒家思想与当代中国法治》等著作。在《中国社会科学》《中国法学》《法学研究》等期刊发表论文200余篇。

1996年任硕士研究生指导教师，2004年任博士研究生指导教师。

王立民

1950 年生。华东政法学院法学硕士、华东师范大学史学博士。华东政法大学“功勋教授”。曾任华东政法大学副校长、中国法律史学会执行会长，享受国务院政府特殊津贴，全国优秀教师。国家精品课程、国家精品资源课程“中国法制史”负责人，“马克思主义理论研究和建设工程”首席专家。出版专著《唐律新探》《古代东方法研究》《法律思想与法律制度》《中国法制与法学教育》《法律史与法治建设》《中国租界法制初探》《上海法制史》《上海租界法制史话》。在《法学研究》《中国法学》等期刊发表论文 300 余篇。国家社科基金重大招标项目“中国租界法制文献整理与研究”首席专家，主持国家、省部级科研项目 10 余项。曾获国家级教学成果二等奖，省部级哲学社会科学优秀成果著作、论文一等奖，教学成果一等奖等奖项 10 余次。

1997年任硕士研究生指导教师，2001年任博士研究生指导教师。

徐永康

1956 年生。华东政法大学法律史专业硕士、南京大学中国社会史专业博士。华东政法大学教授。曾任中国儒学与法律文化研究会会长、中国法律史学会常务理事，享受国务院政府特殊津贴。长期从事中国法制史、法律文化和法制现代化的教学科研工作。代表作包括:《三留集》《法典之王——〈唐律疏议〉与中国文化》《士人精神与社会治理方式的演进》等。

1997 年任硕士研究生指导教师，2001 年任博士研究生指导教师。

丁凌华

1952年生。毕业于吉林大学历史系。出版专著《中国丧服制度史》《艰难与希望——中国法律制度史讲课实录》《中国法制史新谭》《五服制度与传统法律》。发表《宗祧继承论》《家族主义法渊源略论》《宋代寄禄官制度初探》等100余篇论文。曾获司法部优秀论文奖、司法部法学优秀科研成果（著作类）二等奖、上海市教学成果一等奖、上海市高校优秀教材二等奖、上海市育才奖等奖项。多次被在校学生评为“十佳教师”。

1999年任硕士研究生指导教师，2011年任博士研究生指导教师。

周伟文

1956年生。华东政法大学法律学院副教授。主要从事外国法制史和西方法律思想史的教学和研究。参与编著《外国法制史》《西方法律思想史》，出版译著《法律导引》。发表《法律移植和法治》等多篇论文。曾获“申银万国奖”。

1999年任硕士研究生指导教师。

李秀清

1966年生。华东政法大学法学博士。曾在英国牛津大学、美国密歇根大学、德国马克斯·普朗克欧洲法律史研究所访学。华东政法大学法律学院教授。兼任全国外国法制史研究会副会长、中国法学会比较法学研究会常务副会长。著有《日耳曼法研究》《中法西绎:〈中国丛报〉与十九世纪西方人的中国法律观》。曾获“上海领军人才”“全国十大杰出青年法学家”等荣誉称号。2014年入选

“国家百千万人才工程”并获“有突出贡献中青年专家”荣誉称号，2017年入选文化名家暨“四个一批”人才工程，2018年入选“万人计划”哲学社会科学领军人才，2022年入选教育部“长江学者奖励计划”特聘教授。

2000年任硕士研究生指导教师，2005年任博士研究生指导教师。

赵元信

1948年生。毕业于复旦大学历史系。华东政法大学法律学院副教授。主要从事中国法制史、近代思想史、女性史的研究。曾出版《中国法的思路历程》《中国历代女性悲剧大观》等著作，主编《中国法律思想史》、副主编《中国法律制度史》等教材。在《法学》《华东政法学院学报》等期刊发表论文若干篇。

2001年任硕士研究生指导教师。

童之伟

1954年生。武汉大学法学博士。华东政法大学法律学院教授，享受国务院政府特殊津贴。曾任《法商研究》主编、上海交通大学法学院常务副院长、《法学》主编，曾兼任中国法学会宪法学研究会副会长、上海市法学会宪法研究会会长。出版《国家结构形式论》《宪法与部门法关系管窥》等著作。在《法学研究》《中国法学》《中外法学》等期刊发表论文200余篇。

2002年任博士研究生指导教师。

沈国明

1952年生。上海交通大学凯原法学院讲席教授，享受国务院政府特殊津贴。曾任上海市社会科学界联合会党组书记、专职副主席，上海市法学会会长，上海社会科学院副院长，中国法学会学术委员会委员，中国法学会法理学研究会副会长，上海市法官检察官遴选委员会主任。独著《土地使用权研究》《渐进的法治》，合著《人权：虚幻与现实》，主编《40年学术争鸣大系·政治学法学卷》《二十一世纪中国社会科学·法学卷》等。曾获人力资源和社会保障部“有突出贡献的中青年专家”荣誉称号。

2004年任博士研究生指导教师。

孙　潮

1956年生。武汉大学法学博士。上海交通大学凯原法学院讲席教授。曾任华东政法学院科研处处长、上海市人大常委会委员、上海市徐汇区区长、上海市闵行区委书记、贵州省高级人民法院院长。出版专著《立法技术学》等。在《中国法学》《法学》等期刊发表论文多篇。1991年被评为上海市高校优秀青年教师，1994年获国务院政府特殊津贴，2000年获“上海市优秀中青年法学家”荣誉称号。

2004年任博士研究生指导教师。

杨师群

1951年生。华东政法大学教授。主要研究中外法律史、先秦史、宋史、中西方社会比较研究等。出版《中国历史的教训》《反思与比较：中西方古代社会的历史差距》《东周秦汉社会转型研究》《中国新闻传播史》《三千年冤狱》等著作，主编《中国历代名案集成（宋辽金元分册）》等。在《中国社会科学》《中国史研究》《学术月刊》等学术期刊发表论文百余篇。

2004年任硕士研究生指导教师。

俞 江

1972年生。北京大学法学博士。曾任教于华东政法大学法律史学科（2004~2008年），现任华中科技大学法学院教授。著有《近代中国民法学中的私权理论》《近代中国的法律与学术》《清代的合同》，主编《徽州合同文书汇编（点校本）》。在《中国社会科学》《历史研究》《法学研究》等期刊发表论文40余篇。2003年被评为“中国十大法治人物”。曾获上海市第八届哲学社会科学优秀成果奖一等奖。

2005年任博士研究生指导教师。

汪康懋

1948~2013年。毕业于北京大学。曾任华东政法大学商学院教授，院长。出版《世界新经济格局下的亚太、中国、香港》《富国论》等。在《人民日报》《经济日报》等报刊发表论文多篇。

2005年任博士研究生指导教师。

陈灵海

1972年生。华东政法大学法学博士。现任上海师范大学哲学与法政学院教授、中国法律史学会常务理事。独著、合著《唐代刑部研究》《法律、社会与思想——对传统法律文化背景的考察》等。在《法学研究》《中外法学》《学术月刊》等期刊发表论文多篇。主持中国博士后基金特别资助项目、上海市哲学社会科学基金项目等，参与国家社科重大攻关项目、国家社科重点项目等。

2007年任硕士研究生指导教师，2016年任博士研究生指导教师。

陈　颐

1977年生。华东政法学院法学学士，法律史硕士、博士，中国政法大学比较法学博士后。现任同济大学法学院教授、全国外国法制史研究会常务理事、上海市外国法与比较法研究会副会长。出版专著《立法主权与近代国家的建构》《英美信托法的现代化》，合著10余部，发表论文20余篇。主持、参与省部级以上课题多项。获省部级以上科研、教学成果奖多项。

2008年任硕士研究生指导教师，2017年任博士研究生指导教师。

高　珣

1977年生。华东政法大学法学博士。曾任华东政法大学法律学院副教授。主要从事中国法制史、法律文化的教学与研究。出版专著《隋朝法制与统一秩序研究》，主编、参编多部教材，在学术期刊、杂志发表论文10余篇。参与并完成司法部、上海市哲学社会科学基金、中国法学会、上海市教委等课题近10项。曾获第二届中国法律文化研究成果青年奖。

2008年任硕士研究生指导教师。

洪佳期

1972年生。华东政法大学法学博士。现任华东政法大学副教授。担任中国法制史、上海租界法制史的教学工作，主要研究领域为明清法律史、近代法律史。出版专著《上海会审公廨审判研究》，参编、点校著作多部。在《政治与法律》、《法商研究》、《法制史研究》（台北）、韩国《中国史研究》等国内外期刊发表论文10余篇。参与并完成国家社会科学基金项目、司法部研究项目多项。

2008 年任硕士研究生指导教师。

冷　霞

1979 年生。华东政法大学法学博士。现任华东政法大学副教授，全国外国法制史研究会副秘书长、上海市法学会外国法与比较法研究会副会长兼秘书长。主要研究领域为英国法律史、比较法。出版专著《英国早期衡平法概论》，译著 2 部。在《比较法研究》《华东政法大学学报》等期刊发表论文多篇。

2009 年任硕士研究生指导教师。

王　沛

1977 年生。华东政法大学法学博士。现任华东政法大学法律学院教授，法律古籍整理研究所所长，中国法律史学会常务理事、法律古籍整理专业委员会副会长。主要研究领域为中国法制史。出版专著《刑书与道术——大变局下的早期中国法》《金文法律资料考释》《黄老"法"理论源流考》等。在《中国社会科学》《法学研究》《历史研究》《法学》等期刊发表论文数十篇。2022 年入选教育部"长江学者奖励计划"青年学者。

2009 年任硕士研究生指导教师，2019 年任博士研究生指导教师。

屈文生

1977 年生。华东政法大学法学博士。现任华东政法大学研究生院院长，教授。兼任全国人大法工委法律英文译审专家委员会委员、国家社科基金重大项目首席专家。专著《不平等与不对等》入选 2019 年度"国家哲学社会科学成果文库"。在《中国社会科学》

《历史研究》《外语教学与研究》《法学》等期刊发表论文 80 余篇。曾获首届教育部“长江学者奖励计划”青年学者、上海市哲学社会科学成果奖一等奖、上海市教学成果奖一等奖、“上海市曙光学者”等荣誉。

2011 年任硕士研究生指导教师，2017 年任博士研究生指导教师。

姚　远

1979 年生。华东政法大学法学博士，中国社会科学院法学所博士后。现任华东政法大学副教授。主要从事中国法制史的教学与研究，包括东汉出土法律简牍以及东汉及魏晋法制史的研究。出版专著《上海公共租界特区法院审判研究》。发表《长沙五一广场东汉简牍释译》《东汉内郡县法官法吏复原研究》等论文多篇。独立主持国家社科基金项目、教育部青年基金项目、中国法学会一般项目等，参与中国社会科学院、司法部、上海市教委等多项课题研究。

2012 年任硕士研究生指导教师。

龚汝富

1965 年生。华东政法大学法学博士。现任华东政法大学教授，享受国务院政府特殊津贴。兼任中国法律史学会常务理事、儒家与法文化研究会会长。主要从事中国法制史教学研究工作，热衷民间法律文献的收藏与整理。出版专著 2 部，整理珍稀法律文献 1 部。先后发表学术论文逾百篇。主持完成国家社科基金课题 2 项、省部级课题 5 项，获得省部级优秀成果一等奖、二等奖、三等奖 5 项。

2013 年任博士研究生指导教师（2006 年在江西财经大学获批博士研究生指导教师，2012 年调入华东政法大学法律史学科）。

于　明

1982年生。北京大学法学博士。现任华东政法大学法律学院教授。兼任全国外国法制史研究会秘书长、上海市法学会外国法与比较法研究会会长。出版专著《司法治国——英国法庭的政治史（1154—1701）》。在《法学研究》《中外法学》《学术月刊》《法学家》《清华法学》等期刊发表论文20余篇。曾获教育部霍英东基金会高校青年教师奖、“上海市曙光学者”、上海市高校青年教师教学竞赛一等奖、上海市哲社优秀成果奖二等奖、上海市教学能手等荣誉。

2013年任硕士研究生指导教师，2021年任博士研究生指导教师。

董春华

1980年生。中国政法大学法学博士，美国福特汉姆大学访问学者。现任华东政法大学知识产权学院教授。出版专著3部、译著5部。在《法学》《现代法学》《比较法研究》等期刊发表论文40余篇。主持国家社科基金青年项目1项、上海市哲社规划课题一般项目1项、司法部课题1项、中国法学会课题1项。2019年入选上海市法学会涉外法律人才库。

2013年任硕士研究生指导教师。

苏彦新

1963年生。华东政法大学法学博士，英国邓迪大学法学院高级访问学者。现任华东政法大学科学研究院教授，兼任全国外国法制史研究会副会长、中国法学会比较法学研究会副会长。出版专著

《近代欧洲国家私法的历史基础》，译著《美国法律史》《比较法：法院与书院》《比较法的理论与方法概论》等。发表论文 30 余篇。

2014 年任博士研究生指导教师（2011 年在郑州大学获批博士研究生指导教师，2014 年调入华东政法大学法律史学科）。

王　捷

1979 年生。华东政法大学法学博士。现任华东政法大学法律学院教授，兼任上海市法学会法理法史研究会副会长、中国儒学与法律文化研究会常务理事。出版《包山楚司法简考论》等著作多部。在《法学研究》等中外学术期刊发表论文 10 余篇。主持国家哲学社科基金项目 2 项。曾获中国法学会董必武青年法学成果奖、中国法律文化研究成果奖等荣誉。入选首批上海青年法律人才库。

2014 年任硕士研究生指导教师。

于　霄

1982 年生。华东政法大学法学博士。现任上海师范大学哲学与法政学院副教授。出版《1925 年英国财产法立法改革研究》《英国土地登记法律制度史研究》《中英比较视野下的宅基地法律改革》《中国农村土地法律信托问题研究》等专著,《律师与社会》《正义的慈悲》《在世界与我之间》《誓言：奥巴马与法院》等译著。主持国家社科基金项目、教育部人文社科项目、中国法学会项目多项。

2014 年任硕士研究生指导教师。

胡　骏

1980 年生。华东政法大学法学博士。现任华东政法大学法律学院副教授、法律文明史研究院秘书长。曾赴英国伦敦大学国王学院古典系访学半年，通晓古希腊语。主要研究领域为古希腊法律史。出版《古希腊民商事立法研究》《古希腊刑事立法研究》《19世纪以来欧洲大陆国家的古希腊法律史研究》等5部著作。发表论文10余篇。曾获司法部全国优秀法学成果奖三等奖。

2017年任硕士研究生指导教师。

王海军

1983年生。华东政法大学法学博士。现任华东政法大学法律史研究中心副研究员、《法学》编辑部责任编辑、全国外国法制史研究会理事、中国法学会比较法学研究会理事。曾赴莫斯科大学访学。出版《〈罗斯法典〉研究》《近代俄国司法改革史》《苏维埃政权下的俄罗斯司法》等5部著作，在《法学家》《现代法学》《华东政法大学学报》等中外学术期刊发表论文40余篇。先后主持国家社科基金、最高人民检察院等6项课题研究项目。

2017年任硕士研究生指导教师。

王　婧

1981年生。北京大学法学博士。德国科隆大学访问学者。现任华东政法大学科学研究院副研究员。出版《罗斯科·庞德的社会学法理学》等专著2部,《论一般法律:〈法学大全〉选集》等译著2部。在《政治与法律》《华东政法大学学报》《上海师范大学学报》等期刊发表论文多篇。主持国家社科基金等课题研究项目。

2019年任硕士研究生指导教师。

魏　敏

1979 年生。日本京都大学法学博士。现任华东政法大学东亚法史研究所所长。兼任中国法学会比较法学研究会理事、日本法制史学会会员、日本东洋法史研究会会员、日本大阪经济法科大学亚洲研究所客座研究员、日本国际日本文化研究中心外国人研究员。出版译著《亚洲法的多元性构造》等多部。在国内外期刊发表《考满与考察：清代中国文官监察制度初探》(日文)、《清代官员的公罪与私罪》(日文)、《关于中日法律教育制度之我见》、《“治人”与“治法”之博弈：清初官员管理理念刍议》等文章。

2019 年任硕士研究生指导教师。

茆　巍

1975 年生。中国社会科学院法学研究所法学博士。现任华东政法大学科学研究院副研究员。主要研究方向为诉讼法史。在《中国社会科学》《中国软科学》《法制与社会发展》《证据科学》等期刊发表论文 20 余篇。主持国家社科基金一般项目等。

2021 年任硕士研究生指导教师。

肖崇俊

1985 年生。华东政法大学法学博士。现任华东政法大学助理研究员、《华东政法大学学报》责任编辑。主要从事商法史研究，近年来着力于公司收购制度的比较研究。合著《中世纪欧洲世俗法》等。发表《〈威廉姆斯法案〉对公司收购中立立场的确立——基于美国国会档案的立法史考察》《英国海事法院管辖权演变之研究》等论文多篇。

2021 年任硕士研究生指导教师。

陈　迪

1988 年生。中国政法大学博士、华东政法大学博士后。现任华东政法大学助理研究员。主要研究领域为秦汉法制史。在《社会科学》《古代文明》《简帛研究》等 CSSCI 来源期刊发表论文数篇。主持 2018 年国家社科青年项目、2018 年上海市教委“晨光计划”项目。

2021 年任硕士研究生指导教师。

邱　唐

1990 年生。台湾政治大学法学博士。现任华东政法大学特聘副研究员。主要研究领域为明清法律史、法律与文学。在《清华法学》、《法制史研究》（台北）等两岸法学核心期刊发表论文数篇。

2021 年任硕士研究生指导教师。

历届博士研究生名录（2001~2021年）

姓　名	专业方向	导　师	工作单位
曲　阳	2001级外国法制史	何勤华	华东政法大学
李秀清	2001级外国法制史	何勤华	华东政法大学
郑少华	2001级外国法制史	何勤华	上海政法学院
郭光东	2001级外国法制史	何勤华	深圳雾芯科技有限公司
朱晓喆	2001级外国法制史	何勤华	上海财经大学
徐　菲	2001级外国法制史	何勤华	国有企业
刘守刚	2001级外国法制史	何勤华	上海财经大学
刘晓雅	2001级外国法制史	何勤华	执业律师（移民美国）
沈大明	2001级中国法制史	王立民	上海商学院
陈柳裕	2001级中国法制史	王立民	中共浙江省委党校
孟祥沛	2001级中国法制史	王立民	上海市社会科学院
陈灵海	2001级中国法制史	王立民	上海师范大学
杨正鸣	2001级中国法制史	王立民	华东政法大学
李孝猛	2001级法律文化	徐永康	上海市市场监督管理局
姚秀兰	2001级法律文化	徐永康	深圳大学
陈　颐	2002级外国法制史	何勤华	同济大学
占茂华	2002级外国法制史	何勤华	上海政法学院
冯引如	2002级外国法制史	何勤华	企业法务（移民瑞典）
高　尚	2002级外国法制史	何勤华	安徽大学
汤　唯	2002级外国法制史	何勤华	烟台大学

续表

姓　名	专业方向	导　师	工作单位
王兰萍	2002 级外国法制史	何勤华	商务印书馆
吴旭阳	2002 级外国法制史	何勤华	厦门大学
季立刚	2002 级外国法制史	何勤华	复旦大学
夏　雪	2002 级外国法制史	何勤华	上海市证券交易所
洪佳期	2002 级中国法制史	王立民	华东政法大学
方立新	2002 级中国法制史	王立民	浙江大学
周伟文	2002 级中国法制史	王立民	华东政法大学
孙加锋	2002 级中国法制史	王立民	上海市恒泰律师事务所
孙维飞	2002 级中国法制史	王立民	华东政法大学
袁忠民	2002 级法律文化	徐永康	上海市虹口区总工会
胡玉鸿	2002 级法律文化	徐永康	华东政法大学
龚汝富	2002 级法律文化	徐永康	华东政法大学
黄大赛	2002 级法律文化	徐永康	西南政法大学
裘　索	2002 级外国法制史	何勤华、童之伟	上海市锦天城律师事务所
苏彦新	2003 级外国法制史	何勤华	华东政法大学
王素芬	2003 级外国法制史	何勤华	辽宁大学
杨积讯	2003 级外国法制史	何勤华	中国计量大学
魏　琼	2003 级外国法制史	何勤华	华东政法大学
任　超	2003 级外国法制史	何勤华	华东政法大学
廖初民	2003 级外国法制史	何勤华	绿地集团
孟　红	2003 级外国法制史	何勤华	东南大学
陈　融	2003 级外国法制史	何勤华	华东师范大学
王铁雄	2003 级外国法制史	何勤华	上海海事大学
姚建龙	2003 级外国法制史	何勤华	上海社科院法学研究所
张海斌	2003 级外国法制史	何勤华	上海外国语大学
高　珣	2003 级中国法制史	王立民	曾任职华东政法大学

续表

姓　名	专业方向	导　师	工作单位
吕　利	2003 级中国法制史	王立民	上海师范大学
郑　取	2003 级中国法制史	王立民	上海市市场监督管理局
黄武双	2003 级中国法制史	王立民	华东政法大学
洪冬英	2003 级中国法制史	王立民	华东政法大学
曲玉梁	2003 级中国法制史	王立民	华东政法大学
袁兆春	2003 级中国法制史	王立民	曲阜师范大学
许　莉	2003 级中国法制史	王立民	华东政法大学
魏淑君	2003 级法律文化	徐永康	中国浦东干部学院
韦　浩	2003 级法律文化	徐永康	上海市普陀区万里街道
杨成炬	2003 级法律文化	徐永康	安徽大学
卞　琳	2003 级法律文化	徐永康	华东政法大学
潘小军	2003 级法律文化	徐永康	华东政法大学
夏　菲	2004 级外国法制史	何勤华	华东政法大学
马　贺	2004 级外国法制史	何勤华	华东政法大学
李求轶	2004 级外国法制史	何勤华	北京两高（上海）律师事务所
韩　强	2004 级外国法制史	何勤华	华东政法大学
马　聪	2004 级外国法制史	何勤华	华南师范大学
冷　霞	2004 级外国法制史	何勤华	华东政法大学
张玉堂	2004 级外国法制史	何勤华	华东政法大学
蔡东丽	2004 级外国法制史	何勤华	华南理工大学
王　沛	2004 级中国法制史	王立民	华东政法大学
郭为禄	2004 级中国法制史	王立民	华东政法大学
王月明	2004 级中国法制史	王立民	华东政法大学
邹剑锋	2004 级中国法制史	王立民	浙江天展律师事务所
谢如程	2004 级中国法制史	王立民	杭州师范大学
郭春莲	2004 级中国法制史	王立民	上海市浦东新区公安局

续表

姓 名	专业方向	导 师	工作单位
周卫平	2004 级中国法制史	王立民	东华大学
刁振娇	2004 级法律文化	徐永康	华东政法大学
唐红林	2004 级法律文化	徐永康	上海对外经贸大学
张益刚	2004 级法律文化	徐永康	曲阜师范大学
胡照青	2004 级法律文化	孙 潮	上海市司法局
芦 琦	2004 级法律文化	郝铁川	上海开放大学
朱淑丽	2004 级法律文化	沈国明	上海社会科学院
曹呈宏	2005 级外国法制史	何勤华	浙江省检察院（已去世）
邵宗日	2005 级外国法制史	何勤华	山东省威海市文登区人民法院（已去世）
邓继好	2005 级外国法制史	何勤华	华东政法大学
刘 强	2005 级外国法制史	何勤华	上海政法学院
刘显娅	2005 级外国法制史	何勤华	上海市立信会计金融学院
荆月新	2005 级外国法制史	何勤华	山东师范大学
郭延军	2005 级外国法制史	何勤华	上海交通大学
陈郁如	2005 级外国法制史	何勤华	台湾师范大学
郑现喆	2005 级外国法制史	何勤华	北京斗本高新技术公司
林安民	2005 级中国法制史	王立民	闽江学院
蒋冬梅	2005 级中国法制史	王立民	上海出版印刷高等专科学校
姜茂坤	2005 级中国法制史	王立民	上海杉达学院
张 彬	2005 级中国法制史	王立民	上海海事大学
饶传平	2005 级中国法制史	王立民	江西财经大学
穆中杰	2005 级中国法制史	王立民	河南工业大学
林华昌	2005 级法律文化	徐永康	中国人民银行上海总部
倪 铁	2005 级法律文化	徐永康	华东政法大学
倪万英	2005 级法律文化	徐永康	东华大学
吴旅燕	2005 级法律文化	童之伟	上海政法学院

续表

姓　名	专业方向	导　师	工作单位
曾　坚	2005 级法律文化	沈国明	上海财经大学
刘志欣	2005 级法律文化	孙　潮	上海工程技术大学
于晓青	2005 级法律文化	郝铁川	浙江工业大学
陈　兵	2006 级外国法制史	何勤华	南开大学
果海英	2006 级外国法制史	何勤华	首都师范大学
胡建会	2006 级外国法制史	何勤华	嘉定区嘉定镇街道办事处
荚振坤	2006 级外国法制史	何勤华	上海市人民检察院
陈婉玲	2006 级外国法制史	何勤华	华东政法大学
胡　桥	2006 级外国法制史	何勤华	浙江工商大学
潘申明	2006 级外国法制史	何勤华	宁波大学
屈文生	2006 级外国法制史	何勤华、李秀清	华东政法大学
李　婧	2006 级中国法制史	王立民	华东政法大学
王亚军	2006 级中国法制史	王立民	安徽大学
王红梅	2006 级中国法制史	王立民	盐城工学院
黄爱武	2006 级中国法制史	王立民	浦东新区司法局
练育强	2006 级中国法制史	王立民	华东政法大学
张东平	2006 级法律文化	徐永康	上海政法学院
虞　瑾	2006 级法律文化	徐永康	中国建设银行上海分行
蓝　涛	2006 级法律文化	徐永康	上海戏剧学院
杨　辉	2006 级法律文化	徐永康	江西师范大学
阎　锐	2006 级法律文化	沈国明	上海市人大常委会
穆伯祥	2006 级法律文化	郝铁川	天津财经大学
叶　芳	2006 级法律文化	孙　潮	上海市锦天城律师事务所
胡　骏	2006 级法律文化	童之伟	华东政法大学
颜晓闽	2006 级法律文化	何勤华、汪康懋	上海思博职业技术学院

续表

姓　名	专业方向	导　师	工作单位
侯　勃	2007 级外国法制史	何勤华	企业法务（移民澳大利亚）
解　锟	2007 级外国法制史	何勤华	法律出版社
孔　晶	2007 级外国法制史	何勤华	南京海关
夏秀渊	2007 级外国法制史	何勤华	江西财经大学
张进德	2007 级外国法制史	何勤华	上海政法学院
蔡　迪	2007 级外国法制史	李秀清	浙江万里学院
姚　远	2007 级中国法制史	王立民	华东政法大学
聂虎臣	2007 级中国法制史	王立民	南昌大学
沈　阳	2007 级中国法制史	王立民	企业法务
张周国	2007 级中国法制史	王立民	上海应用技术大学
栾时春	2007 级法律文化	徐永康	华东政法大学
钱泳宏	2007 级法律文化	徐永康	郑州轻工业学院
徐少辉	2007 级法律文化	徐永康	上海市金融办公室
尹伟琴	2007 级法律文化	徐永康	浙江工业大学
翟　芳	2007 级法律文化	沈国明	中国海洋石油有限公司
熊建明	2008 级外国法制史	何勤华	南昌大学
焦应达	2008 级外国法制史	何勤华	内蒙古大学
任海涛	2008 级外国法制史	何勤华	华东师范大学
赵笑君	2008 级外国法制史	何勤华	福建师范大学
王笑红	2008 级外国法制史	何勤华	译林出版社
陈晓聪	2008 级外国法制史	何勤华	中国海洋大学
翟冠慧	2008 级外国法制史	何勤华	上海市信本律师事务所
于　霄	2008 级外国法制史	李秀清	上海师范大学
张　莉	2008 级中国法制史	王立民	上海市信本律师事务所
张维新	2008 级中国法制史	王立民	湖南文理学院
王晓峰	2008 级中国法制史	王立民	南通大学
丁德昌	2008 级中国法制史	王立民	湖南文理学院

续表

姓　名	专业方向	导　师	工作单位
周登谅	2008 级法律文化	徐永康	华东理工大学
肖秀娟	2008 级法律文化	徐永康	上海电气自动化集团
孙建伟	2008 级法律文化	沈国明	上海市法学会
李明倩	2009 级外国法制史	何勤华	华东政法大学
王伟臣	2009 级外国法制史	何勤华	上海外国语大学
方　堃	2009 级外国法制史	何勤华	中共安徽省委党校
王海军	2009 级外国法制史	何勤华	华东政法大学
张　婷	2009 级外国法制史	何勤华	上海对外经贸大学
穆红琴	2009 级外国法制史	沈国明	汕头大学
欧　扬	2009 级外国法制史	李秀清	湖南大学
王　捷	2009 级中国法制史	王立民	华东政法大学
周会蕾	2009 级中国法制史	王立民	河南中医药大学
于鹏飞	2009 级中国法制史	王立民	上海诺可律师事务所
张海峰	2009 级中国法制史	王立民	杭州市人民检察院
李远明	2009 级法律文化	徐永康	昆明理工大学
刘承涛	2009 级法律文化	徐永康	浙江工业大学
王瑞山	2009 级法律文化	徐永康	华东政法大学
吴　玄	2010 级外国法制史	何勤华	上海师范大学
熊玉梅	2010 级外国法制史	何勤华	江西财经大学
周小明	2010 级外国法制史	何勤华	温州大学
方　砚	2010 级外国法制史	何勤华	甘肃政法大学
赵　亮	2010 级比较法律史	李秀清	上海诺基亚贝尔有限公司
汪　强	2010 级比较法律史	李秀清	上海师范大学
李耀跃	2010 级中国法制史	王立民	河南工业大学
谢　舟	2010 级中国法制史	王立民	湖州师范学院
虞　浔	2010 级中国法制史	王立民	华东政法大学
杜军强	2010 级中国法制史	王立民	西安交通大学

续表

姓　名	专业方向	导　师	工作单位
段宝玫	2010 级法律文化	徐永康	上海商学院
翟旭丹	2010 级法律文化	徐永康	上海远播教育科技集团
王丹丹	2010 级法律文化	沈国明	云南财经大学
张武汉	2011 级外国法制史	何勤华	上海理工大学
卢　玮	2011 级外国法制史	何勤华	上海政法学院
骆永兴	2011 级外国法制史	何勤华	江苏省南京市人社局
陈　阳	2011 级外国法制史	何勤华	上海海关学院
刘佳伟	2011 级外国法制史	何勤华	博璟资本
赵江风	2011 级外国法制史	何勤华	山东临沂中级人民法院
李　洋	2011 级比较法律史	李秀清	南京师范大学
朱　颖	2011 级比较法律史	李秀清	上海立信会计金融学院
赵　勇	2011 级法律文化	徐永康	江苏科技大学
汪　娜	2011 级法律文化	沈国明	上海交通大学出版社
邬　勖	2011 级中国法制史	王立民	华东政法大学
张宪丽	2012 级外国法制史	何勤华	上海政法学院
冀明武	2012 级外国法制史	何勤华	南阳理工学院
江小夏	2012 级外国法制史	何勤华	人民出版社
戴秀河	2012 级外国法制史	何勤华	上海青浦区机关事务管理局
王文涛	2012 级中国法制史	丁凌华	上海黄浦区人民检察院
陈婴虹	2012 级中国法制史	王立民	中共浙江省委党校
林仪明	2012 级中国法制史	王立民	上海市人民检察院
杨晓波	2012 级中国法制史	王立民	中国计量大学
裴乾坤	2012 级法律文化	徐永康	上海世纪出版集团
孔志强	2012 级法律文化	徐永康	上海立信会计金融学院
周　颖	2012 级法律文化	徐永康	上海政法学院
方　宇	2012 级法律文化	沈国明	陆家嘴集团
宫　雪	2012 级比较法律史	李秀清	华东政法大学

续表

姓　名	专业方向	导　师	工作单位
赵博阳	2012 级比较法律史	李秀清	上海社会科学院
王思杰	2013 级外国法制史	何勤华	厦门大学嘉庚学院
杜丽君	2013 级外国法制史	何勤华	上海国际仲裁中心
肖崇俊	2013 级外国法制史	何勤华	华东政法大学
汪湖泉	2013 级中国法制史	丁凌华	中国计量大学法学院
赵美玲	2013 级中国法制史	王立民	上海昊海生物科技股份公司
谢志民	2013 级中国法制史	龚汝富	赣南师范大学
肖志珂	2013 级中国法制史	王立民	上海商学院
张　娜	2013 级中国法制史	王立民	河南财经政法大学
徐　望	2013 级法律文化	徐永康	浙江理工大学
阎　婷	2013 级法律文化	徐永康	上海中医药大学
胡译之	2013 级法律文化	沈国明	上海社会科学院
沈　伟	2013 级比较法律史	李秀清	中共上海市委党校
李　超	2013 级比较法律史	李秀清	苏州科技大学
王　涛	2014 级外国法制史	何勤华	华东政法大学
楚盛男	2014 级外国法制史	何勤华	上海建桥学院
高　媛	2014 级外国法制史	何勤华	商务印书馆学术中心
万　山	2014 级外国法制史	何勤华	老挝—中国国际 关系部合作司
刘　丁	2014 级比较法律史	李秀清	浙商资产管理公司
陈　旭	2014 级比较法律史	李秀清	兴银理财有限责任公司
黄　河	2014 级中国法制史	王立民	上海市就业促进中心
封　涌	2014 级中国法制史	王立民	金元顺安基金管理有限公司
向广宇	2014 级中国法制史	王立民	海南师范大学（已去世）
李　岩	2014 级中国法制史	龚汝富	上海对外经贸大学
周阿求	2014 级法律文化	沈国明	上海申浩律师事务所
刘志娟	2014 级法律文化	徐永康	江西科技师范大学

续表

姓　名	专业方向	导　师	工作单位
王　胜	2014 级法律文化	徐永康	上海市青浦区人民检察院
谢国儿	2015 级外国法制史	何勤华	上海汇付天下
齐凯悦	2015 级外国法制史	何勤华	山东师范大学
段鹏超	2015 级外国法制史	何勤华、苏彦新	新乡医学院
张　钢	2015 级中国法制史	王立民	国防大学政治学院
杨　艳	2015 级中国法制史	王立民	华东政法大学
姚　澍	2015 级中国法制史	龚汝富	中国人民公安大学
陈　超	2015 级法律文化	徐永康	绍兴文理学院
路晓霞	2015 级法律文化	徐永康	汕头职业技术学院
徐红军	2015 级法律文化	沈国明	上海浦东新区司法局
张宁芳	2015 级比较法律史	李秀清	上海交通大学医学院
王　翔	2015 级比较法律史	李秀清	曾任职海通证券
裴仕彬	2016 级外国法制史	何勤华	深圳市龙岗区人民检察院
王　静	2016 级外国法制史	何勤华	华东政法大学
宋宇宁	2016 级外国法制史	何勤华	中共上海市金山区委党校
Khattiya Mookdavan	2016 级外国法制史	何勤华	老挝留学生（在读）
吴伟彬	2016 级外国法制史	苏彦新	上海体育学院
龚湉晰	2016 级比较法律史	李秀清	上海工程技术大学
肖毅立	2016 级比较法律史	李秀清	上海敏诚善律师事务所
崔雅琼	2016 级中国法制史	王立民	河南师范大学
姜　增	2016 级中国法制史	龚汝富	绍兴文理学院
王炳军	2016 级中国法制史	王立民	浙大宁波理工学院
周海灵	2016 级中国法制史	龚汝富	上海环懿私募基金管理公司
齐　盛	2016 级法律文化	徐永康	河南科技大学法学院
黄　海	2016 级法律文化	徐永康	中国社会科学院法学研究所

续表

姓　名	专业方向	导　师	工作单位
李前程	2017 级外国法制史	苏彦新	广东技术师范大学
张戈平	2017 级外国法制史	何勤华	牡丹江师范学院
靳匡宇	2017 级外国法制史	何勤华	南通大学
王梦奇	2017 级外国法制史	何勤华	山东警察学院
陈　一	2017 级比较法律史	李秀清	上海师范大学天华学院
涂　钒	2017 级比较法律史	李秀清	西北师范大学
孙晓鸣	2017 级中国法制史	王立民	华东政法大学
王瑞超	2017 级中国法制史	王立民、陈灵海	华东理工大学
徐志强	2017 级中国法制史	龚汝富	杭州职业技术学院
陈　珏	2017 级中国法制史	王立民	上海政法学院
余　洋	2017 级法律文化	徐永康	上海商学院
刘　维	2017 级法律文化	徐永康	在读
胡裕岭	2017 级法律文化	徐永康	华东政法大学
李　琴	2018 级外国法制史	何勤华	浙江工业大学
翟　欢	2018 级外国法制史	何勤华	聊城大学
汪　单	2018 级外国法制史	何勤华、陈　颐	上海交通大学设计学院
谢之杰	2018 级外国法制史	苏彦新	华东政法大学
陈宇超	2018 级中国法制史	王立民	上海社会科学院
谢　超	2018 级中国法制史	龚汝富	浙江大学光华法学院
冯文灏	2018 级中国法制史	陈灵海	在读
陈　川	2018 级比较法律史	李秀清	山西大学
詹继续	2018 级比较法律史	李秀清、屈文生	华东政法大学
毛皓强	2018 级比较法律史	李秀清	上海海事大学
乔志鑫	2018 级法律文化	徐永康	山东师范大学
周小凡	2019 级外国法制史	何勤华	上海交通大学（博士后）

续表

姓　名	专业方向	导　师	工作单位
侯　莎	2019 级外国法制史	何勤华	福建工程学院
王力康	2019 级外国法制史	苏彦新	河北师范大学
赵　宝	2019 级外国法制史	陈　颐	在读
李晓光	2019 级比较法律史	李秀清	安徽农业大学
单天羽	2019 级比较法律史	李秀清	在读
叶　湘	2019 级比较法律史	屈文生	上海应用技术大学
陈　皓	2019 级比较法律史	屈文生	在读
谢行焱	2019 级中国法制史	龚汝富	江西财经大学
刘　毅	2019 级中国法制史	陈灵海	南昌大学
张陶然	2020 级外国法制史	何勤华	在读
王　懋	2020 级外国法制史	何勤华	在读
陈　鹏	2020 级外国法制史	苏彦新	在读
董安静	2020 级外国法制史	苏彦新	在读
黄朱红	2020 级比较法律史	李秀清	在读
曹　雳	2020 级比较法律史	李秀清	在读
龚　茁	2020 级比较法律史	屈文生	在读
万　立	2020 级比较法律史	屈文生	在读
李雪涛	2020 级中国法制史	龚汝富	在读
周　欢	2020 级中国法制史	龚汝富、王　沛	在读
张　顺	2021 级外国法制史	何勤华	在读
路培欣	2021 级外国法制史	何勤华	在读
韦　达	2021 级外国法制史	苏彦新	在读
张　欣	2021 级比较法律史	王　沛、李秀清	在读
胡　晓	2021 级比较法律史	李秀清	在读
陈迁美	2021 级法律文化	龚汝富	在读

续表

姓　名	专业方向	导　师	工作单位
马　琳	2021 级比较法律史	屈文生	在读
张弘毅	2021 级比较法律史	屈文生	在读
朱群杰	2021 级中国法制史	王　沛	在读

历届硕士研究生名录（1981~2021年）

姓　名	年级与专业方向	导　师
何勤华	1981级外国法制史	徐轶民
高　桐	1981级外国法制史	徐轶民
任自昌	1981级外国法制史	徐轶民
蒋　迅	1981级外国法制史	徐轶民
徐永康	1981级中国法制史	王召棠
程维荣	1981级中国法制史	王召棠
姜永琳	1981级中国法制史	王召棠
傅东辉	1982级外国法制史	徐轶民
王立民	1982级中国法制史	王召棠
胡银康	1982级中国法制史	王召棠
段祺华	1983级外国法制史	徐轶民
刘小冰	1983级外国法制史	徐轶民
殷啸虎	1983级中国法制史	王召棠
杨心明	1983级中国法制史	王召棠
周伟文	1986级外国法制史	徐轶民
刘大力	1986级外国法制史	徐轶民
顾俊杰	1986级中国法制史	王召棠
蒋集耀	1986级中国法制史	王召棠
沈建平	1987级外国法制史	徐轶民
金　敏	1987级中国法制史	王召棠

续表

姓　名	年级与专业方向	导　师
蓝若兰	1989 级外国法制史	徐轶民
陈立彤	1990 级外国法制史	徐轶民
谭伟平	1990 级中国法制史	王召棠
王　春	1991 级外国法制史	徐轶民
秦瑞亭	1992 级外国法制史	徐轶民、张寿民
李本森	1992 级中国法制史	王召棠
晏圣民	1993 级外国法制史	徐轶民、张寿民
魏　琼	1993 级中国法制史	王召棠、陈鹏生
王　鑫	1994 级外国法制史	徐轶民、张寿民
张德强	1994 级中国法制史	陈鹏生、郝铁川
孙丽娟	1995 级中国法制史	陈鹏生、郝铁川
郭光东	1996 级外国法制史	何勤华、张寿民
吴晓梅	1996 级中国法制史	陈鹏生、郝铁川
吴秋发	1997 级外国法制史	何勤华、张寿民
张　奕	1997 级外国法制史	何勤华、张寿民
蒋序刚	1997 级中国法制史	陈鹏生、徐永康
邵爱红	1997 级中国法制史	陈鹏生、郝铁川
陈灵海	1998 级外国法制史	何勤华、张寿民
曹冠业	1998 级外国法制史	1999 年 7 月因出国退学
李孝猛	1998 级中国法制史	陈鹏生、王立民、郝铁川
陈　颐	1999 级外国法制史	何勤华、张寿民
吴旭阳	1999 级外国法制史	何勤华、张寿民
赵海晨	1999 级中国法制史	陈鹏生、徐永康
任　超	2000 级外国法制史	何勤华
程　维	2000 级外国法制史	何勤华、李秀清
张　斐	2000 级外国法制史	何勤华、李秀清
廖初民	2000 级外国法制史	何勤华、周伟文

续表

姓　名	年级与专业方向	导　师
王铁雄	2000级外国法制史	何勤华、周伟文
高　珣	2000级中国法制史	陈鹏生、丁凌华
林华昌	2000级中国法制史	陈鹏生、丁凌华
郑　取	2000级中国法制史	王立民
吉霁光	2000级中国法制史	徐永康
冷　霞	2001级外国法制史	何勤华
王　沛	2001级外国法制史	何勤华、李秀清
王晓锋	2001级外国法制史	何勤华、李秀清
马　贺	2001级外国法制史	周伟文
刘　洋	2001级外国法制史	周伟文
唐红林	2001级中国法制史	陈鹏生
王红梅	2001级中国法制史	王立民
张煜昊	2001级中国法制史	徐永康
徐　明	2001级中国法制史	丁凌华
丁长二	2001级中国法制史	陈鹏生
张　彬	2002级外国法制史	何勤华
徐　清	2002级外国法制史	李秀清
游云庭	2002级外国法制史	李秀清
徐震宇	2002级外国法制史	周伟文
赵　丹	2002级外国法制史	周伟文
肖征祁	2002级中国法制史	陈鹏生
王春丽	2002级中国法制史	陈鹏生、赵元信
姜茂坤	2002级中国法制史	王立民
黄冬云	2002级中国法制史	徐永康
郑　志	2002级中国法制史	丁凌华
陈　颖	2003级外国法制史	何勤华
胡　骏	2003级外国法制史	何勤华

续表

姓　名	年级与专业方向	导　师
颜晓闽	2003 级外国法制史	李秀清
顾盈颖	2003 级外国法制史	李秀清
胡建会	2003 级外国法制史	李秀清
彭　杨	2003 级外国法制史	李秀清
刘　君	2003 级外国法制史	周伟文
焦　月	2003 级外国法制史	周伟文
施春强	2003 级外国法制史	周伟文
陈芳洲	2003 级外国法制史	周伟文
唐建平	2003 级中国法制史	王立民
杨　辉	2003 级中国法制史	徐永康
朱作鑫	2003 级中国法制史	丁凌华
刘金平	2003 级中国法制史	丁凌华
刘　一	2003 级中国法制史	赵元信
冯　尚	2003 级中国法制史	赵元信
步海英	2003 级法制史（高校教师）	王立民
陈　琛	2003 级法制史（高校教师）	何勤华
储桂节	2003 级法制史（高校教师）	王立民
樊艳霞	2003 级法制史（高校教师）	李秀清
李　琴	2003 级法制史（高校教师）	赵元信
栾　军	2003 级法制史（高校教师）	王立民
马　霞	2003 级法制史（高校教师）	李秀清
宋　蕾	2003 级法制史（高校教师）	周伟文
孙大明	2003 级法制史（高校教师）	丁凌华
孙剑明	2003 级法制史（高校教师）	周伟文
覃　奕	2003 级法制史（高校教师）	周伟文
王　戎	2003 级法制史（高校教师）	王立民
吴　敏	2003 级法制史（高校教师）	徐永康

续表

姓 名	年级与专业方向	导 师
肖玉英	2003 级法制史（高校教师）	李秀清
应培礼	2003 级法制史（高校教师）	王立民
于 明	2004 级外国法制史	何勤华
张 玲	2004 级外国法制史	何勤华
朱 怡	2004 级外国法制史	何勤华
刘长跃	2004 级外国法制史	李秀清
胡 娟	2004 级外国法制史	李秀清
解 锟	2004 级外国法制史	李秀清
陈碧文	2004 级外国法制史	李秀清
张 平	2004 级外国法制史	周伟文
朱 佳	2004 级外国法制史	周伟文
徐诗洋	2004 级外国法制史	周伟文
任传宇	2004 级外国法制史	周伟文
姚 远	2004 级中国法制史	王立民
王宇翔	2004 级中国法制史	徐永康
顾旻娜	2004 级中国法制史	丁凌华
蒋云飞	2004 级中国法制史	丁凌华
邓慧明	2004 级中国法制史	丁凌华
孔 晶	2004 级中国法制史	杨师群
魏栋培	2004 级中国法制史	赵元信
余金鸽	2004 级中国法制史	赵元信
张 洁	2005 级外国法制史	何勤华
武 嘉	2005 级外国法制史	何勤华
吕 琦	2005 级外国法制史	李秀清
厉星星	2005 级外国法制史	李秀清
陈 龙	2005 级外国法制史	李秀清
岳丛啸	2005 级外国法制史	周伟文

续表

姓　名	年级与专业方向	导　师
王韶迦	2005 级外国法制史	周伟文
马　瑛	2005 级外国法制史	周伟文
李冬冬	2005 级中国法制史	王立民
肖　燕	2005 级中国法制史	徐永康
王　捷	2005 级中国法制史	丁凌华
王文涛	2005 级中国法制史	丁凌华
刘承涛	2005 级中国法制史	俞　江
彭芸安	2005 级中国法制史	俞　江
陈　慧	2005 级中国法制史	杨师群
唐　焱	2005 级中国法制史	赵元信
李明倩	2006 级外国法制史	何勤华
王伟臣	2006 级外国法制史	何勤华
方　宇	2006 级外国法制史	李秀清
王姝苏	2006 级外国法制史	李秀清
蒋文星	2006 级外国法制史	李秀清
余甬帆	2006 级外国法制史	李秀清
刘晓东	2006 级外国法制史	李秀清
刘璧君	2006 级外国法制史	周伟文
张　雪	2006 级外国法制史	周伟文
张　伟	2006 级外国法制史	周伟文
方　堃	2006 级外国法制史	周伟文
廖灿强	2006 级外国法制史	周伟文
孙晓鸣	2006 级中国法制史	王立民
李爱然	2006 级中国法制史	徐永康
殷唯青	2006 级中国法制史	丁凌华
王　惠	2006 级中国法制史	丁凌华
贾丽娜	2006 级中国法制史	丁凌华

续表

姓　名	年级与专业方向	导　师
蒋蓓妮	2006 级中国法制史	杨师群
胡琳琳	2006 级中国法制史	杨师群
李　梓	2006 级中国法制史	赵元信
吴　玄	2007 级外国法制史	何勤华
张　倩	2007 级外国法制史	何勤华
尤维丽	2007 级外国法制史	李秀清
应慧娟	2007 级外国法制史	李秀清
者丽琼	2007 级外国法制史	李秀清
顾　婷	2007 级外国法制史	李秀清
恽艳茹	2007 级外国法制史	周伟文
郭春阳	2007 级外国法制史	周伟文
陈　楠	2007 级外国法制史	周伟文
刘　征	2007 级外国法制史	周伟文
肖崇俊	2007 级外国法制史	周伟文
姚笑圆	2007 级中国法制史	王立民
高　原	2007 级中国法制史	王立民
刘文佳	2007 级中国法制史	徐永康
陈志湘	2007 级中国法制史	徐永康
曾　璐	2007 级中国法制史	丁凌华
袁　唯	2007 级中国法制史	丁凌华
陈　影	2007 级中国法制史	丁凌华
崔懿晟	2007 级中国法制史	丁凌华
周　嫣	2007 级中国法制史	杨师群
文　竹	2007 级中国法制史	赵元信
熊　猛	2007 级中国法制史	赵元信
符超翔	2007 级法制史（高校教师）	周伟文
陈晖阳	2007 级法制史（高校教师）	李秀清

续表

姓　名	年级与专业方向	导　师
曾德伟	2007 级法制史（高校教师）	周伟文
王时锐	2007 级法制史（高校教师）	王立民
梁昌洲	2007 级法制史（高校教师）	何勤华
周　勋	2007 级法制史（高校教师）	王立民
欧阳娇	2007 级法制史（高校教师）	丁凌华
严佳斌	2008 级外国法制史	何勤华
卢　然	2008 级外国法制史	何勤华
陈佳吉	2008 级外国法制史	何勤华
舒　曼	2008 级外国法制史	何勤华
段　征	2008 级外国法制史	李秀清
顾寅跃	2008 级外国法制史	李秀清
余　莉	2008 级外国法制史	李秀清
秦贝贝	2008 级外国法制史	李秀清
刘　佳	2008 级外国法制史	周伟文
金芳翠	2008 级外国法制史	周伟文
王　翔	2008 级外国法制史	周伟文
陶业峰	2008 级外国法制史	周伟文
茹　茹	2008 级外国法制史	周伟文
张静文	2008 级外国法制史	陈　颐
聂　潍	2008 级外国法制史	陈　颐
胡震宇	2008 级外国法制史	陈　颐
栾绿川	2008 级外国法制史	陈　颐
蒋永锵	2008 级中国法制史	王立民
龚　坚	2008 级中国法制史	丁凌华
朱志培	2008 级中国法制史	丁凌华
董　能	2008 级中国法制史	杨师群
徐　娜	2008 级中国法制史	徐永康

续表

姓　名	年级与专业方向	导　师
陈　艳	2008 级中国法制史	王立民
阮小婧	2009 级外国法制史	何勤华
许钗玲	2009 级外国法制史	何勤华
郭文青	2009 级外国法制史	何勤华
占志铖	2009 级外国法制史	何勤华
卢煜林	2009 级外国法制史	李秀清
杨　颖	2009 级外国法制史	李秀清
陈　旭	2009 级外国法制史	李秀清
肖毅立	2009 级外国法制史	李秀清、冷　霞
田芳菲	2009 级外国法制史	李秀清、冷　霞
徐黄凯	2009 级外国法制史	周伟文
姜林林	2009 级外国法制史	周伟文
朱耀文	2009 级外国法制史	周伟文
赵博阳	2009 级外国法制史	周伟文
沈　杰	2009 级外国法制史	陈　颐
王　旋	2009 级外国法制史	陈　颐
孙　科	2009 级外国法制史	陈　颐
江小夏	2009 级外国法制史	陈　颐
刘　颖	2009 级中国法制史	王立民
李颖杰	2009 级中国法制史	王立民、王　沛
王安廷	2009 级中国法制史	王立民、高　珣
马晶莹	2009 级中国法制史	丁凌华
姚宝国	2009 级中国法制史	丁凌华
应婵珺	2009 级中国法制史	洪佳期
何明钢	2009 级中国法制史	徐永康
康大玮	2009 级中国法制史	杨师群
王思杰	2010 级外国法制史	何勤华

续表

姓　名	年级与专业方向	导　师
何元龙	2010 级外国法制史	何勤华
沈　伟	2010 级外国法制史	李秀清
尚　锴	2010 级外国法制史	李秀清
陈　沛	2010 级外国法制史	周伟文
林　海	2010 级外国法制史	周伟文
杨　寻	2010 级外国法制史	陈　颐
李海有	2010 级外国法制史	陈　颐
李秋实	2010 级外国法制史	冷　霞
佟思进	2010 级外国法制史	冷　霞
沈　群	2010 级外国法制史	冷　霞
黄　晶	2010 级中国法制史	王立民
刘　倩	2010 级中国法制史	王立民
苏静瑜	2010 级中国法制史	徐永康
胡志勇	2010 级中国法制史	徐永康
黄筱群	2010 级中国法制史	丁凌华
纪宗猛	2010 级中国法制史	丁凌华
李　林	2010 级中国法制史	王立民
王　佳	2010 级中国法制史	洪佳期
严佳瑾	2010 级中国法制史	洪佳期
张　欣	2010 级中国法制史	高　珣
朱龙娟	2010 级中国法制史	高　珣
童兰兰	2010 级中国法制史	丁凌华
杨文君	2010 级中国法制史	王　沛
李　洋	2010 级中国法制史	王　沛
徐奕斐	2011 级外国法制史	何勤华
单　纯	2011 级外国法制史	李秀清
宗　华	2011 级外国法制史	李秀清

续表

姓　名	年级与专业方向	导　师
马龙君	2011 级外国法制史	李秀清、屈文生
周梦远	2011 级外国法制史	周伟文
林　甲	2011 级外国法制史	周伟文
叶天琼	2011 级外国法制史	周伟文
侯　宁	2011 级外国法制史	陈　颐
张雯倩	2011 级外国法制史	陈　颐
缪丽园	2011 级外国法制史	陈　颐
袁杲炜	2011 级外国法制史	冷　霞
马　泽	2011 级外国法制史	冷　霞
李　润	2011 级外国法制史	冷　霞
韦　力	2011 级中国法制史	王立民
黄毛毛	2011 级中国法制史	王立民
孙　婷	2011 级中国法制史	王立民
孙　博	2011 级中国法制史	徐永康
张　瑜	2011 级中国法制史	徐永康
钱逸琼	2011 级中国法制史	丁凌华
张　蕾	2011 级中国法制史	丁凌华
何少芳	2011 级中国法制史	陈灵海
李永增	2011 级中国法制史	陈灵海
边　鹏	2011 级中国法制史	陈灵海
龚　雪	2011 级中国法制史	洪佳期
马芳林	2011 级中国法制史	洪佳期
何　娜	2011 级中国法制史	洪佳期
罗　越	2011 级中国法制史	高　珣
曹晓玮	2011 级中国法制史	高　珣
李俊海	2011 级中国法制史	王　沛
陈　迪	2011 级中国法制史	王　沛

续表

姓　名	年级与专业方向	导　师
薛　谦	2012 级外国法制史	何勤华
黄赛楠	2012 级外国法制史	何勤华
孙莲莲	2012 级外国法制史	李秀清
严　玮	2012 级外国法制史	李秀清
胡一旭	2012 级外国法制史	李秀清
卜音英	2012 级外国法制史	周伟文
陈孟德	2012 级外国法制史	周伟文
李宜利	2012 级外国法制史	周伟文
杨钦云	2012 级外国法制史	周伟文
孙斯文	2012 级外国法制史	陈　颐
王　凯	2012 级外国法制史	陈　颐
侯　磊	2012 级外国法制史	冷　霞
郑鹏程	2012 级外国法制史	冷　霞
薛　欢	2012 级外国法制史	冷　霞
陈晓燕	2012 级外国法制史	冷　霞
魏　巍	2012 级外国法制史	周伟文、于　明
何仁俊	2012 级中国法制史	王立民
徐　琪	2012 级中国法制史	王立民
王哲华	2012 级中国法制史	王立民、姚　远
毛子辰	2012 级中国法制史	徐永康
刘　慧	2012 级中国法制史	丁凌华
李康宁	2012 级中国法制史	丁凌华
项天伦	2012 级中国法制史	丁凌华
杨　颖	2012 级中国法制史	陈灵海
单若昱	2012 级中国法制史	陈灵海
鲍舒婷	2012 级中国法制史	高　珣
马心怡	2012 级中国法制史	高　珣

续表

姓　名	年级与专业方向	导　师
方　胤	2012 级中国法制史	王　沛
羊　彬	2012 级中国法制史	王　沛
朱　琳	2012 级中国法制史	洪佳期
王晓彤	2012 级中国法制史	洪佳期
王　帅	2013 级外国法制史	何勤华
李守进	2013 级外国法制史	何勤华
张　晓	2013 级外国法制史	何勤华
李　雪	2013 级外国法制史	李秀清
陶亚骏	2013 级外国法制史	李秀清
周书琪	2013 级外国法制史	李秀清
张　宁	2013 级外国法制史	李秀清
宋天馨	2013 级外国法制史	陈　颐
王鹏飞	2013 级外国法制史	陈　颐
胡妮娜	2013 级外国法制史	陈　颐
俞　梦	2013 级外国法制史	陈　颐
肖芳婷	2013 级外国法制史	陈　颐
蒋　辰	2013 级外国法制史	冷　霞
姜　威	2013 级外国法制史	冷　霞
杨安舒	2013 级外国法制史	冷　霞
郑欣沂	2013 级外国法制史	冷　霞
杨晓艳	2013 级外国法制史	于　明
宋　麟	2013 级外国法制史	于　明
金淑媛	2013 级中国法制史	王立民
王冰洁	2013 级中国法制史	王立民
郑小青	2013 级中国法制史	丁凌华
姜　增	2013 级中国法制史	龚汝富
黄　海	2013 级中国法制史	王　沛

续表

姓　名	年级与专业方向	导　师
盛丹丹	2013 级中国法制史	陈灵海
袁钰超	2013 级中国法制史	陈灵海
刘　璐	2013 级中国法制史	洪佳期
张　武	2013 级中国法制史	姚　远
袁　也	2014 级外国法制史	何勤华
高童非	2014 级外国法制史	何勤华
于　莹	2014 级外国法制史	李秀清
朱　婷	2014 级外国法制史	李秀清
裘越萍	2014 级外国法制史	陈　颐
林　昀	2014 级外国法制史	陈　颐
赵　宝	2014 级外国法制史	陈　颐、董春华
刘芸伊	2014 级外国法制史	于　明
赵　阳	2014 级外国法制史	于　明
黄　桦	2014 级外国法制史	冷　霞
解　琪	2014 级外国法制史	冷　霞
张琳琳	2014 级外国法制史	冷　霞、董春华
宋伟哲	2014 级中国法制史	王立民
李梁念	2014 级中国法制史	徐永康
朱　琳	2014 级中国法制史	徐永康
陈　一	2014 级中国法制史	龚汝富
王瑞超	2014 级中国法制史	龚汝富
胡俊成	2014 级中国法制史	陈灵海
周　欢	2014 级中国法制史	陈灵海
魏雪飞	2014 级中国法制史	王　沛
杜　波	2014 级中国法制史	王　沛
马　灯	2014 级中国法制史	洪佳期
朱　雪	2014 级中国法制史	洪佳期

续表

姓　名	年级与专业方向	导　师
翟晓强	2014 级中国法制史	高　珣
陈莅蓓	2014 级中国法制史	高　珣
刘　力	2014 级中国法制史	姚　远
黄子娴	2014 级中国法制史	姚　远
郭梦蝶	2015 级外国法制史	何勤华
尤娇娇	2015 级外国法制史	何勤华
龚宇婷	2015 级外国法制史	何勤华、于　霄
查芳红	2015 级外国法制史	李秀清
谢佳欢	2015 级外国法制史	苏彦新
陈建斌	2015 级外国法制史	苏彦新
韩龙河	2015 级外国法制史	陈　颐
朱　琦	2015 级外国法制史	陈　颐
毛皓强	2015 级外国法制史	于　明
龙嫚雨	2015 级外国法制史	于　明
李思逸	2015 级外国法制史	冷　霞
张文君	2015 级外国法制史	冷　霞、董春华
潘思羽	2015 级中国法制史	王立民
向　阳	2015 级中国法制史	王立民、王　捷
周广愉	2015 级中国法制史	徐永康
李朋志	2015 级中国法制史	龚汝富
祝天剑	2015 级中国法制史	龚汝富
田珍芳	2015 级中国法制史	陈灵海
乔志鑫	2015 级中国法制史	王　沛
李怡蒨	2015 级中国法制史	洪佳期
许　欢	2015 级中国法制史	高　珣
薛　慧	2015 级中国法制史	高　珣
陈曦宇	2015 级中国法制史	姚　远

续表

姓　名	年级与专业方向	导　师
李　琴	2016 级外国法制史	何勤华
陈　梅	2016 级外国法制史	何勤华、冷　霞
罗　带	2016 级外国法制史	李秀清
毛兴满	2016 级外国法制史	陈　颐
仇　睿	2016 级外国法制史	陈　颐
柴　雯	2016 级外国法制史	陈　颐
张雪莹	2016 级外国法制史	苏彦新
林友标	2016 级外国法制史	于　明
徐心怡	2016 级外国法制史	于　明
文　博	2016 级外国法制史	冷　霞
杨城新	2016 级外国法制史	冷　霞
曾润轩	2016 级外国法制史	于　霄
王率先	2016 级外国法制史	董春华
邱滨泽	2016 级中国法制史	王立民
李雪涛	2016 级中国法制史	龚汝富
胡序震	2016 级中国法制史	陈灵海
苗雨鹤	2016 级中国法制史	王　沛
张博文	2016 级中国法制史	王　沛
郑　昕	2016 级中国法制史	王　捷
张雯珺	2016 级中国法制史	王　捷
刘　璐	2016 级中国法制史	洪佳期
陈婉琴	2016 级中国法制史	姚　远
罗　锐	2017 级外国法制史	何勤华
曹诗腾	2017 级外国法制史	何勤华、董春华
翁亚娜	2017 级外国法制史	李秀清
周小凡	2017 级外国法制史	陈　颐
李　毅	2017 级外国法制史	于　明

续表

姓　名	年级与专业方向	导　师
董安静	2017 级外国法制史	苏彦新
王志苹	2017 级外国法制史	冷　霞
唐　梅	2017 级外国法制史	冷　霞
庞　潇	2017 级外国法制史	于　霄
邓　丛	2017 级外国法制史	于　霄
张耀文	2017 级外国法制史	董春华
丁霖暄	2017 级中国法制史	王立民
蒋世平	2017 级中国法制史	徐永康
陈迁美	2017 级中国法制史	龚汝富
董亭君	2017 级中国法制史	陈灵海
吴志勇	2017 级中国法制史	王　沛
陈天成	2017 级中国法制史	王　沛
胡瑜锴	2017 级中国法制史	王　捷
王牧云	2017 级中国法制史	王　捷
高凌艳	2017 级中国法制史	洪佳期
晁芸芸	2017 级中国法制史	洪佳期
蒋　岚	2017 级中国法制史	洪佳期
李一枝	2017 级中国法制史	洪佳期
管笑雪	2017 级中国法制史	姚　远
刘佳芸	2017 级中国法制史	姚　远
王　晓	2017 级中国法制史	姚　远
顾非易	2018 级外国法制史	何勤华、胡　骏
李锦元	2018 级外国法制史	何勤华、王海军
潘佳妮	2018 级外国法制史	李秀清
张文玉	2018 级外国法制史	李秀清
韦　达	2018 级外国法制史	苏彦新
胡　晓	2018 级外国法制史	陈　颐

续表

姓　名	年级与专业方向	导　师
杨方惠	2018 级外国法制史	陈　颐
韦　达	2018 级外国法制史	苏彦新
田好奇	2018 级外国法制史	于　明
胡欣悦	2018 级外国法制史	于　明
李　烨	2018 级外国法制史	冷　霞
张瑞琦	2018 级外国法制史	冷　霞
徐开来	2018 级外国法制史	于　霄
张晓倩	2018 级外国法制史	董春华
庞　蕾	2018 级中国法制史	王立民
杜晓松	2018 级中国法制史	龚汝富
孙精远	2018 级中国法制史	陈灵海
朱群杰	2018 级中国法制史	王　沛
高凌燕	2018 级中国法制史	王　沛
尤佳君	2018 级中国法制史	王　捷
王新蕾	2018 级中国法制史	王　捷
朱世超	2018 级中国法制史	王　捷
杨芳芳	2018 级中国法制史	洪佳期
刘学娜	2018 级中国法制史	洪佳期
孟　瑶	2018 级中国法制史	姚　远
张雪瑞	2018 级中国法制史	姚　远
吴　怡	2019 级外国法制史	何勤华、魏　敏
袁晨风	2019 级外国法制史	何勤华、王　婧
陈明睿	2019 级外国法制史	李秀清
王　隆	2019 级外国法制史	苏彦新
徐天骄	2019 级外国法制史	苏彦新
刘玙习	2019 级外国法制史	于　明
沈依逸	2019 级外国法制史	于　明

续表

姓　名	年级与专业方向	导　师
段　定	2019 级外国法制史	于　明
高海霞	2019 级外国法制史	冷　霞
苑宝丹	2019 级外国法制史	冷　霞
张　顺	2019 级外国法制史	冷　霞
刘　琪	2019 级外国法制史	王海军
张凯静	2019 级外国法制史	胡　骏
詹　瑞	2019 级外国法制史	董春华
林琦婧	2019 级中国法制史	王　沛
李　斌	2019 级中国法制史	王　沛
王继慧	2019 级中国法制史	王　沛
徐琨捷	2019 级中国法制史	龚汝富
王加好	2019 级中国法制史	王　捷
贾高邦	2019 级中国法制史	王　捷
沈子渊	2019 级中国法制史	王　捷
王嘉仪	2019 级中国法制史	洪佳期
陈怡玮	2019 级中国法制史	洪佳期
伏春雨	2019 级中国法制史	洪佳期
韩林妤	2019 级中国法制史	姚　远
应浩珍	2019 级中国法制史	姚　远
张妮娜	2019 级中国法制史	姚　远
廖晓颖	2020 级外国法制史	何勤华
庄晨曦	2020 级外国法制史	何勤华
陈敏诗	2020 级外国法制史	李秀清
连泽恺	2020 级外国法制史	苏彦新
甄思嘉	2020 级外国法制史	于　明
刘译元	2020 级外国法制史	于　明
孙昊源	2020 级外国法制史	冷　霞

续表

姓　名	年级与专业方向	导　师
曹　翟	2020 级外国法制史	董春华
刘飞飞	2020 级外国法制史	王海军
龚书凝	2020 级外国法制史	王　婧
张　啸	2020 级外国法制史	胡　骏
张丽萍	2020 级外国法制史	魏　敏
刘庆武	2020 级中国法制史	王　沛
赵娅楠	2020 级中国法制史	王　沛
姚浩亮	2020 级中国法制史	龚汝富
姜　添	2020 级中国法制史	龚汝富
刘智明	2020 级中国法制史	王　捷
步凌燕	2020 级中国法制史	王　捷
袁　霖	2020 级中国法制史	王　捷
杜丽茹	2020 级中国法制史	洪佳期
林珍珍	2020 级中国法制史	洪佳期
向柳欣	2020 级中国法制史	姚　远
高婉月	2020 级中国法制史	姚　远
王文静	2020 级中国法制史	姚　远
蒋　羽	2021 级外国法制史	何勤华
蔡剑锋	2021 级外国法制史	何勤华
汤怡琳	2021 级外国法制史	李秀清
孙嘉琪	2021 级外国法制史	于　明
黄嘉鸿	2021 级外国法制史	于　明
阮芳惠	2021 级外国法制史	苏彦新
许克明	2021 级外国法制史	苏彦新
杨友媛	2021 级外国法制史	冷　霞
周皓伦	2021 级外国法制史	冷　霞
黄为钊	2021 级外国法制史	王海军

续表

姓　名	年级与专业方向	导　师
张思甜	2021级外国法制史	董春华
伍卓航	2021级外国法制史	胡　骏
徐　欣	2021级外国法制史	王　婧
陈凤华	2021级外国法制史	魏　敏
王　瑜	2021级中国法制史	王　沛
聂子衿	2021级中国法制史	王　沛、陈　迪
黄诗雨	2021级中国法制史	王　捷
陈　楠	2021级中国法制史	王　捷
葛　家	2021级中国法制史	龚汝富
黄奕琪	2021级中国法制史	龚汝富、茆　巍
宋宛霖	2021级中国法制史	洪佳期
杨爱青	2021级中国法制史	洪佳期、邱　唐
陈欣如	2021级中国法制史	姚　远
马晓菲	2021级中国法制史	姚　远
陈佳颖	2021级中国法制史	姚　远

历届博士后名录

姓　名	进站时间	合作导师
魏晓阳	2004 年 6 月	何勤华
井　涛	2004 年 6 月	何勤华
韩君玲	2005 年 4 月	何勤华
朱应平	2005 年 4 月	何勤华
杨大春	2006 年 4 月	何勤华
马　姝	2006 年 4 月	何勤华
刘云生	2006 年 4 月	何勤华
蒋传光	2006 年 4 月	徐永康
钟　霞	2007 年 1 月	王立民
胡兴东	2007 年 9 月	何勤华
谢文哲	2007 年 11 月	王立民
王红曼	2007 年 11 月	何勤华
罗国强	2007 年 12 月	何勤华
罗云锋	2007 年 12 月	何勤华
严　泉	2007 年 12 月	何勤华
卢　鹏	2007 年 12 月	何勤华
温慧辉	2007 年 12 月	王立民
方恩升	2007 年 12 月	王立民
张　弓	2008 年 6 月	何勤华
贾少学	2008 年 6 月	何勤华

续表

姓　名	进站时间	合作导师
褚国建	2008 年 6 月	何勤华
梁文生	2008 年 10 月	王立民
康耀坤	2009 年 6 月	何勤华
余素青	2009 年 7 月	何勤华
易花萍	2009 年 7 月	何勤华
董春华	2009 年 9 月	何勤华
顾荣新	2009 年 11 月	何勤华
张　秀	2009 年 11 月	何勤华
韩　慈	2010 年 6 月	何勤华
张卓明	2010 年 6 月	何勤华
徐大慰	2010 年 7 月	何勤华
廖华生	2010 年 8 月	何勤华
陈书笋	2010 年 10 月	何勤华
解正山	2010 年 12 月	何勤华
王国龙	2011 年 6 月	何勤华
王春梅	2011 年 7 月	李秀清
王森波	2011 年 11 月	何勤华
马金芳	2012 年 1 月	何勤华
蒋军洲	2012 年 1 月	何勤华
陆宇峰	2012 年 1 月	李秀清
柴松霞	2012 年 5 月	何勤华
徐　宏	2012 年 12 月	何勤华
李凤鸣	2013 年 1 月	何勤华
朱宏伟	2013 年 7 月	何勤华
严宇鸣	2013 年 7 月	王立民
肖　军	2013 年 8 月	何勤华
陈　琦	2013 年 10 月	何勤华

续表

姓　名	进站时间	合作导师
霍文勇	2013 年 12 月	何勤华
杨彤丹	2013 年 12 月	何勤华
韩　毅	2014 年 1 月	何勤华
严行健	2014 年 1 月	何勤华
郭恩强	2014 年 5 月	何勤华
凌　燕	2014 年 6 月	王立民
孙祥飞	2014 年 7 月	何勤华
李　倩	2014 年 7 月	何勤华、龚汝富
王江涛	2014 年 7 月	李秀清
陆新蕾	2014 年 7 月	徐永康
朱　潇	2014 年 7 月	徐永康
赵智勇	2014 年 9 月	李秀清
李婧嵘	2014 年 9 月	何勤华、龚汝富
余守文	2014 年 11 月	何勤华
茆　巍	2014 年 11 月	何勤华
张长绵	2014 年 11 月	何勤华
张亚飞	2014 年 11 月	何勤华
杨　焯	2014 年 12 月	何勤华
王永杰	2015 年 8 月	何勤华
徐震宇	2015 年 9 月	何勤华
杨　蓉	2015 年 10 月	郝铁川
路子靖	2015 年 12 月	李秀清
李　旭	2016 年 4 月	李秀清
王海萍	2016 年 5 月	何勤华
茹　静	2016 年 5 月	何勤华
陈　刚	2016 年 10 月	李秀清
陈　迪	2017 年 6 月	何勤华

续表

姓　名	进站时间	合作导师
段瑞群	2017 年 8 月	何勤华
翟旭丹	2017 年 12 月	何勤华、许小平
于　熠	2018 年 3 月	何勤华
邱　唐	2018 年 12 月	何勤华
刘广伟	2019 年 5 月	何勤华
周　博	2019 年 12 月	王　沛
靳匡宇	2020 年 10 月	何勤华
龚金镭	2021 年 3 月	李秀清
方　砚	2021 年 3 月	何勤华
黄　婧	2021 年 4 月	李秀清
史志强	2021 年 9 月	何勤华
吴思远	2021 年 9 月	何勤华
喻　平	2021 年 9 月	王　沛

四、随笔

上　　编

（以作者在本专业就读或工作时间为序）

长者风范，青年楷模

程维荣 *

20 世纪 80 年代初期，华政刚刚复校不久，校舍陈旧，设施简陋。就在这样的条件下，为了适应法制建设的需要，开始招收研究生。那一天面试，我走上教学楼嘎吱嘎吱响的楼梯，进了房间，看见一位 50 多岁、头发斑白的老先生坐在中间，十分庄重而又和蔼；旁边坐着另一位稍年轻几岁的先生。当时我就已经猜到了他们一定是王召棠先生和陈鹏生先生。他们问了我几个专业问题，记得其中有成文法制定颁布的原因和主要经过等，我都顺利答出，面试就这样结束了。

于是我就成了王老师的研究生。第一年就听他的中国法制史课。当时的法律史学资料还比较欠缺，不像后来整理了那样多的文献与考古资料。王先生过去接受的是 20 世纪 50 年代苏联专家国家与法理论的教学，具有深厚的马克思主义法学经典理论的功底，但他的课却很有自己的特点，绝不照本宣科，而总是围绕中心内容梳理线索，把马克思主义理论和中国法制发展的历史融会贯通，法制史上的各部律令和一件件基本事实及其主要理论都讲得很透彻，显示出深厚的学术功底和严谨求实的学风，并且时常提出自己的一些意见启发学生，特别是在《唐律疏议》的研究方面常有一些精辟的观点使我们茅塞顿开。王先生上课说话声音不响却听得很清晰，讲

* 1981 级硕士研究生，现就职于上海社会科学院法学研究所。本文写于 2011 年，原载《王召棠法学文集》（法律出版社 2011 年版）。

得很有条理。

我当时听说王先生过去在复旦大学国际政治系任教时，参与编写过第二次世界大战以后世界历史长编的系列著作。我在读本科时也曾经翻阅过这类书，觉得其体系很严谨，对自己启示很大，想不到其中的一位编者成为自己的老师，感觉十分幸运。王先生的著述似乎不很多，但每一部都有着沉甸甸的分量，能够站得住，流传后人。当时法律出版社出版了的全国高校法律专业第一部中国法制史统编教材，王先生是写近代部分的。这部教材可以说在 20 世纪 80 年代初期法律史学科的建立上有筚路蓝缕之功，在以后的好些年都有其学术上的权威性和很大的影响力，我们这一辈前后用了好几年。王先生还是教研室教师集体编写的《简明法制史词典》的主编之一。当时法律史方面的工具书很少，有时候遇到一些问题无处查阅，因此急需这类图书。王先生在编纂时亲自确定中国法制史部分的条目，并逐条逐句地修改我们分头编写的内容，保证了编写质量。这部词典的出版，可以说填补了一个空白，对我们后来的教学与研究工作都有很大帮助。王先生在当时全国的法学界具有影响力。我研究生毕业时，在《法学研究》上发表一篇论文，当时与编辑联系时，也多少借助了王先生的名望。当然，王先生也很关心现实的法制建设问题。记得一次华政在延安饭店召开全国法学理论学术研讨会，王先生的论文就是讲现实的，而且在会上发言，并提出了一些观点。

那些年，王先生经常坐在办公室作研究、备课。我经常看到周末办公室里其他老师都回家了，只有王先生一个人坐在那里工作，差不多一年四季都是如此。我和同学有时到王老师家里讨教问题，他总是不厌其烦地给我们讲解，特别是要求我们打好基础，把各种相关的知识和理论体系掌握好。我毕业后，有一段时间做班主任工作，王先生有一次对我说要到学生中去了解情况，我就陪他去了我管理班级的学生宿舍，和学生促膝谈心，了解他们的情况，启发他们努力学习，将来为祖国的法制建设作贡献。当时，王先生在宿舍里和围坐在身边的学生亲切交流，学生如沐春风的情景，我至今仍记得。

王先生淡泊名利，除工作外，似乎没有别的嗜好。他品行端庄，为人正直。虽然由于过去长期养成的习惯，和许多同辈的老教师一样，王先生平时说话、写文章都也比较谨慎，从不随便发表议论。但是他并不隐讳自己的观点，一旦有合适的机会，王先生也会耿直敢言。记得 20 世纪 80 年代教研室或系里开会时，王先生经常就学校工作中如教学、行政管理等方面存在的一些问题，直率地向有关领导提出批评意见和建议，即使有些话是很尖锐的。有几次我甚至感觉有些意外，原来王先生还是这样一个坦诚直率、敢于发表不同意见的人。正是由于这种特有的刚直品格，使当时我们的一批青年教师谈到王先生时，总是充满敬仰之情。

我认为，王先生在法律史学科上的主要贡献有：第一，在华政复校初期比较简陋的条件下，着手建立并领导法制史教研室（后来又担任法律系主任），团结、带领教师开辟了学校法制史和法学基础理论的教学和研究工作。第二，在法制史、法律思想史的学术研究领域取得了显著成绩。王先生把过去从苏联专家那里学习的国家与法理论，结合中国法制史的实际情况，加以变通修正，用以说明中国的法律，包括发表了一批高质量的论文，主持编写并出版了一批教材和学术著作。第三，通过教学活动，培养了大批青年学子。第四，其严谨求实的学风、正直朴素的处世态度，尽显学者风范，教育和引导了一批青年教师。总之，王先生的事业是承前启后的，为国家的法制建设作出了自己独特的贡献，不愧为青年学子的导师、青年教师的楷模。

2011 年 6 月

淡泊名利，甘当人梯

——王召棠老师二三事

何勤华 *

王召棠老师是我国著名的法律史学家，也是新中国法律史学科的奠基人和创建者之一。尤其华政法律史学科近60年的发展历史，与王召棠老师的名字是分不开的。

一

王召棠老师，是浙江东阳人。而东阳一地，山清水秀，充满了灵气，多出才子。自古以来人文荟萃，英才辈出，孕育了一大批仁人志士，如北伐名将金佛庄、新闻先驱邵飘萍、科学泰斗严济慈、植物学家蔡希陶等。王老师成长在这一地区，自小就受到了浓厚的文化氛围熏陶，1947年21岁时就考入了安徽大学法学院读书，当时的法学院院长，就是民国时期著名的法律史学家陈顾远。

王老师在中国人民大学读研究生并留校任教，以及在1954年调到华政任教时，都是以外国法为自己的专业（主要讲授"法国政府"的课程），1972年华政撤销合并到复旦后，也是以讲授"法国政治"为主业，还担任复旦大学西欧研究室副主任。但1979年华政复校后，王老师则一直从事着中国法制史的教学和研究，要不是

* 1981级硕士研究生，现任华东政法大学法律文明史研究院院长，教授、博士研究生导师。本文写于2011年3月，原载《王召棠法学文集》（法律出版社2011年版）。

王老师在聊天时和我们说起上述这些事，我一直都以为王老师是科班出身的中国法制史老师。[1]

由于上述专业上的原因（我是外国法制史专业的研究生），王老师没有做过我的指导老师，也没有直接给我上过课，但我和王老师认识却很早，这个机缘，就是我报考研究生时与王老师的两次谈话。

二

那是1981年11月24日下午，通过华政原国际法系老师孙进丰的引荐，我第一次拜访了王召棠老师。王老师的家在华政老校区东风楼的后边，一座老式的连排花园洋房里面，我印象中（已经过去了30年，印象也可能有误）门牌号码是34号甲，是底楼，面积不大，外面一间大约有15平方米，里面还有一间，我没有进去。王老师家里人又多（他有4个子女），故显得很拥挤。但师母很会打理，还是为王老师留出了一方写作的空间，给人以（当时环境下）大知识分子的印象。

我去王老师家主要是讨教研究生面试（复试）应对的方法，以及了解华政招考研究生的政策。当时，我已经通过了笔试，这次赶回上海就是要参加一周以后进行的面试。虽然在事前我已经见过徐铁民老师，但王老师是教研室主任，故，我想他掌握的考研政策会更加全面一些。王老师话不多，但非常实在，每说的一句话，就是一层很明白的意思。虽然他不参加外国法制史的面试，也不知道外

〔1〕 实际上，王召棠老师在复旦大学讲授“法国政治”课时，还带领法语班的学生编写出版过一本《法国政府机构》，该书我在20世纪80年代读过，但一是没有往这（王老师是研究外国法制史出身）方面想，二是那本书的作者署名是“本书编写组编”，故没有仔细去查找作者。王老师在1978年还在复旦大学获准招收“法国政府”的硕士研究生。

国法制史具体考哪些问题，但他还是叮嘱我好好复习华政的外国法制史教材，特别是要好好复习英语，因为华政的外语教研室在陈忠诚老师的主政下，对考生特别严格。见过王老师之后，虽然仍对面试的问题不太清楚，但自信心增加了不少。

1981 年 11 月 30 日，面试结束后，我第二次拜访了王老师，这次是去教研室。当时好像是在东风楼的东侧，是二楼，现在国际法学院老师办公的地方。我一是询问面试的情况，二是向他道别，因为我马上要回北京大学（临毕业了，学校的各种活动比较多，学位论文也要赶着完成）。这一次王老师同样很热情地接待了我，他说他主要负责考中国法制史的学生，但听外国法制史的老师透露，我的专业面试成绩很高。外语面试（复试）的口语表述一般，但复试中的外语笔试成绩也很好，平均下来后估计问题不大。总体而言，教研室的老师们很看好我，录取应该没有问题，等通知吧，回北京后安心料理毕业事务就可以了。

王老师的这一席话，很朴实，很暖人，给了我很大的信心，如今回忆起当时的情景，仍历历在目。

三

后来事情的发展，果然如王老师所言，我以高分考入了华政，就读第一届研究生。其间，我和王老师接触不是很多，但孙进丰老师和王老师私交极好，他对王老师非常尊敬，经常在我面前讲起，王老师的讲课在华政是名列前茅的，话语平实，内涵丰富，史料扎实，堪称大家。有一次，我去拜访当时的华政党委副书记吕书云同志，他不仅盛赞王老师的讲课水平非常高，是华政几位讲课最生动优秀的老师之一（当时他提到的讲课效果好的其他老师还有苏惠渔、陈鹏生、孙克强、强远淦等），而且反复强调，王老师人品非常好，是个厚道人。

王老师虽然没有直接给我们外国法制史的研究生授课，但他作为教研室主任，对我们的学业也很关心。我记得那是1983年4月9日，教研室开会，专门讨论我、高桐（外国法制史）和徐永康（中国法制史）3个人写的3篇论文，王老师谈了两点很重要的观点，对我非常有启发：第一，写论文必须注意资料的积累，不能讲空话、套话，一定要有的放矢，用史料说话；第二，写论文一定不能重复别人已经写过的、论述过的东西，一定要在别人研究的基础上有自己的创新。

王老师不仅这样要求学生，他自己就是这么做的，并一直坚持到现在。我记得那是1982年，王老师和陈鹏生老师合作在《法学》（1982年第2期）上发表了《社会主义中国法系初探》一文，观点鲜明地提出“法系”不应是资产阶级法学的专用语，而应是整个法学领域中应该着重研究的一个课题。强调我国是社会主义法系，既不是英美法系，也不是大陆法系，是从井冈山建立革命政权开始，根据中国革命的实践独创的社会主义法系。此文由于观点新颖，内涵丰富，功力深厚，一发表就轰动了我国学术界，影响还波及了日本，许多日本学者到中国来访时，还专门提出要拜访王老师，交流对此问题的看法。同时，王老师还花费了大量时间和精力，专注于《唐律疏议》的点校、注释和翻译工作。[1] 此外，王老师对魏晋南北朝时期的律学研究，也作出了很大贡献。[2]

正是因为王老师教学、科研、人品都好，后来华政成立法律系（当时华政只有这么一个系，经济法、国际法等，都只是法律系

[1] 以王老师为主，花费巨大心血完成的《唐律疏议译注》，1989年由吉林人民出版社出版。

[2] 参见王召棠：《玄学法律观在法律思想史中的地位》，载《法学》1990年第1期。

里面的一个教研室）时，王老师众望所归地出任了法律系主任。之后，王老师又担任了华政的工会主席（这个职务也是为大家服务的），其为人做事的品格受到了大家充分的肯定。

四

光阴似箭，一转眼王老师满 70 岁了。他反复表示，自己应该退了，不能再干了。1996 年 12 月 11 日中午，我们教研室聚餐，欢送王召棠、徐铁民两位老师光荣退休（徐老师是离休）。那天场面很热闹，教研室的人几乎都到了，有陈鹏生老师，王立民、徐永康、丁凌华、赵元信、殷啸虎（当时殷老师还没有调到宪法教研室）、周伟文、李秀清等（郝铁川老师是否参加我已记不太清，好像也参加了），当时的法律系的党总支书记刘正浩也参加了。

大家谈得非常开心。我记得平时话不多的王召棠老师，那天也很兴奋，说了许多话。大体意思是法律史的教学和科研都要有改革，体系上也要改，内容上也要改。法律史的教学和科研一定要有创新。而这些工作，我们年龄大了，已经退休了，无法完成了，就要靠在座的这些年轻人了。他特别指着王立民、我、徐永康、李秀清，再次强调说，就靠你们了。

1999 年 9 月 18 日，华政举行了复校 20 周年庆典，王召棠老师和徐铁民老师双双获得了华政“功勋教授”荣誉称号。庆典上，我记得是由王立民向王老师献花的。那天，王老师也是非常兴奋和开心。之后，我到王老师家里去看望过他几次。但由于平时杂事、琐事缠身，以及后来每年春节，对老领导、“功勋教授”我们都举行团拜会，大家聚在一起吃顿饭，拜个早年，不再单独家访，我就很少去王老师家里了。

五

王老师退休后，我虽然和王老师见面不多，但心是相连的。王老师最可贵的品质：厚道、朴实、善良，淡泊名利，甘当人梯，都深深地影响着我。他培养的学生，如王立民、殷啸虎、徐永康、程维荣、姜永琳、胡银康、杨心明、蒋集耀、李本森、金敏、顾俊杰等，目前都已经是我国法律教育和法学研究第一线的中青年骨干了。

在王老师的《王召棠法学文集》编辑出版之时，我写下如上这些琐碎小事，以表示我对老师的崇敬之情，祝王老师身体健康，每天生活在快乐和幸福之中（师母是一位非常温柔体贴、会照顾人的贤内助）。

2008年开始，我组织一批研究生陆续采访了我国各位著名的法学家，访谈录于2010年年初由北京大学出版社出版，王老师是第一批接受采访的法学家，其访谈收录在该书第一卷之中。王老师在访谈最后，说了一段很动情的话：

> 我觉得，作为一门学科，无论中、外法制史都是很重要的学科，所谓法制史这门学科的存与废，那是无稽之谈。问题是我们现在的中国或外国法制史研究的目的性和内容、体系的组织都存在不少问题，这不是一两个专家所能解决的，应该有计划地专题讨论，尽快解决。

王老师对自己所从事的学科——法制史的钟情和执着，尽显于此矣。

2011年3月25日

亦师亦父，若宽若严

——追忆恩师徐轶民教授

何勤华 *

徐轶民老师是浙江常山人。常山位于金衢盆地西部、钱塘江上游，东汉建安二十三年（公元 218 年）就开始建县，始称定阳，后改称常山，建县至今已近 1800 年的历史，现属于浙江省衢州市。生活在常山的徐老师，初中毕业于衢州中学。之后，就离开山清水秀的家乡，来到了上海这个当时远东最大的城市继续求学，先后就读于上海诚明文学院、暨南大学和复旦大学。

一、第一次见面在北京大学招待所

我第一次和徐老师见面，是在北京大学招待所。那是 1981 年 6 月 3 日，为了报考华政的研究生，让老师先“相相面”。

说到我考研究生，还得从我国的大学生毕业分配制度说起。1949 年新中国成立以后，我国学习苏联，实行计划经济，城乡差别较明显，大学生属于城市户口，吃商品粮，国家包就业、包医疗、包房子等。在 20 世纪 80 年代以前，在经济发展和日常生活方面，上海的地位比北京重要，所以上海的考生如在外地读书，要回上海工作需要获得回上海的毕业分配计划指标，而这在当时非常困难，

* 1981 级硕士研究生，现任华东政法大学法律文明史研究院院长，教授、博士研究生导师。本文写于 2011 年 4 月，原载《徐轶民法学文集》（法律出版社 2011 年版）。

即使在北京读书情况也一样。我毕业分配时也遇到了这个问题。

当时，我们班里除我之外，还有一个崇明考上来的同学，叫倪振锋。我们两个人都是想回上海的。此外，浙江考生傅长禄，是上海插队到浙江的，他也想回到上海。从江苏考上来的同学顾功耘，因父亲在上海工作，也希望分配到上海工作。这样，分配回上海的形势就比较严峻了。我不想和同学去争回上海的名额，故 1981 年 4 月 8 日，从我们的班主任王德意老师（后来出任全国妇联书记处书记）打听到华政当年被批准获招研究生的信息后，就决心通过考研究生回上海（当时整个上海的高校如复旦大学等都还没有获准招收法学专业研究生的资格）。〔1〕

此时，华政有一位青年教师，叫孙进丰，是国际法专业的，正在北京大学进修，做王铁崖教授的访问学者。因为都是上海人，几次见面后就很熟悉了。他知道我的想法以后，非常支持。他告诉我一个信息，北京要开一个教学上的会议，华政会有几个老师前来，他可以介绍我去看望他们，顺便询问一下考研的事。〔2〕由于孙进丰老师在进国际法专业之前，在华政人事处工作过，故对这些老师都很熟悉。他告诉我，当时华政批下来可以招研究生的，是两个专业：法制史和国际法。而我当时最感兴趣的是民法，民法不招，我也没有办法，只能改考其他专业。孙老师建议我改考法制史，并说来的老师中，徐铁民老师就是研究外国法制史的，且是一个做学问的人，可以和他接触。

1981 年 6 月 3 日晚上，和风习习，我在孙进丰老师的陪同下，

〔1〕 1982 年 2 月 14 日，我们毕业后离开北京大学赴新单位报到，我们 4 个人都回到了上海，我考上了华政研究生，倪振锋分到复旦大学法律系，傅长禄分到上海市中级人民法院，顾功耘分到上海市人事局，顾功耘后来再次分配到了复旦大学分校文学院法律系工作，后来又调到了华政。

〔2〕 实际上，考华政的研究生是存在风险的，当时沈四宝老师就帮我分析：考上了，多一条回上海的途径；考不上，华政就去不成了，因为人们一般不会要一个落榜的考生来工作的。当然，沈四宝老师总体上也是支持我报考的。

到北京大学招待所见到了徐轶民老师。老师当时50多岁，中等身材，人很清瘦，肤色白皙，气质高雅，脸上有一点点皱纹，两眼特别明亮，闪烁着探究的目光，给人以洞穿一切的感觉，很威严，初见时让人感到拘束，有点害怕。接触一会儿后感觉老师其实非常和蔼，说话也比较随便，直来直去，不讲空话、套话，不讲大道理，可以直奔主题。

老师问了我一些家里的情况、个人经历、学习成绩等之后，就谈了华政外国法制史专业的情况、招收研究生的要求、参考书目和考试的课程，他提了两点要求：第一，英文要考得好；第二，语文水平要扎实，今后研究需要它。当然，专业课也一定要考好。他说，现在已经有6个人与他联系了，所以让我要有竞争的思想准备。此外，老师爽快地对我说：你就好好复习考吧，我给你开一个书单，你按照此看书复习，时间还来得及。他很认真地一笔一画写了一些书和参考资料，交给我，说："你还有什么事吗？没事就这样了。"我本来还想和他聊聊天，看此状况，就马上告辞了。前后加在一起不到一小时。

在回宿舍的路上，孙进丰老师告诉我，华政今年不招宪法和刑法的研究生，除国际法外就是法制史了，你必须全力以赴。他还说，徐老师就是这个脾气，办事非常干脆利索，珍惜时间，绝不啰嗦，你今后要注意这一点，尽量少占用他的时间。但徐老师是个做学问的人，你今后跟着他不会吃亏。我连连称"诺"。

二、面试给了我重逢老师的机会

经过报名、体检（都在7月中旬）等各种程序，我在1981年9月12~14日3天参加了华政研究生的考试。3天的考试，几乎让人虚脱。第一天上午考英语，下午考政治理论；第二天上午考古代汉语，下午考法学基础理论；第三天上午考各国宪法，下午考外国法制史。尽管我做了充分的准备，但华政的题量大得还是让人吃惊。我印象中，几乎每一门课都要在16开的答卷纸上写15页以上。但是，考完试以后，心是比较定的，因为除外国法制史试卷中一个名词解释“黑人法典”有点猜测着回答外，其他所有的问题全都答出来了，英语也考得很好（感觉上如此）。1981年10月22日，我接到了到华政参加面试（复试）的通知。

由于面试要考专业和英语，也有笔试和口试。故我提前了一个星期回到上海，专心复习。孙进丰老师是一个非常讲义气、注重感情之人，他当时住在东风楼后面23号楼东侧一排的最南端，是一间20平方米左右的大房间，刚装修好，作为结婚用房住得时间还不长。为了让我安静地复习，他把此房子让与我住，还睡他的大床（这在现在可能是不可思议的事），他自己则回父母家。他夫人也很通情达理，对此没有任何怨言。

其间，我见了徐老师一面。这是我第一次到徐老师家。它是一幢西式洋房，就是后来华政食府（现在改造成了华政图书馆长宁校区的密闭书库）路西面的那排楼房最南面第一间。徐老师住一楼，门是朝南开的，因为花园洋房的一楼要比普通房屋高出半层，所以有几层台阶。上了台阶进屋，有一个7平方米左右的小间。徐老师将这一小间改造成为一间书房，在里面看书写作。书桌之外，还有一个简陋的长沙发，可以接待三四个人谈话。我们就在书房里谈了一会。徐老师没有透露任何关于面试的细节，只是询问我现住在哪里，他指定的那些参考书和资料是否都已经好好阅读，注意不要太累、太紧张。

尽管见面谈话不涉及面试问题，但是见到徐老师心里还是很开心的，并且不知什么原因，有一种踏实的感觉。我站在外面的路上，打量了这间楼房很长一段时间，当时也没有想到，以后会常常来到这里向徐老师请教问题、商谈论文写作和修改等事。虽然，我已记不清进入徐老师家门有多少次，但除书房外，里面其他的房间从来没有进去过，感觉上比较大，是我拜访过的华政老师中住房条件最好的。这次见面，我也第一次见到了热情的徐师母郭老师，见到了徐老师的儿子徐鸣，他比我小一岁，非常俊秀；女儿徐清，长得非常漂亮。

1981 年 11 月最后两天是面试，虽然感觉还不错，但离我的期望值还是有一定距离的。自己感觉复习得很充分，但因为太紧张了（面试时的徐老师不苟言笑，非常严肃，看着还是有点害怕），故回答问题不是太完满。面试结束后，我沿着苏州河边上石板夹着砖块的小道走了好几圈，看着老师家以及其他各幢小洋房的外墙上爬满了细细的蔓藤，心想，这些建筑置身于上海这座喧闹的大城市之中，显得那么宁静，那么高贵典雅，以前都是在小说电影里才能看得到的情景（后来张瑜主演的电影《小街》里的画面就是这种场景），离自己从小一直生活的农村环境是那么遥远，而现在却是这么近，就在眼前，自己再往前跨上一小步，就可以成为其中的一员，这是梦境还是现实？

面试结束后，我就急着回北京大学，因为毕业之前的事情还是很多的。在走之前，和徐老师又见了一面。这次是在法制史教研室，东风楼二楼东侧的一间房子。徐老师还是很严肃，指出了我在面试中的一些错误，对于能否录取之事，只字未提。但凭感觉，老师是很喜欢我的，因为在谈话中，老师已经将我作为其得意门生在规划未来华政法制史的宏伟蓝图了。

三、每一堂课都是那么的精彩

回到北京大学，在经历了一段时间的焦虑等待之后，1982 年 1

月 5 日，终于收到了姗姗来迟的华政的录取通知书。2 月 2 日，我们来华政报到，华政第一届研究生开学。接下来，我和其他 13 位同学［我们第一届研究生共有 14 人，有法制史的，国际法的（后来也补招了宪法和刑法的，宪法是骆伟建和胡明德，刑法招了赵国强和杨诚），但外国法制史的最多，共 4 人，除我外，还有高桐、蒋迅和任自昌。毕业时，除任自昌去了上海大学外，我们另外 3 人都留在了华政工作，但几年后他们 3 个人都去了美国］就进入了正常的研究生学习之中。当时华政的条件虽然还比较艰苦，但对我们是特别关照的，院长特批给了我们 14 个人一台彩色电视机。

徐老师给我们开的是“外国法制史研究”的课程，从古代巴比伦的楔形文字法，到古代印度法、古代希腊和罗马法、中世纪教会法，一直到近代以后的法国民法典、德国民法典、美国联邦宪法等，讲了一个学年。中间，还让我们 4 个人每人各作了一次长长的主题发言，老师最后再作一些点评。

徐老师上课非常有特色，那就是特别认真，特别的严谨，特别的周密，资料丰富，信息量特别大。每次上课前，徐老师都会布置一批参考书，让我们去看，做读书笔记，然后到课上交流。一堂课下来，都要看上五六本乃至十多本的参考书。一个一个专题进行下去。我印象中，这一学年的课，大概有十五六个专题，每一次课都要经过阅读、发言、提问、讨论、点评、总结等各环节。由于学生人数少，故每一堂课，我们平均都有 5 次的发言机会，事前如果不看参考书，对要讨论的专题不熟悉，这堂课你就没有办法进行，就会感觉很尴尬、很狼狈，当然也毫无例外地会受到老师的批评。但如果准备充分，你就会感觉非常自信，发言、提问和讨论也能非常自如，而在老师那充满表扬、欣赏的眼光之下，你会感觉到每一堂课都是那么的精彩，那么有收获，都是一次难得的享受。

徐老师是一个非常喜欢清洁的人，无论是外出参加学术会议也好，在学校上课也好，参加教研室活动也好，以及出席其他一些非正式的场合也好，他都是穿戴整齐，身上弄得干干净净。包括他书房里放的书、杂志、讲稿、复印的资料、信件等，他都摆放得清清楚楚、整整齐齐。这一良好的习惯，使他查找资料和文献时非常方便。有时问老师借阅一份资料，或要查找某一本书、某篇文章，他马上就能找出来交给你。老师爱清洁的习惯也延伸到了课堂上，他每次讲课必然带上一块湿毛巾，在黑板上写了一段板书，回到讲坛上来时，就会把手擦干净，以免粉笔碎屑弄脏了书和衣服。这一点让我们感触很深，逐步意识到大学老师就应该是这样的，对老师也就更加尊敬了。

四、辅导论文写作不厌其烦

除上课外，让我们更加感动、更加有收获的是，徐老师对我们论文写作的细心辅导，孜孜不倦，极其认真。

当初，徐老师先是考入暨南大学，之后又转入复旦大学，学习非常刻苦用功，因此，其英文水平很高，古文底子也很好，华政两次解散，他也没有离开过教学和科研岗位，第一次在上海社会科学院，第二次去了复旦大学，所以外语、古文和法制史的专业知识没有丢，都非常扎实。与此同时，徐老师还长期担任上海辞书出版社编辑辞书的编委和撰稿人（改革开放后我国出版的第一批法律辞书如《法学词典》《辞海》中政法词条和《中国大百科全书·法学》，老师都是主要撰稿人）。这些主客观条件，造就了老师非常好的文笔。无论是撰写论文、著作，还是编写教材、讲稿等，都非常精练、非常周密，遣词造句非常严谨，包括每一个标点符号，都是经过仔细斟酌才定下来的。

遇到这么一位好的老师，真是我们学生的福分。一方面，是我自己的愿望；另一方面，也是老师的要求，我从入学时起，就开始选择合适的题材写论文。先后完成了《论十二表法》《论希伯来法》《试论伊斯兰法形成和发展的特点》等，交给老师审阅。老师对我（包括其他 3 位同学）交给他的作业（习作）都非常重视，马上就开始一字一句地进行审读和修改。

我记得那是 1982 年的国庆节，我在节前回家时，把《论十二表法》一文给了老师，此文已经经过了余先予老师的认真修改，有 7500 多字。国庆节后我回到学校，老师就把我叫去了，将修改好的论文还给了我。我一看，上面布满了密密麻麻的红色，是老师修改的文字。从框架结构，到段落的调整，到文字的修改，到每一个标点符号，都有老师修改的痕迹。而徐老师修改文章的最大特点，就是将你的文章梳理得清清楚楚、逻辑清晰、话语顺畅，用语极为精练。原来 7500 多字的文章，经过老师的修改，变成了一篇 3500 余字的文章，压缩文字达到了一半以上。换言之，文章经过老师这么一改，就可以直接排版了。

在 3 年的学习中，受到徐老师精心修改论文这种“恩惠”（老师为修改上述《论十二表法》这篇文章，整个国庆假日都没有休息），我已记不清有多少次了。甚至在毕业以后，许多教学方案、教材大纲、学术会议的材料等，仍然常常能得到老师的修改意见和建议。其他同学的情况也一样。高桐、蒋迅、任自昌的硕士学位论文，包括后来的傅东辉、刘小冰、周伟文等人的硕士学位论文，都耗费了老师的大量时间和精力。同学们的一致体会是，经过老师这种严格的论文写作训练，大家的论文写作水平得到了明显的提高。认为老师虽然严格、要求很高，对我们写的东西如感觉差、不规范，就会狠狠地批评一通，有时会被弄得下不了台；但老师心肠好，批评归批评，改还是认认真真地帮你改，一遍、两遍、三遍……直到他感觉满意为止。

经过老师的这种严格训练，我们几个人的论文写作水平都达到了一个比较高的水准，不仅硕士学位论文后来都被收录进了《华东政法学院硕士研究生论文集》，我、高桐、蒋迅以及傅东辉的硕士学位论文还在期刊（如《比较法研究》等）上公开发表了。徐老师这种对论文写作的一丝不苟、精益求精的精神，也影响了我们以后的学术道路。我印象中，高桐、蒋迅留校工作虽然没有几年，但已经为下面几届的学弟学妹做过好几场“如何写学术论文”的讲座了。徐老师对我们的影响力有多大，就此可见一斑。

五、跟随老师参加厦门会议

在我们 3 年研究生学习期间，最开心的事莫过于跟随徐老师，一起去参加全国外国法制史研究会第二届年会。因为会议在厦门大学召开，我们一般就称其为“厦门会议”（以后每次年会的简称都以开会地点名之）。

说起厦门会议，还得说一下全国外国法制史研究会的由来。1979 年，法律史学界在长春吉林大学法律系召开“中国法律史学会”的成立大会，该学会是改革开放之后我国法学界成立的第一个学会（学术团体）。当时，林榕年、徐轶民、林向荣、徐尚清、由嵘、张观发、许显侯等一批研究外国法制史教学和研究的老师也参加了这次年会。起先，该学会的活动也包含外国法制史的内容（从这次年会后编辑出版的《法律史论丛》所收集的与会论文中可以很清楚地看到），但随后，就逐步以中国法制史和中国法律思想史为主了。

在这种情况下，从事外国法制史教学和研究的一批老师，就在陈盛清、林榕年、徐铁民等老师的带领下，1982 年 4 月在武汉大学另成立了“全国外国法制史研究会”，这次会议也是该研究会的第一届学术年会。当时会议选举陈盛清为会长，徐铁民老师和林榕年、林向荣、张学仁一起任理事，研究会还聘请了卢干东、姚梅镇、周枏为顾问。当时会议决定，第二届年会放在厦门大学召开，时间为 1983 年下半年（后推延至 1984 年 1 月）。

作为全国外国法制史研究会的主要奠基人，徐老师对研究会怀有特殊的感情，也倾注了相当心血。从武汉会议结束一回到上海，徐老师就召集我们一起开会，传达了会议的情况，谈了要好好准备参与这次会议，并让我们第一届、第二届外国法制史研究生也一起前去参加的想法。听了老师的这一想法，大家都非常高兴，记得那天回到宿舍后，晚上一直兴奋得无法入睡，因为厦门是一个我们向往的地方，一直没有机会去看看，这次终于有了机会，怎么不令人高兴?

在接下来的日子里，我们都为参加会议准备论文而忙碌着，因为老师明确讲了，想去厦门的前提就是必须完成一篇学术论文，有了论文，他才有理由为我们向学校争取前去参加会议的经费——因为到目前为止，还没有一个专业的研究生出去参加过学术会议，而这一次徐老师要带我们 5 个人一起去！当时，我准备的论文就是《论希伯来法》。1984 年 1 月 9 日上午 10 点，我、高桐、蒋迅、任自昌和傅东辉 5 人，跟着徐老师坐快车（说是快车，当时速度也不快，上海至厦门路上用了 36 小时）去了厦门。临出发之前，徐老师召集我们开会，讲了几点注意事项，如不要乱说话、乱买东西，注意华政形象，同时争取多结识一些外校老师和研究生等。与我们同车的还有李光灿、陈盛清、林向荣和李昌道等老师。

年会的发言、讨论等详细情况我就不多说了。我们参加这次会议的最大收获是认识了一批外校的研究生和青年老师，如中国人民大学的梁治平，中国政法大学的高鸿钧，浙江大学的方立新，辽宁大学的张锐智和杨立，厦门大学的米健，新疆大学的汤唯，上海大学的丁利刚等。除汤唯是我的本科同学外，其他人都是第一次相识。中间还有两个插曲：一是在会议进行中，梁治平、高鸿钧等拿出了一份事先预备好的《青年外法史学者法律文化宣言》，当场宣读，引得大家满场鼓掌，一片叫好！二是在会议中的一个晚上，米健把我们一批年轻人召集在一起，提议成立一个青年外国法制史研究会，以便做出一些成绩。由于我们华政的几位研究生事前没有一点思想准备，故只是随声附和，举手同意而已。这两个小插曲，让我们知道了外部世界的缤纷多彩，令我们对其他高校的外国法制史青年才俊钦佩不已。

这次会议还有一个收获，是认识了一批德高望重的外国法制史专家，如陈盛清、李光灿、周枏、卢干东、潘汉典以及林榕年、吕世伦、胡大展、由嵘、林向荣、李昌道、徐尚清等。尤其是研究会会长陈盛清老师，印象中当年已经是 76 岁高龄的老人，但在登鼓浪屿时，比我们青年人都速度快。我记得边上的李昌道老师就开玩笑说，陈老今后活到 100 岁没有问题。因为徐老师当时走路登山也很敏捷、轻松，故李昌道老师转过头来对我说，别看你导师人很瘦弱，活到 90 岁也是没有问题的（那天，高桐、蒋迅、任自昌和傅东辉去其他地方玩了，故就我一个人陪老师登鼓浪屿）。事后想想，李老师说得还真的很准，陈盛清老师后来以百岁老人仙逝，徐老师也高寿 82 岁，虽然离 90 岁少了几岁。

六、华政第一次承办外国法制史年会

1985年的外国法制史年会，是在昆明召开的。会议作出一项决定，第四届年会将由华政承办。徐老师主持全局，而由我负责年会的具体工作。当时外国法制史研究会的秘书长是武汉大学法律系的张学仁老师，为了开好这次年会，就让我担任副秘书长（当时我已经是理事了。昆明会议将我、梁治平和高鸿钧3名青年教师增补为理事）。

1986年11月18日，第四届年会如期在上海召开。想想那时的学术团体活动情况，真的是艰苦异常。华政承担不了会议的全部经费，徐老师只好四处“化缘”筹钱。从外国法制史研究会处获得3000元，从上海市法学会处弄到1000元，华政解决用车的费用（1700元），以及宴请一次部分会议代表吃一顿饭的钱（估计在1000多元吧）。没有钱住星级宾馆，我们只能东寻西找，终于联系到了在天山路上的一家化工厂的招待所，即“上海化工研究院招待所”，收费比较低廉。没有礼品赠送，旅游也跑不出上海市，只能利用本市的资源。好在上海不仅是一个国际化大都市，也是我们党的诞生地。因此，我们年会的参观，就是中共一大会址。当时也没有经费联系大巴，故有一部分会议代表就自行坐公交车前去。当时许多代表开玩笑说，这最好，我们刚好有一个实地多看看上海的机会。

在公交车换车途中，我和林向荣老师两人与大部队走散了，记得当时我们才到静安寺。林老师提出他想走路，问我离中共一大会址还有多远。我说，还很远呢。他说，没事，他喜欢走路。我说，我是副秘书长，要负责全体会议代表的安全。他说，没事，只要徐老师在，你不用操心，他会安排得挺好的，尽管放心。我想想也是。再说，我也不能丢下林老师一个人，他对上海又不熟悉。这样，我就陪着林老师一路走，用了一个半小时，才和大部队会合。徐老师见到我们非常高兴，不仅没有责怪我，而且大大地表扬了我——因为我和林老师在一起，没让林老师迷路、走失。实际上，徐老师还是比较着急的，但当时还没有发明出手机，无法联系。

而与林老师的这一路同行，对我后来的学术发展影响很大。我当时已经对法学史发生了浓厚的兴趣，但苦于找不到一个切入点。而林老师当时已经开设了“法学史”的课程，在路上，他就详细地和我说了他的讲课体会以及关于对法学史的研究设想。林老师当时用的教材是日本学者碧海纯一等编写的《法学史》一书，该书没有中文版，林老师懂日语，他就用日语原版书上课，实际上是双语课，既上法学史，又上日语课。林老师还说，他自己正在撰写“法学史”一书，但速度很慢。他还答应回去后，马上把碧海纯一的《法学史》复印后寄给我。而这一切，都为我 10 年后完成《西方法学史》一书提供了相当大的参考。

以上一段也算是题外话了。1986 年全国外国法制史研究会第四届年会（上海会议）虽然经费比较拮据，但会议开得还是很成功，代表也非常满意。大家对徐老师的组织能力和学术号召力都十分钦佩，尤其是徐老师对研究会的执着感情更是令大家非常感动。1997 年，华政又承办了外国法制史研究会第十二届年会。这次又不巧，我只参加了一天的会议，因为北京有会议，就离开了上海，故年会仍然由徐老师亲自操办（给每个代表发正式会议通知，也是老师一张一张地按姓名填写的。周伟文和李秀清当时协助徐老师）。虽然，此时徐老师已经离休，但他不顾岁数大、身体弱，全身心地投入会议中，圆满完成了会议的各项议程，再次赢得了全体代表的尊敬。

七、严者适理，宽者人性

和徐老师有过接触，且接触不深的人，都以为老师是一个非常严厉的人。确实，徐老师平时不苟言笑、做事认真、举止严谨。对学生要求也很高。当我们学习有所松懈时，他会直率地批评；当我们做事不认真时，他会把我们叫去，很严肃地予以指出。在课堂上，如果我们没有完成他要求我们阅读的参考书，且又讲不出理由时，他也会训我们一顿，有时甚至会让我们下不了台。

同时，徐老师的专业意识特别强。他不仅要求我们好好读书，而且要读专业书，要读外国法制史的书。考上研究生以后，我结识了在华政任教的余先予老师，因为都是北京大学毕业的，故共同语言比较多，余老师就让我参与他的一些科研项目。但余老师的专业是国际私法，平时喜欢的也是法理，所以他的项目和外国法制史离得很远。当与余老师合作写第一本书《大众法学常识》时，我悄悄地问余老师，是否要和徐老师说一声。余老师对徐老师也很熟悉，说你先不要对他说，说了徐老师肯定反对，会说你不务正业。不如你先写起来，徐老师人是严格的，但心肠很好，看到你最后写出来了，他也就不会再责怪你了。

虽然没有向徐老师汇报，但老师最后还是知道了。他就把我叫了去，对我说，你和余老师一起写书，此事我不反对，只要你不耽误正常的学习就行。只是你写这种书没有多大意思，对自己帮助提高不大，现在是出版了一本书，但过了若干年后，你回过头来审视时，就会感觉到付出这么多时间其实是不划算的。当时，我们年轻人也是急于想出名，所以徐老师的话一时也听不进去。同时，写作此书，对自己的写作水平的提高也确实有帮助。但这本书耗费了我3年研究生的大部分时间。在过去了20多年后的今天再来看，虽然得失都有，但老师所说的话无疑是更有道理的。

老师的严格还体现在他对我们写作论文的必须渐次进步上，即他要求我们每次写东西，他给我们修改后，我们能够汲取其中的得失，以便每次都有一点进步，日积月累，写作的水平不断提高。他多次对我们说，“你第一次交上来的文章问题很大，我不会生气。但是如果你对我的修改不认真仔细地看，老是犯同样的错误，我是不能容忍的。因为小到每一个用语、造句、注释乃至标点符号，大到框架、体系和段落之间的逻辑联系，我修改时都会仔细说明。但你如果不当一回事，下次交上来还是老样子，没有一点进步，那我就要生气了”。我记得有一次任自昌就是犯了这样的错误，故在课堂上被徐老师狠狠地批评了一顿。

徐老师对我们学生虽然很严厉，但心肠很好，非常爱护我们。尤其是当其他专业的人对我们说三道四时，他会当场予以“痛击”。在这一点上，说他“护短”也好，爱学生胜过自己子女也好，他都不在乎。就我个人而言，老师的关心一点也不亚于对他自己的子女。读研一时，我因故在华东医院做了一次小手术，回到浦东家里休息了一阵。自己当时怕耽误学业，被老师责怪，故身体稍好一点就赶回学校上课。结果老师就对我说，你这样不行，必须回家去，将身体彻底养好后再来。1993 年 4 月，我接受国家公派去日本进修学习，我原来承担的课教研室排不出人来接替，一时无人上。那年徐老师 68 岁，已经好长时间没有上本科生的课了。但为了让我能够准时赴日，安心在日本进修学习，老师就自告奋勇地再次出来，承担起这一较重的授课任务。2000 年夏天，老师已经 75 岁高龄了，加上比较严重的气管炎和哮喘，平时都待在家里休息，不再外出参加任何会议和活动。但那年在湘潭大学召开的全国外国法制史研究会第十三届年会上，将进行新老成员的换届选举。老师就对我说，他要去，为的是站好最后一班岗，让我们新上来的会长、副会长能够心里安然一些。在湘潭会议期间，老师其实每个晚上都没有能够睡好，要靠吃两颗安眠药才能入睡，但老师什么也没说，一直坚持到会议结束。每每想到这一情景，我都感动得无法自禁。

尤其是徐老师的严格，其立意非常深远，他是希望“严师出高徒”，通过严格的专业训练和外语要求，让我们都能够打下扎实的专业基础和外语基础，以便在以后的教学和科研方面走在同龄人的前面。正是基于这么一种考虑，老师对我们是“严而不僵（化）”“严而不（保）守”。他非常鼓励我们在专业上、学术上有所创新，一旦看到我们在作业中有一些新的观点、新的想法，他就会用红笔将其勾出来，予以表扬和肯定。同时，他也非常注意让我接触外界，开阔视野，1984年全国外国法制史研究会第二届年会（厦门会议）将我们前两届5名研究生悉数带出去参加年会，目的就是让我们领略其他各所大学的学术发展和成果，以开阔我们的眼界，提高我们的学术品位。

老师和其他人说话不多，但与我们学生却非常谈得来，和我则可以说是已经达到无话不说的境界。老师的特点之一就是说话非常坦诚，说的都是大实话。我记得有一次，他和我闲聊时，我向他请教编写教材的事。当时我是这么问的：许多人都说，编写教材，就是抄书。“天下文章一大抄”，老师您认为这种说法对吗？老师回答说，“你不抄别人的书，怎么写得出自己的书？”看我还没有反应过来，他又说，不抄别人的书，那你的知识从哪里来？娘肚子里不会带知识出来的。抄书并不丢脸，问题在于如何抄？这很有学问。我建议你，第一，抄书时必须穷尽，即在编写教材时，必须将同类型、同专业的各种教材都收集起来，然后加以比较，予以综合，将自己认为好的抄下来，编写出自己的教材。第二，无论抄谁的，一定要予以注明，注释多一点不要紧，千万不要掠人之美。第三，抄别人书时，要注意哪些是主流观点，哪些只是个别人的见解。因为编写教材，是要把已经得到大家公认的专业知识传授给学生，还要顾及学生今后可能要考北京大学、中国人民大学的研究生之类的。故教材和专著不一样，不能只是一家之言。第四，抄了别人的书以后，要发表一点自己的看法，要有自己的创新，哪怕一二句、一二行也可以。

徐老师的这些话非常朴实，都是大白话，但非常管用，而且有深刻的道理在其中，让我以后经常回味无穷。实际上，这些话也是老师数十年教学实践经验的总结。徐老师一生中主编过许多教材，早的如 1982 年出版的全国统编教材《外国法制史》，老师担任副主编，1987 年的修订本，1994 年的增补本（改名《外国法制史新编》），老师也都是副主编。之后，徐老师又担任了中央广播电视大学出版社版《简明外国法制史》和红旗出版社版《外国法制史纲》的主编，他都是将自己的教学经验提炼以后，充实到教材之中。在 1986 年的全国外国法制史研究会第四届年会（上海会议）上，徐老师明确提出了对苏联模式的外国法制史教学体系，以及我国改革开放初期的"外国法制史"课程体系必须进行改革，提出在编写教材和教学课程上要有创新，要理论联系实际，具体思路为"外国法制史"课程体系应该按总论和分论，或者按照国别来划分。这些改革创新的建议，在后来的外国法制史教材编写和教学体系中都被采纳了，从而为我国外国法制史学科的建设做出了重要的贡献。

还有一次，法律出版社让我主编一本《外国法制史（教学参考书）》，其中，我要写一篇新中国外国法制史学科发展演变的前言，里面有一节是论述外国法制史研究会年会历史的，我手头资料不全，就去问徐老师要。他二话没说，就拿出了历届年会的会议简报，以及简报中有一些无法公开发表的、由他自己做的内容记录。我一看，内容清清楚楚，什么都有。这让我非常感动和佩服。老师就跟我聊起了他对史料的看法。他说，“我们研究法制史，当看到历史上的一段日记、一封信件、一个会议记录或者一张照片时，就会感到欢欣鼓舞。但是，对历史上的这些当事人而言，他们只是做了一回有心人，多花了一些时间把发生的事情记录了下来。与此同理，我们现在参加一次学术会议，或组织一次学术活动，甚至几位同行一起吃一顿饭，等等，如果也能做一个有心人，将其记录下来，过了若干年，也是给后人提供了研究的第一手资料。史料，史料，就是这么形成的。此点，供你参考。我已经年纪大了，你还年轻，今后出席学术会议、参加学术活动一定会很多，你可以将其记录下来，以备后用”。老师的这番话，让我非常信服，也使我后来因此而受益匪浅。

这些都是平时我和徐老师在闲聊中的一些小事，现在之所以将它们写出来，一是表明了老师的坦诚，以及对自己学生的信任；二是感到老师的观点、说法对自己的教学和研究工作很有启发；三是想说明，老师外表虽然很严肃，但内心很柔和，他对事很严，对人却是很宽容的。

徐老师的宽和严，还充分体现在他对师弟陈立彤的事情上。平时，老师对陈立彤的学习要求很严，这一点我和周伟文都感觉得到，但对陈立彤的事业发展、他的家庭、他的夫人和小孩的事，则竭尽全力帮助。我记得那是陈立彤在美国留学的时候，老师年事已高，气管炎哮喘时常发作，尤其是冬天不能出门。但陈立彤在美国要升学，需要华政提供学籍证明及各种资料。陈立彤不知老师的身体情况，打电话来需要补充资料，老师二话没说，就亲自去办理开证明、复印资料等事，最后再亲自到曹家渡邮局帮他寄过去（师母和徐清要帮他寄，老师又不放心，怕有闪失。他说，陈立彤在那边急等着要的）。而那年的冬天特别的冷，老师办好此事后，气管炎和哮喘又马上发作。但事后老师没讲一句怨言。

八、学者风范，人生楷模

徐老师人很善良，为人正直，心地坦荡，故在外国法制史学界也是朋友一片，同行之间相处得很好。在华政，由于他学问做得好，加上人品高尚，大家也都很尊敬他，在教师中享有很高的威望。另外，老师具有强烈的是非感和正义感。看到不对的做法，他就要说，无论是教学和科研上的，还是学校管理上的，因此，有时会得罪一些人。但即使有一些这样的情况，也都是为了学校“公”的事业，老师绝对不会为自己的私事去招惹别人。

1996年，在徐老师71岁那一年，他离休了。此前一年，我也担任了华政副院长。在教学、科研和行政3个领域里忙活，感觉自己的所有时间都被吸走了。这样，我和老师见面的机会也日益减少。有时，我匆匆地来回于教室、办公室和会场之间的路上，遇到在慢慢散步的老师，我停下来和老师打个招呼，想说几句话时，老师总是说，你快走吧，你现在肩上担子重、事情多，你尽管去忙，不用顾及我。每当此时，我总是感到因没有时间更多地陪陪老师和老师聊聊天而十分内疚。

徐老师很豁达、宽容。他经常对我说：“对父母要孝，孝之大者是成就事业，光宗耀祖；对老师要敬，敬之大者是拓展师门，扬名天下。其他都是非原则的事，只要尽力了就行了。”这些话虽然带有非常浓厚的中国传统文化色彩，但却是徐老师这一代知识分子真实信奉的基本的家国观。他对家里人和其他人说，何勤华现在是校领导了，事情多，我们大家不要去麻烦他。学校事大，个人事小，只要学校发展了，我们作为华政人就心里踏实了。2007 年 7 月，老师再次发病住院，儿子徐鸣从美国赶回上海，去医院陪护老师。老师见到徐鸣后，第一句话就是："徐鸣，你知道吗，华政终于由学院改成大学了。"对学校的关切，以及得知华东政法学院改名"华东政法大学"之后的欣慰之情，溢于言表。老师的言行，也感染了师母以及他的家人。我平时很少到老师家看望师母，但师母每次看到我都非常高兴，总是有说不完的话。临走时，还要往我口袋里塞了许多好吃的，说我太瘦了，让我好好保养身体。

徐老师的身体原本还是不错的。虽然有气管炎，人也很瘦，但步履矫健，行动轻松，讲课时中气也很足。由于一次医疗事故，老师身体状况一下子变差，使老师的身体大伤了元气，之后就再也没有能够完全恢复。我是事后才知道这件事的。去看望老师时，老师反复对我说：庸医害死人啊！庸医害死人！老师这话，当然不仅就他自身的案例说的，也是指当时整个医疗界的现象。

之后，尤其是在 2001 年以后，老师有过几次肺气肿发作住院的经历，有一次还非常严重。但最终都化险为夷，安全渡过了难关。2007 年 7 月 24 日，我赴江西，和 2003 级博士研究生参加一次活动。临出发时，去探望过徐老师，当时老师住在医院里，身体已经很虚弱，但依靠吸氧，病情似乎还稳定，看此情况我就走了。也许是心心相印的缘故吧，2007 年 7 月 26 日那一天，我在路上就感觉到有点不对劲，做事精神集中不起来，似乎要发生什么事，但也说不出会在哪里出事。到下午 2 点多时，学校打电话过来，说徐老师今天走了。我听后，愣了很长一会儿，我告诉了周围的学生，大家都很难过。虽然已经有了思想准备，但心里还是非常难受。尤其是感到在老师离开时我作为大弟子未能守候在他身边，真是一个终生的遗憾！

徐老师的一生是辛勤劳累的，也是幸福的。他从少年时代起就追求社会平等、公正和进步，早在1948年求学时，就参加了中共地下党的外围进步组织“蕾社”（因此老师是华政为数不多的离休干部之一），也很早就提出加入中国共产党的申请。但由于一些原因，故尽管自己很努力，但一直到1991年7月徐老师66岁时，才经过党组织的批准，正式加入中国共产党。老师的这种执着、这种追求、这种信仰让我们感动。虽然组织的关怀来得晚了一点，但老师的夙愿最终还是实现了。徐老师从1952年到华政工作，一直到2007年7月26日去世，始终牵挂华政的进步和发展。同时，他也得到了华政师生的真诚热爱，1992年享受国务院政府特殊津贴。1996年离休后，他被授予华东政法学院“功勋教授”荣誉称号。在1999年华政复校20周年庆典上，学校举行了一个给“功勋教授”献花的仪式。那天，由我代表老师的弟子向老师献花，我清楚地看到，老师眼里闪着泪花，脸上浮现出开心、灿烂的笑容。

2011年4月15日

笃行致知，明德崇法

——陈鹏生老师教书育人六七事

何勤华 *

陈鹏生老师是我们法制史教研室的中国法制史教师，我们当研究生的时候中国法制史课是陈老师给我们上的。由于这一原因，我和陈老师很早就认识了，后来我们师生之间的关系日渐密切，成为莫逆之交，陈老师的许多感人事迹，一直深深地萦回在我的心际。

一、最受研究生欢迎的任课老师

作为华政的首届研究生，我们入学的时间是 1982 年 2 月。当时，学校为我们配备了最优秀的师资，陈老师就是其中之一。他讲课生动，语言丰富，妙语连珠，不看讲稿，条理清楚，重点突出，板书漂亮潇洒，形体动作也很吸引人。特别是陈老师上课激情澎湃，对中国古代各种法律制度和法制人物的褒贬扬抑、准确尖锐，让我们听课的同学颇受启发，很是“过瘾”，每次上课感觉都是满载而归。

由于陈鹏生老师上课深受学生的欢迎，加上他对研究生培养的全心倾力，他在我们同学中享有崇高的威望。1984 年，也就是我们第一届研究生毕业的那一年，学校领导班子发生变动，还要增补

---

* 1981 级硕士研究生，现任华东政法大学法律文明史研究院院长，教授、博士研究生导师。本文写于 2011 年 3 月，原载《陈鹏生法学文集》（法律出版社 2011 年版）。

一名分管教学和科研的副院长。我们全体研究生多次向有关组织反映，呼吁陈老师出任学院副院长。在全校师生的拥护下，陈鹏生老师于 1985 年春天众望所归地成为新一届华政领导班子的成员，成为分管教学和科研的副院长。这一次的经历，又进一步密切了陈老师与我们研究生的关系。

二、生病拉近了我们的距离

当然，就我个人而言，与陈老师接触日益亲密，乃至成为超越师生情之上的忘年交，是有一个过程的。我和陈老师日渐熟悉，是从一次去他家探望生病中的陈老师开始的。

印象中那还是 1984 年上半年的事，我从高桐（我们研究生班班长）、杨诚（和陈老师接触比较多）等同学那里得知，陈老师患急性胃出血，住院了。这消息让我吃了一惊：陈老师身体一直非常好，他怎么就生病了？我想去探望他，但不知具体地址，又怕给老师增加负担，犹豫了两天，还是下决心，即使给老师带来麻烦，也要去探望他，表达自己的尊敬和牵挂之情。但此时，陈老师已经出院，回到了家里。于是就联系了中国法制史的研究生胡银康（他和陈老师的关系很好），去陈老师家里，探望病中的老师。

陈老师住的是泰兴路上一栋老式小洋房，沿着窄窄的楼梯上去，我们到了二楼，我一眼就看到，陈老师躺在床上，师母冯老师守护在他边上。看到我们，陈老师特别高兴，虽然身体很虚弱，但还是和我们说了许多话。而谈得最多的，就是如何保重身体。我问陈老师：您身体看起来很好，为什么会胃大出血？陈老师说，是啊，我是足球运动员，体质极好，平时身体非常棒，这次不知什么原因，可能是工作太紧张了，也可能是年龄渐渐大了。他说那天回家时，身体很不舒服，后来连一层楼梯都爬不上来，不断恶心，肚子特别痛，去医院一检查，就发现是胃大出血。

这次探望陈老师，不仅加深了我和陈老师之间的了解，还进一步体会到了健康的重要和宝贵。

三、独立发表第一篇论文的推荐人

读研究生时，我最大的愿望就是能够参加老师的课题研究，并发表自己的或合作的科研成果。

虽然，早在 1980 年，我在北京大学法律系读大三时，就和老师、师兄一起合作在《法学研究》上发表了第一篇学术论文《试析买卖婚姻》，但此文主要是在李志敏老师的指导下由我们 4 个人合作完成的，并非我自己一个人的作品。我自己独立完成并发表的第一篇论文，是在读研究生期间，由陈鹏生老师推荐，在《江海学刊》（1984 年第 6 期）上发表的，论文题目就是《〈唐律〉债法初探》。

当时，我听了陈老师的中国法制史课后，起先写了一篇《论中国古代法官责任制》的论文，作为课堂作业送给陈老师看，他虽然给予了肯定和赞扬，但表示此文还达不到公开发表的水平。受此鼓舞，我继续努力，在第二个学期写就了《〈唐律〉债法初探》一文，作为这门课的考试作业，交给了陈老师。陈老师拿过后看了一下标题，没有说什么。过了几天，我记得是 1983 年 7 月 9 日，陈老师给了反馈意见，我当天的日记是这么记的：

> ……自从家里回到学校，同学们就和我说，陈鹏生老师让我去一次，他有事找我。我听了很兴奋，就去教研室和《法学》编辑部（陈老师当时兼任《法学》杂志编辑）找他，但连着几次都没有能碰到。昨天下午，陈老师又让人带信来，叫我去找他。结果我吃完饭拿着饭

碗见到了他。他说：我的这篇考试作业文章《〈唐律〉债法初探》写得不错，让我再复写两份交给他，他有用。派什么用处，我没有问，他也没有说。拿回来后，我一鼓作气，至今天上午，就复写好了。因为要回家（当时家在浦东，回家单程需要4个多小时），故交给胡韵琴老师，让她转给陈老师……

又过了几个月，大概在1983年年底的时候，有一次陈老师看到我，就非常高兴地对我说：你的文章我推荐给了江苏南京的《江海学刊》，编辑部决定在明年（1984年）第5期（后推迟到第6期）刊用，你知道一下，不要再和其他刊物联系了。我连连感谢老师。陈老师客气地说：没事，下次有好的文章再帮你推荐。陈老师提携后学的精神溢于言表。我事后知道，我们这一届的杨诚同学的一篇文章，也经过陈老师的推荐，在《江海学刊》上登出来了。

《〈唐律〉债法初探》经陈老师推荐发表了，除高兴外，我感觉上也有一些失落：我这个外国法制史专业的学生，能够发表出来的却都是中国法制史方面的成果，而不是外国法制史的。当时有一个感觉就是，法制史论文比部门法的难发表，而外国法制史的论文比中国法制史的更难发表。因为，此前我也写了几篇外国法制史的专业论文，如《论十二表法》、《论希伯来法》和《试论伊斯兰法形成和发展的特点》等，徐轶民老师也都帮我仔细修改过，认为已经够上公开发表的水平，但投出去都被退了回来。

在研究外国法制史的同时，发表中国法制史的论文，这一点（中、外法制史“两栖”作战）对我以后的学术成长道路有很大的影响，我后来在《中国社会科学》《法学研究》《中国法学》等权威刊物上发表的论文，大部分都是研究中国法制史的，这和陈老师当初推荐我发表中国法制史的文章是很有关系的。但无论是中国法制史还是外国法制史，我的论文写作，是在陈鹏生、徐铁民和余先予等老师[1]的帮助下，才慢慢达到了能够公开发表的水平，并进入了一个比较顺手的境界。

四、鼓励我出任研究生科党支部书记

陈鹏生老师担任华政副院长后，研究生教育工作也由他分管。到我们 1984 年年底毕业留校时，研究生科的领导班子也发生了重大变化。老科长胡韵琴老师到龄退下来，由部队转业来的张龙冠老师接替。同时，胡老师不担任书记后，党支部还需要一位书记。胡老师就向陈鹏生老师推荐，让我担任此职。

听到这个消息我十分犹豫，担任党支部书记职务，要花费许多时间，对自己的业务发展肯定会有影响；而且暂时也不能出国（此时学校已经把我报上去，并在上海外国语学院接受了一年的日语强化训练，如通过国家考试就可以直接去日本进修法制史）了，必须在国内待上几年时间。拒绝这一任命吧，一则违拗了胡老师，她平时对我又那么好；二则也是失去了一个接受组织教育、考察的机会。

正在我犹豫不决之时，1986 年 3 月 22 日上午，陈老师托人将我叫了去，做我的思想工作。他希望我担任这一职务，说留在教研室教书的同时，兼一点行政或党务工作可以锻炼人，对个人的成长有好处。他鼓励我在党务和教学科研两个方面都不要放松，都要做得很优秀，都要争取拔尖。陈老师的谈话，给我以很大的信心。我

〔1〕 余先予老师也曾指导我写过多篇习作，也曾帮我推荐过数篇论文，但没有成功。或许我给他的都是外国法制史专业的文章。如上述《论十二表法》一文，就是经徐铁民老师修改的，经余先予老师推荐给了《法学》，但始终没有能够发表。

当场表示，接受组织上的这一任命，一定把工作做好。

没过几天，党委的正式任命就下来了，我担任了研究生科直属党支部书记。现在回忆起来，我走上这一条“双肩挑”的道路，陈老师也是我的引路人之一。

五、第一本研究生论文集的出版

陈鹏生老师不仅通过他上的课程，指导我们做科研，而且还鼓励我们将硕士学位论文修订后，汇集出版，从而为我们出版成果提供了一个平台。

华政的研究生，我们第一届总共招收了 14 名，分布专业为外国法制史最多，有 4 人：我、高桐、任自昌、蒋迅；中国法制史和国际法为次，各有 3 人；宪法和刑法各有 2 人。第二届招收的人更少，就 8 人，外国法制史和中国法制史的人数也降了下来，如外国法制史就 1 人：傅东辉，中国法制史是 2 人：王立民和胡银康。第三届也只有 12 人。故华政前 3 届的研究生加在一起，也只有 34 人。

当时，陈鹏生老师把我们几位已经留校的研究生召集起来开会，提出了将我们这 3 届研究生的论文汇集起来，出一本论文集的设想。那时候出版书和发表论文都十分困难，所以陈老师的建议极大地鼓舞了我们，大家就推选了两个人负责这件事，一个是我，代表第一届、第二届研究生，另一个是曹建明，他代表第三届（因为华政的首届本科生是 1979 级，故 1983 年入学的华政第三届研究生中许多就是华政的第一届本科生，如曹建明、徐建勋、王仲兰、段祺华、刘小冰、杨心明等）。

由于各位研究生的积极性非常高，很快就将自己的论文修改好交了上来，统一由陈老师负责审定。当论文集出版时，我们希望由陈老师出任主编，陈老师很谦虚，说这是华政研究生的第一本论文集，今后还会出第二本、第三本，这第一本论文集的主编应该由现任院长史焕章担任。这样，1988 年由上海社会科学院出版社出版的《华东政法学院法学硕士论文集》署名为：史焕章主编，曹建明、何勤华副主编。非常可惜的是，由于种种原因，第一本论文集出版后，第二本、第三本论文集就没有能够再编写出来。但陈老师在这件事上对我们研究生的指点和帮助，则在我们心里留下了美好的回忆。

六、创建“中国儒学与法律文化研究会”

1988 年 4 月，经过国家统一考试选拔，我获得了国家公派赴日本东京大学法学部进修学习的机会。一直到 1989 年 4 月回国，在日本的一年中，我一直和陈老师保持联系，知道华政领导班子有了调整，陈老师已经不再担任副院长职务。回国后，我和陈老师有过几次深谈，陈老师告诉我，现在终于可以从繁忙的行政事务中脱身出来，做一些自己一直想做的事了。他说，现在最想做的事，就是成立“中国儒学与法律文化研究会”，希望我能够协助他完成这个夙愿。

在接下来的日子里，陈老师就指导我做了一些研究会成立所必须做的事，如和日本法律思维株式会社（东京 LEC）进行联络，探讨学术交流之事。而他自己，则亲自与我国台湾地区的弘儒学会、孔孟学会、老庄学会，日本日中经济文化交流发展基金会，以及我国香港特别行政区的孔教学院、南怀瑾国际文教基金会等进行接触，商量合作的具体措施。经过一年多的筹备工作，经民政部门批准，“中国儒学与法律文化研究会”得以成立，陈老师出任研究会会长，他让我担任秘书长，做一些具体的事务。

1991 年 4 月 25 日，陈老师和我，以及当时负责会务的刘忠霖等专门讨论了研究会的成立大会暨第一届年会的事，决定会议于

1991年6月底在无锡召开，规模在70人左右，我国台湾地区的弘儒学会、孔孟学会、老庄学会等都派代表前来参加。1991年6月26日，年会正式在无锡华东疗养院召开，日本日中经济文化交流发展基金会提供了会议经费（该会会长三浦一志先生专程前来参加了会议），日本法律史学者鹿儿岛大学教授石川英昭、日本行政研究所所长青山登志郎，我国台湾地区淡江大学教授、老庄学会会长杨汝舟，辅仁大学教授王宇清，以及中国大陆30多所高校的法律史和儒学学者如张国华、刘新、杨鹤皋、李贵连、俞荣根、武树臣、刘作翔、杜钢建、马小红等都参加了这次会议。

对于学术研讨会，无论是国际性的，还是国内的，陈老师有一个观点，就是要么不开，开则一定要开得像样、体面，要有规格、有成果，要给前来与会的代表创造一个吃得好、休息得好、旅游得开心，同时，更重要的是，要创造一个平等、宽松、和谐的开展学术对话、学术争鸣的环境，并且每次年会必定要出论文集，要使会议讨论的成果得以保存下来，有一个学术传承。[1]在陈老师的这一理念指导下，中国儒学与法律文化研究会每一次年会［如1991年首届学术研讨会（无锡会议）、1993年第二届学术研讨会（南京会议）、1995年第三届学术研讨会（黄山会议）、1997年第四届学术研讨会（开封会议）等］都开得非常成功，非常有档次、有规格，但又非常平等和宽松，前来与会的年轻人都可以畅所欲言，慢慢地在陈老师周围，形成了一个学术共同体。

七、和陈老师一起在日本的日子

陈鹏生老师多才多艺，不仅著书立说、勤奋刻苦，学术成果

〔1〕 第一次年会的论文集由复旦大学出版社于1992年9月出版，取名《儒学与法律文化》，以后各次年会也都有文集出版。

丰硕；而且善于演讲，口才极佳，课讲得好，发言有激情，说话有逻辑、有思路、有吸引力；此外，还特别能够与别人交往，以诚待人，以心交人。因此，不仅国内的法律史学界的专家学者都和陈老师交好，许多都是挚友，而且和我国台湾地区的弘儒学会、孔孟学会、老庄学会的一些老先生也是关系密切、感情很好。最神奇的是，陈老师并不会日语，但却有一批关系极好的日本朋友，日本神户学院大学校长仓田先生就是其中之一。

1991 年 10 月，陈老师应仓田校长的邀请，赴日本神户学院大学法学院做一年的客座教授，为该法学院讲授东方法制史和法律思想史，在此过程中，他又以中国儒学与法律文化研究会会长的身份，课余时间往返于神户和东京之间，与日本政治、经济和文化各界人士广泛交往。促成了日本日中经济文化交流发展基金会的成立，进一步扩大了华政与日本学术界特别是神户学院大学之间的合作。

1992 年 9 月 20 日，就在陈老师一年访问期满即将回国之际，他又促成了神户学院大学和华东政法学院之间的实质性合作。原院长史焕章接受仓田老师的邀请，赴日本缔结合作协议。当时，陈老师为了能让我也去一趟日本神户，故在邀请信中明确指明让我担任此次史焕章访问日本神户学院大学签署协议的翻译，陪同史焕章一起出访（同行的还有杜志淳老师，他当时虽然已是校党委副书记，但因为兼了经济法系的党总支书记，故以经济法系的教授身份出行）。

我们一行三人到了日本后，陈老师看到我们非常高兴，他说服了仓田老师全程陪同我们。在商谈完合作协议签完字后，陈老师又和仓田老师陪我们去了日本著名的名胜古迹，如有非常漂亮建筑的姬路市、大阪，以及日本历史文化胜地奈良、天皇的居住地京都等。当时，华政的青年教师朱芒正在京都大学法学部读博士，故也一路随行。我感觉到，我们在日本的那几天，陈老师特别开心。

这次访问，使华政和神户学院大学的合作有了一个良好的开端，之后，我们两校的愉快合作持续了许多年，我们还派出了若干名青年教师到神户学院大学做进修生和访问学者，仓田校长也多次来华政和上海访问，并举办了数次日本民商法的讲座（仓田校长的专业是民商法）。而陈老师正是促成我们两校友好合作的使者。

八、对年轻人的培养与提携

陈鹏生老师之所以受到学生的拥戴和热爱，除他具有上述各项优秀品质外，还在于他数十年始终如一地对年轻人的培养和提携。他无论是一个普通老师，还是在任副院长之后，抑或是退休后忙于社会事务之时，他对年轻人的关照和提携始终如一。

我记得，在我们读研究生时，我们这一届的同学高桐、杨诚、蒋迅等，都是在陈老师的帮助下，出国的出国，读学位的读学位，发论文的发论文。接下去的几届研究生，如我们的老校长曹建明，原任华政副校长，后任上海市委宣传部副部长、金山区区长，现任杭州师范大学沈钧儒法学院院长郝铁川，现任上海交通大学凯原法学院教授孙潮等人，都曾得到陈老师的鼎力相助。此外，华政教授、博士研究生导师徐士英，《法学》原常务副主编、现任海际大和证券有限公司高管的郁忠民，以及现任全国政协委员、段和段律师事务所主任段祺华等，[1] 其进步成长也都离不开陈老师的帮助。

〔1〕 本文写于 2011 年，收入本书时更新了部分人物的现任职务。

尤其让我感动的是，1992 年，我和郝铁川等合作编写了《中西方法律文化通论》一书，但出版资助经费有点困难，陈老师就从中国儒学与法律文化研究会的活动经费中拿出 3000 元给了出版社，使该书得以顺利出版。一方面，在当时，3000 元不是一个小数；另一方面，中国儒学与法律文化研究会完全是一个民间学会，政府没有一分钱的补贴，都是靠陈老师到处“化缘”、募捐获得的一点经费开展活动的。当然，在我个人的成长过程中，陈老师所给予的其他诸多培养和提携则更是无法一一道明了。

华政的校训是“笃行致知，明德崇法”。意思是说人应该沉于思考，勤于实践，彰显善德，崇仰法治。华政以此为校训，就是希望为社会、为国家培养这样一种高品位的法律（包括经济、管理、新闻等）人才。而要培养好学生，我们老师必须首先做到这一点，至少在积极往这一方向努力。陈老师确实是以一己之力，践行着“笃行致知，明德崇法”的华政校训，勤于教书育人，勇于提携学生，从而为我们树立了一个追求完美人生之最高境界的楷模。

2011 年 3 月 28 日

留在东风楼的记忆

徐永康 *

不知道从什么时候起，偏居华政长宁校区河东部分西北一隅的东风楼冷清起来了。大概是本科生全部迁往松江新校区，长宁校区研究生的教学又主要是在韬奋楼进行的缘故吧，随着一拨拨新人的进入，也带来了诸多新光景，不要说复校初期教研室活动、本科生教学，甚至图书馆和食堂都在东风楼，这栋上下两层长方形（又称马蹄形）砖木结构的楼内终日熙熙攘攘、人来人往不断的盛况也不复存在了，除部分工作室设在东风楼的老师和他们指导的研究生还会经常光顾此地外，其他教职工恐怕从这座楼前路过的机会也很少了。然而，东风楼却记载了华政一页重要的历史，也留存了不少华政人的人生记忆。我的硕士研究生导师王召棠老师在华政复校后，1979 年由复旦大学重回华政法制史教研室执教，到 1996 年退休，前后大约 18 年的时间，都是陪伴东风楼度过的。

如今，我对当初研究生入学考试初试的印象已很模糊，但仍清晰地记着来华政在东风楼参加复试的情景，主持报考法制史专业中国法制史研究方向考生复试的正是王召棠老师，复试的题目包括说明唐律十二篇的名称及具体内容和整段文言文的句读解释，王老师和参加面试的其他老师还就考生在专业方面过去学习的情况提了许

* 1981 级硕士研究生，现任华东政法大学教授、博士研究生导师。本文写于 2011 年 3 月，原载《王召棠法学文集》（法律出版社 2011 年版）。

多问题，幸好当时来报考这个专业的差不多都是历史学专业的本科毕业生，不会觉得这些题目太难，但从这些考题我们已经感到导师对基础知识的重视和对掌握专业基本技能的强调。

入学以后，我们才真正发现法制史专业在当时华政的“强势”地位：华政第一届硕士生总共14名，法制史专业占了“半壁江山”，有7人，其中外国法制史专业有4人，而王老师带的中国法制史研究生有3人。第二届的情况也差不多，直到第三次招生开始，这一情况才逐渐改变。开头两年，除暂住在专为本科生而建，但新生还未入学因此显得异常空旷的河东宿舍楼外，其他方面的事情基本上都围绕东风楼进行。在我们的印象中，王老师上课中规中矩，课外和学生接触时话也不多，与外国法制史的徐轶民老师一样，华政“强势”专业的两位导师做人都非常低调。这一印象，直到我研究生毕业留校，进了法制史教研室工作也没有改变。

王老师开始担任了法制史教研室的主任，1985年，华政分系，设立了法律系、犯罪学系、经济法系和国际法系4个系，外加一个政治理论部，王老师担任了法律系的主任，几年后从行政领导的岗位上退下来，回到了法律史教研室，其间，王老师还兼任过华政法律古籍研究所的所长，这些工作岗位和办公室，无一例外都在东风楼。也就是说，王老师重回华政以后最后那段工作时间，一直没有离开过东风楼。也就在那段时间，王老师和法律史教研室的其他前辈一起，为华政法律史学科奠定了坚实基础。1999年，王老师被授予华东政法学院“功勋教授”荣誉称号，这是当之无愧的。而华政法律史专业一共有3位教授被授予“功勋教授”荣誉称号，我想这也是和法律史学科在王老师等前辈的带领下取得的成就分不开的。

东风楼，原先叫西门堂，此地原本属于美国圣公会开办的圣玛利亚女校，后来女中搬走，这里改建成为圣约翰大学的附中。前前后后，100多年来，在这块土地上的人和物发生了多少变迁。最早在现在东风楼这块苏州河边的滩地上出现的现代机构是1881年6月开学的圣玛利亚书院，当初的建筑物似乎没有留下名称（或者根本就没有正式起名字），有资料可查，在这里最早矗起的建筑是1903年建起专供圣玛利亚书院之用的思丁堂，3层楼的建筑在当时应该已很壮观的了。圣玛利亚女校后来迁入公共租界在沪西越界修筑的白利南路（今长宁路1187号）新校舍，并改名“圣玛利亚女子中学”。1952年，上海市教育局接管了圣玛利亚女中和中西女中，把两校合并为上海市第三女子中学。原圣玛利亚女中的校址办起了上海纺织专科学校。1999年在大学合并的风潮中该校被并入东华大学，成为东华大学纺织学院长宁分校区，没过几年，这块风水宝地成了房地产开发商的囊中物。如今，在我执笔写此文的2011年，那块地已是空置了多年，被挡板围起来的一块空地，挡板上还留着迎接世博会的宣传内容，在里面几乎被拆空了的土地上，清理完破砖烂瓦，还孤零零地残留着几座旧建筑物，其中保留相对较完整的是一座夏天爬满了常青藤的钟楼。假如没有附近中山公寓居民的反映和媒体的曝光，剩余的这些被列为上海市第四批优秀历史建筑的“砖木堆积物”早就被开发商拆光了，由于有关部门的干预，这几幢建筑才有可能被保护下来（这是否借了曾就读于这所上海著名女子教会中学的张爱玲的光都未可知）。

从东风楼这块土地上“走出去”的圣玛利亚女校是上述景况，目前还留在这里的东风楼则要幸运得多，定期粉刷整修，仍宛如一座新楼，虽然它的名称是否要改也有过议论。其实，最早西门堂的名称和圣约翰大学的大部分建筑一样，都是因人得名，或为纪念某人，或因某人捐款而建。西门堂属于后一种情况，是在沪经商40

年又热心教育的西门（John Ferris Seaman）死后，其夫人为纪念亡夫捐资5万美元，在圣玛利亚书院思丁堂的基础上拆去上面一层再扩建校舍而重新命名。大概10年前，学校某位领导曾经与我商量，能否为东风楼想个新的名字？一来不清楚这是否为学校领导层集体的想法，二来因为其他事情拖宕了一些日子，此事不了了之，再也无人问起。

说起这些事，好像是扯远了，我想表示的其实是这么一种意思：风风雨雨这么多年，1952年以后的华政也好，或者1979年复校以来的华政也好，经历了多少事，到我们这一代，到底在多大程度上关注过一个人对一所学校或一座校园建筑物的忠诚度？是否像在“功勋教授”的授勋仪式上那样，会把一个人对学校付出的辛劳和作出的贡献经常感念在心？我们能做的，也许就是祝福王老师和所有曾经服务于华政的教职工都像返老还童、保持光鲜形象的东风楼那样，在荣退之后更加健康快乐地生活。

2011年3月

有这样一位老师

徐永康 *

有一位老师
是如此禀赋独异
身份多重
角色变易
似乎始终在忙碌
仿佛一直在学习
从刚回华政时的壮年
到自己学生也快和讲台道别离

温煦无冬的南国家园
苏州河畔新校的草创奠基
上海检察院的初次磨枪
安徽大别山区艰苦生涯的磨砺
这个世界扑朔迷离让人捉摸不定
却是难得的人生履历
当执掌教鞭牵手法史时
黑板上便再也擦不去那岁月的痕迹

* 1981 级硕士研究生，现任华东政法大学教授、博士研究生导师。本诗作于 2011 年陈鹏生教授八十华诞，原载《陈鹏生法学文集》（法律出版社 2011 年版）。

学生们都还记得
曾经的课堂外面
经常有来访者等待
见缝插针觅“面试”
于是短暂的课间休息
教室瞬间变成办公室
来者形形色色
话题南北东西

许多老师曾经诧异
新的校领导原来出自布衣
没有台阶
无关资历
忽而羽扇纶巾
成为汪道涵和陈立夫的座上客
沟通海峡两岸
留下一段传奇

评点历史风云
观点发人深思
涉足市场经济大海
竟也游刃有余
象牙塔里坐而论道
倾倒学子无数
儒家法文化研究擎大旗

一时海内风靡

参与政协议政
促成法学家企业家联谊
谈笑往来政商界
法制讲座领风气
自古文人多闲静
难得教授纵横开阖能如斯
学识泽被朝野间
不愧为儒师

没退休时如陀螺飞转
退休后仍未休息
让年轻人都羡慕的精力
多少后辈指望能追随万一
在那如潮的人流中
一眼望到闪亮的头顶
听说那是智慧的象征
或许也是能量的聚集

许多毕业论文的“指导老师”栏
未必有你的名字
但学生却会把你当导师
只因从你那里
获得了太多教益
学生风流云散

时光在额头留痕
感激沉积在心底

在我的学生时代
遇到过许多老师
有的渐渐淡忘
有的仍时时记起
有的不必经常念叨
却已在自己生命的旅程中
领受过厚重的馈赠
打下了永远的印记

2011 年

献给导师和师母的想念

刘小冰 *

1982年冬天的一个下午，我在华政那条长满梧桐树的路上怯生生地告诉徐铁民老师：我想考您的研究生。徐老师说：好啊！在我的概念里，从那一刻起，我就算徐门弟子了。徐老师的弟子众多，何勤华教授是大弟子，段祺华（上海段和段律师事务所创始合伙人）和我是徐门第三代弟子。

徐老师是个极严谨的人，他所有的一切，穿着、教案、板书……永远是那么整齐，一如他的字工工整整。这些方面我没有师承徐老师。为此，徐老师批评过我的懒散、自由、自我（研究生期间，曾在卧室用毛笔大书一个“我”字，弄得有人找我谈话）和我的字，说我的字不如段祺华。但是，我敢打赌，学导师的做法，至今仍保持上课前将手表摘下叠起来放在面前这个习惯的弟子恐怕就是我了。

毕业20年来，我和徐老师保持较紧密的联系。2002年的一个晚上，徐老师打长途电话到我家。我想当然地问徐老师有什么事。徐老师淡淡地说：“两个月了，没有听到你的消息。怕有什么事，打个电话问问。”那一刻，我才真正深切感受到师恩如海。

徐老师已经80多岁了，但精神很好。我感觉，这与师母有关。

---

* 1983级硕士研究生，现任南京工业大学法律与行政学院教授。本文写于2006年1月，原载《徐铁民法学文集》（法律出版社2011年版）。

师母是医务人员，所以在许多方面能够精心照料徐老师。见到师母总是特别亲切，我知道师母喜欢我。我有时候想，之所以读研究生期间不大听得进徐老师的有些批评，可能与师母有关：不怕，有师母帮衬着！2005 年 8 月，我去看望徐老师一家。在与徐老师合影时，我还像小孩一样搂着徐老师。师母立马说：小冰发嗲呢！引得徐老师和师妹徐清哈哈大笑。

这几年，无论是面见还是在电话里问候徐老师和师母，讲得最多的就是他们的身体。记得有一年，听说徐老师和师母身染疾病，我曾连夜从南京赶到上海拜望二老。我当然不能给二老送去什么。但我想，维系老师和学生感情的是爱，是老师对学生的关爱，是学生对老师的敬爱。

在这江南深沉的夜里，我把我如海的敬爱献给老师和师母：我不能保证时时刻刻我在你们身边，但我能保证时时刻刻你们在我心里！

2006 年 1 月

不忘恩师的教诲

王立民[*]

陈鹏生教授是我的老师，也是恩师。1982年考入华政攻读中国法制史的法学硕士学位以后，就受到陈老师无微不至的关怀，给了我许多教诲，使我受益终身。至今，有些教诲仍记忆犹新，令我永远不会忘记。

首先，陈老师教诲我，要学好马克思主义哲学，用这一哲学来指导自己学习和研究中国法制史。他这样要求我，首先是以身作则。虽在20世纪50年代毕业于法学专业，可在回校任教前，陈老师有过一个在大学里执教马克思主义哲学原理的经历。他精通这一哲学，也自觉地运用其中的原理分析、研究问题。这在那个年代里十分不易。可是，陈老师则坚信不疑，而且还教诲我，不仅要学好这一理论，还要运用好。事实证明，这完全正确。记得在一次全国性的中国法制史学术会议上，有个中国法制史的同行告诉我，他曾在大学里研究过“新三论”和“老三论”，还撰写过相关论文，可是最后发现它们都没有超过马克思主义的方法论，因为马克思主义的方法论是最高层次的方法论。这从一个侧面证明，陈老师的坚持有理，令人佩服。

陈老师能这样教诲我是因为他有研究，而且还有成果，深有体

* 1982级硕士研究生，现任华东政法大学“功勋教授”、博士研究生导师。本文写于2011年3月，原载《陈鹏生法学文集》（法律出版社2011年版）。

会。他在《马克思主义与法制史研究》一文中，较全面地表达了自己的这一思想。此文开门见山地说："明古以知今，我们要正确地借鉴法制史上的经验和教训，以完善社会主义法制，就必须坚持用马克思主义的理论指导法制史研究。"同时认为，我们从事法制史研究，倘若不坚持马克思主义理论的指导，听任糟粕的传播，就会给社会主义法制建设带来有害影响。接着，陈老师在文中分三个方面详细阐述了如何坚持马克思主义来指导法制史研究。其中包括：要用马克思主义理论来指导法制史研究，首先要解决的是理论指导和史料整理考订的关系问题；其次要以社会的经济基础去考察法的实质和历史发展，不能只着眼法律是阶级斗争不可调和的产物和表现而片面强调阶级斗争的决定因素，忽视经济原动力的作用；最后要用历史分析方法为指导，深入研究各个历史时期法制发展进程中的具体人物、事件和制度，从法制史上扑朔迷离的现象中，揭示法制发展的内在联系和本质；等等。今天再读此文，仍感亲切，其中的哲理还在闪闪发光。

其次，陈老师教诲我要史论结合，并在多个场合强调这一思想。我攻读的是中国法制史，不是中国法制史料史、训诂史，目的是要进一步发现、揭示和研究中国法制产生、演变、发展的历史及其规律。其中，要选用恰当的史料，作为一种论据，支持阐述的论点，史料不可缺少，史论需要结合。然而，中国法制史毕竟不是史料史和训诂史，与它们的学科分工十分明确，主攻方向也不相同。学习、研究中国法制史，只是利用现有的史料，进行深入探研，史料是作为资料使用。当然，史料的选用也要科学，要求论点切合。不科学的史料不仅无法作为佐证，反而会动摇论点的正确性。史料的种类也不少，古籍、出土文物、碑刻和档案等都是，选用合适的史料还非一件易事。可见，陈老师要求我史论结合既是学习、研究中国法制的基本要求，也是一个需要长期奋斗的目标。

陈老师就是史论结合的楷模。他在研究中国法制史问题中，就十分重视史论结合，论从史出。在《税法史上的一次重大改革》一文中，他大量使用《明史》等古籍中的内容，来论证明代万历年间推出的一条鞭法，认为："明代万历年间所推行的一条鞭法，堪称上继唐宋两税法、下启清代地丁制的一次由繁到简的重大税法改革。"此文系统地论述了一条鞭法的产生、内容、推行、作用和评价等一些内容，每个重要内容都史论结合，而且都十分成功。在论述一条鞭法实施后的作用时，陈老师认为它较大程度地减少了富豪转嫁给农民的额外赋税负担，有利于农业生产，促进了社会的财富积聚，国家财政情况得以好转。这一观点得到了史料的支撑，也是从史料中概括、提炼出这一观点。此文专门引用了《明史·张居正传》中的记载，说一条鞭法实施数年后"太仓粟充盈，可支十年""太仆金亦积四百余万"等。全文言之有理，论证充分，一气呵成。

最后，陈老师还教诲我，学习研究中国法制史不仅要强调学术性，更要学以致用，体现它的现代价值，起到借鉴作用，为今天的社会主义法治建设服务。中国法制史以中国历史上的法制为研究对象，是中国法文化中的一个组成部分。文化有传承性，会影响如今的社会主义法治建设，形成中国特色社会主义法制，因此，有些中国法制史的研究成果可为今天的法治建设所借鉴便顺理成章了。陈老师既是这样教诲我，也身体力行，写就了不少很有价值的论文，《一国两制的历史借鉴》是其中之一。此文开宗明义："邓小平同志关于'一个国家两种制度'的构想，作为治国理民的重要国策，正随着举世瞩目的中英解决香港问题的成功实践而日益显示出它真理的光辉。"接着，就提出论文的主题，即"鉴古以明今，观往而知来，回顾古人在这方面的实践，无疑会给我们以历史的启迪，从而使我们加深对实行一国两制构想的认识”。正文分三大部分，分别从西周、南北朝等一些时期因地制宜治理国家来说明实行一国两制的正确性。论文在第三部分专门论述了北魏实行一国两制中的一些经验，特别是其中的改革，包括了土地制度、官禄制度、婚姻制度等的改革，结论是“北魏上层建筑各个领域的更新，产生强大的推动作用，因而被后人称为‘更清漠野，大启南服（汉化）’。所有这些，都是值得借鉴的历史精华”。论文最后提出，今天我们把马克思主义原理和中国具体革命实践相结合，提出“一个国家两种制度的构想，这是在新的社会历史条件下的创举；借鉴历史的宝贵经验，展望实现构想的光辉前景，我们无疑会更加满怀信心和更自觉地去为实现这一构想而齐心合力，团结战斗”。陈老师的这种治学精神，不仅令我钦佩，也值得我学习。

近 30 年来，我始终牢记陈老师的这些教诲，认真学习和研究中国法制史等一些问题，取得了一些成绩，出版、发表了一些成果。其中，个人著作有《上海法制史》《唐律新探》《法律思想与法律制度》《古代东方法研究》等；主编的著作有:《中国法制史》《中国历史上的法律与社会发展》《中国法律与社会》《法文化与构建社会主义和谐社会》等，在《法学研究》《中国法学》等刊物，和《法制日报》（现《法治日报》）、《文汇报》等报纸上发表论文 200 余篇；还在日本、韩国和中国台湾地区、香港特别行政区等发表了一些论文，与境内外同行进行交流。有些成果还在各类评奖中获奖，仅省部级以上的奖项就有 10 余项，其中包括：高等教育国家级教学成果二等奖、上海市哲学社会科学优秀成果著作一等奖、上海市教学成果一等奖和上海市邓小平理论研究和宣传优秀成果论文类二等奖等。最近在教育部马克思主义理论研究和建设工程教育部第三批重点教材编写中，幸运地成为《中国法制史》的首席专家。所有这些成绩的取得均与陈老师的教诲有关，是这些教诲指导、伴随我成长。如今，陈老师已八十高寿，仍思考敏捷，思路清晰，每年都有机会聆听他的教诲，这是我的大幸。万分感谢陈老师长年来的教诲。由于年龄原因，2011 年 1 月 10 日我正式从副校长岗位上退下来，有更多时间可以从事中国法制史的研究，今后仍会一如既往，不忘陈老师的教诲，产出一些新成果，不负陈老师及其教诲。

2011 年 3 月

感谢恩师的接纳和栽培

王立民 *

王召棠教授是我的硕士研究生导师，也是恩师。他接纳了我这个学生，使我有机会到华政攻读中国法制史硕士学位，成为一名真正的硕士研究生，再加上进校后的栽培，从此人生发生了重大转折，以致才有今天的成绩。我要衷心地感谢王老师的接纳和栽培。

我喜欢读书，可是在进入华政以前，一直未能入轨，所接受的教育，要么是非高等教育，要么是不完全的高等教育。而且，这一切都没与中国法制史沾边，王老师能接纳我这个学生实不容易。我是一个“老三届”中1966届的初中生，初中毕业那年正好遇到“文化大革命”，没有了进入高中学习的机会。两年以后，即1968年我被分配到上海热加工机械厂，作为一名钳工，每天与榔头、锉刀等工具打交道。那时，虽然没有进一步读书的机会，可追求读书之心不死。1972年开始，我便离开工厂到上级公司的团委工作，以后又有工作调动，都从事管理工作。虽然，离开了做工的第一线，但仍然无法上学读书。1977年年初，总算有机会到华东师范大学政教系的哲学研究班（试点）读书，当上了一名工农兵研究生，专

* 1982级硕士研究生，现任华东政法大学“功勋教授”、博士研究生导师。本文写于2011年3月，原载《王召棠法学文集》（法律出版社2011年版）。

门学习马克思主义哲学的原著，导师也认真教学、收获不小，但这还是一种不完全的大学教育。学习期间，没有外语课程，也不安排除哲学外的其他课程。而且，当时把工农兵大学生和研究生都认定为大专，毕业以后的安排和待遇都以大专对待。

1979 年春天，从华东师范大学毕业以后，我被分配到华东师范大学分校教“马克思主义哲学”课程。那是一所工科学校，学制是 4 年制本科，学校把这门课当政治理论来安排，每周上 4 节课，一个学期学完。由于在毕业前我已整整学了两年的这门课程，所以要完成教学任务不成问题，工作也能胜任。可是，我是一个大专学历，在恢复高考后大量招生的情况下，每天都面对本科学生，压力不小。于是，要改变这一状况的愿望十分强烈。

要改变这一现状，对我来说不容易，主要是因为报考研究生的竞争对手以恢复高考以后的本科生为主。与他们相比我的底子薄，竞争资本不足。可是，要再读书的愿望成为我报考研究生的动力。在这种情况下，有得有失不可避免，于是集中精力自学、补课，妻女也都很支持，为我给力，减轻我的家庭负担，这是一方面。另一方面，我婉言谢绝了一切管理工作，包括担任校团委书记的工作。1982 年的入学考试还算顺利，在华政向全国招收的所有学科加起来的 8 人中，我考了第 3 名。可是中国法制史仅招取 2 名，3 名考生过了分数线，我是其中的第 2 名，即有 1 名需要转学科。与其他 2 名考生相比，我没有优势，他们都是高考恢复以后读的大学，而且都是中国史专业，与中国法制史十分接近。他们被录取中国法制史硕士研究生顺理成章。

对于这一切，王老师很清楚。从以后发展的角度来考虑，他首先听取我的意见，告诉我宪法学科还有 1 个名额没招满，需要从中国法制史中转 1 名考生过去，考虑到我过去学的是哲学，教的又是政治理论课，比较对口，是否愿意转到宪法学去攻读硕士学位。这时，我对中国法制史却有了一点基础和爱好，于是便很快回答仍愿意读中国法制史。在这一关键时刻，王老师还是接纳了我，把考第三名的那位考生转到了宪法学。现在回忆起近 30 年前的这段往事，感慨万分。正是因为王老师的这次接纳，此年我终于如愿考入华政，开始攻读中国法制史硕士学位，成为一名法学研究生，真正的硕士研究生，不戴“工农兵”帽子的研究生。这可是一次入轨的研究生教育，为以后学术上的发展奠定了坚实基础。如果没有王老师的接纳，我便会受到挫折，学术研究的道路也不会这么平坦。我从心底里感激王老师的接纳。

接纳我以后，王老师没有歧视我这个中国法制史基础较差的学生，而与其他学生一样对待。在上课安排、考试、论文指导等方面都一视同仁，使我能在读研究生期间不断有长进，能独立完成中国法制史的学术论文。中国法制史是华政首次可授予硕士学位的学科之一，自 1981 年招收研究生，至 1983 年王召棠教授已招收研究生满 3 届，在校学生已有近 10 人，教学任务已不轻，另外还兼有校工会主席等工作，比较繁忙。可是，他在百忙之中关心每个学生，包括我，以致能在 3 年中完成学业，与其他同学一起毕业。我要万分感谢王老师接纳后的栽培。

毕业后，我与其他同学一样留在华政的法制史教研室任教。此后，我虽然成为一位中国法制史教师，可王老师仍关心我的发展。1990 年年初我将年满 40 岁。根据当时的规定，博士研究生招生的最后年限是 40 岁。也就是说，此年是我可以报名攻读博士学位的最后一年。再三考虑，我决定报考，再上一个层次，攻读博士学位，而且没有舍近求远，选择了再回离华东政法学院很近的华东师范大学攻读史学博士学位，导师是吴泽教授。他是一位史学大师，知识渊博，思路开阔，理论根底很深，史论结合得十分成功。成为他的学生后，同样大有收益。在学期间，我的学术眼界有了拓展，有了把中国古代法制与文化联系起来考察的想法，其中之一是，把阴阳五行说与中国古代法制的结合。一次，我来华政，正好遇到王老师，就说起自己的这一想法。他听后十分认同，认为值得深入研究，而且中国法制史与文化的结合研究是一个可以深入研究的领域。在他的鼓励下，我查找了不少资料，首先写就了《阴阳五行说与法律文化》一文，于1990年2月27日在《文汇报》上发表，同年第5期的《新华文摘》全文转载。以后，又撰写了《阴阳五行说与我国古代法律》，在1994年第1期的《法学评论》上发表，又被曾宪义教授主编的《法律史研究在中国》一书全文转载。

博士毕业后，我回到原来的教研室工作。此时，我完成了学历教育的任务，也结束了长时间再学习的经历，开始全身心投入教学与科研。除必须坚守行政管理的工作岗位外，我集中精力，从事教学和科研，很少参加娱乐活动，也不浪费时间，不辜负王老师的接纳和栽培，勤奋耕耘。经过10余年的努力，取得了一些成绩。如今已是博士研究生导师和博士后合作导师。近年来，多次被在校学生评为“我心目中的十佳教师”。国家精品课程“中国法制史”的负责人、国家级教学成果二等奖的获得者、马克思主义理论研究和建设工程《中国法制史》的首席专家、当代中国法学名家、上海市高校名师、上海市领导人才等。由于年龄原因，2011年1月10日我正式从副校长岗位上退下来，成为一名全职教授，有更多时间和精力可以投入教学、科研工作。今后，我仍会很珍惜王老师的那份接纳和栽培之情，为中国法制史的学科建设再贡献自己的一份力量。

2011年3月

记陈鹏生教授印象二则

丁凌华 *

1982年1月大学毕业分配到华政时，在法制史教研室第一次有幸见到陈鹏生先生。当时鹏生先生在坎坷辗转安徽淮南20多年后，几个月前刚回到上海；我则是在经历东北插队、工厂、上学13年后，始返抵故乡。鹏生先生长我20春秋，初次见面的印象是先生微谢的宽阔的前额，一口清晰而略带福建乡音的普通话，极具亲和力。倏忽30年光阴，如今先生已近耄耋之龄，仍精神矍铄，面润发乌，我亦已届耳顺之年，却腿迟齿摇，两鬓苍蓬。与先生合影，知之谓师长，望之谓学长。

与鹏生先生亲近的30年中，我虽无长进，无缘执礼为先生授业门生，但耳濡目染，受教机会却远多于其亲炙弟子。值此先生八十大寿及文集出版之际，谈谈我对先生的一些肤浅印象，滥竽涂鸦所至，不及先生人品文章之万一。

一、醇醪

在我所仰识的诸位最受尊敬的师长中，论人格魅力，无出鹏生先生之右。

先生平素气度雍容，衣履整肃，即使临时在家中见客，亦绝不

---

* 1982年进入法制史教研室工作，现任华东政法大学教授、博士研究生导师。本文写于2011年，原载《陈鹏生法学文集》（法律出版社2011年版）。

以内衣睡袍示人。钱学森之子钱永刚曾回忆家中厨师所说的一句让他记住一辈子的话：“你父亲是个有学问有文化的人。他每次下来吃饭，都穿得整整齐齐，从来不穿拖鞋、背心，这是他看得起我，尊重我。”鹏生先生之尊重他人，庶几过之。先生与人晤谈，无论对方身份高低，必倾身侧耳，耐心听人把话说完，或温语解劝，或从容设法，必使人释惑解颐而去。先生还有一宗常人所不及之长项，只要与人见过一面、聊过几句，下次见面即使半年一年后偶然路遇，亦能立即呼名道姓，并随即就先前了解的此人的工作、生活等相关信息与之对话，执手抚肩，推心置腹，亲切如同老友。这固因先生记忆力过人，亦因先生用心所致。故而学者同仁、司机工友、博硕诸生，皆视先生为可信可赖之友朋良师。即或素常粗鄙率性之人，一见先生即执礼甚恭，如乡民遇夫子。我多次目睹，真是叹为观止，自忖天性鲁钝，不敢望先生项背。一个中学的同班同学，我过了 40 多年才知她是王国维的嫡孙女。

1985 年春夏之交，其时我正在西北政法学院参加为期半年的司法部第七期中国法制史培训班，遥闻鹏生先生已被推任为华政副院长，不胜欣慰。并听说此次推举中，研究生呼声最高（当时的研究生仅十数名佼佼者，包括后来任华政校长的曹建明、何勤华，副校长王立民，研究生院院长徐永康等），可见鹏生先生之人望。5 月，意外收到一封先生亲笔信函，告知全国高校正在进行职称评定工作，教研室和学校已代我办好一切申报助教的手续，嘱我在西安认真学习，不必返校。我当时在教研室是资历最浅的后生末流，先生于校务百缠之中，尚能惠虑于我并亲函千里告慰，真是感佩系之。

1998 年年末，我有幸随鹏生先生赴北京人民大会堂海南厅出席《中国法制通史》十卷本出版发行会（先生为此书隋唐分卷主编），宿中国政法大学宾馆。一日晨起，鹏生先生忽拉着上海大学陈汉生教授和我之手，称赴中国政法大学杨鹤皋教授家早餐，先生引路，在小巷中熟练地左穿右拐，须臾至一小院。鹤皋先生谦谦君子，老夫妇俩见清晨客来，喜出望外，颠颠地到院外小店购来豆浆和油饼，热气腾腾中，大家饮浆啖饼，笑谈往事，满屋春色。嗣后数年，见到鹏生先生和鹤皋先生在我国台湾地区合作出版的《春秋战国法律思想与传统文化》一书，始知两位先生的友谊非比寻常。

三国时，东吴老将程普曾评价周瑜云："与周公瑾交，若饮醇醪，不觉自醉。"〔1〕鹏生先生之风范，不亦醇醪乎！

二、功德

鹏生先生讲课好、文章好，字亦写得好，又极富组织能力、创新精神。先生一生遭逢多事之秋，但在任何境遇与厄运中绝不沉沦，魏紫姚黄，在人生轨迹中留下了一连串的功德奇葩。

1957年鹏生先生因一篇发表在《光明日报》的实事求是的文章被打成内控"右派"，木秀风摧，从上海市青年法学家精英一下子坠入另册的谷底，愤激之下远赴淮南矿业学院。20多年中教语文，教哲学，并兼任附中校长，培养了一批批自信而正直的学生，至今以曾为先生的学生而自豪。在学校一度停办的困境中，先生率矿业学院的6位教师，于海拔2000米的大别山区的破庙中创立了一所新学校（如今薪火相传，已发展成数千学生的规模），深受当地山民的拥戴，这种在"文化大革命"风云年代知其不可为而为之的气魄，不亚于当年武训乞讨办学的精神。先生至今谈起当年离别时大别山淳朴的父老乡亲几十里相送的深情，每每双目微闭，不胜怀恋。

先生在任华政副院长期间，极为重视华政科研的发展，主持

〔1〕 参见《三国志·吴书·周瑜传》。醇醪：味厚之美酒。

了华政第一届优秀论文的评选（我有幸获得论文一等奖），在经费困难的情况下极力促成了至今仍在使用的华政图书馆楼的兴建。先生亲自撰写和主编了10余部著作，首创研究生法文化课程的开设，担任《法学》和《司法鉴定》杂志的主编，极力提携青年教师和研究生的科研创新。1990年，先生创立“中国儒学与法文化研究会”，并任会长至2013年，每两年召开一次国际学术年会，先生均亲力亲为、致力不懈，是学术圈内公认的最成功的二级学会。1991年年初，先生应邀访问我国台湾地区，成为大陆第一位赴台湾地区访问的法学界人士，为海峡两岸关系的发展作出了贡献。1992年，先生在作为日本神户大学法学院客座教授讲学期间，又促成了日中经济文化促进基金会的成立，并与汪道涵先生同任该会高级顾问，引进一批投资项目，之后又应日本原首相竹下登的邀请，与汪道涵先生专程赴日商谈环保问题，可以说是中日经济合作的先驱人物之一。1994年，先生参与创立了上海第一家无形资产评估事务所，亲任所长，并出版了当时国内唯一的无形资产评估刊物《资产评估与财富》杂志。先生还曾长期担任中国法律史学会执行会长，主事公允，思虑周详，是法律史学界德高望重的耆宿元勋。

此外，先生还有很多看不见的功德，激励后学，拔擢后进，就是先生一宗时时力行的隐形功德，我亦有幸成为诸多受惠者之一。

鹏生先生讲课衣冠楚楚，思路清晰，手舞眉扬，激情洋溢，又写得一手漂亮的板书，因此极受本科生与研究生的欢迎与推崇。我有幸在进校的第二年担任先生“中国法制史”课程的助手，耳提面命，受到极大的教益。当时学校规定新进教师两年内不能开课，只能担任老教师的助手参与备课。一次先生外出开会，一周前嘱我代其讲半日课，我从未正式上过讲台，心中忐忑恐不胜任，先生耐心鼓励指点才使我提起勇气。由于准备充分，又有平日听先生讲课风采的熏陶，4 节课终于顺利讲下来，万事开头难，从此使我有了立足讲台的自信心。20 世纪 90 年代后期，先生主编国家级重点项目《中国法制通史》(第 4 卷) 隋唐卷，我当时虽已主编过本科教材，但在法制史学界仍是籍籍无名的小辈，承先生抬举为该卷的副主编，真是诚惶诚恐。进入华政的十几年内，由于学校经费有限，没有行政职务几乎无缘参加本专业的学术年会，大约在 1997 年，先生推荐我担任中国儒学与法文化研究会副秘书长，参与年会筹备事务，可以说从此才算真正进入了专业学术圈子，大大扩充了我的学术信息与学术眼界。因为研究会的工作筹备，此后开始与先生有了较多接触。2000 年 1 月，上海人民出版社出版了我的第一部专著《中国丧服制度史》，先生阅后认为很有价值，我起初以为只是先生的奖掖后学之语，不料先生接着作出一个前所未有之举，决定用学会专款购入百余本此书，分别寄赠国内外相关专业的知名学者，先生并亲自为拙著撰写推荐信："各位理事：丁凌华教授历十年之艰辛，默默耕耘，潜心探索，终于使《中国丧服制度史》一书得以问世，这是中国法文化研究领域一部具有开创性的成果。为了促进交流，推进法文化研究，我们特向中国法律史学会、儒家与法文化研究会的理事们及海内外部分关心研究会的法学界前辈赠送这本书。我们希望今后在条件许可情况下，将这一赠送、推荐法文化研究领域具有开创性的新成果的工作经常不断地做下去……"

我只是略举几例说明鹏生先生对后辈的扶持，其实此类事在先生身上不知凡几，数十年来受惠于先生者亦不知凡几。扪心自问：吾侪后辈能否承继先生之风节？先生之后，谁为先生？

搁笔之际，恭祝鹏生先生健康无疆！期待 20 年后再为先生贺期颐大寿。

2011 年

授业的楷模　睿智的严师　宽厚的长者

——回忆追随王召棠老师的岁月

杨心明 *

2011 年 2 月，一个周六的上午，电话里传来了王召棠老师的声音。交谈的中心是校领导关于出版几本专著的决定，在我热切的询问下，自然还谈到了师母、长子王申兄，还有正在北京大学攻博的孙女等。一泓清水，音质依旧！这是一位 86 岁的老人吗？真是天佑吾师！

思绪回到了 32 年前。1979 年金秋，作为华政恢复办学后第一年招收的 330 个本科生中的一员，我见到了颇具传奇色彩的王召棠老师。同学传说，王老师来华政前是复旦大学学术委员会的委员，是新中国培养的首批法学研究生之一。由于连续 4 年担任 792 班班长，我在工作中有较多机会接触王老师，比方说邀请师生联欢、邀请合影留念等，王老师举手投足、音容笑貌在我脑海里汇成整体印象，历经数十年而不褪色。

兼听则明，作风谦和受尊敬

进校第二年的春季即“大一下”，本科生开设了“中国法制史”课程，使用的是王老师主编的油印教材，16K 的纸型，厚厚的两大

* 1983 级硕士研究生，现任同济大学法学院教授。本文写于 2011 年，原载《王召棠法学文集》（法律出版社 2011 年版）。

本。身为学科带头人，王老师把很多讲课的机会让给了比他年轻的老师，并采取了分段授课、分工负责、统一调度的方法。大约5个星期后，法制史教研室召开了一次关于“中国法制史”课程教学的师生座谈会。会上各班班干部、课代表畅所欲言，肯定的话、批评的话都有，最后王召棠老师作了小结。他说，有的同学觉得在教学方面本校比兄弟院校差了一大截，其实这大可不必；我们既不能妄自尊大，也不能妄自菲薄。接着，他引导我们分析华政师资队伍的优点与不足，展望了今后的发展趋势。与会的老师和同学们都感到很受启发。

1980年9月下旬，我们792班的班干部和辅导员雷裕宁老师商量，进校一年多了，是否召开一次“师生与家长联欢会”，但大家又怕冷场。商量的结果是，联欢会一定要开，只要准备充分，就能够热热闹闹。联欢会的地点是校领导通常开会的地方——四号楼二层大会议室。我们很感激王召棠老师出席了那次联欢会，发表了热情洋溢的讲话，使我们很有面子。那天参加会议的家长基本上是上海籍同学的父亲或母亲。就在那晚，我们见到了曹建明同学的父亲。曹爸爸是静安区一家中型工厂的党总支书记，大忙人能够光临，这显然是因为曹建明做了工作。在这次会上，王老师与曹爸爸握手寒暄，自在情理之中。

1984年冬，我在王召棠老师门下读研进入第二个年头。那时，王老师担任法律系系主任，张国权老师是副主任。有一天，王老师找我谈话，就培养接班人的问题征求我的意见。我虽然长期担任学生干部，对此事仍觉突然。稍作思索，我向王老师力陈几位师兄堪当此任，将来可以双肩挑。王老师点头赞许。这次谈话，时间不长，却饱含王老师对晚辈的信赖和期待，令我体验到导师民主的作风。

授业有方，及时指点稳掌舵

1983 年 3 月，在考研复试结束后，王召棠老师指示我，本科学位论文务必与下一阶段读研的专业衔接起来。此前“大三”时，1979 级 300 多个同学已经划分为 6 个“专门化”班级，我已经进入“经济法专门化”班。按照王老师的指导意见，我暂别了时髦的经济法，撰写了具有史学因素的《中国继承制度的变迁与特征》一文，经王老师修改后，作为我的法学学士论文。同学开玩笑说，你这是提前享受研究生待遇！

两年后，硕士学位论文开题。才思敏捷的殷啸虎同学较早将重点确定在“北宋时代法制”这一块，对导师来说，比较省心。而我的选题却颇费周折。由于对经济法旧情难忘，我本欲撰写唐代经济制度方面的文章，王召棠老师告诫我，切忌贪大贪多，同经济学界的师生比起来，我们在这方面没有优势。经师生反复切磋，我的硕士学位论题初定为“唐代监临主守赃罪考”，口径较小，法学味道较浓。接下来的工作是，必须有针对性地阅读唐代文献，并做细致的分析归纳工作。在王老师的督促下，我反复推敲了新近校勘出版的《唐律疏议》，浏览了《旧唐书》《新唐书》《资治通鉴》《册府元龟》等史书的有关卷目，作了几万字的读书笔记，按时完成了硕士学位论文写作任务。复旦大学唐史专家徐连达教授对该文予以较好评价。

王召棠老师十分重视古代典籍的研读和脉络梳理工作。研究生入学之初，他就向我们发放了“中国法制史研究常用书目”，汇集了 70 多种文献，有 3 页之多。这份书目甚至在一定程度上影响了兄弟院校的师生。有一天，我收到了同年考入复旦法律系的张乃根同学的来信，信中嘱我为他找一份王教授开列的书目。我正欲与乃根同学交流，遂携书目前往复旦大学在国定路东侧的研究生宿舍，借花献佛，乃根同学连声道谢。虽然乃根同学后来侧重研究国际公法和知识产权法，但其论著中仍不乏中国法制史和中国法律思想史方面的锦言妙句，他当然认为王老师也是赋予他知识和灵感的前辈之一。

王老师在研究上持之以恒，在讲课上简洁精辟，在著述上佳篇迭出。他常说，板凳须坐十年冷，文章不写一句空，宁可少些，但要好些。他认为，漫长的中国封建时代的法制史具有两个特点，人们常常看到了中央集权主义这一面，但常常容易忽视了它的另一面，这就是作为中国社会和政治基础的另一个特点——家族主义。王老师在授课中指出，中华法系面临和平与发展的极佳机遇，中华民族完全有可能在不久的将来建立起中国特色社会主义法律体系。在不久前召开的十一届四次人大会议上，这句话终成现实。令人欣慰的是：恩师王召棠健康地迎来了这一天！

胸襟宽广，换位思考暖人心

王召棠老师既是一位聪慧睿智的老师，也是一位宽厚的长者。对此，我是深有体会的。我们这一代人历经磨难，却又欣逢改革开放，考上华政本科那一年，我已年满 25 岁，可谓搭上了高考的末班车。在紧张而充实的学习中，4 年很快就过去了。到研究生一年级时，组建家庭的问题自然而然地提上了议事日程。我向当时的研究生科科长胡韵琴老师提交了结婚书面申请，并告知了王召棠老师。后来，我听胡老师说，王老师二话没说，就表示了同意。这一细节让我多年难忘。

王老师的宽容大度，还体现在对我的专业“多元化”倾向的默许态度上。当时，华政研究生中涌动着一股“服务社会，报效国家”的热情。经何勤华等师兄积极活动，我们与上海市企业家协会达成协议，举办经济合同法系列讲座。我在其中负责第四讲，后来以讲稿为基础，写成《论经济合同的变更与解除》一文，发表于《法学》期刊1985年第5期。王召棠老师知道后，没有提出批评意见，这正是他的一贯风格。1986年研究生毕业前夕，我表示欲去同济大学，为该校恢复法学专业作贡献。王老师大力支持，并表示如有什么困难，可以来找他。3年后，他果然派遣他的年轻的弟子顾俊杰同学前来同济大学，助我一臂之力。

王老师在学术上提倡敞开大门，博采众长。我的硕士学位论文提纲拟就后，王老师建议我利用论文资料收集与调查的好机会，拜访一下中国社科院法学所刘海年教授、北京大学刘俊文副教授、西南政法大学张警教授等法制史学界前辈。我都遵嘱照办，感到很有收获。

以上这些往事，只是王召棠老师精彩人生中的少量片段。然而，对我来说，它们汇成了温馨甜蜜的一股股暖流，激励我鼓舞我度过了25年的老师生涯，并在今后的人生旅途上继续伴我同行。

2011年

王召棠师琐记

金　敏*

接到华政主事者让“服劳者”打来的电话，希望我为王召棠老师将出的文集写点儿回忆性的东西，心下不禁踌躇：我够资格写吗？又能写点儿什么？

于是，索性在电话里“狡猾”地把这个问题抛给了王老师，正如同从前一样，厚道的老人家拿我这一向骄纵任性惯了的刁蛮弟子没办法，被逼出一句话来：“你是我的精品啊，我总共没几个弟子……随便你写点儿什么……”听到“精品”两字，我“噗嗤”笑出声来：老人家一辈子认认真真教书，规规矩矩做人，生性不具林语堂先生所推崇并身体力行的美德——幽默，没想到耄耋之年竟被我给逼得蹦出个幽默的词来。

我入“王门”求学是20世纪80年代末3年，那个年代的气息在查建英的《八十年代访谈录》里可以闻到，总体来说，那是个“匹夫有责”的时代。由于读本科时在以“未名”名世的一泓清水边浸淫日久，又为时代气息所鼓荡。有趣的是，那会儿，真个是“吾道不孤”，1990年重回北京大学入张国华先生门下“再作冯妇”，不久即遇上同门师兄博士学位论文答辩，有答辩老师问何以论文如此“清瘦”，师兄理直气壮地答道：“这样的时候，岂能容下一张平

* 1987级硕士研究生，现任浙江大学法学院副教授。本文写于2011年3月，原载《王召棠法学文集》（法律出版社2011年版）。

静的书桌？”

可以想见，我这心不在焉的弟子在“王门”三年，求到了什么学。王老师与他那一辈的法律史学者有个共通处，毕生的精力很大一部分投注在了研究《唐律疏议》上，“进门”后，他也自然希望我好好读读这“入门书”，怎奈我这喜欢“扪虱清谈”的思想史的学生对制度史的看家书怎么也打不起精神来读，胡乱翻了下，一两月过去，得交阅读作业了，凑了篇关于“度牒”制度的旁门左道的玩意儿上老人家那儿去交差。现在想来，估计老人家那会儿看到小文的标题，或许哭笑不得，但以他的温厚、不善言辞，又不好对我这史无前例的女弟子假以辞色，于是只能带着他惯常的乡民般淳朴的微笑收下。从此后，老人家大概就明白我绝非可以传衣钵之人，也就索性任由我“栩栩然蝴蝶也”，作逍遥状。“少壮不努力”，如今早已过了不惑之年，仍不知敏之梦为蝴蝶与？蝴蝶之梦为敏与？一事无成，浑噩度日。或许最好如《跋地罗帝偈经》所劝导的：“慎莫念过去，亦勿愿未来……”对于自己的选择，当然是“亦余心之所善兮，虽九死其犹未悔”，何况也没到“九死”的地步，纵然谈不上“诗意地栖居”，也还温饱不愁地闲居于大地上。

王老师从中国人民大学法律史专业研究生毕业后，辗转南北，先后执教于中国人民大学、复旦大学、华政等地，育人无数，桃李成蹊，弟子当然远不止他自己电话里所说的“总共没几个”，据我所知，其中不乏“腾达”者。所幸王老师对他这个不肖弟子，迄今并无革除“门籍”的打算，老人家对他的学生，真个是践行了“众生平等”。

2010年岁末，王老师率一家来杭游湖。素未谋面的王老师的女公子见老人家抓着我的手良久不放，后来悄悄地对我说：“老人家一到杭州就念叨着要找你，看得出他挺喜欢你的。”聊及当年在王门求学时的顽劣行径，老人家一迭声地说：“我管不了她，我拿她没办法。”温婉而清秀的师母在一旁亦不禁莞尔。游至西泠桥边的亭子里歇脚，王申兄拿出相机为老两口拍照，师母的表情松弛而自然，王老师则有点不知如何放手脚，我打趣老人家：“要论外在条件，王老师可是有点配不上师母，当年怎么给您追上了？”王老师听我揭他的短，赶紧隐晦地扬自己所长：“她不识字的。”师母却是坦然：“是啊，我不识字，配不上他。”王老师的女公子又为母亲辩护：“我妈可是大户人家出身。”以前读研时出入王老师家，王老师与师母总是一个在书房，一个在厨房，但哪怕是系着围裙，也觉得师母总是举止得体、温文，怪不得，原来是大家闺秀！王老师大半辈子得以优游于书斋、讲台，近米寿之年，除略有失聪从此可以免除“呕哑嘲哳难为听”之苦外，身子骨可称硬朗，当然得归功于师母这位营养师、保健专家几十年如一日的全天候贴身、贴心服务。只是几年前师母被“飞车”撞伤了腿，术后须拄杖方能行走，平生不曾踏足菜市场的王老师从此“提篮小买”，当起家来了，让我等知道，老人家进得书房，也是下得菜场的。

此番晤面，有两点出乎我的意料：其一，行至平湖秋月附近“稍息”时，王老师竟然不自觉地跟我聊起了与他厮磨了大半辈子的专业——法律史，换作我，要是能活到那个年岁，不，恐怕一俟可以“休致”的年纪，巴不得“挥手从兹去”，物我两忘。其二，老人家以为法律史这个专业要么废止，要么就“全变”。我当时心下一惊：老人家到这个岁数，不像他的同辈人，对亲自参与缔造、目下仍笼罩着法律史界的主流范式视若拱壁，居然还有这样的“革命”勇气。但表面上我仍未动声色，带笑说道：废止恐怕暂时还不成，如在下等全国上下几百号人还指着它混饭吃。接着又问他：您为什么认为要“全变”？“全变”又是怎么个变法？老人家沉吟了一会儿，说：那套东西都是20世纪50年代学苏联的时候搞的……怎么个变法，我也说不上来，总得突出一下法律史学的专业性吧。

这次电话里，我又追问了老人家这个问题，怎么突出法律史学的专业性。老人家电话里的意思归纳起来有：一是突出法律史作为专史的特点，以免混同于通史；二是打通中外法律史，并自言他将出的选集就是这样的尝试。那么，我就等着看这"尝试集"了，顺便弥补下当年入宝山而空回的损失。

2011年3月

每临大事有陈师

——为陈鹏生老师八十华诞而作

郝铁川 *

来到世上，识人交友无限。但回首往事，我常常感慨，每遇人生山重水复疑无路的关头，能够真诚助你柳暗花明又一村的，也就寥寥几人而已。眼下我已人生过半，每遇晚霞满天美景，便不由回忆昔日的艰难，特别是那些艰难时刻给我指点迷津的前辈、恩师，而陈鹏生老师就是其中一位。

我到华政任教是陈老师一手促成的。我博士毕业后本来是到南京一所大学工作的，但在即将前去报到之际，对方却突然违反解决我妻儿户口和宿舍的承诺。这种学校当然是去不得的。于是我贸然到华政人事处自荐，人事处的同志觉得这是来华政求职的第一个博士生，非常重视，就迅速向时任副院长的陈先生作了汇报，陈先生第二天就约见了我，他看了我在《法学研究》等权威杂志上发表的文章后，又问了我对中国传统政治文化特点的看法，他当即表态，很欢迎你来华政工作，没有法律的政治是最危险的政治，没有民主的社会最终是死路一条，你能从研究中国政治制度史走向研究民主、法治、人权，这符合学术研究的路向和人生价值的追求。就这样，我成为华政的第一个博士。

* 1988 年进入华政法律系法制史教研室工作，现任杭州师范大学沈钧儒法学院院长，兼任华东政法大学教授、博士研究生导师。本文写于 2011 年，原载《陈鹏生法学文集》（法律出版社 2011 年版）。

我的妻子调到上海工作是陈老师一手促成的。我到华政工作刚刚一个月，陈老师就从副院长的岗位上退了下来了。我每个星期都要把他散在院办、教研室等处的邮件收集起来，骑自行车送到他泰兴路的家里。风来雨去，他感到来自中原的我土气、仗义，我感到陈老师思想越发敏锐，奖掖后进越发积极，有华政青年教师“少帅”风范。当我大着胆子请他帮忙解决我妻子来沪工作问题，没想到他二话没说，拎起电话打给市卫生局当时的邵局长求助，邵局长说:“你老陈看中的后生，我能不帮吗？”邵局长很快作了批示，接收单位就有了。陈老师又去市人事局游说，人事局说上海市就要出台关心博士生工作生活的政策，你陈院长推荐的就近水楼台先得月吧！就这样，当时别人需要花数年才能解决的进沪问题，而在陈老师的帮助下，我几个月就如愿以偿了。

我的学术职称晋升，陈老师起了重要作用。他是法律史学领域的知名学者，他称许一个人，影响力无疑很大。记得1989年那一届法律史硕士生毕业答辩，他让我担任答辩委员会秘书。我骑自行车两个多小时，把几位答辩生的学位论文送到答辩委员会主任、复旦大学叶孝信教授那里，并在电话中介绍了我的情况。叶教授与我进行了交谈，告诉我此前陈先生曾把我的《周代国家政权研究》送给了他，他感到我的功力不浅。此次相见的第二年，我晋升副教授时，院方恰巧找他作学术水平鉴定专家，他给予了很高的评价（好像说了学界青年人研究法律史如此功力之深，甚为罕见），并从此每次都邀我参加他的研究生学位论文答辩。

我走上仕途，陈老师起了重要的推荐作用。“民主推荐，组织考察”是改革开放后出现的一种干部选拔制度。民主推荐包括票荐和谈话推荐两种。陈先生是知名教授，又是前任院领导，他的推荐效力自然非同一般。他不仅向司法部推荐，也向上海市领导推荐。

我进入官场后，政法界的许多人一见面就说“认识”或“久仰”，原因主要有二：一是我的文章，二是陈老师的“宣传”。

还有一些事，属于我的难言之隐。而在这些难言之隐中，陈老师对我的精神慰勉和雪中送炭，更是我终生难忘的。有些事情和话语，为了不增加家人的忧惧，需要善意地对家人隐瞒，但对陈先生却可以敞开心扉，让陈先生的大爱浇开胸中块垒。

陈老师和我萍水相逢，非亲非故，但却胜过亲故；不是己出（我只是陈老师的私淑弟子），胜似己出。原因何在？我想，这源于陈老师的爱才之心。我虽自感不才，但陈老师视我为才，觉得我敬业上进，爱发奇思，笔端常带感情，颇具性情中人的放达飘逸，有那么儿分似他吧。

我深感愧疚的是，我一直没能为陈老师做些什么。我对自己总是不满意，觉得自己各方面做得都不好，见了老师没有什么成绩可以汇报，所以平日联系不多，心中情意纵然波涛万丈，但身体外表却总如一汪静谧湖水。我觉得，延续生命的方式有两种：一种是可以通过子女来延续血缘的生命，另一种是可以通过学生来延续思想的生命。陈老师，我会默默地、九死而不悔地做第二种：延续您思想的生命！

2011 年

粉笔无言写春秋

——怀念尊敬的徐铁民老师

陈立彤 *

徐铁民老师已经逝世近4周年了，但是他的音容笑貌仍然深深地留在我的脑海里，一丝一毫也没有随着时间的流逝而减少。在我的心目当中，徐老师的形象仍然是那么的高大。

徐老师的伟大在于他的淡定。他的淡定像一缕缕松柏的清香，让面对他的人感到轻松、宁静。这缕轻松、宁静在这纷繁喧闹的世界当中实在是一份不可多得的遗产。每每遇到一些纠结难缠的事情，想想老师会怎样淡定地处理，好像事情就变得容易了许多。

徐老师的伟大还在于他的严谨治学。还记得当时徐老师给我们上的怎么写论文的课是我们所有研究生的热门课。不仅我们外国法制史的研究生来听，其他系的研究生也会来听。“春播桃李三千圃，秋来硕果满神州”，如今徐老师的弟子、再传弟子已是桃李满天下。他们中有的是教授，还有的是律师、法官、检察官，无论他们做什么样的工作，徐老师严谨治学的传承恐怕都使他们受益匪浅，正如让我受益匪浅那样。

徐老师的伟大还在于他对学生的关爱。在我求学、工作及至出国留学的过程中，没少来麻烦徐老师，他总是有求必应。好像我家

* 1990级硕士研究生，现任大成律师事务所（上海）高级合伙人。本文写于2011年3月，原载《徐铁民法学文集》（法律出版社2011年版）。

里多小的事，只要跟他提过他都记得，从来没有不耐烦过。他就像父亲一样默默地关爱着自己的孩子——只会付出，从不要求回报。

徐老师是伟大的。他的伟大在于他的淡泊、他的严谨和他的仁爱。我相信徐老师的在天之灵仍然是在默默地关爱着他人，用他淡定的风度和严谨治学的态度感染着他身边的每一个人。每每想到这里，我感到我真幸运——因为在我的一生当中能够碰到这样一个高大的老师、使我受益良多。这恐怕不仅是我的感受，也是曾经与徐老师交往过的所有人的感受。如果说我今天还有一点成绩，都和徐老师的言传身教分不开的。

我还要努力把徐老师的优良传统传承下去。虽然不会像徐老师做得那样好，但我知道徐老师会为他学生的每一点进步而感到欣慰、骄傲。写到这里，眼前仿佛又浮现起徐老师那清癯、淡定的形象：他在他宁静的书房里点燃一根香烟，在袅袅的青烟中，缓缓地和我们交谈着……

徐老师永远地活在我们的心中！

2011 年 3 月

《外国法制史资料选编》和《辞海》

——缅怀恩师徐铁民先生

秦瑞亭 *

我的书柜中，整齐地排放着两本纸张颜色已经发黄的《外国法制史资料选编》，一本是上册，另一本是下册。我的床头柜上，醒目地摆放着一本厚厚的《辞海》。《外国法制史资料选编》是由法学教材编辑部《外国法制史》编写组编写的，北京大学出版社 1982 年 10 月出版，我已经很少翻阅，但我每一次打开书柜的门，都会深情地看它一眼。《辞海》是上海辞书出版社 1989 年版的缩印本，有 2600 多页，虽然不经常翻阅，但它是我每天早上起床、晚上睡觉都肯定会看到的一本书。这 3 本书之所以对于我格外的亲切，是因为：每每看到它们，我都会想起我敬爱的导师徐铁民先生。

1992 年 5 月的一天，我永远也不会忘记的一天。这一天，我从国内并不著名的山东省聊城师范学院来到了国际大都市上海，参加华政法学硕士研究生复试。这是决定我命运的一次重要考试，两名主考官：我的导师徐铁民先生和张寿民老师，考生只有我一人。考试题目是关于英国宪法的一道论述题。我先是认真地在试卷纸上对英国宪法进行论述，论述完毕后将答卷交给主考官，之后是主考官针对我的答卷对我进行提问，我即时回答。我当时是将答卷交给

* 1992 级硕士研究生，现任南开大学法学院副教授。本文写于 2007 年，原载《徐铁民法学文集》（法律出版社 2011 年版）。

了徐老师还是张老师，当时两位老师提问了哪些问题，我对那些问题又作了如何回答，以及复试之后，我是如何走出考场的，我现在都已经记不清楚。但是我清楚地记得，复试结束后的当天下午，徐铁民老师电话通知我到研究生办公楼。在办公楼前，徐老师非常慈祥地将两本书交给我，我非常郑重地接过来，心里充满了说不出的感激和激动：那是我当时最需要但却无法买到的两本书：法学教材编辑部《外国法制史》编写组编写的《外国法制史资料选编》上下两册。

时光荏苒，3 年研究生生活转眼过去了。华政 3 年的研究生生活对于我来说犹如这两册近千页的外国法制史资料，虽然既不华丽，更不耀眼，但是实在、厚重，每一页都有新的内容。我至今清楚地记得，一次课间休息时我向徐老师咨询关于英国大法官曼斯费尔德的生平，徐老师说帮我查一下资料。想到徐老师事务那么多，我当时并没有期望徐老师真的会抽出时间回答我提出的这一并不属于讲课内容的问题。但是第二周上课时，徐老师便慈祥地给了我一页写满曼斯费尔德生平的信纸，那工整的字迹，似乎还在散发着墨香，至今仍然让我感动。

我至今清晰记得，徐老师带我去南京党校讲授外国法制史，作为我研究生实习的一部分，徐老师安排我讲授“楔形文字法”一章。我事先作了充分准备，几乎已经能够背诵整章的内容。上课那天，我很早便来到教室门口，但直到上课铃打响，我才进入教室。生平第一次面对那么多的学生，而且因为是成人教育课，其中不少学生年龄看起来都像我的老师，我当时确实有些紧张。但因为我事前已经将讲课内容背诵了无数遍，所以很快我镇定了精神，第一句话便是“楔形文字法是指……”。

整堂课进行得还算顺利，我已经记不清是如何走出的教室。只记得午餐时徐老师慈祥地告诉我，我提前来教室这一点做得很好，但是站在教室门口等候，一直到上课铃打响才敢走进教室，表明我内心非常害怕直接面对学生，这种胆怯心理会对教学效果产生负面影响，以后必须努力予以克服。徐老师那慈祥的话语至今仍在我耳边回响，犹如发生在昨日。我走上大学讲台已经 15 年了，一直保持至少提前 10 分钟进入教室的良好习惯，在很大程度上归功于徐老师的那次教诲。

……

一桩桩，一件件，凝视着眼前书桌上两册纸张已经发黄的《外国法制史资料选编》，近 20 年前在徐老师身边的日子，又重新浮现在我的眼前。徐老师的一言一语、一举一动，恰似这两册书中的一部部法典，《汉穆拉比王法典》《摩奴法典》《十二铜表法》《英国大宪章》……虽然语言质朴，既不引人注目，也不华丽耀眼，但是它们确确实实影响和改变了我的一生。

转眼 3 年过去了，到了毕业的季节。离别总是让人惆怅，尤其是和自己最敬重的亲人离别。15 年前我和徐老师告别之后去上海火车站的具体情形，我已经记不清了，只记得告别前徐老师非常慈祥地将一本很厚很厚的书交给我，那是我生平第一次见到那么厚的书，封面上两个醒目的汉字“辞海”。翻开厚厚的封面，在第二页的上方空白处是用我熟悉而又亲切的字体手写的两行汉字：“瑞亭君毕业留念　徐轶民赠”，落款处还有徐老师的印章。翻过该页，是写满了上百个姓名的辞海编辑委员会名单，其中，我唯一认识的同时也是我最熟悉、最亲切的名字是“徐轶民”。

从华政毕业后，我来到了南开大学，成为一名高校法学教师。1998 年，我经南开大学推荐、教育部考试录取，获得了去德国攻读博士学位的机会，出国之前在同济大学留德预备部参加德语培训，又一次见到了徐铁民老师。徐老师音容笑貌依旧，慈祥地询问我的工作和学习情况。第二年我便去了德国，临行之前也没有来得及和徐老师告别。在德国学习期间，语言困难，专业学习方面的困难，租赁住房方面的困难，和德国博士导师、德国其他老师、同学相处产生的人际关系方面的压力，以及日常生活中遇到的一些陌生外国人的不友好行为，一起向我袭来，一直在象牙塔中生活、在父母和老师呵护下长大的我，险些产生了退缩的念头。我利用回国收集文献资料的机会，又一次来到上海徐老师家中，向徐老师叙说了我在国外的种种遭遇、压力和困难。徐老师耐心地倾听，随后不厌其烦地帮我分析了各种困难产生的原因和我可以采取的解决方案，说话时而严厉、时而平和，但是每一句都说到了我的内心深处。从徐老师家出来之时，已是深夜。当时的我虽然仍然无法预知未来人生道路上的艰难险阻，但内心已经充满了战胜困难的勇气和希望。我想，这就是真正的导师的力量！

徐老师，无论是学生时代的问题，还是毕业以后的困难；无论是工作方面的难题，还是生活方面的压力；无论是人生道路方面的选择，还是个人理想方面的困惑。您总是耐心地解答，真诚地帮助，从没有一次感到过厌烦！即使是在您严厉批评我的时候，您仍然不厌其烦，对我真诚地关心和教育，帮我渡过人生难关。您没有拒绝过我的任何请求，我也从未遇到过您回答不了的问题，您是我真正的人生“《辞海》”！

徐老师，您送我的《外国法制史资料选编》，我仍然小心地保存着；您赠我的《辞海》，我摆放在我的床头，仍然不时地翻阅；可是，您却永远地离我而去了。您的音容笑貌，仍然不时在我眼前浮现，可我再也无法向您请教问题、诉说困难和聆听您的教诲了。学生不才，无以报答您多年来为学生付出的心血和汗水，在您离开学生3周年之际，写下了这几行文字，想再次向您诉说学生的心声。徐老师，您能听得见吗？

恩师徐铁民先生永垂千古！

2007年

教授的理想风范

——贺陈鹏生老师八十华诞

李秀清 *

时下，有关“大学”的话题不断，尤其是关于大学理念和大学精神，早已超出了过去很长时间动辄集中于大师、大楼之辩的范围和水平，大学如何能够具有自己的特色，大学如何能够保障学术自由，大学如何能够培养出兼具人文关怀和公民意识的人才，大学如何能够担当起服务社会的责任，等等。此类问题的讨论不绝于媒体，令人眼花缭乱。在众多的讨论中，大学的“行政化”多被视为现行高等教育中最受诟病的症结，与此相对，提倡“教授治校”的呼声不断高涨，甚至让人觉得，只要取消大学现实存在的行政级别和行政化管理模式，真正确立教授在大学中的自主地位，充分发挥他们在教学、研究和学校管理中的作用，似乎有关大学的所有问题就都迎刃而解、万事大吉了。

真正的教授应该具有宽宏的视野、磊落的胸襟和渊博的知识。能顺利走上大学讲坛，面对学生胸有成竹，从事研究兴趣盎然，一定的视野、胸襟和知识必不可少。但是，倘若视野、胸襟和知识，只够短时期地立稳于讲台之前并逐个学期地乏味重复，研究课题空泛而陈旧却自以为是在填补学术空白，除自己专业这一亩三分地

* 2001级博士研究生，现任华东政法大学教授、博士研究生导师。本文写于2011年4月，原载《陈鹏生法学文集》（法律出版社2011年版）。

内偶尔尚能浅谈则止外，对于人文社科等其他领域漠不关心茫然一片，生存于大学校园中的这样的人，至多只能算“匠”而不是“师”，更谈不上是能够“治校”的教授。

真正的教授应该具有强烈的责任感和使命感，并富有创新精神。大学有史以来就承担着重要的社会职能，它传播知识、弘扬文化、传承学统、启迪思想。作为大学中的主体，教授不仅要精于自己的专业知识，而且要将传授知识、学术研究与大学的社会职能相联系。这就必然要求，教授应该有强烈的责任坚守意识，有不断创新知识、探求真理的追求，有独立思考、团队合作的精神，有敢说敢为、正直率真的气魄。若教授不具备这些素养，那教授“治校”将毫无必要，也不具任何改进的意义。

真正的教授应该具有深受学生敬戴的人格魅力。教授的人格魅力固然因为其学识、视野、责任心等素质而得以彰显，但要获得学生的认同乃至尊敬、爱戴，则还必须有一颗尊重学生、关爱学生、提携后进的善心，及常为此身体力行的善举。所有教授都应该认识到，校园中的学生是我们赖以作为“教授”生存于大学之中的基点，传道解惑只是教授的当然职责，此外，在日常相处中，还应善于理解学生、鼓励学生，为学生成长和发展成为兼有良好的品性、浓厚的人文关怀、广阔的理解力、完整人格的社会人创造一切可能的条件。师生关系不是市侩式的功利关系，教授的努力不能以获得学生的敬戴为目的，但无可讳言，只有真诚付出，受到爱戴才有可能。而只有由受到爱戴的教授“治校”，良好的校风学风才能得以倡导、形成。

最后，可能不是最重要的，但却也是必要的，那就是，真正的教授还应该具有对得起“大学教授”称号的品貌。身体发肤，受之父母，端庄、奇异、帅气、美艳、普通，各有不同，均无可厚非。

但是，作为教授，在公共场合，尤其是面对学生，至少应该“面必净、发必理、衣必整”，要站有站相、坐有坐相，言谈举止、待人接物应得体大方，这是作为教授尊重学生的起码礼仪，也是对于学生的另一种言传身教。所谓“为人师表”，不应仅限于教师的人品学问，还应包括他们外在的言行、着装，尤其是在当代的文明社会中，在大学历史的推演已如此悠久的现在，教授外在的细节也是愈来愈受到关注。所有这些，至少常令我忐忑于心，反躬自省。

值得庆幸的是，从我28年前进入万航渡路1575号这个校园以来，我就认识这么一位真正具有教授风范的前辈——陈鹏生老师。作为初入大学校园的新生，所谓那时就认识陈老师，也只是限于知晓学兄学姐们私下闲聊中对于陈老师学识、为人所流露出的尊敬，甚至崇拜，在校园里间或遇见陈老师，面对和蔼亲善、德高望重的前辈，我至多如同其他含羞的小女生一样鼓足勇气怯怯地叫一声“陈老师”就匆匆离开而已。毕业留校后，特别是在告别一年半之后，于1995年从日本归来，重回母校就职，并有缘进入法制史教研室以来，在得享包括陈老师在内的法制史前辈给我们打下的坚实基础和营造的良好氛围的同时，我对陈老师有了更多感性上的了解和精神上的亲近，于是对他的尊敬和爱戴也逐渐从学生时代的远距离转变为现在的近距离。与此同时，作为华政法律史学科团队中在年龄上承上启下的我，每每知道陈老师现虽退离教席，但仍一如既往地关心学科和学校的发展，继续关爱青年学人的成长，都备受鼓舞和鞭策，陈老师的风范自然而然成为包括我在内的法律史同仁的引领力量，无论是为学，还是为人。

谨以此文祝贺陈鹏生老师八十华诞，祝陈老师康健长寿、幸福永远！与此同时，也希望在今后日复一日的校园生活中，我能借此激励自己完成从职称意义上的教授到真正具有理想风范的教授的成功蜕变。或许待我到耄耋之年，只不过是人群中的一普通老太，无法拥有像如今的陈老师那样让人一看就眼睛一亮的教授的上乘气质和翩翩风度，但仍心向往之，并将为此而不断努力，继续修炼。

2011 年 4 月

亦师亦友亦从容

——陈鹏生教授对我的教诲与关爱

沈大明 *

我不是陈鹏生老师的学生，没有完整地听过他的一门课，也没有跟他合作过科研，更没有为他的教学科研作出过什么贡献。但是，我是陈老师的“编外”学生，我从陈老师那里学到的专业知识、治学方法和人生经验，一点不比其他学生少。与陈老师交往至今十二载，是我专业积累的重要基础，更是我人生经验的重要积累。

认识陈鹏生老师的动机很简单。当时我向叶敦平教授谈起我想读博士的想法，他关心地问我读什么专业、什么方向，我说最想读华政的法律史。他说，华政的陈鹏生教授是我多年的朋友，可以介绍给你。当时我心里既兴奋又紧张，兴奋的是我可以认识大名鼎鼎、充满传奇色彩的陈教授，紧张的是我对法律史的了解是那么浅薄、简单，如何应对陈教授的发问？

见到陈鹏生老师的时候，我内心充满敬畏和紧张。在那个微风拂面的春日上午，阳光明媚，柳叶萋萋。我小心翼翼地随着叶敦平、陈鹏生老师一行走在我校闵行校区的绿地上，参观了程及先生的画室。画家融会东西方文化的作品，引起大家热烈的讨论，我至今记得陈鹏生老师在程及先生的充满神秘、玄幻色彩又意味深长的

---

* 2001 级博士研究生，现任上海商学院党委书记。本文写于 2011 年，原载《陈鹏生法学文集》（法律出版社 2011 年版）。

老子、道、逍遥游的画作面前无语站立，沉思良久。之后还和程先生展开讨论。活动结束时，陈老师向我这个素未谋面的年轻人发出邀请，欢迎到华政来。我顿时心潮澎湃。

后来，我去拜访陈老师，详细介绍了我自己的想法，并且把自己写的几篇东西交给陈老师看。他不断夸奖我的历史学功底，鼓励我这是学习法律史的最重要的基础。但是，他又说，跨入一个新领域没有那么容易，还是要下功夫的。陈老师的这些鼓励和支持，坚定了我报考的决心，我没有犹豫地选择了挑战，开始苦读法律史，迎接考试。当时陈老师还住在东安路的房子里，那个书房里错落有致地放满了书，人一坐下来，就感觉到陷入知识里，显得非常的渺小。我坐在陈老师的对面，听他娓娓道来，全然忘记了初见时的忐忑与不安。师母还经常过来给我们添加一些小吃和咖啡。碟子里袅袅升起的热气和咖啡的余香，久久留在我记忆的深处。这些温馨的回忆，成为我继续学习、探索法律史的坚强支撑。

自那时开始，我经常来到这间书房，把我学习法律史的心得体会向陈老师请教。现在想来，当时的我是多么的浅薄，真是刚刚学了“性本善”，就来跟陈老师炫耀“人之初”，有些想法甚至是不假思索的。但是陈老师都非常有耐心地听，非常有耐心地给我分析，非常有耐心地引导我继续学习和探索。他告诉我学习法律史不能急，需要一段时间的积累，要有一定的阅读量；他告诉我可以先入一门，再旁及其他，然后可以触类旁通；他告诉我中国历史几千年延续不断，儒家文化内在的张力和价值观值得今天的我们好好反思总结；他告诉我写博士学位论文不要受既有成果的限制，年轻人要敢于尝试，用新思维新视角去思考学术问题……每次我都是拖着沉重的脚步进去，每次出来时总觉得身轻百倍、干劲倍增。

后来我们讨论的问题范围越来越广，已经超越了专业范畴。记得有一年，我放弃了一个可以在更大的平台上工作、锻炼的机会，事后想想有些遗憾，甚至消沉，感到看不到希望，对未来失去信心。我跟陈老师说了这些想法。陈老师用他的豁达解开了我的愁绪，人生有各种各样的机会，不可能样样都随心意，一个成熟的人应该是不拘泥小节的，胜不骄败不馁，处逆境则昂扬奋起，达顺境更锐意进取；只要充分准备，从容应对，必然有所收获，成就人生。他的话不多，但是充满坚韧和睿智，鼓励我要立足长远，坚定信心，从容面对事业，面对选择，面对人生。

有两件小事，我不得不提，从中可见陈老师的严谨与真诚。第一件事，是我博士学位论文写完之后，长长舒了一口气。我把稿子打印了一份，送给陈老师看，约好一周后再来取。一周没到，陈老师给我打来电话，要我提前去。在他宽大的办公室里，他指出我文章里的一个又一个问题，还提了许多建议。最让我汗颜的是，他还帮我改了许多错别字！我甚至感到无地自容。一个70多岁的老人，花了这么多时间来推敲我的论文，提出修改意见、建议，还细心地看出其中的错别字，可见他看得多么仔细，更可见他的严谨和做事的认真。

第二件事，是陈老师搬家之后不久，我收到他寄来的一封信，打开一看，是他和师母联合签名的一个通知，告诉我他新家的地址、联系电话等。当时我非常感慨，陈老师桃李满天下，需要通知的人太多了，但是，他却没有忘记我。可见他待人的真诚与认真。我多么荣幸，自己成为陈老师长长的通信录中的一个，所以，我至今保留着这份通知。一张普普通通的纸，是一份真诚，是一份友情，是一个纽带，是一个胸怀。

后来，工作越来越忙了，我跟陈老师的交流就少了，周期也长了。但是，每次我去看他，仍然能感受到他的理解、宽容，仍然能从他那里感受到严谨、认真，感受到乐观、豁达，感受到真诚、睿智，感受到一个阅尽沧桑的智者对于现实和未来的信心和期望。陈老师对我的教诲与关爱，不仅帮助我在专业上成长，更帮助我在人生的路上成长。他是我们专业的老师，更是我们人生的老师！

2011 年

下　　编

（以作者在本专业就读和工作时间为序）

华政法律史40年

何勤华 *

在人生的旅途中，总有那么几点回忆，

让人无法忘怀，永远回味。

——作者题记

一、前史

华政法律史学科，起步很早，1952年华政成立时，就有法律史专业，当时开设了“国家与法权历史”和“苏维埃国家与法权历史”等课程。当时的师资，除一批南下的老干部如宋光等之外，法律史科班出身的年轻人，也加盟了华政法制史教研室。如从复旦大学，来了徐铁民老师；从中国人民大学，来了王召棠、叶孝信和李昌道老师；等等。

1958年，华政第一次被撤销。华政法律史学科与学校其他部门一起，被并入新成立的上海社会科学院里面的政治法律研究所。1963年华政第一次复校，政治法律所里面从事法制史研究的老师，除个别去了市里其他部门外，主要力量如徐铁民、王召棠、叶孝信和李昌道老师等，都回到了华政。

* 1981级硕士研究生，现任华东政法大学法律文明史研究院院长，教授、博士研究生导师。

1972 年华政第二次撤销，法律史学科的主体力量如徐轶民、王召棠、叶孝信和李昌道等都去了复旦大学。1979 年，在粉碎“四人帮”，国家实行改革开放的前提下，华政得以第二次复校。1979 年从复旦大学回到华政的法律史老师只有王召棠和徐轶民两位。

回到华政的王召棠、徐轶民两位老师，立即着手筹建新的法制史教研室（由王召棠老师担任教研室主任，徐轶民老师担任教研室副主任），当时专业老师加在一起共 5 个人，除两位老师外，还有钱元凯、杨奉琨和刘德湘（除钱元凯老师外，其他老师均已经驾鹤仙去）。至 1981 年，到华政法律史学科申请获批国家硕士学位授予权，设立硕士研究生培养单位时，法制史教研室已经集聚了一批师资，成为当时华政最大的教研室之一。当时教研室中担任中国法制史讲授的老师增加了陈鹏生、夏永孚、章荣湘（1982 年之后又分配进来了赵元信、丁凌华等），外国法制史的任课老师又增加了刘学圃、汤永明、张智仁、张寿民（1983 年之后又分配进来了周伟文）等。

二、起步

1981 年华政法律史学科获取硕士研究生的培养资格，标志华政法律史学科迅速发展的庄严起步。因为当年华政只有两个二级学科获得硕士研究生的招生资格：法律史和国际法。而第一年招生人数，也是法律史学科最多：外国法制史招生 4 人，中国法制史招生 3 人，共 7 人，而国际法招生只有 3 人。后来实际招生时，华政又增加了两个专业，一个是宪法，招生 2 名；另一个是刑法，招生 2 名。由于宪法和刑法当时华政还没有硕士学位授予权，所以他们 4 人的学位都是在上海社科院法学所取得的。这样，1982 年 2 月华政第一届硕士生入学时，14 人中，一半是法律史学科的，另一半是国际法、宪法、刑法其他 3 个学科的。

1984 年 12 月，我们第一届硕士研究生毕业，除一位同学留学去了美国，一位同学被分配去了上海大学外，其他 5 位同学都留在了教研室。1985 年第二届法律史研究生毕业，又有 3 位同学留校。因此，至 1985 年，华政法律史教研室已经充实进了 8 位硕士研究生，师资力量一下子强大了许多。也是在这一年，华政将全校的各个学科、各个专业整合成为 4 个系，刑事侦查一这块，成为犯罪学系；国际法教研室，扩充为国际法系；经济法教研室，扩充为经济法系；其他法学的各个学科、专业合并组建成为法律系，人数占据学校的“半壁江山”，由法律史学科的王召棠老师担任首届系主任。之后，时间不长，徐轶民老师担任了学校图书馆馆长。也是在这一年，陈鹏生老师出任华政副校长，分管教学和科研。这样，在 1985 年前后，华政法律史学科达到了历史上的第一个发展高峰，无论学科人数，还是学科的地位，都在华政占据一个让人无法轻视的地位，法律史学科的起步非常良好。

三、发展

1985~2001 年，华政法律史学科进入了平稳的发展期。其间，无论是在教学，在科研，还是在人才培养，华政法律史学科都取得了诸多成就。

第一，法律史学科的教学活动开始获得发展。1985 年陈鹏生老师担任副校长以后，在浙江人民出版社的邀请之下，主编了一套法学教材，而《中国法制史》（陈鹏生、徐永康编写）是其中重要的一种。与此同时，担任 1982 年、1987 年全国统编教材《外国法制史》副主编的徐轶民老师，于 1987 年接受中央广播电视大学的邀请，担任电视大学外国法制史课的主讲老师，授课的讲稿于该年6月汇集出版，名为《简明外国法制史》（中央广播电视大学出版社）。

在多年讲授外国法制史的基础上，在徐轶民老师的主持下，于1995年出版了由法制史教研室的外国法制史专业老师集体编撰的《外国法制史纲》（徐轶民主编，红旗出版社），这也是华政外国法制史专业公开出版的自己编写的第一本教材。由于当时外国法制史的教学不受重视，所以找了许多家出版社，都不愿意出版，最后还是公开出版了。

之前，1994年，由徐永康老师主编的《中国法制史》，在华东理工大学出版社出版，除作为华政的教材外，还被其他兄弟院校采用。1996年，教研室的外国法制史专业张寿民教授，在多年教学经验的基础上，主编了《外国经济法制史》一书，既是一部专著，又是一部教材。该教材由华东理工大学出版社出版后，评价很好，为许多学校所采纳，并列为参考教材。

1997年，司法部法学教材编辑部，在前期统编教材出版的基础上，组织出版一套新版全国统编教材。在时任校长曹建明的全力争取下，《外国法制史》这本教材，委托给我来主编。我在邀请全国外国法制史知名学者如王人博、方立新、郑竹君、王云霞等的同时，也让教研室的李秀清、周伟文两位老师参与其中。这本统编教材，在全国外国法制史学界同仁的支持下，至今已经出了6版，教研室的陈颐老师也加入了其中。目前，正在酝酿出第七版，准备吸收教研室的冷霞和于明两位老师。

第二，法律史学科的科研活动也从20世纪80年代后期开始得以发展。与上述教材出版比较困难相比，科研成果的出版更加艰难，尤其是法律史这种比较小、比较偏的学科，更是如此。当时由徐轶民老师主持编写的我国第一本法制史词典，其出版就遇到了麻烦。即《法制史词典》辛辛苦苦编写好了以后，原来的出版社不予出版了。最后，在河南人民出版社的支持下，这部词典拖了5年，于1989年才得以出版。

考虑到学科以及教研室现有的项目很有限，提升华政法律史学科在全国的知名度和学术地位，以及让法律史学科每年招收的研究生有科研项目做（实践、锻炼）。自1997年起，我和李秀清、王立民和张寿民老师等开始了主编“世界各国法律发达史”系列丛书。1998年，《美国法律发达史》和《日本法律发达史》出版（上海人民出版社）；1999年，《英国法律发达史》出版（法律出版社）。之后，《法国法律发达史》《德国法律发达史》《加拿大法律发达史》《俄罗斯法律发达史》《意大利法律发达史》《澳大利亚法律发达史》《东南亚七国法律发达史》《拉丁美洲法律发达史》《非洲法律发达史》相继出版（均是法律出版社）。这套丛书的作者主体，是华政法律史学科的硕士研究生，加上我们懂得的语言主要是英语和日语，所以水平不高，也比较幼稚。但因为在这个领域的研究者很少，所以我们这12本发达史著作，每一本都是填补了我国外国法制史研究的空白。虽然比较简陋浅显，但学界还是给予了肯定。

第三，在此时期，华政法律史学科在全国的学术地位也开始慢慢提升，在中国法制史方向，李光灿、张国华两位老师主编《中国法律思想通史》（多卷本，山西人民出版社1987~1996年），以及张晋藩老师总主编《中国法制通史》（多卷本，法律出版社1999年）之时，均邀请陈鹏生老师担任其中各一卷的主编。外国法制史方向，继徐轶民老师长年担任全国外国法制史研究会副会长之后，2000年，在湘潭大学召开的年会上，我被推选为全国外国法制史研究会的会长。李秀清老师担任研究会副秘书长。之后，她担任了秘书长。华政成为国家一级学会全国外国法制史研究会的会长和秘书长单位。

第四，1991 年以华政法律史为核心成立了中国儒学与法律文化研究会，首任会长是陈鹏生老师，我因为协助陈老师做了一些具体的工作，陈老师让我担任了首任秘书长。实际上，这个研究会是陈鹏生老师多年心血的结晶，为了筹建这个研究会，陈老师做了长期准备，来往于日本和我国台湾地区，聘请专家、筹措经费。1997 年之后，由徐永康老师接替我担任秘书长。再之后，陈鹏生老师将会长这个接力棒也传给了徐永康老师，现在又由徐老师传给了龚汝富老师。中国儒学与法律文化研究会的活动，得到了学术界的高度认可。

第五，更加令人振奋的是，2000 年，华政法律史学科继华政国际法学科于 1998 年获得博士学位授予权之后，也获得了这一授权。从 2001 年开始，正式开始招生华政法律史学科博士研究生。教研室老师中，第一届进来读博的有李秀清老师、陈灵海老师，第二届有周伟文、龚汝富、陈颐和洪佳期 4 位老师，第三届有苏彦新老师和高珣老师，第四届有冷霞老师和王沛老师。

第六，虽然是在学术之外，但对法律史学科的发展意义重大的是，1999 年在学校领导班子换届时，我们法律史教研室有 3 位老师进了领导班子。即我出任校长，王立民老师和郝铁川老师担任副校长。说这件事，没有任何值得骄傲和炫耀的地方，而是说明，世界上的事情有许多偶然性和不确定的因素。这一因素，对华政法律史学科的发展所带来的助力，即使很大，也完全是偶然的，是无法复制的，不能成为经验。学科的发展，学术的进步，还是要靠勤勤恳恳、扎扎实实地著书立说的艰苦劳动。

四、攀登

2001年至今，是华政法律史学科持续攀登的时期。在这一时期，学科做了许多事情，不仅为华政，也为全国的法律教育和研究作出了自己应有的贡献。

第一，适应中、外法制史课程教学的需要，我们编写了许多种法律史教材。中国法制史有陈鹏生老师主编的，有王立民老师主编的，也有徐永康和丁凌华老师主编的《中国法制史》《艰难与希望——中国法律制度史讲课实录》《中国法律思想史》等。外国法制史有我主编的多种《外国法制史》《西方法律思想史》，李秀清老师主编的《外国法制史》，还有我和李秀清老师合作主编的《外国民商法导论》等。这些教材，不仅满足了华政自己的教学需要，也支援了其他兄弟院校。

第二，在教学方面，2003年，华政"外国法制史"课程被评为第一批国家级精品课程。之后，"中国法制史"课程也被评为国家级精品课程。2006年，华政法律史教学团队，荣获国家级教学团队。"外国法制史"课程被评为上海市教学成果特等奖、国家级教学成果二等奖。王立民老师继1998年被评为全国优秀教师之后，2003年被评为首届"上海高校教学名师"。2009年，我被评为国家级教学名师。之前，2007年，华政法律史学科被评为国家级重点学科，这是除中国政法大学法律史学科外，第二个获得此项殊荣的法律史学科。

第三，法律史学科的科研取得了较突出的成绩。在专著方面，有丁凌华的《中国丧服制度史》，徐永康的《法典之王——〈唐律疏议〉与中国文化》，王立民的《上海法制史》《唐律新探》《古代东方法研究》《法律思想与法律制度》，我的《西方法学史》、《中国法学史》（三卷本）、《律学考》，李秀清的《日耳曼法研究》《中法西绎》，龚汝富的《明清讼学研究》，陈颐的《立法主权与近代国家的建构：以近代早期法国法律为中心》，洪佳期的《上海会审公廨审判研究》，苏彦新的《近代欧洲国家私法的历史基础》，王沛的《黄老"法"理论源流考》《刑书与道术：大变局下的早期中国法》，冷霞的《英国早期衡平法概论》，屈文生的《不平等与不对等》《从词典出发——法律术语译名统一与规范化的翻译史研究》，于明的《司法治国——英国法庭的政治史1154—1701》，以及高珣的《隋朝法制与统一秩序研究》，胡骏的《古希腊民商事立法研究》《古希腊刑事立法研究》等古希腊法研究，王捷的《包山楚简研究考论》，姚远的《上海公共租界特区法院研究》等。

在丛书的出版方面，我们推出了《20世纪比较法学》《民法的起源》《普通法令状制度研究》等"法学文库"（商务印书馆），《外国法与比较法研究》《法律文化史研究》（均为多卷本，商务印书馆），《西方宪法史》《西方商法史》《西方刑法史》等"西方法制史系列"（北京大学出版社），《法律名词的起源》等"外国法与比较法文库"（北京大学出版社），《法律、社会与思想：对传统法律文化背景的考察》《中国传统清官文化研究》等"中国传统法律文化研究丛书"（法律出版社），《唐代刑部研究》《论英国警察权的变迁》《教会法原理》等"比较法文丛"（法律出版社），《英美物权法：一个体系的发现》《所谓宪政：清末民初立宪理论论集》等"法律·社会·历史文丛"（上海人民出版社），《法律文明的起源》《宗教法》《中华法系》《英美法系》《大陆法系》等"法律文明史"系列（商务印书馆），"出土文献与法律史研究"、"中国法律史研究丛书"和"地方法律史研究丛书"（均为上海人民出版社），以及《中国法学家访谈录》（全10卷，北京大学出版社）和《中华法学家访谈录》（台北，元照出版有限公司）等。

在论文方面，有发表在《中国社会科学》上我的《清代法律渊源考》，李秀清的《中国移植苏联民法模式考》，屈文生的《从治外法权到域外规治——以管辖理论为视角》，王沛的《刑鼎、宗族法令与成文法公布——以两周铭文为基础的研究》，以及发表在《历史研究》《法学研究》《中国法学》等权威刊物上我的《比较法在近代中国》《以古代中国与日本为中心的中华法系之律家考》，王立民的《中国唐律研究三十年》《〈大清律例〉条标的运用与启示》，李秀清的《〈印中搜闻〉与19世纪早期西方人的中国法律观》，王捷的《"直诉"源流通说辨正》，屈文生的《早期中英条约的翻译问题》《早期中文法律词语的英译研究——以马礼逊〈五车韵府〉为考察对象》，王沛的《西周邦国的法秩序构建：以新出金文为中心》，于明的《晚清西方视角中的中国家庭法——以哲美森译〈刑案汇览〉为中心》等。

在传世文献整理、点校方面，我们推出了《驳案汇编》《刑部比照加减成案》（均为法律出版社），"中国近代法学译丛"（已经点校出版53卷，中国政法大学出版社），《新译日本法规大全》（全11卷，商务印书馆），《大清新法令》（全11卷，商务印书馆），"民国法学论文精萃"（全6卷，法律出版社），《中华民国法规大全》（全11卷，商务印书馆），"清末民国法律史料丛刊"（四大系列：《朝阳法科讲义》和《京师法律学堂讲义》，《法国六法》等法律大全系列，以及《法律大辞典》等法律辞书系列，上海人民出版社），《罗马法》《国际法发达史》《罗马法与现代》等"华东政法学院珍藏民国法律名著丛书"（中国方正出版社）等。

在翻译国外法学名著方面，华政法律史学科持之以恒地不懈努力，在上海人民出版社的支持下，以“世界法学名著译丛”的名义，翻译出版了柏拉图的《法律篇》、威格摩尔的《世界法系概览》、格劳秀斯的《战争与和平法》、布莱克斯通的《英国法释义》、梅特兰等的《欧陆法律史概览：事件，渊源，人物及运动》、约翰·麦克唐纳和爱德华·曼逊的《世界上伟大的法学家》、梅因的《早期法律与习俗》，等。此外，苏彦新老师的系列翻译作品《美国法律史》《比较法：法院和书院》《比较法理论与方法概论》，以及屈文生、李明倩和于霄 3 位老师的系列翻译作品，也都在这一时期出版。

在国家项目方面，除我在 2011 年申请到了华政第一个国家社科基金重大项目“法律文明史”，屈文生老师于 2018 年申请到了我们学科第二个国家重大项目“一带一路沿线国家法律文本翻译、研究及数据库建设”外，2019~2020 年，法律史学科（法律史教研室）又申请到了 3 个国家社科基金重大项目，即王沛的“甲、金、简牍法制史料汇纂通考及数据库建设”，王立民的“中国租界法制文献整理与研究”和我的“中华法系与中华法律文化问题研究”。由于这几个国家级重大项目的获取，华政法律史学科的学术地位进一步得到了学界的认可。

第四，法律史学科的人才培养以及人才引进等方面，这一时期也是比较顺利。从 2001 年以后，法律史学科在中国法制史专业，先后留下了陈灵海、洪佳期、高珣、王沛、王捷、姚远、邬勖，引进了龚汝富、茆巍、马慧玥、陈迪、邱唐、史志强。外国法制史方面，留下了陈颐、冷霞、屈文生、王海军、于霄、王静，引进了苏彦新、于明、王婧、胡骏、魏敏、张长绵、李倩等。虽然期间也离开了几位老师，但主体力量都坚守住了自己的学科阵地。经过 20 余年的锻炼，现在学科的基本队伍已经成长起来了，不仅在华政的教学、科研及学校发展中发挥了重要作用，在全国也赢得了巨大的声誉。

更加喜人的是，华政法律史学科在出了两名“全国十大中青年法学家”（何勤华、李秀清）和一名“青年长江学者”（屈文生）的基础上，2021 年李秀清和王沛两位老师双双获得“长江学者特聘教授”和“青年长江学者”的荣誉称号，这既是他们自身努力的结果，也是学界对他们学术和人品的认可，还是华政法律史学科为学校发展作出的贡献。

第五，华政法律史学科的研究机构得到了发展。一是法律古籍整理研究所，简称为古籍所，是 20 世纪 80 年代中期成立，是由司法部批准设立的校级研究机构（华政这样的研究机构当时只有两个，另一个就是青少年犯罪研究所）。古籍所专业隶属法律史学科，行政领导和成员，除法律史老师外，还有基础部语文教研室的老师。华政古籍所成立以后，成果斐然。历任领导有曹漫之、王召棠、辛子牛、陈重业、张伯元等。现任所长是王沛老师。

二是法律史研究中心，它是华政法律史学科的核心研究机构，成立于 2004 年。下面包括法律史教研室，以及近代法律文献研究所、港澳台法研究所、法律与历史研究所、英美法研究所、民间档案整理研究所等。华政法律史学科成员全部都是法律史研究中心成员。中心成立时由我担任主任，现任主任由李秀清老师担任。中心编辑出版有《法律史研究》《外国法制史研究》等刊物。

三是法律文明史研究院，成立于 2014 年，是实体（有编制）的机构，当时是配合华政第一个国家社科基金重大项目“法律文明史”而设置的（何勤华任院长，龚汝富、陈颐任副院长，胡骏任秘书长）。研究院除出版丛书外，还出版了院刊《法律文明史研究》（已经出版了 3 辑，科学出版社）。之前，以法律史学科为依托设立的“外国法与比较法研究院”在2007年12月获批成为上海市普通高等学校人文社会科学重点研究基地。2022年3月，华政争取到了第一个国家级研究基地——涉外法治研究院，由国际法学院和法律史学科联合一起建设，有人员编制，有办公用房，有固定经费。我想，这应该是法律史学科未来发展的新增长点。

第六，华政法律史学科在学界的影响。在中国法制史专业，我们担任了几届中国法律史学会的执行会长单位，也是中国儒学与法律文化研究会的会长和秘书长单位。在外国法制史方面，我们是全国法制史研究会的会长和秘书长单位。除我是会长外，李秀清和苏彦新两位老师同时也担任了该研究会的副会长。李秀清老师还是中国法学会比较法研究会的常务副会长。全国外国法制研究会还编辑出版了《外国法制史研究》（从2022年起，每年出版2卷）。

五、展望

华政法律史学科的40年，是一个艰苦奋斗、不断努力、勤奋攀登的40年。我们已经取得了巨大的成绩，这个成绩，有些是非常偶然，甚至有点不可思议的，如一个教研室同时出了3名校领导、一个学科几乎同时（3年）上了4个国家级重大项目、一个教研室同一年上了两名“长江学者”，估计这种情况不仅法律史学科（教研室）今后不会重复，华政不会重复，全国任何一所大学的教研室也不可能重复。但这些辉煌只代表过去，不表示未来。

回顾这40年华政法律史学科成长的历程，既表明了世界上任何成功都是需要努力，才能做出来，而不是从天上掉下来的。我们都是普通人，所以没有资格，也没有条件“躺平”，只能靠自己的努力；除勤奋刻苦外，我们没有其他进步的路途；同时也想表明，只要找准方向、抓住机会，经常研判形势，分析学界动向，加上做好、做足学术积累和学术准备，我们还是会有许多机会，来一个爆发式的进步。我们所要克服的，是自己急躁浮动的心态；需要战胜的，是自己“耐不住寂寞”这个敌人。

至于华政法律史学科的展望，她的愿景，我想可以这样表述：对于中国法制史专业来说，应该是以朝代为小单位，配置教学和科研力量，最好每一个朝代能有 2 名老师，至少应当有 1 名老师；对于外国法制史专业来说，英、美、法、德、日、俄、意、西、葡、阿拉伯、亚非拉其他地区，前面 5 个国家可以每一个国家配置 2 名老师，后面每一个国家和地区配置 1 名老师。当然，这是理想状态，因为还需要相应课程的配置，但可以成为追求的目标。而且这种配置只有我们几所政法大学才可能实现，因为其他大学的法学院受编制的影响，即使“985”“211”的大学，也没有这么多编制做如此设计和安排。

以上想法，可能只是一种梦想吧！但如果连想法都没有，怎么还会有行动？

最后，我想以《法律文明的起源》一书后记中的一句话作为结束语。

我们渴望完美，但世界上并无完美；

假如没有遗憾，世界或许将停止发展。

2022 年 7 月 1 日

于华东政法大学

法律文明史研究院

为研究生授课

王立民*

我在担任硕士研究生指导教师（1998年）以前，就开始为我们中国法制史（以下简称中法史）的硕士研究生授课。2001年，成为博士研究生导师以后，又开始为法律史的博士研究生授课。2020年，返聘结束，不再系统为研究生授课，只是“客串”上了少量课程。前后加在一起，我为研究生授课达20余年。其中，有些片段至今记忆犹新。

一、博士研究生毕业回校任教后不久就为研究生授课

在20余年中，我为中法史、刑法学的硕士研究生和法律史博士研究生授过课。

1993年，我博士研究生毕业，回到学校任教。不久，就开始为中法史硕士研究生授课。当时的硕士研究生导师组组长是陈鹏生教授。他十分重视培养青年教师，而且有自己的工作章法。

首先，让青年教师讲课，在讲课过程中，进行考查、锻炼，为担任导师做铺垫。当时，我与其他教师合作讲了两门课：一门是中国政治制度史，另一门是中外法制史比较研究。后一门课与陈鹏生教授合讲。我先讲前半部分，即古代中国与东方其他国家法制史比

* 1982级硕士研究生，现任华东政法大学“功勋教授”、博士研究生导师。

较研究；陈鹏生教授讲后半部分，即中国与西方国家法制史比较研究。在授课过程中，我对研究生授课的特殊性有了认识，也对以后独立、系统为研究生授课充满了信心。

其次，让青年教师先与其他导师联合指导研究生。指导研究生是项系统工程。学生从入学考试命题、面试、录取以后导师的确定到授课、考试、指导撰写论文特别是学位论文到论文答辩等，都与导师有关。陈鹏生教授根据中法史的具体情况，于 1998 年先让我与另一位导师联合指导了一个研究生，熟悉导师教师的工作。从 1999 年开始，我就独立指导研究生。陈鹏生教授为我成为研究生导师奠定了扎实的基础。

二、为不同层次、类型的研究生讲授不同的课程

2003 年，陈鹏生教授退休，我接任中法史导师组组长，同时也要继续为硕士研究生授课。一是为中法史研究生系统讲授两门课。其中一门是“中外法制史比较研究”。内容仍主要分两部分，原来后半部分陈鹏生教授讲授的中国与西方国家法制史比较研究，也由我来讲授。另一门是“唐律精读与研究”。当时，我还担任学校的管理工作，授课时间通常是晚上，不影响白天的管理工作。2011 年，虽从管理岗位退下来，但习惯成自然，仍坚持晚上授课。这两门课一直讲授到我返聘结束。二是为刑法学硕士研究生系统讲授一门课，即“唐律研究”。苏惠渔教授任刑法学硕士研究生导师组组长时，确定了这门课程，把其作为中国刑法史的内容，要研究生学习、掌握。苏惠渔教授深耕刑法学，也十分通达唐律的重要性与其在中国刑法史上的地位，十分明智地把这门课作为研究生的课程。我因而多年讲授了这门课程。

2001 年，成为博士研究生导师后，就开始系统为法律史的博

士研究生授课，即“中国法制史研究”和“唐律与唐代法制”两门课，授课时间也都在晚上。这两门的讲课内容以我公开发表的论文为基础，把其转化为授课内容，以讲专题为主，较有深度，也能体现我的学术专长与授课特色。

在我教授的课程中，有 3 门课都以唐律为主题，但因授课对象不同而讲授内容也不同。“唐律精读与研究”从讲授唐律之本开始，再用当代刑法理论进行分析。这对中法史硕士研究生十分必需，可以帮助其系统学习唐律，也可为其学习中国古代法制史打下基础。“唐律研究”则按照当代刑法结构与要求，讲授唐律内容，使刑法学研究生了解唐律与中国古代刑法，助力其学好刑法学。“唐律与唐代法制”是一门专为法律史博士研究生开设的课程，我把自己研究唐律的成果与心得，以专题形式进行讲授，帮助他们深刻理解唐律与相关问题，为其进一步学习法律史打好前站。这 3 门课虽都聚焦唐律，但焦点不同，听课的对象也不同，大家可以各取所需，各有所得。

三、把科研成果转化为研究生授课的内容

为研究生授课的内容与本科生明显不同，要更有创新，更有深度，绝非泛泛而谈。要做到这一点，比较靠谱的办法就是把自己的科研成果转化为研究生授课的内容。

在为中法史硕士研究生开设的两门课中，我首先作了尝试。由于我的博士学位论文题目是《古代东方法研究》，因而我对古代东方法比较熟悉。在此基础上，讲授古代中国与其他东方国家法制比较研究，就比较顺手。还有，我在硕士研究生就读期间，就开始研究唐律，硕士学位论文也以“唐律”为主题。毕业留校任教后，没有放弃对唐律的研究。1993 年，博士研究生毕业时，我的第一本

专著《唐律新探》公开出版。有多年的研究成果作为基础，再讲授《唐律精读与研究》就比较顺当。

将为中法史硕士研究生讲授的经验运用到法律史博士研究生的授课中，同样获得成功。开始为他们上课时，我除在唐律、古代东方法领域有不少研究成果外，在上海法制史、中国租界法制、中国法制史学史等方面也有了积累，有一些成果。以后，这类又有增多。于是，就把课程名定为“中国法制史研究”，内容涉及上海近代的区域法制建设、辛亥革命与法制、上海租界法制、中国租界法制、中国法制史研究的回顾与展望等。每次上课可讲 1~2 个专题。虽然，内容上似乎有些分散，但创新性与深度十分明显，而且都集中于中国法制史领域，是其中不同专题的组合，比较适合博士研究生的需求。

我的这些科研成果不仅都已公开出版、发表，而且论文一般都是发表在 CSSCI 期刊上，其中包括《法学研究》《中国法学》《中外法学》《学术月刊》等，有些成果还获得了省部级以上科研奖。其中，著作有《上海法制史》《古代东方法研究》；论文有《论唐后对唐律的变革》《中国古代刑法与佛道教》《古代东方肉刑论》《甲午战争后中国区域法制的变化》等。从这一角度来审视，这种科研成果的转化有基础，又有质量。当然，这种转化还需有一定数量的科研成果作支撑，数量过少，形成不了一门课程，无法为研究生系统授课。

四、授课过程中重视与研究生互动

研究生一般经过本科或硕士阶段的训练，又通过入学考试的遴选，专业基础比较好，具备在授课过程中进行互动的条件。我把握这一点，抓住授课的机会，与他们互动。这种互动既有我向研究生提问，也有研究生对我提问。其中，我向研究生提问的情况比较多，主要是抓住一些授课的关键点，向研究生提出相关问题，引起大家思考。通常，他们会根据所学知识，自觉回答问题。如果无人应答，我也会适当引导让他们回应，以免浪费宝贵的课堂教授时间。研究生回答问题后，我会讲自己的看法。特别是当一个问题出现多个答案时，我会作些分析，给他们作参考。

研究生提问主要是对我的授课内容还有不理解之处，希望我能展开作进一步讲解。这时，我就会依据提问学生的需求，作更为详细地讲述。我想，一位研究生提出的问题可能会具有一定的普遍性，应当加以重视，拓展自己的授课内容。在讲到上海租界法制时，多次遇到研究生提出关于上海租界的一些问题，包括租界的产生时间、地域、机构、孤岛时期、收回等一些问题。我一一作出回答。在回答后，研究生的相关知识也就更丰富了。

在与研究生的互动中，有时会出现他们的观点与我的观点不一致的情况。此时，就以充分说理为前提，注重自圆其说，提倡各抒己见，不强求研究生一定要接受我的观点。其可以不放弃自己的观点，我也可以坚持我的观点，但多数情况下研究生比较尊重我的观点。在讲到中国古代最早制定的法典时，研究生的观点就与我的观点不同。说是吕刑、法经、秦律等都有，而我则认为是禹刑。经过说理分析，他们也就不再坚持。

这种互动容易产生思想、学术的火花，常为平时所考虑不到。经过课堂上不同观点的碰撞，不仅使授课内容变得丰富多彩，也使研究生与我都从中受益。就我而言，从中思虑到一些以前所没有思虑的问题，并以此作为科研选题，进行研究，再撰成学术论文，公开发表。《论唐律的礼法关系》《唐律涉外犯罪之研究》《中国当今家暴的传统法律原因》《论唐律的补充条款》《论唐律规定的官吏言论犯罪》等都是如此。可以说，与研究生的互动，促进了我科研的发展。

五、考试形式采用命题开卷形式

考试的形式多种多样，包括面试、开卷考试、闭卷考试、撰写论文等。然而，研究生的考试则以撰写论文为多。这有多重好处，锻炼他们思维能力、写作能力、检验知识的运用能力等。我在博士研究生就读期间，导师吴泽教授就习惯用这种形式，我从中受益匪浅。一方面，可把论文作为考试答卷交给老师；另一方面，还可投稿到杂志社公开发表，一举两得。从我的经验出发，开始也使用这一方式要求研究生，但效果非常不理想。

当时，出现两种意想不到的情况：一种情况是多数研究生都不能按时递交论文，只有少数研究生会在规定的时间内认真完成考试论文。少数研究生一拖再拖，上半年的课在暑假过后不能递交论文，寒假过了仍不能提交。极端的例子是一位研究生在毕业前夕，用一篇外国法制史的论文来顶替“唐律”课程的论文，一共拖了两年左右时间。另一种情况是提交论文的质量不高。绝大多数论文都达不到发表水平，内容东拼西凑，缺乏新意，论文作者有敷衍的倾向，没有以充分研究为基础。这两种情况告诉我，就研究生而言，用写论文来作为考试形式，达不到其初衷，不是最佳的考试形式。

对此，我作了些调研，听取不少研究生的意见，最后决定采用命题开卷考试方式。一份试卷中设两道题，都是论述题，共100分。考场上，研究生可以带书、带电脑，但不能交谈、交流，需独立完成。考题具有综合性，在现有公开发表的成果中，找不到现成答案。研究生需综合已学知识，通过分析，提炼自己的观点并作一定程度的论述，才能顺利完成考试。采取开卷考试形式有以下好处：一是可以让研究生按时交卷，不会拖延，我也可以顺利完成整个教学任务；二是研究生在考试后，可以集中力量去做自己想做的事，没有了后顾之忧等。这一考试形式先后用了近20年，深受研究生的欢迎，效果也比较理想。

我任教30余年，为研究生授课20余年，有2/3的时间与研究生保持着教学关系。在教学过程中，我与学生结成了深厚的情谊，大家关系融洽，同时也教学相长。学生对我的授课比较认同。以“中国法制史研究”课程为例。有的博士研究生上完此课后，在给我的留言中写道：很荣幸聆听了您关于“中国法制史研究”的课程，很感谢您曾经对我的关心和鼓励。有的博士研究生则写道：尊敬的王老师，由衷感谢您有深度、有随性、有趣味的“中法史研究”课程，感谢您教我科研与做人的良法！收到这些留言，我满怀成就感与兴奋感。

2022年6月

我与华政法史“三老”

郝铁川 *

华政法制史教研室有我尊敬的3位老前辈。他们是原全国外国法制研究会副会长徐轶民教授（1925年6月至2007年7月），中国法律史学会副会长王召棠教授（1926年11月至2017年7月）和中国法律史学会执行会长、中国儒学和法律文化研究会会长陈鹏生教授（1932年12月至2022年3月），我尊称他们为华政法史“三老”。

本硕博一路走来，我学的都是历史学专业。但因深感法治的重要，我常常独自一人穿过法桐茂盛的中山北路，从华东师范大学来到苏州河三面环绕的半岛——华东政法学院，旁听他们的法制史和法理学。法史“三老”的课，我都系统、认真地听过，他们就是我的法学启蒙老师。

古人曾云：“相识满天下，知心能几人。”我已奔赴古稀之年，每每漫步于晚霞满天、绿树葱葱的夕阳小道，回首往事，最不能忘怀的便是那些关键时刻给我指点迷津的师者。

从徐先生的旁听生到徐先生的入党介绍人

20世纪80年代是中国对外开放的黄金年代，与之相应，学术

* 1988年进入华政法律系法制史教研室工作，现任杭州师范大学沈钧儒法学院院长，华东政法大学教授、博士研究生导师。本文原载《民主与法制》2022年第13期。

界掀起了研究西方学术文化的热潮。我当时意识到，虽然“知己知彼，百战不殆”，但“知彼”应该是“知己”的前提，只有在“知彼”中才能“知己”，“知彼”比“知己”更重要。

我来到华政，正好遇上徐先生在给中外法制史的研究生上课，我当即请示是否可以旁听，徐先生看我如此爱学，便欣然答应。课堂上，我怕当众出丑，不敢随便提问，但课后却跟随他回到家中，问问题，谈收获。徐先生非常有耐心，不仅一一解答我的各种问题，还经常转身去书架上抽出书来，边翻边讲，并让我带回去细心研读。师生谈笑间，时光飞逝，但他的音容笑貌，却深深映入我的脑海中。

有一天，徐先生突然对我说：“这辈子问心无愧，早年参加进步运动，满怀革命热情，如今到了夕阳年代，得实现早年萌生的加入中国共产党的愿望，方可撒手而去。”我听后马上向时任校党委书记陆庆壬同志作了汇报，陆书记非常重视。

鉴于徐先生德高望重，陆书记表示徐先生的入党介绍人也可以由校一级领导担任，请徐先生考虑决定。但徐先生坚持让我做他的入党介绍人，理由很简单——“咱们挺谈得来”。是的，我和徐先生交往十几年，从来只谈学术，他没说过一句别人的“是非”。见了面，我总是先鞠一躬，道声“徐先生好”，他回一句“小郝好”，然后就开始讨论法律史上的问题。

有一次，徐师母生病，住进我太太所在的同仁医院。她2人相处交谈甚欢，徐师母便提出要认我的太太为干女儿。太太回家征求我的意见，我赶快去向徐先生报告，徐先生笑了笑说：“这挺好的呀，今后你就是我的干女婿了。”从此，逢年过节，我太太总是以干女儿身份到徐先生家拜访。我因不好意思，从未和她一道去过，但和徐先生的感情明显浓烈了许多。

徐先生外表清癯俊朗，不苟言笑。他喜欢文学，我总觉得他举手投足间颇有“五四”风采。有次夜里做梦，梦见自己穿越时光隧道，走进了“五四”时代。而徐先生站在韬奋楼二楼走廊上，向聚集在楼下草坪上的学生滔滔不绝地发表演讲。台下的我热血沸腾，和他一起挥舞拳头，一次次地高呼“民主万岁”“人权万岁”！

我最大的遗憾，是徐先生去世时，我在外地出差，没有来得及与他做最后的告别。

喜欢河南人的忠厚长者

来华政旁听之前，我一个人也不认识。找到人事处人事科，刘忠英科长说，你要去拜访副院长陈鹏生老师、系主任张国权老师和教研室主任王召棠老师，如果这3位老师同意了，人事处就马上给你办手续。我先到法律系拜访张老师，他说陈院长刚给我打过电话，说有位博士要来我们学院工作，我欢迎你来，但你要设法得到王召棠老师的同意，他原来是系主任，现在年龄大了，不再担任系主任，但仍然是我们的法制史教研室主任，德高望重。

我要了王先生的家庭住址，就来到他家拜访，王先生先问了我的博士研究生导师、博士学位论文答辩等情况，然后说，听你口音不是南方人，好像是北方人。我答我是河南人，他站了起来，问道：“你真的是河南人？”我说：“百分之百的河南人。”王先生兴奋起来，连连说：“河南人好，河南人好！我遇到的河南人都非常好！”然后把他认识的河南人一一向我道来，称赞河南人朴实厚道、吃苦耐劳。

要知道，当时因为河南经济落后，嘲笑河南人的段子较多，我在上海多少次因为外地口音和籍贯河南遭受白眼，万万没有想到在华政的第一天，就因为我是河南人，反而被籍贯浙江东阳的王先生所喜欢。他说，你中午别走了，就在我家喝两杯。我高兴呀，激动呀！那天和王先生喝了一瓶半白酒。从那以后，只要我想喝酒了，就故意快到饭点时去王先生家“汇报”事情，然后蹭顿午饭，师生相对，喝半瓶酒。那时我收入并不高，王先生家的酒我买不起，却喝得起。

王先生是个忠厚长者、传统的读书人。他在复旦大学工作，招收了第一批硕士研究生。但他有事情从来不去找这位学生帮忙。他的儿媳妇是当时市委一位副书记孩子的数学老师，这位孩子经常到他家补课，副书记多次来看望他，询问有什么事情，他也从不张口。他对我说，我就是个教书的，不去打扰别人。

我是跟着王先生学习唐律的，他的刑法功底非常厚实，最大特点是用刑法的概念知识讲授唐律，如刑种、刑格、犯罪构成、犯罪类型等。而且王先生的英语和法语都很好，翻译出版过一些外文著作，因此，他上课时会突然把唐律和外国刑法的某一条文作比较。

后来，我从香港回来之后，发现他有点糊涂了。我请他和他的儿子王申到文史馆吃饭，他站在院子里说，“这都是你的家产，很不错呀”。我和王申相视而笑。吃饭时我频频举杯敬他，他又似乎很清醒，说道，“铁川，我老了，喝不动了，你多喝几杯吧”。我一开始强忍住没落泪，但接着想起几十年前每每在他家不醉不归的往事，竟止不住泪流满面。

王先生住院后，我去看望他，他认出了我，拉着我的手想说什么，但又说不出来。我只能用善意的“谎言”告诉他，“问过大夫了，您的病是小病，住两天就好了”。我也请医生尽力救治王先生，可医生却语带悲音地说，“会尽力，但毕竟年龄大了”。

王先生追悼会的那一天，我因工作上的事情未能参加。后来办完事后，遥想已在天国的王先生，心里突然冒出一句话：王先生，我敬您一杯！

亦师亦友的华政“少帅”陈先生

2022年3月初，小过说陈先生摔了一跤，住院了，躺在病床上想看看文史馆办的《世纪》杂志，我马上让办公室的同志送过去了近期的几本。我说要去医院看望，小过说医院只准一人陪护，其他概不能视。3月29日上午，陈先生的入室弟子和闽南同乡华昌告诉我，陈先生走了。

至此，华政法律史“三老”都走了。

我觉得应该写下他们对我的提携和帮助，但有关资料都放在江苏路上的工作室里，身边已无片纸。我无法走动，只好致电我国香港特别行政区的朋友，请他帮我查找陈先生八十大寿时，我在2011年3月19日我国香港特别行政区《明报》上发表的《每临大事有陈师》一文。还好，朋友不到一小时就传来了这篇文章，现把它摘录如下：

> 我到华东政法学院任教，最后是陈先生促成的。华东政法学院人事处的同志觉得我是来华政求职的第一个博士，非常重视，就迅速向时任副院长的陈先生作了汇报。陈先生第二天就约见了我，他在看了我在《法学研究》等杂志上发表的文章，又问了我对中国传统政治文化特点的看法后，当即表态，很欢迎你来华政工作，你能从研究中国政治制度史走向研究民主、法治、人权，这符合学术研究的路向和人生价值的追求。就这样，我成为华东政法学院的第一个博士。

我的妻子调到上海工作是陈老师一手促成的。当时还是计划经济体制，调动工作需要组织统一安排，全然不似今日的自由流动市场体制。我到华政工作刚刚一个月，陈老师就从副院长的岗位上退了下来了。我每个星期都要把他散在院办、教研室等处的邮件搜集起来，骑自行车送到他泰兴路的家里。风来雨去，他感到来自中原的我土气、仗义，我感到思想愈发敏锐，奖掖后进越发积极，有华政青年教师“少帅”之称。

陈先生还向我引荐了一位令我敬佩不已的前辈：他的同乡、复旦大学叶孝信教授。记得1989年那一届法律史硕士研究生毕业答辩，陈先生让我担任答辩委员会秘书。我骑了两个多小时的自行车，把几位答辩生的学位论文送到答辩委员会主任叶孝信教授家里。叶教授与我进行了交谈，告诉我此前陈先生曾把我的《周代国家政权研究》送给了他，他甚为称赞。

此次相见的第二年，我晋升副教授时，院方恰巧找他作学术水平鉴定专家，他给予了我很高的评价（好像说了句“学界青年人研究法律史如此功力之深，甚为罕见”），并从此每次都邀我参加他的研究生学位论文答辩，我得以认识了现在的复旦大学法学院院长王志强、曲阜师范大学法学院原院长袁兆春、上海律师协会会长季诺等众多才俊。叶老师是认我这个私淑弟子的，让我参加了他主持的几个项目的研究。叶门聚会，也邀我参加了几次。

陈先生和我萍水相逢，非亲非故，但却胜过亲故；不是己出（我只是陈师的私淑弟子），胜似己出。原因何在？我想，这源于陈先生的爱才之心。我虽自感不才，但陈老师视我为才，觉得我敬业上进，爱发奇思，笔端常带感情，颇具性情中人的放达飘逸，也许有那么几分似他吧！

我深感愧疚的是，我一直没能为陈先生做些什么。我对自己总是不满意，觉得自己各方面做得都不好，见了老师没有什么成绩可以汇报，所以平日联系不多。心中情意纵然波涛万丈，但外表却总如一汪静谧湖水。我觉得，延续生命的方式有两种：一种是可以通过子女来延续血缘的生命；另一种是可以通过学生来延续思想的生命。陈先生，我会默默地、九死而不悔地做第二种：延续您思想的生命！

我尊敬的法史“三老”都走了，他们留给我的最大财富是什么？我觉得就是一句话：真诚地爱学生！像我这样一个负笈沪上、举目无亲的学子，最后能够融进这个大都市，都是因为有法史“三老”等前辈的提携，没有他们，我就不可能有今天。

2022 年 3 月

我是怎样穿过史学隧道迈入法学殿堂的

郝铁川 *

我的本科、硕士研究生和博士研究生专业都是历史学。但我一毕业就放弃了这一专业，而投身于法学教育和法学研究。这并不是说我对史学厌恶或在该领域不能有所作为，因为硕研期间我就在权威史学期刊《中国史研究》发表了论文，博研期间在《人民日报》《光明日报》《史学月刊》《人文杂志》等发表了一些论文。

有件偶然的事情，成了我 2000 年去中国社会科学院法学系读博士后的契机。大概是 1999 年，我应邀到一所大学法学院去举办学术讲座，效果不错，掌声不断。但最后主持人问下面的听众："郝教授的讲座精彩不精彩呀？"下面齐声说"精彩"，可主持人突然说了一句："你们知道吗？郝教授在法学方面是自学成才呀！他原来是学历史学的。"这句话刺激了我，我意识到必须正式地进入法学的大门，否则总会被视为"旁门左道"之徒。于是，我就报考了中国社科院法学系，系里让李步云、刘海年、夏勇 3 位老师做我的合作导师。

3 年博士后不是混日子过来的。李步云老师系统地指定了一些书让我去读，然后向他汇报读书体会，撰写一些论文。我觉得李老

---

* 1988 年进入华政法律系法制史教研室工作，现任杭州师范大学沈钧儒法学院院长，华东政法大学教授、博士研究生导师。本文系作者《中华法系研究（增订本）》（商务印书馆 2021 年版）一书的后记。

师绵里藏针，他很巧妙地让你读书，看似肯定，却是委婉地批评了你；貌似表扬，却是鼓励你往深里去思考。更为重要的是，老师研究的问题都是现实中的重大问题，他使我养成了关注法治前沿问题的习惯。3 年博士后的学习，我认识了名师，结识了众多师兄师弟师姐师妹，正式地拿到了法学之门的入场券。

在华政，我做了 6 年《法学》杂志总编，这大大促进了我对法学各个学科的特点和基本知识的掌握、对法学界人事情况的了解。那时为了把《法学》“建国以来法学界重大事件回顾”这个专栏办好，我几乎把法学界的知名学者都采访遍了。行文至此，我特别感念武汉大学的韩德培前辈、马克昌前辈，中国人民大学的高铭暄前辈，北京大学的沈宗灵前辈，中国政法大学的江平前辈、张晋藩前辈，复旦大学的叶孝信前辈，西南政法大学的卢云和黎国智前辈，吉林大学张文显教授，山东大学徐显明教授，他们与我的交谈，对我的指教，使我受益终身！

我就是这样一步一步地穿过史学的隧道，走进了法学的殿堂。史学养成了我“无征不信，孤证不立”的求实思维，法学给了我人权为本、其他为用的价值理念。

1992 年定稿

2022 年修订

夏 天

魏 琼*

2003年是一个不同凡响的年头，现在每每想起来，总觉得当时有些事发生得有点令人不可思议。比如，全国各高校考博入学考试一般都是在春季里举行，而2003年华政博士研究生入学考试却是在夏天！

那年，先是全国各地暴发了“非典”疫情，人人自危。当时的我正一头扎在经济法学院里吭哧吭哧地上课，忙得连轴转呢。虽然是第二次报考本校的法律史博士研究生入学考试，却自顾不暇，一本外文法律著述断断续续地翻了好几个月，还没读完。时间一晃就到了即将举行博士研究生入学考试的那一周，眼瞅着自己还一点也没准备，好是发愁，心里想着这个考试要是能不考就好了。没想到，有一天，刚上完4节课的我正行色匆匆往校外走，在韬奋楼旁的路上偶遇路人甲，告诉我，“本周末的博士入学考试改期了，推迟了”，我不禁长吁了一口气：“啊！还有这等好事！”一阵狂喜，一路如做梦般地回家了。

紧接着，发生了伊拉克战争，战事不断推进，在央视国际频道轮番播放的旁外音中，我开始津津有味地钻研法律史专业书。记得那年的7月14日，我一整天都在研读法国宪法的内容，浑然不知那天竟然是法国的国庆日。其实，通过暑假那一段时间的复习备

* 1993级硕士研究生，2003级博士研究生，现任华东政法大学法律学院教授、博士研究生导师。

考，重拾法律史，让我仿佛回到了读中国法制史的研究生时代，对法律史的兴趣愈加浓厚，好像对考博的事也变得不再忐忑不安了。当时，我正好手头还承接了收集董康法学文集资料的任务，在翻遍了上海图书馆、上海社科院图书馆馆藏资料后，一心就盼着能早点儿结束这漫长的备考日子，赶紧北上去国家图书馆查找在本埠找不到的相关文献资料。

迄今，依稀还记得那是一个既炎热又寂静的夏天，来自全国各地的考生（当然，其中不少是像我这样的本校教职工），大家为了同一个目标走进了早已放了假的华政校园，在幽深的韬奋楼里，挥汗如雨、奋笔疾书地答题。其中，有一门专业课，我居然还写满了好多张试卷纸。有的同门至今还记得，说那天我穿的是一件印有华政几个大字的大红老头汗衫。的确是这样，当时我穿红戴绿的，纯粹就是为了给自己心底打气。不过，很令人沮丧的是那年入学考试，精心准备的法国宪法竟然没考到。更神奇的是，那天坐在我四周的考生，好像后来全都考上了，都成了自己的博士研究生同学。当然，印象最深的就数坐在我边上的瘦高个——郑取同学。

入学后，与往届其他年级的博士研究生相比，我们 2003 级法律史博士同学，集体活动特别多，难忘的事不少。先是大家“同仇敌忾”、共同对付甚是艰难的法律英语考试，毕竟我们中有很多人都是参加工作有些年头了，普遍是“哑巴英语”，好在各自通过博士研究生期间的拼搏，大家都顺利毕业了，拿到了博士学位，一个也不少，没有掉队的。

后来，大家在袁兆春、苏彦新及曲玉梁、黄武双等热心同学的精心组织下，时常利用暑假欢聚一堂，北上鲁豫，南下赣闽，一路游学。欢歌笑语里，学思践悟，相得益彰；觥筹交错中，酒量渐长，情谊笃深。弥为珍贵的是，在美丽的山水间，留下了无数精彩珍贵的集体照片。每每翻看这些照片，总是很庆幸自己当年为了工作、为了生活而考博、读博，没想到收获还真不小，其中有很多东西值得我穷尽一生去回味、去感恩。

也正因为有了这些博士同学，那些年的暑假变得那么的值得期待，感谢每一次在夏天举办的同学聚会与远游！难忘 2003 年夏天的那场考试，让我有缘与 2003 级法律史博士同学走到了一起！！

2014 年 4 月 6 日初稿

（为 2003 年法律史博士研究生入学十周年画册而作）

2022 年 7 月 24 日修订

（为华政建校 70 周年校庆而订正）

怀念恩师陈鹏生教授

林华昌 *

昨日惊悉恩师陈鹏生教授仙逝，心情久久不能平静。先生已90高龄，虽知迟早会有这一天，但当这一天真正到来的时候，我还是有点茫然失措。想写点怀念文字，千言万语，竟不知该从何写起。

先生是闻名海内外的法学界前辈，作为华政前领导、“功勋教授”，他为中国法治建设倾注了毕生心血，培养了无数法律工作者。鉴于先生的突出贡献，他获评首届“全国杰出资深法学家”荣誉称号，入选“影响中国法治建设进程的百位法学家”名录。同时，缘于先生特殊的家庭背景和他本人的社会影响力，他还为促进海峡两岸合作交流作出了卓越贡献。为此全国侨联和上海市侨联先后为他颁发了“爱国奉献奖”。2020年，先生再次获评“上海市侨界杰出人物”光荣称号，受到上海市委主要领导的亲切接见。能够成为德高望重的学界泰斗的学生，是我今生的至幸。

2000年，我读研，承蒙先生厚爱，招我为徒，从那一刻起，先生犹如父亲一样给予了我无微不至的关怀。道德文章，耳提面命。无论是学业、生活，还是工作，先生的关心面面俱到。

学业上，先生对我悉心指导。在我攻读硕士学位期间，先生已

* 2000级硕士研究生，2005级博士研究生，现任中国人民银行上海总部综合管理部法律事务处处长。

近古稀之龄。他身体硬朗，步伐矫健，神采奕奕，风度翩翩。课堂上，讲课激情澎湃，声音铿锵有力。在讲授法律文化时，丁凌华教授也像学生一样，每堂课准时到教室听讲。同学都由衷钦佩先生人格魅力，这让作为授业弟子的我倍感自豪。由于我基础薄弱，先生嘱咐同为我导师的丁凌华教授，多从细小方面辅导我。先生从宏观大方向上把握，丁师从微观细节处入手，让我这个学术研究的“门外汉”有了很大进步。攻读博士学位期间，我师从徐永康教授，先生嘱咐徐师多关心帮助我。他说博士研究生要有宏观视野，做学问应该兼收并蓄，脚踏实地，来不得半点虚饰。因为我是在职攻读博士学位，他提示我博士学位论文要尽量能跟工作有所关联，这样就能将学业和工作较好结合起来，这也得到了徐老师的大力支持。博士毕业后，我申请到厦门大学法学院博士后流动站学习，是先生亲笔写的推荐信。妻曾说，我的学业是先生“包办”出来的，此话一语中的。

生活上，先生对我关照有加。我交往了女友，在带她回老家拜见父母之前，我先带她到先生家拜访，取得老人家的认可。在结婚仪式上，先生作为证婚人到场致辞。他开场就说：“天地君亲师，我是新郎林华昌的导师，今天做证婚人再合适不过。”婚后我们两个孩子的名字也是先生给取的。女儿出生前，我跑到先生家去请他为孩子取名。一个星期后，先生给孩子取了两个名字：一个女孩名，一个男孩名。女儿出生后，用上了女孩名；儿子出生后，用上了男孩名。

工作上，先生对我倾力支持。他多次对我说，在金融管理部门工作，要充分发挥自身法律特长，把法律和金融相结合，用心钻研金融法治。前几年，作为援青干部，我到青海省同仁县（现为同仁市）工作了3年。先生叮嘱我，要勤勤恳恳工作，多下乡村调研，实实在在为当地多办实事。当得知我举办“同仁讲坛”时，他特地帮我邀请郝铁川教授莅临现场讲学。我到西宁曹家堡机场接郝老师，一见面郝老师就对我说：“华昌啊，陈先生叫我来，我半夜也得来。这是我今生第一次到县城讲学。”正是有了郝老师等名师的到来，“同仁讲坛”成为一个县级行政机关打造学习型组织的品牌。时任县委书记很满意、很动情地对我说，青海四十几个县（市），从没有过这么高规格、高水平的学习平台。

2003 年硕士毕业参加工作以来，我每隔一小段时间都会上门看望先生，聊聊家常。不知不觉间，在上海，先生已是我最亲的亲人，先生也早已把我当成他的孩子。一个校友曾经对我提起，有一回他去看望先生，闲聊中说起沪上某位林姓人士，先生脱口而出我的名字，过了好一会才反应过来张冠李戴了，令我无比感动。如今先生驾鹤西去，我突然发现，再也不能拜访先生了。想到此，不禁潸然泪下。

往事历历在目，师恩浩浩荡荡。我流水账似的拙劣文笔抒写不完先生对我的关爱之情，还有数不清的情节将永远留在内心深处，伴随并温暖我一生。

先生千古！

2022 年 3 月 30 日

六月杂忆

李秀清*

2022年6月14日晚，晓鸣在法律史学科群发布将要组织出版学科纪念文集的通知。第二天一早，我即找出了全部5个移动硬盘，从最早的一盘——为访学牛津准备、购于2002年的仅10GB容量的IBM开始，逐个文件浏览。本来并没想花许多时间，只要稍作浏览，一旦有点感觉，能写一篇文章就行。想不到的是，从打开第一个文件夹“英伦访学散记”开始，就停不下来。我是2003年2月4日从浦东机场启程飞往英国的，大学时代之后的第一则日记就是到达牛津的次日，住进了Oriel学院宿舍的当晚写的，可能是过于兴奋，一则日记多达3000余字。

这一周多，忍不住一直浏览文档和照片，20年的开心、懊恼，自得、自责一股脑儿涌上心头，回忆和感慨淹没了我。似乎已经淡忘的一些场景，突然异常的鲜活，宛若昨日：

2001年暑假期末，即将入学读博前夕，在家属院华兴酒家二楼，何老师召集我们几个准博士研究生聚餐，即将离席之际，突然拿出列有90个论文选题的单子，说供大家选择，餐桌上突然鸦雀无声，大家真的是被震惊到了。

在牛津大学安顿后的那周周三，第一次去旁听拉兹（Joseph Raz）和菲尼斯（John Finnis）两位教授合开的“法律与政治哲学专

* 2001级博士研究生，现任华东政法大学法律学院教授、博士研究生导师。

题”（Topics in Legal and Political Philosophy）研修班，两个小时我啥也听不懂的窘样。

5月中旬的一个星期六，独自闷在法律图书馆的 Carrel V 编译资料，近18时才感觉到异样，偌大的图书馆就剩我一个人，糊里糊涂忘了周六周日17时闭馆，白天如此温馨的图书馆此时却是黑压压的书架望不到尽头，恐怖。

2004年6月3日的博士答辩会，在学位申请人席上一落座，口中蹦出“有机会第一次坐在这里”，当场被答辩主席朱苏力老师呛回——“你还想第二次坐在这里是吧？”哄堂大笑声中，我心里直哆嗦；同月11日，法律史研究中心的成立仪式在交谊楼二楼圆桌会议室举行，陈鹏生老师和何勤华老师揭牌，作为嘉宾致辞的是会场中唯一西装革履的姚荣涛老师，中心的英文名“Research Center for Legal History”是我仿照在牛津访学期间随处可见的各类研究中心的英文名，而向何老师建议的。中心成立3天后，我们9个同学毕业，戴上了博士帽。

也是2004年，于8月参加在武夷山召开的中国法学会比较法学研究会第八届年会，得以认识江平、刘兆兴、米健等师长，和体力充沛、兴致丝毫不亚于年轻与会者的潘汉典老师、郭道晖老师一起登上了山顶，自此我与比较法学研究会结缘；同年11月，和陈颐、高珣、冷霞一起，赴苏州大学参加“杨兆龙教授百年诞辰纪念及学术思想研讨会”，杨兆龙、孙晓楼、盛振为等东吴先贤的哲嗣和陆锦碧老师的深情追忆，贺老师的激情演讲还有诸位近代法同道的细致分享，一下子将所有与会者的思绪拉回到院系调整、法的阶级性与继承性论争的那个年代，凝重、肃穆的气氛，其他一般研讨会上少见。

2006年1月，去哈尔滨参加中国西方法律思想史研究会年会，开幕式后拍合影时，徐爱国老师将我安排在了绝对“C 位”，这让正处于叛逆期的女儿看到后即刻对我刮目相看，叛逆期就因之提前结束。

同年 2 月 23 日，在交谊楼二楼圆桌会议室，“西法东渐与上海近代法文化”学术研讨会暨上海市法学会外国法与比较法研究会成立大会举行。次日，与京城来沪嘉宾去同里，当佳期和我陪同米老师、许老师、明新、兰萍所乘的商务车到达后，却找不见应该先到的何老师那辆黑色专用车，原来小姜师傅将由俞江陪同的李贵连老师开车去南浔方向，后来赶到时，李老师笑呵呵地说：“很好很好，一个上午两省一市游”。

2008 年的学术交流特多，仅上半年就有：1 月，密歇根大学法学院前院长西奥多·圣·安托万（Theodore J. St. Antoine）教授携夫人来访并讲座；3 月，“法律史课程建设学术研讨会”召开，分中、外法两组讨论；4 月上旬，“中国古代法律的确定性”学术研讨会召开，徐老师主持李贵连老师讲座、刘广安老师评议，与曲阳、解锟一起带寺田浩明、黄源盛、苏亦工等老师夜游滨江大道；4 月底，清华许老师“中华学人”讲座；5 月，参加中国儒学与法律文化研究会汕头年会，陈鹏生、铃木敬夫、俞荣根等老师谈笑风生，12 日，俞江和我提前离会，乘着三轮车赶去机场途中，他的黑色电脑包差一点被人抢走，飞机落地上海后才知发生了“5·12”汶川地震；6 月上旬，高鸿钧老师、朱苏力老师先后来“中华学人”讲座，访学密歇根法学院时的合作导师郝山（Nico Howson）教授来校，40 号楼 308 室是他在此 3 个月的研究室，门口换上的“客座教授”从此就没有摘下……

我差不多从 2001 年开始用数码相机，那时起各年的电子照片，分类有点乱，虽多数都在，但有喜也有憾，如博士毕业典礼的照片文件夹竟找不到了。

6月21日，夏至。借着浏览完电子资料后的意犹未尽的劲儿，将自搬到现在的家20年以来，从未曾真正整理过的储存证书及会议资料的一个书橱，彻底翻了个遍，找出来最多的是以前参加会议的标配四件套，即通信录、塑封大合照、代表胸牌及论文集，合照有厚厚一沓，胸牌上百份。同时，还惊喜地发现了其他“宝藏”，罗列如下：

（1）“外国法制史”课程手写讲稿，全套。没有标出时间，但应该是2001年前，我2002年开始直接用电脑写作，在此之前数年，得先写在格子纸上，再将之输入电脑。

（2）若干份打印的电子邮件。也是2002年，我才开始用电子邮箱，初期还是科研处的公共邮箱，有我的邮件时，小丁老师就打印出来给我。

（3）1982年法制史教研室复制自《法律评论》的论文4份，包括《世界民法史纲》（第340期、第341期、第344期、第345期）、《世界民法思潮之新趋势》（彭时，第347期至第350期）、《英国亲属法》（Jenks著，程隣芳译，第502期、第503期）及《英国民法汇纂》（Jenks著，姜震瀛译，总则、亲属、继承，第521期至第525期、第529期、第530期至第535期），及没有标注复印年份的两册《近世私法史》（弗朗斯·维亚克尔著，铃木禄弥译，东京创文社1978年版）。不记得这些复印件是何时拿回来的，很有可能是教研室从东风楼的底楼搬至二楼时，仍记得搬之前理出许多旧书及油印资料，那个时期我正协助何勤华老师主编《外国民商法导论》。

（4）一册《法律格言的精神》（中国政法大学出版社2003年版），这是我署名独立主编的第一本书，陈颐、程维、任超、冷霞、王晓锋、王沛和朱淑丽一起编写。序言中写道："本书的顺利完成，使我再一次感受到了常令我庆幸和感动的本专业师生之间良好的团队精神。"

（5）一张《华政报》（2005 年 9 月 16 日），第 2 版的专版特稿《我校第一个国家级教学成果奖是怎样获得的——"外国法制史"课程建设将载入华政发展的史册》（特约记者张毅），及何老师、周伟文老师、陈颐、冷霞和我在东风楼二楼教研室的工作照。

（6）一张《上海法治报》（2006 年 10 月 27 日），第 8 版法治特刊是《第三届"上海市优秀中青年法学家简介"》，及家里两个人的硕士学位论文（1990 年），若干厚薄不等的读书笔记、工作笔记，一些教师节贺卡。

特别要多写几句的，是 2002 年留存的两份资料：

一份是张伟仁老师传真给何老师的一封信，手写于中研院史语所信纸上。因系传真件，字迹很淡，个别字已经难以辨认，试抄录如下：

敬呈陈华东政法学（院）

勤华院长：弟同内子此次来沪，承蒙您亲自陪同参观校区，并设宴款待，十分感激。与贵院师生座谈，论及的问题都很有意义，可见贵院学风之佳，甚为敬佩。希望以后能有机会再来拜访。

一年又将过去，敬祝新年里一切安详顺遂，并问候秀清教授及灵海、陈颐二位同学。

弟 伟仁 顿

二〇〇二年十二月廿二日

信中提及的座谈会，是12月4日下午在东风楼二楼的法律系会议室，所言“贵院学风之佳”或许并非客套，那日参加的师生三四十人济济一堂，同学们请教了好些问题，张老师均一一详尽解答，互动热烈。巧的是，前两天我也在一袋老照片中找出了座谈会当日的3张照片，当即翻拍保存。

另一份是《华政报》（校庆50周年特刊，2002年11月9日）。该报第3版，是6篇老教授、老领导的回忆文章，其中，就有王召棠老师的《五十年的华政法史缘》及他站在韬奋像前的半身照。一如其人，王老师的文章平实、质朴，特别提及我们多数人或许都不知其名的法制史教研室几位前辈对本学科的贡献，如李良、高其迈、宋光。读至“期盼着法制史的研究成果一代比一代更多更精，人才辈出，素质更高”的结语时，感到肩上沉甸甸的。同时，该报第2版，载有高珣撰写的《这里春意盎然——记研究生教育院》，并配有时任院长徐老师在东风楼二楼办公室接受采访的照片。据此可知，2001年，全校录取博士研究生39名，法学硕士研究生188名，已聘硕士研究生导师86名，博士研究导师10名。那年，法律史博士研究生招了15名，3位博导，也翻出了博一上课时我们分别与何老师、王老师、徐老师在课堂里的合照。第4版有徐老师作词的校歌《明珠之光》，刘晓雅同学的诗《华政校园》。校庆特刊的头版，自然是领导题词及贺信，其中，时任全国人大常委会副委员长、民建中央主席成思危8月22日的贺信，那是当月上旬来沪考察调研的成思危主席莅临学校，在4号楼会议室与我们民建华政支部会员座谈、指导工作时，应学校领导请求当场就答应了的。50周年的校庆，我全程参加了，任务就是接待第一次到访的牛津大学奥利尔学院的理查德·图尔（Richard Tur）教授，他就是我次年访学那里的合作导师。这份特刊应该是放在校庆典礼大会的纪念品袋中，可能就是因为它载有与我们学科有关的上述信息，才将其带回来保存的。

关于求学与教学、与师友之交往及学科变迁的记忆，可以溯至更早。本科时，张智仁老师、周伟文老师给8307班讲外国法制史，赵元信老师是我们中国法制史老师，给我们班讲法古文的是洪丕谟老师。读研究生时，宪法学专业学生必修的4门专业课之一即“外国法制史”，所以与同专业的傅思明同学及同级法律史两位同学（中国法制史金敏、外国法制史沈建平）一起听徐轶民老师的课，记得徐老师还邀请北京大学王哲老师给我们4人讲过课。这些天，有太多的人和事在脑海中浮现，拉拉杂杂，字数已超，暂就此打住。

2022年7月

我记忆中的张寿民老师

冷　霞*

2001年，我考上了华政法制史专业硕士研究生，得以继续留在已经度过了4年美好大学时光的华政园，并且自此与华政外国法制史结缘，走上了外国法制史专业研究的道路。如今回首张望，当年站在这条道路的起点迎接我，为我打开那扇大门的诸位领路人中有一位就是张寿民老师。

在此之前，我对张老师并不熟悉，可谓只知其名，不识其人。我对张老师的最初印象来自当时的考研教材《外国经济法制史》一书，张老师是该书的主编。相比在李秀清老师温和细致的教导下学习了一个学期的“外国法制史”，“外国经济法制史”的复习要艰难得多。由于缺乏相关的知识积累和学术训练，在复习这本教材的时候，我大多只能囫囵吞枣式地生嚼强记。因此，这本书成为我复习备考时的一大压力来源。但与此同时，它也让我首次意识到，就研究生阶段而言，自主学习将是一种更为重要的学习方式。

与张老师的初次见面是在硕士研究生复试的时候。张老师是我们这届考生的面试官。依稀记得复试的地点是在韬奋楼二楼的一间面积不大的教室。当年的考题已经不复记忆，但当时张老师言语形容却依然清晰。他面容清癯，戴着一副镜片很厚的眼镜，声音轻柔，言语温和。他对我们完成的复试考卷一一点评，对每个人的答

* 2001级硕士研究生，2004级博士研究生，现任华东政法大学法律学院副教授。

题亮点都给予了肯定。在点评我的答卷时，他说，冷霞的回答的优点在于，不仅回答了是什么，而且回答了为什么，对于问题的思考，我们“不仅要知其然，而且要知其所以然”。张老师的这一句教导让我铭记至今。此后不久，张老师就光荣退休，我们这一届5位同学是张老师招进华政的最后一届学生。

退休后的张老师时常会在校园中散步遛弯，因此我有时会与他偶遇，聊聊近况，但大多来去匆匆，只是寥寥数语。数年前的教师节，教研室中的几位同事相约去看望张老师，我们的到来让他非常高兴。当时张老师身体不佳、病痛缠身、行动不便，但依然思维敏捷，谈及我的研究领域英国衡平法，他还饶有兴致地与我谈起英国衡平法之父诺丁汉勋爵。他挨个询问我们每个人的近况以及学术进展。问及我时，我心虚不已。相比成就斐然的陈灵海师兄和同届留校的王沛同学，我的学术研究大大落后，深觉有愧于老师的期待。张老师宽容待我，温言鼓励。

2021年11月14日，大家惊悉张老师罹患癌症。教研室同仁在何勤华和李秀清老师的带领下于20日一起去看望他。重病在身的张老师又瘦弱了许多，他躺在床上，已经没有力气起身，甚至连说话也非常艰难。但是在见到我们之后，他依然吃力地叫着我们每个人的名字，一遍又一遍，用力地握着我们的手，恋恋不舍。大家都未曾料到，此次告别即永诀。一周之后，张寿民老师因病去世，享年80周岁。

回顾张寿民老师的学术生涯，始终与华政同呼吸、共命运。他1963年从上海外国语大学俄语系毕业时恰逢华政首次复校，即任教于华政法学院外语教研室。在华政二次被撤销的1972~1979年，张老师任教于复旦大学外语系。自1979年华政复校以来，他又回到华政，任教于华政法制史教研室，直至2001年退休。可以说，张老师始终与华政休戚与共，他也是华政外国法制史学科从无至有、不断发展的见证者、参与者和贡献者，仅以此小文纪念他。

2022年6月21日夏至，初稿

2022年6月25日改定

桃李春风在，笑面往昔中

——念思恩师陈鹏生教授若干事

唐红林 *

2022年3月29日，一纸讣告让我沉入了无限的悲痛和怀念中，我的恩师陈鹏生教授逝世了，虽然无法亲赴现场悼念，但恩师的音容笑貌却浮现在我眼前，模糊了我的双眼……

一、结缘中法史，恩师初入帘

2000年我还在兰州大学历史系读大三，我的大学老师冯培红教授[1]就鼓励我要考入当年高考落榜的华政，就冒昧给当时的中国法制史教研室主任丁凌华教授写了一封信表明自己想报考他的研究生，丁教授亲笔回信，欢迎我报考法律史专业硕士研究生，并告知华政法律史学科博士点已经获批，鼓励我将来可以在华政攻读博士。接到来信，我异常激动和兴奋，感受到了老师对学生的关爱。剩下的就是漫长的考研复习之路，报考华政法制史专业硕士研究生还需要学习宪法、法理、刑诉和民诉等法学专业知识，这使本科学

* 2001级硕士研究生，2004级博士研究生，现任上海对外经贸大学法学院专任教师。

〔1〕 冯培红教授（1972年生），现任浙江大学人文学院教授，全国知名敦煌学者，2002年全国百篇优博获得者。冯教授从杭州师范大学历史系本科毕业后负笈西北，进入兰州大学历史系读研，硕士毕业后留校任教，作为1997级世界历史班的班主任，他为人谦和、刻苦治学、言传身教，也非常关心我们的学习和起居。他得知我高考落榜未能考入华政而被调剂到兰州大学历史系这一情况之后，就激励我不要气馁，应当立志考研，这使我能够鼓起勇气，在大学期间就立下考研志向，奠定了我今后的人生发展之路。

历史的我充满了压力。

2001 年 3 月的某一天，我欣喜若狂地收到了华政的复试通知书，从西北黄土高坡向往东海之滨的国际大都市又迈进了一步，毕竟 4 年前没有跨进华政攻读法学，这次面试对我来说更是一次挑战和人生转折，因此，即使时隔 20 年，对这次面试我依然记忆深刻。

专业面试的那一天我清晰地记得有 5 位同学一起参加面试，〔1〕当时在韬奋楼〔2〕教室外自我介绍和攀谈，其中的王同学特别能说，但其内心的焦虑还是不自觉地流露了出来，我作为一个应届生显得更羞涩和不安。

大概在下午两点，回廊中走来一位穿着考究的矍铄老者，步履稳重，带着一位个子中等的眼镜男子（丁凌华教授），向韬奋楼 115 教室〔3〕走来，门外等待的我们立即停止了攀谈，明白他们就是面试官，“生杀予夺”的大权都在他们手中。老者特别和蔼可亲地向我们示意，丁凌华教授乐呵呵地把我们叫进教室，解释了面试规则，让我们缓解紧张心情，然后就开始了面试，整个过程老者都面带微笑，目光在我们几个人身上扫来扫去。

我是第三个被叫进教室的，在我进行了简单的介绍之后，老

〔1〕 2001 级中国法制史专业硕士研究生一共有 5 位，除本人外，还包括：王红梅，女，2006 年又攻读了中国法制史专业博士研究生，现任盐城工学院教授；丁长二，男，现任北京盈科（上海）律师事务所专职律师；张玉昊，男，现供职于中国大地财产保险股份有限公司法务部；徐明，女，现任安徽警官职业学院法学教师。

〔2〕 韬奋楼是华政园最主要的授课场所，它是一个坐北朝南的两进的两层中式围楼建筑，南门保留一个钟楼（除该处外，上海保留有晚清以降之后两处钟楼，另一处就是外滩的海关大楼钟楼）。一进露天天井是一块大草坪，中间塑有邹韬奋先生半身像。后院天井中间种植芭蕉叶、月季等植物。四周的回廊将所有的教室连通，每个教室都用半木、半玻璃门作为进门，每个教室的隔音效果都很好。正是这幢存续了近百年的中外结合的融合建筑成为华政学子心中最美的回忆。

〔3〕 不知为何，这间教室成为法律史专业研究生最喜欢排课的教室，我分析可能是因为法律史专业研究生人数不多，上课便于师生交流；另外，是这间教室紧贴苏州河畔，有时能听到河上时常驶过的轮船而掀起的河水拍岸声。

者向我发问："请回答一下何为'谋'？"紧接着我不知道做了什么样的回答，但是我知道肯定没答对。老者笑着说："二人对弈谓之谋。"[1]之后又进行了若干方面的延伸解释和举例，让我一下子醍醐灌顶，打开了法律史一扇小小的门。

一个多月后，我在兰州收到了华政中国法制史专业硕士研究生的录取通知书，我激动地跳了起来，一幅美好的人生画卷在自己的脑海中徐徐展开。

在我9月到华政园报到的时候才知道面试时那位和蔼可亲的老者，就是法律史专业的泰斗级人物——陈鹏生，他将我收入他的"麾下"，更使我喜出望外，我也立志不负陈老晚年的厚望，2003年他正式退休，不再招纳和指导研究生了。

二、力行亲授课，衔草哺幼生

步入华政园的第一年的开学典礼在交谊楼的二楼礼堂举行，2001级法学专业研究生近200人济济一堂，由徐永康教授（也是陈老的第一届法专业硕士研究生）主持，法律史专业招生人数最少，而且还分为中、外法制史两个专业。[2]会后，丁凌华教授把我们带到法律史教研室向我们一一介绍专业和老师的情况，其中就重点介绍了陈老，他一手创建了华政法律史学科，并担任硕士研究生导师组组长，现有中国法制史的教师大多是陈老的学生。顿时让我们初入华政园的硕士新生对陈老产生了无限的敬意，我以成为陈老

〔1〕 我对这个提问印象极其深刻，由此我也将"弈"作为我孩子的单名，以此纪念我当年在华政的面试，也以此铭记陈老师。

〔2〕 这一级外国法制史专业也是5个人：冷霞，女，现任华东政法大学法律学院副教授；王沛，男，现任华东政法大学法律学院教授；马贺，男，现任华东政法大学刑事司法学院副教授；刘洋，男，现任盛京银行合规部总监；王晓锋，男，原在华东政法学院研究生教育学院工作，后移民澳大利亚，未曾联系。

的弟子为荣，也平添了一份责任。

陈老给我们这一级硕士开的专业课程是“中国古代法律思想史”，课程是安排第二学期周二上午8点开始授课。陈老给我们的印象就是衣着挺括，很是讲究，每次他都戴条围巾，穿着考究的短毛大衣和西裤，皮鞋锃亮，手提一个黑公文包，昂首挺胸、气宇轩昂、面带红光，给人的感觉就是与众不同，让人无形之中产生敬意。陈老身体很是健朗，上课都操着一口福建普通话，声音洪亮，没有停顿，一点都没有给人感觉他已近古稀之年。

他的法律思想史课知识精深，也非常有广度，如果不明了当时的历史背景和学科知识，一般学生是很难掌握的，必须提前阅读大量的专业书籍和文章才行。陈老在上课时，看出我们似懂非懂，特别是对法学专业本科生来说更是像在听天书。虽然我本科读的是历史，但只是流于史学皮毛，要听懂法律思想史课更是难上加难。所以陈老给我开了个“小灶”，送我一本他和杨鹤皋先生合著的繁体版《春秋战国法律思想与传统文化》，[1] 让我对春秋战国时期各学派的法律思想有了更专业和具有针对性的理解。

陈老对儒家思想对中国传统文化的影响这一知识点着力最多，课程内容很丰富，讲到春秋战国截止后，要求我们提供一篇论文作为作业。我写了一篇《从“同而不和”到“和而不同”——全球化背景下的中国传统法律文化的发展》，字数3万多，提交给陈老。陈老阅读后单独找我，笑呵呵地对我说写得太多太杂乱，一定要精炼，说我的史学功底可以，但是有点囫囵吞枣，要求我再深入思考和打磨。事后多年我再读这篇文章时，看到陈老的批注，感受到了恩师对我文章的真知灼见及对我满满的期望。

〔1〕 该书系台北李健淮发行的。每次摸着红底黑字的封面，看到“陈鹏生”的著者名字，我总是潸然泪下。

2003 年，在我还在攻读硕士学位期间，陈老就退休了，不再担任任何行政职务，来学校的次数也越来越少，但他始终要求我们定期将自己的生活需求和学习情况向他汇报。尤为印象深刻的一次是，他召唤我去他在北京西路上的兴业银行大厦的临时办公场地，又单独和我谈了谈，问我是否有生活上的压力，我当时强装自己能够撑得住。事后，陈老带我去上海非常有名的梅园邨酒家吃饭，还总是不停地给我夹菜。陈老非常清楚，一个在读研究生在上海求学承受的经济、生活压力和困境。所以每次单独嘱咐我的时候，他总是慈容可亲地关心我的各方面情况，让我无比温暖。

三、芳菲四月天，雏鸟对空鸣

硕士 3 年时间转瞬即逝，在我撰写硕士学位论文期间，时常向陈老请示论文写作方向和注意点，他鼓励我继续攻博才能实现留在高校任教的人生梦想。我听从陈老和丁凌华教授的建议，继续报考了徐永康教授的中国法制史专业博士研究生。

永康教授是陈老的第一届硕士研究生，他学识卓越，为人和蔼，秉承了陈老爱护学生、为人平和的儒雅品质。他和我时常谈论陈老，赞赏陈在逆境中保留坚忍不拔的奋斗精神，在多次人生变故的困境中仍能保持乐观向上的积极态度，他对华政法律史学科的引领带头和促进作用，使华政法律史学科培养了这么多的优秀学子。

在博士二年级之时，上海对外经贸大学（原上海对外贸易学院）教育部本科教学评估，法学院急需法律史专业教师，在经过面试和教学测试之后，当时的法学院院长陈晶莹教授了解到我的从本科到硕博的史学背景，加之得知我是她福建同乡陈老的弟子，便毫不犹豫招聘我入校任教。当我告知陈老我到上海对外经贸大学工作的消息后，他也兴奋异常，勉励我在工作岗位要兢兢业业，听从法学院领导的指挥和工作安排。正是铭记陈老的谆谆教导，我在上海对外经贸大学从事法律史教学和科研工作至今。

从我初入法律史之门，到攻读硕博再到工作都离不开陈老的帮助和影响，我就是一只雏鸟，始终生活在陈老这只领头雁的呵护之下。在教学工作的十几年中，当我遇到困难向陈老倾诉时，他总是从自己的人生阅历出发替我指引方向，给我的永远是充满阳光的笑容；当我遇到喜事向陈老汇报时，他总是能够窥探到喜悦背后的隐忧，向我提出深沉的警示。

随着陈老年龄的增长，我们弟子始终将他的身体安康作为自己最大的心愿，每年的教师节和陈老的生日，我们都会送上衷心的祝福。陈老每次都会告诉我们，他还保持游泳的习惯，这就证明他还健康。当他身体不舒服在家养病的时候，他总会听交响乐来填补他的空闲，减少对疾病的关注，这样才能保持健康和积极向上的心态。陈老用健康的心态一次次驱赶病魔的侵扰。他是一位经历过多次人生挫折而永不言败的老者。他始终像一个灯塔，照耀着遍布世界的陈门弟子，他的笑容和谦和品质总能让我们感到无限的动力和安慰，我们以是陈门法律史弟子为荣。

时光到了 2022 年 3 月，我们已经得知陈老住院的消息，他的健康安危牵动着每一个人的心弦。噩耗在 29 日传来，天地为之动容，我感觉到自己人生发展路上的灯塔被暴风雨吞噬，这一切来得太突然。陈老，我们这些法律史后生，将永远以您作为人生的方向和目标，不停息。

恩师陈鹏生，一路走好。天堂里，你的含蓄平和笑容和儒雅豁达品质永远是不灭的灯塔。

2022 年 7 月

东风楼里的古籍所

王　沛*

我初次去东风楼古籍所向张伯元老师请教，是在 2004 年的秋天。时间过得真快，至今居然已近 18 载春秋了。那时总听张老师说他在“物色”，什么是“物色”，我也不很明白。直到多年以后，我才理解了老师的苦心。

2004 年夏天我硕士毕业，留校工作的同时在职攻读本校的博士学位。虽然此前就是法律史专业，但读硕士时为外国法制史方向，读博后才转成中国法制史方向。到底该研究些什么？自己也是稀里糊涂。入秋后，我天天躲在华政园古老的红楼夹层里翻阅各种过刊，既想了解这个学科几十年来的研究概貌，同时也整理下自己的思路。正翻得昏天黑地时，张老师来到了我们课堂。

当时张老师 60 来岁，他很和气地给每位博士生发了张名片。看了名片得知，张老师是华政法律古籍整理研究所的所长。古籍所这个机构听起来有些神秘，似乎又很高大上。张老师这次是来给我们派任务的，任务就是点校清代许梿纂辑的《刑部比照加减成案》，由此机缘，我才获得了向张老师请教学习的宝贵机会。

我承担的点校工作并不多，工作完成后便联系张老师交付校对稿，张老师约我在东风楼古籍所见面。这是我第一次去古籍所，位置不太好找。东风楼是一座建造于 20 世纪 20 年代的老楼，藏在华

* 2001 级硕士研究生、2004 级博士研究生，现任华东政法大学法律学院教授、博士研究生导师。

政深处，本为圣约翰大学附中所在地。穿过深邃的门洞，映入眼帘的是非常宽敞的庭院，院子中间有个大大的紫藤架，古籍所就隐身于紫藤架后的角落里。

推开古籍所锈迹斑斑的铁栅门，张老师笑盈盈地将我迎了进去。抬头望去，但见铁栅门内别有洞天。古籍所的格局是个“楼中楼”，从外瞧只一层房舍，里面却裹了个小阁楼，有架陡峭的木梯可攀爬上去。楼上楼下都是书架，当然最抢眼的还属那一面墙的《四部丛刊》和装满《古今图书集成》的6个大樟木箱。看得出，这屋子有些年久失修：斑驳的墙皮、脱落的油漆、古董般的喷墨打印机、轰隆作响却不怎么出风的空调，这一切都显示古籍所确实很“古”。

“来，坐坐坐”，张老师热情地招呼着我。在一楼南窗下铺满阳光的写字台上，张老师早已准备好了茶水、花生和一张用来放花生壳的报纸，地上搁着大塑料壳旧暖水瓶。以后和张老师熟悉起来，我才发现这是张老师的老式礼数，无论去张老师的家里还是办公室，聊天时必佐以茶食——花生、瓜子、宁波汤圆、无锡玉兰饼、小笼包、年糕以及种类繁多的各式点心。不过在洋气的大上海乍见这样接地气的教授办公室，还是挺新奇的，毕竟我的硕士研究生导师何勤华教授和博士研究生导师王立民教授每天都西装革履，打着领带坐在办公室里写论文。

“小王，你准备从事哪方面的研究啊？”张老师边剥着花生边问我。经过一段时间的资料摸排，我逐渐对马王堆帛书《黄帝四经》中的法律思想有了点兴趣，于是我把自己的想法告诉张老师。张老师对我的想法很支持，说他要从家里带本书给我。然后又带我参观了古籍所的各种古籍，教我查阅刚出版的《故训汇纂》和《古文字诂林》。我们不断通过木梯穿梭于阁楼上下，我走得小心翼翼，张老师却健步如飞。我和张老师愉快地畅谈了一个下午，并约好下周在古籍所见面。

第二次见面时，张老师带给我一本文物出版社1976年出版的《经法》。“这是我以前买的书，你拿去看吧”，张老师对我说。可说实话，那时候我还没研究清楚《黄帝四经》和《经法》的关系。但翻开书，却着实被震惊了。因为张老师在书上用钢笔密密麻麻、工工整整地写满了笔记，其中包括各种史料的比勘分析、字词释读辨义，几乎每页如此，难见留白。我以为张老师也专门研究《经法》，当问张老师时，他却笑着说道：“没有没有，我只是以前翻过这本书而已。”看着张老师“翻过”的书，我仿佛对做学术有了某些感悟，敬畏之心油然而生。

后来我从多本张老师的旧书上看到过这样的笔记。早在20世纪七八十年代，张老师任教于中学时，就在繁忙的工作之余利用点滴时间阅读学习，读书心得或记于书，或记于纸；到20世纪90年代，张老师率先用起了电脑，把这些心得分门别类地整理在大大小小的电脑文件夹里。后来张老师的专著一本接一本地面世，正是这样长期积累的结果。我家住得离学校远，那时地铁在改建，中转时间长，来校得一个多小时。以前在拥挤的车厢里，我总是戴着耳机听歌发呆，此后便改为阅读《经法》了。在张老师治学风格的感染下，我读得还特别投入，以致多次坐过站而不知。张老师得知后，颇为高兴，认为孺子可教。此后我几乎每周都前往东风楼古籍所请益，在清茶、花生、瓜子的陪伴下与张老师畅聊半日，并尝试着撰写论文。而2005年深秋随张老师赴开封参加中国法律史年会后，张老师开始提及对古籍所的思虑。

2005年10月下旬，中国法律史学会在河南开封召开年会。我在硕士研究生导师李秀清老师的鼓励下，准备参加会议。不过，在提交论文这件事情上，却颇为踌躇。过去的一年中，我写的几篇“论文”，都被张老师批得体无完肤。有次我正在家炒菜，突然张老师一个电话过来，用很长的时间分析我那篇“得意之作”中的各处缺点，切中要害、直击心灵，以至于电话结束后，我提着菜铲茫然四顾，菜凉心亦凉。几经思想斗争，我打算将自己的论文打印30份，悄悄地拿到会场小规模散发。但最后的结果是，没有自信的我将30份论文背到了开封，又一份不落地背回了上海。

开封会议是盛大的国际会议，国内外著名学者会聚一堂。因为学者众多，所以大家分散在几个宾馆入住。我们博士研究生和部分年轻学者被安排在一处又偏僻又便宜的小招待所，房钱不过几十元，而门口贩卖的胡辣汤非常美味。会议间歇，我和同学张益刚陪张老师一起逛了龙亭公园、清明上河园以及开封夜市。张老师语重心长地告诉我们博士学位论文选题的重要性，说选题对青年学者未来的研究生涯影响深远，如何选择有价值、可深挖的题目，是重中之重。晚上我们漫步在开封的老胡同时，突然张老师的手机响了。接听电话的张老师喜上眉梢，原来是孙女出生了！听到这个大喜事，我和益刚兄忙不迭地向张老师道贺。

开封会议的后半程移师郑州，地点在郑州郊外的黄河迎宾馆。黄河迎宾馆富丽堂皇，从小招待所骤入华屋，顿觉满目生辉。不过这里房价不菲，超出了很多老师报销的标准，于是大家自由组合，两人一间以分担房费，我和张老师遂同室而居。此后我多次和张老师参会时同住且彻夜长谈。除学术外，张老师还叙及古籍所的过往，并表露忧虑之情。

华政法律古籍整理研究所的前身是1980年成立的“法律古籍研究组”。1986年3月26日，经司法部批复，正式成立了法律古籍整理研究所。首任所长王绍棠先生、副所长辛子牛先生筚路蓝缕，为古籍所付出大量心血，至1988年已有专职研究人员16人。前辈学者们在十分艰苦的条件下从事科研工作，先后整理出版了《唐律疏议译注》《唐大诏令集》《汉书刑法志注释》《晋书刑法志注释》等著作，在学界产生较大影响，取得了很多令人瞩目的成就。

1993年1月，张老师接替辛子牛先生成为古籍所副所长并主持古籍所工作。但在之后几年，古籍所先后与基础课部联署办公，继而并入新成立的人文学院，专职研究人员流失，学术活动趋于停顿。张老师为古籍所的前景感到忧心忡忡，古籍所怎样振兴发展，是张老师反复思考的问题。2004年，辛先生溘然长逝。张老师闻之潸然，悲不自胜。辛先生曾立有三大宏愿：整理高质量的法律文献集成；培养献身此领域的年轻学者；建立法律历史文献学的专门学科。要实现上述三大宏愿，可谓任重道远，道阻且长。彼时张老师口占诗四句以悼："辟道何言苦，更知越岭难。先贤恨日短，后者当勇攀。"这首诗收录于2005年北京大学出版社出版的《法律文献整理与研究》后记。《法律文献整理与研究》收录了我在张老师指导下撰写的第一篇论文，拿到样书后我很兴奋，这首诗亦给我留下深刻印象，只是那时的我完全不了解其背景与深意。

"小王，我们一定要将古籍所复兴起来啊！"在几次会议出行途中，张老师都对我表述了类似的话语。特别是有次长谈，张老师聊到这个话题时，目光炯炯地注视着我，很坚定地寄以厚望。我当时还不到30岁，被张老师称为"小青年"，连初出茅庐都算不上，又怎能肩负如此之重担？不过张老师认为只要我努力，就可以做到。

开封会议回来后，张老师给我一份韩国中国史学会的邀请函。这次会议的主题是"通过出土文物看中国史"，会议将于2007年在韩国大邱的庆北大学召开，张老师因有其他安排，故命我代他去韩国参会。那年我正好博士毕业，通过论文答辩后特别轻松愉快，9月初高高兴兴地踏上了去韩国开会的旅途。本次会议共4天3夜，学者来自中、韩、美、日等国，其中以考古学的专家居多。会议有不少精彩的发言，极大地开拓了我的思维。会后，我开始尝试用另种视角来研究早期中国法制史，并充分体悟到跨学科的重要性。

韩国的中国史系列会议于次年继续召开，这次张老师和我都收到了邀请函。2008年秋天，我和张老师一同飞赴韩国清州大学参会。本次会议是法律史主题，韩方举办会议十分认真，不仅大会发言需要提交论文，就连评议也要以书面方式提交，张老师对此举措赞不绝口。会后我们和上海师范大学的戴建国老师、清华大学的陈新宇老师、中国人民大学的尤陈俊老师、中央民族大学的宋玲老师开心地游览了首尔古迹。在回国的飞机上，张老师语重心长地对我说，古籍所将来办会，就要参考韩国会议的经验。不过古籍所已为虚设，我们又拿什么来办会？张老师说，先学着，将来都用得上。只要努力，就会有希望。

希望真是说来就来了！2009年夏天，中国法律史学会在长春举办学术年会，张老师和我再次一同赴会，会后学者们前往长白山游览。时任华政校长的何勤华老师也参加了这次会议。何老师对古籍所面临的困境早有充分了解，并着手酝酿古籍所发展的新规划。在长白山天池下的林阴路上，何老师与张老师边走边谈，仔细探究古籍所的发展方向，并明确古籍所要恢复独立的机构设置，学校将从人员、经费、办公场地等各方面予以支持。何老师不但邀请张老师担任古籍所的名誉所长，还决定让我来担任古籍所的常务副所长。我得知后感到非常惊讶，因为我资历浅薄，完全没有经验，甚至觉得手足无措。“小王，你好好做，我给你撑腰！”张老师再次目光炯炯地对我说。面对重担，责无旁贷。

当年 11 月古籍所就再次运转起来了！在张老师的精心筹划下，次年古籍所举办了第一届高规格的学术研讨年会，建立了每周一次的读书会制度，还创办了《出土法律文献研究》。正所谓“道生一、一生二、二生三”，年会至今已举办到第十二届，读书会坚持了 12 年，《出土法律文献研究》也正在编辑第十二辑了，古籍所的队伍滚雪球般地壮大起来，张老师物色的王捷、姚远、邬勖、陈迪等青年教师相继加入古籍所并成为骨干力量，而古籍所培养的学生如欧扬、裴乾坤、张娜、黄海、乔志鑫等人在全国各科研岗位不断取得令人瞩目的成绩。在法律史学科的大力支持下，2014 年夏天东风楼古籍所进行大修，粉刷墙面、维修楼梯、添置书橱。在那个炎热的酷暑，各位师生挥汗如雨地整理各类图书资料，搬运各种办公设施，破旧的房舍变得焕然一新。张老师用古老的楚文字题写了匾额，将之高悬于古籍所前厅，曰“文章之无穷阁”。不假良史之辞，不托飞驰之势，成一家之言而传于后世，正是古籍翰墨之启示，也是张老师对古籍所的殷殷期盼。2022 年正逢华政法律史学科硕士研究生招生 40 周年、博士研究生招生 20 周年，在此衷心祝愿古籍所越办越好，有更多的青年同道加入我们的队伍，取得更多的科研硕果！

2022 年 7 月

我与华政十年情

王红梅[*]

从2001年9月至2010年12月，近10年的时间，我在华政师从导师王立民教授，先后攻读了法律史专业硕士和博士学位。这10年的时间，尽管我一直都不清楚华政长宁校区的大门是朝东南西北哪个方向开的，但这所学校却改变了我的人生轨迹，塑造了我的学术生涯。

说来惭愧，我没什么学术成就，但接受高等教育的经历还颇为复杂。1986年我从苏北射阳一个乡镇中学，考取了南京师范大学教育系学习，1990年6月毕业。1990年研究生都是推荐入学，当时名额有限，我所在的教育系86（2）班只有班长陈韶峰（现为上海师范大学教育学院教授）一人被推荐至本校读研究生。我和好友徐辉（北京师范大学心理学博士，曾经担任爱立信公司人事总监）选择报考了南京大学法学院全日制的双学位班，1990年9月，入学南京大学法学院，改读经济法学专业。1992年邓小平南方谈话以后，各种各样的公司遍地开花，家乡盐城新成立了国际贸易公司，7月毕业分配，我被"点名"直接分配到该公司工作。该公司自成立以后就惨淡经营，我在10个月以后调入盐城职业大学。1992年，我从企业编进入事业编，这是非常不容易的事，当时盐城市政府还专门开了常务会议增加了一个编制给盐城职业大学，我才能够顺利办

* 2001级硕士研究生、2006级博士研究生，现任盐城工学院教授。

理了调动。

我能调入盐城职业大学工作，和我的双学位学历有一定的关系，当时相关人事部门的文件承认全日制的双学位享受研究生的待遇，工资比本科毕业高半级。入职盐城职业大学，我是当时学校学历最高的。我想我这辈子不用读书了，一心相夫教子。可到了1997年，情况发生了变化。1997年5月，盐城职业大学和盐城工业专科学校合并为盐城工学院，成为一所本科院校，学校开始鼓励教师提高学历，渐渐我的同事报考研究生的人越来越多，我也感觉到压力，估计以后没有研究生学历，“铁饭碗”大概端不稳了。1998年同事谷东燕（西北政法大学本科毕业，现为上海自由职业人）考取了华政行政法学专业研究生，我从谷东燕老师那，第一次听说华政，谷东燕老师描述的研究生生活和她对未来个人生活目标的重新规划，促使我重新考虑自己的未来发展。谷东燕老师的引路，让我与华政有了10年之缘。

1999年9月，当时我的儿子只有5岁，但是我毅然申请到南京大学做访问学者，想利用做访问学者的全脱产时间，专心复习，报考华政。在南京大学做访问学者的4个月时间里，我除上课外，没有上过一次街，也没回过一次家。每天从早上7点开始，学习到晚上12点。刚复习的时候，由于英语丢了将近10年了，我似乎只认识26个字母和“am”“is”“there”这些简单的单词了。为了补英语，我把王长喜编写的《考研英语词汇必备》，每个单词抄20遍，抄了35本练习本，用了80支圆珠笔芯，终于英语读写顺溜了。当我坐在河海大学电影院冰凉的地板上，听完恩波考研冲刺班的英语、政治培训后，再次进入了久违的“一考定终身”的考场。天道酬勤，我最终以340分的成绩“压线”进入了华政研究生的面试范围。

我报考的华政经济法学专业的研究生，虽然进入了面试，但华政当年经济法招 20 人，我排在第 41 位。我辗转找到了当时法律史专业的导师组组长陈鹏生先生，前后在东风楼他上课的教室门口“堵了”3 次门，终于先生同意我转到法制史专业。2001 年 9 月，作为当年录取年龄最大的学生，我以 34 周岁的“高龄”，进入了华政法律史专业学习，成为比同届学生大 13 岁的“王姐”。

虽然考取了法律史专业，我却是真正的门外汉。我在南京大学学的是经济法，在盐城工学院教的也是经济法，一点法律史专业基础都没有。第一个学期学得我差不多要哭了。才开始上课，好久不做学生了，一到课堂就打瞌睡。记得丁凌华老师给我们上课，掐着眼皮不让自己犯困，但还是睡着了。一个月以后，才慢慢适应。第一个学期结束，要交课程作业，我记得我选的题目是《孔子的名分观》，在图书馆泡了 1 个月，徘徊在小红楼满当当的书架前，我被这 3000 字的小论文折磨得痛苦不堪，欲哭无泪。我深深地感受到学史的痛苦，与其他所有的学科相比，史学最难。其他学科，掌握了基础理论，写东西还有一些个人发挥和想象的空间，史学论文写作必须建立在掌握充分史料的基础上，“说有易，说无难”，稍不留神，就会犯错，留下硬伤。

从研究生第二个学期开始，我跟着丁凌华老师听本科的“中国法律史”课程，听陈鹏生老师讲“中国法律思想史”，听王立民老师讲唐律，听徐永康老师讲近代法律制度……渐渐入门，2004 年 6 月顺利毕业。研究生 3 年期间，为了过英语六级，恶补听力，都有了幻听，无论听谁说话，都好像在说英语。跟着王老师做“加拿大法律制度史”课题研究，我受益匪浅，先后在中文核心期刊发了 4 篇加拿大法律制度的文章（我以这些成果，评上了副教授）。华政的研究生生活丰富多彩，同宿舍的舍友，喝过我炖的鸡汤，长宁校区餐厅的二楼，留下过我的歌声，一曲《英雄赞歌》，我获得了华政研究生卡拉 OK 大奖赛的第一名。

2006 年我又考取了华政法律史专业博士研究生，2010 年 12 月完成了博士学位论文答辩，取得了博士学位。以博士论文为基础，我发表了 5 篇“C 刊”，申报了两个省部级课题，并将博士论文出版，以这些成果评上了教授。如果没有华政求学的经历，可能我会和身边的很多人一样，早早“躺平”，安于现状。华政的求学经历，正如我在博士论文的后记里所言，“华政成为我个人职业生涯第二次杨帆启航的港湾，也是我已过而立之年的精神寄托”。

回忆我在华政的 10 年，非常感谢陈鹏生老师。先生虽然已经仙逝，但温和儒雅的形象，常浮眼前。当年他收我于法制史门下的恩情，我终生难忘。先生讲述他在大别山曾经的境遇，讲述他丢失全套《万国公报》的遗憾，让我由衷感到生逢盛世的幸运。

感谢我的导师王立民教授。先生工作繁忙，我们师生很少见面。我的博士论文选题为《商会与法制近代化》，有一次王老师特地打电话把我叫到办公室，交给我一份他看到的商会和行业协会的资料，给我写博士论文做参考，让我备受感动。王老师勤勉，让我作为学生感到惭愧。2017 年退休以后，王老师每天早上 7 点准时到教授工作室工作，从不间断。退休以后王老师发表了 33 篇论文，2019 年还获批国家社科基金重大项目“中国租借法制文献整理与研究”，先生笔耕不辍，永葆学术青春。

感谢何勤华老师。读博期间，何老师百忙之中不辞劳苦和烦琐，多次组织我们游学。游学的经历是我在华政读博期间最快乐和难忘的时光。何老师的勤奋，让我由衷感叹。记得有一次在机场候机，我们同学在候机室说说笑笑，何老师却坐在一个角落，安静地看书。看着老师专注的身影，我感叹“大师”的称号一定与努力、勤奋、辛劳画上等号。

感谢徐永康教授。读硕士期间，徐老师面批我交的作业，标点符号出错，他都一一指出。先生的严谨，让我倍感惭愧。

感谢丁凌华教授。跟着丁老师听了两门课，“中国法制史”和“法学史料版本学”，不仅由衷敬佩先生的博学，也感受到法律史学的博大精深。

感谢李秀清教授。优雅美丽的李老师，严谨、宽容、温柔，是我十分尊敬的女史。

我爱华政，爱戴我的师长，也以是一个华政学子而骄傲。华政所有老师的勤奋、严谨、学术责任感，是华政法律史专业永葆辉煌的精神财富，也是法律史专业学子永远传承的“华政基因”。

2022 年 7 月

读博往昔散记

洪佳期 *

两侧绿树交织成荫，一条不长的道路笔直，环境清幽，行人甚少，校园有些出奇的安静，丝丝凉爽之风吹拂，这是2002年我第一次走进华政映入眼帘的景象和感受。20年里这条道曾几次修整，变得更为干净整洁，一侧如茵草地，视野开阔，一览无余，只是古树苍柏、绿荫交映不再。生活也许就是这样，即便沧桑变幻，唯有存在心间的记忆难以抹去。

与华政的初结缘，是读博，幸运的我，成为华政2002级博士研究生的一员。回忆起来的自是读书，是导师们风格各异却同样精彩纷呈的博士课程。2002年9月16日下午，我们走进韬奋楼111教室，是何勤华老师的"西方法律名著精读"课程。何老师在讲课开始就跟我们谈如何做博士论文，了解学术前沿的人物和作品，找寻资料，发现学术空白，善于捕捉机会，而阅读经典可以"启迪思维，激发灵感，开拓视野，探索人生和确立使命"。第一堂课让我印象深刻。接下来的课程里，何老师探讨各类主题，让我们精读西方法学经典著作，进行课堂发言和讨论，我选择的是孟德斯鸠《论法的精神》。我的导师王立民老师给我们开课，印象最深的莫过于唐律的精读课。如今我常备案头的《唐律疏议》，翻阅就能见到听课时做的记录和标记，注音辨词，逐字解析，律条解读，律典承上

* 2002级博士研究生，现任华东政法大学法律学院副教授。

古“轻刑明威，大礼崇敬”之意。王老师带我们走入唐代律典与法制的世界，条标、律目、律文，仍记忆犹新。导师组的徐永康老师风格则不同，讲述现代依法治国，更多一份对现实法制的关注，将我们从西方法制、传统律典带回到现实社会的法治问题，遗憾的是我没能上最后一次课——课堂从教室移到图书馆前的大草坪，阳光和煦，同学们围成一圈，和徐老师畅谈、讨论，我却因为上周末回浦东，被一场突如其来的“非典”疫情困住，暂时不能回校。这3门专业课构建了我们博士研究生法律史学习的基础和底色。

专业课之外，印象深的是英语课程，我们法律史跟国际经济法学位专业的同学是一个班，这个配置跟我读硕士时一样，也是因为当时法律史与国际经济法是最早发展获得硕博招生资格的专业。班上同学英语水平参差不齐，我是课堂上比较紧张的一个，因为外教喜欢提问。他在美国担任多年检察官，高大、热情、幽默，上课也有趣，当然对我们一些口语不太好的同学也很友好。期末作业，我很认真地完成，一次校门口碰到他，他跟我说写得还不错，只是课堂上却总是“smile”。相处一学期大家都比较熟悉了，期末，部分同学请他吃“hot pot”，据说他很喜欢。

博士3年，除学习外，还有生活。认识了18位同学，他们有的在政府机构工作，有的在知名律所和公司上班，有的是已颇有学术成就的高校老师和出版社编辑，还有读完硕士直接读博的年轻有为学子，背景各异，性格多样。如与我同宿舍的汤唯老师，对我如大姐般关心和宽容，如师长般进行学业指导。住在我隔壁的是兰萍和高尚，温柔、友善、多才。住在校外的，开朗乐观的茂华，律所精英的裘索，美丽的夏雪……还有擅品美食、甚爱旅行和好哲思的引如，犹如家人。这是我读博最开心的事之一，想念的学生集体生活，在我硕士毕业工作3年后又一次开启。宿舍内的卧谈，课堂里的讨论，街头小巷的闲逛，在早已被拆的棚户间的小摊头买炒河粉吃，都串成我的珍贵记忆。当然，少不了是宿舍里时常响起年轻学子与教授同学为学术问题进行激烈的讨论，一起上知天文、下知地理的谈笑风生。学习之余，班上同学也偶尔一起聚餐，犹记得去吃了平生记忆最深的河豚。

读博，让我走上学术之路。王老师对上海租界法制的深耕，让我对租界法制有了兴趣，何老师课堂上，启发我去寻找博士论文方向，会审公廨这一杂糅中外法制特质、成为当时多方权力之争的审判机构因此进入我的视野。老师们的支持，最终让我确立了以上海公共租界会审公廨作为学位论文主题，开始了奔波档案馆查找资料和艰苦写作，却也充实难忘的时光。虽因个人能力所限，完成后的论文并非尽善，但亦是付诸心血的作品，存在于我的学术生涯。

博士毕业后，老师们的厚爱，我再次幸运地成为华政的一名老师，可以延续我与华政的缘分，可以续写我与法律史学科的故事。20 年的时间似乎是弹指一挥间，又仿佛过了很久很久，人生新的记忆不断叠印旧的记忆，日渐久远的事会变得更为模糊，但每次走进校园的那一刻，我心头记起的仍会是 20 年前走进华政的那份独有感受。

2022 年 7 月 2 日

华政法律史专业的游学传统

张海斌 *

近日，接到班长任超教授的通知，华政建校 70 周年校庆将至，建议大家尽量写点回忆文字，以资纪念与庆贺。读到通知，才蓦然地发觉，距博士的入学，居然堪堪过去近 20 年了。粗略想来，在华政法律史专业读书期间，可以写、应当写的东西颇多，但印象最深、最值得写的，恐怕应当是其中的游学传统吧。记得在读书的那些年，乃至近些年，我们这一届同学围绕不同的主题，在导师的带领下，先后考察过山东、河南、江西、江苏、福建、浙江等地，一路行来一路思，践学相彰，如切如磋，收获匪浅。记得我们的第一次游学，是 2005 年 5 月的山东之旅，兹略作追忆。

我们的首次游学，目的地是山东，主题为“儒家文化与近代法制”。因系我们这届同学的第一次游学，何老师亲自带队，班级同学基本上都参加了。上海的同学是乘 2005 年 5 月 9 日火车出发的，大家晚上先后登车，在卧铺车厢里相互见到，颇为忻然，我的卧铺与潘小军、黄武双、魏琼等同学相邻，大家便聚一起海阔天空地聊。记得其间，武双向大家提出了一个法理学问题，关涉法律的文化、价值、理论、制度与技术之区划，便一同饶有兴味地讨论。至深夜，乃各自安寝。

次日 6 点半，火车至泰安站。第一项内容，便是登泰山。无

* 2003 级博士研究生，现任上海外国语大学法学院院长，教授。

疑，这既是一项人文瞻仰之旅，亦是意志磨砺之旅。当日，天气骤寒，我们草草用过早餐，便开始登山。台阶陡峭而漫长，我与小军昂昂然冲在最前，且走，且歇，一路欣赏沿途书法石刻，所谓“景物理趣、明性见理”，颇有创获。到了十八盘最陡处，情形遽变，忽觉呼吸艰难，肺中与胸口如无数针刺也。经南天门，终于挣扎着登临山顶，一时竟寒风凛冽，恍如侧身深冬，“俯视下界，则山伏若丘，河环如绷，天地空阔，无可名状。”大家渐次在山顶汇合，便各自仿效其他游客，租了棉大衣裹着参观，天街、碧霞祠、青帝宫、五岳独尊、探海石等，一一参观过来，颇惊叹于泰山文化之巍巍气象与自然之鬼斧神工矣。午饭毕，坐缆车下山，车厢高悬于空中，在逆风中飘摇，颇惊魂也。下山后，大家径直驱车往曲阜。晚上，与积迅、武双同宿一间，卧谈至深夜。

次日，7点半起床，用过早餐，我们一道游历孔府、孔庙、孔林，乃统称为“三孔”。进入孔府，里面规模宏大，气势宏伟，有厅、堂、楼、轩之属，令人肃然。因前夜恶风骤起，许多古树遭袭，残枝遍地，颇让人心痛。一路所睹，鸦雀甚多，黑压压的，颇合“三千乌鸦兵”之说也。同窗袁兆春教授系研究孔府档案的知名专家，一路为大家作讲解，使大家得以一窥孔府历史与制度之堂奥，个个不胜感慨。记得其时沿途有一些小书摊在，各种纪念品琳琅满目，我信手买了孔府档案选一册、视频光盘一套及折扇一把，最后让摊主当场在折扇上题了几个字，至于哪几个字，现在竟已忘却了——应该是论语里的某句名言吧。

孔府游罢，便是孔庙。孔庙作为孔氏家庙，受皇家恩宠深厚，气象雄伟壮丽、金碧辉煌，自不待言。里面有奎文阁、十三碑亭、杏坛、大成殿及历代碑刻等，大家一一览罢，至后花园，一时景色宜人，幽雅靖宜，别有意味。下午游孔林，为孔子及其后裔之墓园，里面古木参天，景致幽穆，有享殿、碑刻、石兽等建置。印象颇深的是，在里面见到一葫芦井，据说是专为惩罚孔氏家族中为老不尊之老者而设，执行之际，乃将老者置于井中，前十五日尚有人按时供养，后则任其生死，此制度兼顾了对不法老者之孝与惩，颇合古人中庸之道也。因时间久远，现在忆及，只能摹其大概，是否真确，尚不能定谳。

游历完“三孔”后，我们师生一行便与曲阜师范大学专家假座宾馆会议厅，联合举办了“儒家文化与近代法制”的学术座谈会，由何老师主持，大家先后发言，结合近日参观的感受，畅谈儒家法律文化及其现代价值等。因刚刚切身参观过，对于儒家文化及其制度有了感性的体认，大家聊起来便格外亲切、深入，座谈气氛颇炽。最后，何老师对大家的发言作了简要点评，并揭橥其“读万卷书，行万里路”之信念与期冀。是夜席间，兆春教授携夫人与孩子来跟大家见面，气氛至为融洽。

次日晨起，用过早餐，大家便乘车赶往济南。一路上，何老师把一些同学叫到座旁，询问近期阅读与研究的情况，并作简要交流与指导。其间，他也跟大家聊了自己在读书、工作过程中的所见所闻所感，大家从旁评论，或打趣，一路颇为欢乐。进入济南市区，因迷途之故，车子周折了几回，至 12 点才到达山东大学。大家入住山东大学的学人宾馆。中午系自助餐，种类与味道皆可，记得席上有一道剁椒白菜，口感极爽脆，兼有一丝甜味，据说为山东大白菜之独特风味，印象颇深，至今尚常与人提及。

吃过午饭，我和方正出版社的陈编辑便相约去逛了英雄山文化市场，一路大汗淋漓，到了书市，发现以教辅书居多，人文哲社类较少，只得怏怏而归，与人在宾馆里看凤凰卫视的“宋胡会”直播。傍晚，华政的校友荆月新师兄等一众校友来见何老师，师生围在一起，聊华政旧事与各自现状，欢声笑语，其乐融融矣。是夜，晚饭罢，何老师带领我们参加了与山大法学院博士研究生联合举办的交流座谈会。具体主题，我现在已经忘了。但山大法学院博士研究生较高的学术素养令人印象颇深，记得厦大法学院的周赟教授其时亦在读，座间侃侃而谈哈贝马斯、维特根斯坦，展示了扎实的学养。回到宾馆，成炬、积迅、素芬、陈融等同学正在大厅聊天，便加入其中，且品茶，且聊近日之收获。

次日，早饭毕，何老师应邀往山东师范大学演讲，题为《法理学之发展与成长》。在宾馆大厅，我见到了山东师范大学的程汉大先生，因读过他的《英国法制史》，颇为景仰，便主动过去作了自我介绍，请教其英国宪法史外文文献收集等事宜。程先生极热情，皆一一耐心解答。上午因休整，与同学一道参观了千佛山与趵突泉，皆略作盘桓，便返。中午，独自到山大校门口的书店转了转，里面图书品质颇佳，以文史哲为胜，购得季卫东教授《宪政新论》、里昂耐尔·理查尔的《魏玛共和国时期的德国》、周德伟的《自由哲学与中国圣学》等书。傍晚，山东大学法学院的肖金明、刘和海、齐延平等教授过来与何老师及大家见面，其情其景，记忆犹新，兹不赘也。当晚，大家便乘火车返沪。14 日晨 7 时整到达。此次紧凑而充实的游学之旅，乃宣圆满结束。

弹指一挥间，距这次山东游学之旅，竟已过去 17 年了。现在想来，这次游学，及后来的河南、江西、江苏、福建等诸次游学，对于我们来说，无疑具有丰富而深刻的意义。首先，在游学与考察中，大家拓展了视野、砥砺了意志，提升了智识，增进了对社会的体认，颇具学术激发与人生涵养之效。《史记·春申君列传》中云："游学博闻，盖谓其因游学所以能博闻也。"洵此理矣。其次，经由游学，师生之间、同窗之间、访者与被访者之间，通过一路上的相互交流与切磋，不仅深化了课堂上的教与学，亦极大增进了相互间的了解与情谊，不期然而然地起到了某种团建之效用。时至今日，我们这一届同学依旧保持较活跃的联系与互动，与读书期间的游学经历是分不开的。

最后一点感想就是，时下中国教育界正在深入反思与检讨研究生培养模式之不足，及未来改革之进路。鉴于我们的实践与体认，窃以为古人之游学传统及其功能似乎应引起我们必要的重视，并在深入研究与总结的基础上，通过“创造性转化、创新性发展”，融入现代研究生教育模式，俾“改造我们的学习”。或许，这样的创新改革，才能真正培养出有理想、有格局、有情怀、有担当的新时代专业人才。无疑，在这个方面，华政法律史专业作出了较成功的探索。

2022 年 7 月

小小蜗牛的博士生涯

夏　菲*

我给自己起的网名叫蜗牛。我是个慢性子的人，做事一板一眼，常常别人说句话，等人走了会儿，我才回过味儿来，原来此话还另有一层意思。

侥幸，在不是最快的年份里，居然进入了一个不论快慢的群体，2004 年我考入华政法律史博士班（外国法制史方向）。大学自然从来就不是象牙塔，那些有此期望的人不是习惯于站在道德高地审视他人的虚伪之人，就是未正面社会黑灰面之强大思想单纯之人。但是，大学至少还是为那些不愿或者跟不上社会潮流的人提供了能勉强过活的栖身之地，也因此，总还有一些执着而可爱的书生以及在危难时刻振臂一呼的侠士。

能考入博士班并顺利完成学位论文的人，自然已经可以算是成功者。自入学以来已经 18 年，同学们都在自己的岗位各自收获，但论及成就，与我们的导师何勤华教授相比，仍然有着或近或远的距离。

何老师当然是一位学术成就非凡的学者。著作等身是任何人都可见的可以量化的成就，单单这一点，已经让很多学者望尘莫及。但是，真正震撼我们的是这些成果是如何形成的。同学们谈及何老师，最津津乐道的就是何老师“随时入定”的能力。新冠肺炎

* 2004 级博士研究生，现任华东政法大学刑事法学院教授。

疫情暴发之前，博士同学总会自发组织聚会，有时是到某地小游一两日。常常，我们会看到，在排队等候旅游观光车的间隙，何老师会从双肩包里拿出书籍或者文稿看起来，或许只有 5 分钟、10 分钟。我们都在海阔天空地东拉西扯，虽然会向何老师投以敬佩的目光，但无一人能效仿，因为我们进入看书的境界还是需要一些仪式的：安静的环境、属于自己的书斋、柴米油盐问题统统靠边……所以，学生要赶上老师实在很艰难，你如何追赶一位本就领先好几圈又以比你快的速度继续前进的跑者！

何老师是一位有幽默感的智者。何老师在学术上的广博与深厚自不待言，在法律史方面真正达到学贯中西、融会贯通，恰如武林高手面对群雄却如入无人之境，但我这里想说的是生活的智慧。有一次，学校几位老师一起聚会，谈起当时的一个热点事件，衡水中学一位高三学生在高考前的演讲中自称是乡下的土猪，立志要去拱大城市的白菜，一句话引起轩然大波。席上老师们也讨论得极热烈，一致认为农村贫苦孩子不应有此歪心思，有些老师还以自己为例予以论证——出身寒门，努力向上，成为大学教授，旁人纷纷点头称是。此时，一直没有说话的何老师只说了一句：可是猪看到白菜当然是会拱的呀！大家瞬时哑言，不过马上体味到此话确含生活真谛，听来又甚是有趣，随即都开怀大笑。

何老师又是一位宽容的师长。民主、法治自然是每一个法律人所倡导的社会良治，在这样的社会里，政府与个人按照法律规则行事，不越线，不侵害他人利益，亦不随意干涉他人生活。由此形成一种宽容的文化特征，个体的独特性能够得以保存，社会多元而丰富多彩。何老师笃信现代法治文明，不仅通过学术研究始终不移地倡导法治，更是以法律人应有的宽容对待学生。他对学生有要求但不强求，尊重学生的个人选择，理解每个人有各自的性情、爱好、动机与目的。

何老师是一位有真实人性的为官者。为官而不失真性情，好像颇为不易。在我的记忆中，从未听到何老师讲假话、空话、套话，有时甚至觉得何老师太朴实无华。这是指何老师深深了解物质保障对个体发展的重要性。所以，他从不会教导他人要清高忘利。我们从小被教育要重义轻利，甚至是鄙视逐利者，因为无商不奸，因为资本主义是万恶之源。

同学中，学术方面最为成功的大概是王沛，大家都叫他“沛公”，我却喜欢喊他“沛公子”，因为他虽然已经可谓功成名就，却还是个年轻人呢。用颇有古风的名号，或许主要源于他的研究领域。他是中国法制史专业，但读书时，中、外法制史专业是一个班，也有很多相同的课程。他是一心钻到老古董里了，不仅是故纸堆，更有古器物和古代遗址。

听说他经常会去考古现场，感觉有趣而神秘，于是3年前的夏季我便自费前去山西临汾与他汇合，感受一次法律考古。那里的陶寺遗址被认定为尧都，想象中应该是一次历史与时间的穿越。常言道，“内行看门道，外行看热闹”，在陶寺考古现场，我这个外行真正是看了个寂寞，因为我看到的只有农田、荒土、看管现场的本地老农和一条狗。只有当他随手捡起陶器残片，说这是4000多年前的某种陶器，我才不由惊叹，这一眼就能看千年呀！当然，还有个俗人的想法，就是这该不会值点钱吧。在临汾博物馆，他会和我讲解某铜器上所刻文字中涉及的法律故事，这功夫着实让我钦佩景仰。

我们这一级外国法制史专业中男女比例相当，女生个个也都是有真性情之人。班长冷霞，人如其名，做事冷静、坚定，有负重前行的坚韧，所以时有霞光闪现的灿烂。最令我钦佩的还是她对社会不公的愤恨与对弱势群体的关注。任何时代、任何社会，为弱者、被欺者发声都是需要极大勇气的。但是，如果学法律的人失去了公平心和共情力，那极容易沦为不法者的工具，有时沉沦是在不知不觉中发生的。芦琦是个才女，涉猎广泛，除法律本行外，文化、艺术、行政管理样样在行。她具有典型上海女性的独立、理性、智慧与雅致，却又难得兼有豁达乐观与宽容大度。

最后，当然要说小小蜗牛的进步。在一个优秀的团体中，蜗牛也会被带着往前走。学而优则仕是正途，正如在高校先做教授再做行政，因为这样要顺畅得多，学术生涯一旦有所中断，那往往需要几倍的时间和努力弥补。而我恰是走的相反的道路——博士就读期间开始在学校行政部门任职，2019 年年底决定纯粹从事教师职业。从日日电话不断、年年飞越大洋到每天或静坐书斋或站立讲台，这种选择的确是潇洒的，但真正的转变却不可谓不艰辛，所以我也很是佩服自己。或许就是因为老师的宽容和同学们各式各样的生活状态，让我能够任性，而任性又何其难得。从喧嚣到寂寞，是丰富的体验。有时喧嚣也要在好的时机，而寂寞恰好给人以沉思的时间。所以，一切似乎都刚刚好。

2022 年 6 月 30 日

四十不惑

于　明*

作为1982年出生的我，法律史学科纪念研究生教育40周年，就意味着自己也跨入了40岁的门槛。子曰：四十不惑。四十真能不惑吗？我没有把握。人生不惑，乃圣人之境界。但如果要问，较之三十而立的我，是否不惑更多，困惑更少？我想，答案是肯定的。

一

10年前的我，从北京大学博士毕业，似乎很自然地回到了母校工作。我常说自己是幸运的，好像从未经历过求职或重大选择的苦恼。大四时从没想过找工作，只是一门心思考研，因为喜欢历史，就自然选择了法律史，来到了我们的法律史大家庭。研三时也只是埋头考博，虽然北京大学法理学当年只有3个名额，但也没想过考不上怎么办，只记得最后低分飘过，考上了北京大学。等到博士毕业时，也曾考虑过要不要在北京高校求职，但这时何勤华老师对我说，“教研室现在还可以进一个人，我们觉得还是你最合适，你回来吧”。

当然，何老师一贯的风格，不等我回答就说，“这么重大的决

* 2004级硕士研究生，现任华东政法大学法律学院教授、博士研究生导师。

定，你不要着急回答我，这两天想好了回复我”。说是考虑，其实没怎么考虑过。第二天我要赶回北京去，在火车站打电话给何老师，肯定地说自己很希望回母校工作。听得出来，电话那头的何老师也很高兴，又说了一些鼓励的话。打完电话，我记得当时就站在上海站的南广场上，想到10年前，自己第一次来上海读大学，也正是从这里出站的，当时还正值“桑美”台风肆虐上海，风雨如晦。而此时南广场的上空也开始下一些小雨，不免让当时的我感叹时空的轮回。

然后就是面试程序。记得程序分两次，一次是在松江明镜楼的会议室，何老师和学科的教授一字排开。何老师看到我的成果里有一篇刚发表在《法学家》上的论文，是关于清代审级制度的，很满意地说，中国法制史和外国法制史都研究，两条腿走路，很好。李秀清老师在一旁补充说，我们现在缺的还是“三大刊”，这也是给你的任务。我听了连连点头，但心里想，好难啊，以后再说吧。另一次是在长宁校区40号楼305室试讲，陈颐老师和晓鸣都忙着张罗，拿出了学科新采购的投影仪，投在墙上帮我做PPT展示。虽然都是面对自己的老师，但第一次试讲总还是不免紧张，只顾着把背了多遍的内容讲完了事。讲完后请老师们点评，教研室主任丁凌华老师说，“流利还是蛮流利的，就是感觉像背书”。现在想来，真是一语中的。

讲完后无事闲逛，在一楼碰上很久不见的王沛师兄。以前读研时，因为和解锟是同学，也和当时读博士的王沛熟识，知道他那时人称“王公子”。但这次再见到他时，知其尊号已加封“沛公”，更令人肃然起敬。在40号楼一楼西北一隅的古籍所办公室，“沛公”坐在沙发上和我侃侃而谈，对我回来工作的决定大加赞赏。然后详述了学科发展如何一片形势大好，法律史中心如何蒸蒸日上、大有作为。其间还讲起了我之前发表在《北大法律评论》上的一篇关于“子产铸刑书”的习作，并说自己也在思考这一问题。后来，我也确实看到，沛公有关铸刑鼎的系列文章陆续发表，其中一篇就是8年后发表在《中国社会科学》上的代表作。

结束时，“沛公”不忘问我，有没有兴趣和他们一起做先秦的研究。我笑了笑，想那篇习作不过是一时兴起之作，哪里谈得上研究。但“沛公”认真的样子，却让我知道他并非戏言。后来很多年后，从李老师那里我才知道，其实也就在那时，当时刚刚博士后出站的“沛公”差点要被杨一凡老师“挖去”中国社科院法学所工作，几经选择最终还是留在了华政。那时我才明白，沛公对我鼓吹的学科的种种好处，也是他的“夫子自道”，既是对我的鼓励，也是他用来说服自己的理由。也正是他对这个学科的信心与责任感，让他坚守下来，也取得了或许离开就无法达到的成绩。前几天，读到他写的《东风楼里的古籍所》，不禁莞尔，原来那时问我愿不愿加入的“沛公”，和他笔下的张老师一样，也在“物色”。

此后，在学科工作的过程中，这种信心与责任感，也是我时刻都能感受到的。在这10年的时间里，学科的发展也曾遇到困难，但作为带头人的何老师，却从来充满自信。记得有一次去日本，漫步在京都御所外的小路上，聊起历史上的家族盛衰，何老师就和我们说，学科的发展就像一个家族一样，“有时候某一代出了厉害的人会强大起来，到后来又会衰落，这都很正常，但只要传承不断，就肯定会有重振的时候”。何老师也正是这样做的，他的理想就是建立起全国最大最全的法律史学科，让每个历史时段和重要国别都有人研究。我想，这不是简单地追求大而全，更重要的还是传承。只要有越来越多的人聚拢在一起，持续不断做下去，学科的事业就不会衰落；即便遭遇短暂的困境，但也终有重现繁华的时刻。

二

从这时起，作为教研室中最年轻的老师，我也开始参与学科的各项工作。

记得第一个大型活动就是纪念法律史学科研究生招生30周年的大会，在那次会议上我第一次见到学科创始人王召棠先生，会议结束后何老师让我送老人家回华苑小区的家，到家后他还郑重递出一张名片给我，让我有空来玩。当听说我是北京大学回来的，很是高兴，说："我孙女也是北大的，你们年轻人懂得多，要好好干，把学科搞上去。"随后就是10月与海南大学共同承办的外国法制史年会，这也是我第一次以教师身份参与年会会务工作。过去作为学生觉得会务只是些杂事，不过多费一些时间而已。但只有真正经历过了，才知道其中的不易。在陈颐老师的带领下，冷霞师姐、晓鸣和我，以及参与会务的同学们，每每都要工作到深夜一两点，第二天又要早早起来开会。会议过程中，由于情况千变万化，仍必须不断作出调整，可谓时刻悬心。直到最后一天下午闭幕式召开后，才会有一种如释重负的感觉。

从海南年会回来，学科又紧接着筹办了"中俄法制变革比较研究"国际研讨会、"《大清新法令》点校本出版"座谈会等好几个大型活动。当时学科活动的主要组织者都是李秀清老师，我也从这时起开始跟着李老师学习如何待人接物、统筹协调。在这个过程中，我也慢慢体会到，学术活动的组织，本身也是一个学者成长过程中的必修课，如何将活动安排得当、为学者创造真诚而热烈的展示舞台，都需要很高的情商与协调能力。记得2021年屈文生老师组织首届"全国法学与史学跨学科前沿论坛"，一直说我是他认识的最有办会经验的人，一定要我参与其中，他才觉得放心。我想，这也都和最初那几年的高强度锻炼是分不开的。

当然，在最初的两年，印象最深刻的还是2012年6月的“上海法学研究生暑期学校”。如果说大型会议难在“人多”，暑期学校的难恰在于“人少”。与一般会议不同，每位受邀专家都是大学者，又是专程远道而来的客人，都必须用心接待。在李老师的精心筹备下，在9天时间里，楼宇烈、朱苏力、於兴中、高鸿钧、何勤华、梁治平、张志铭、季卫东、刘星、徐国栋、范忠信等10多位重量级学者纷至沓来，在全国产生了很大的影响力，多年后都不断有人和我提起当年的盛况。这些大家的到来，在给百余名学员送上密集的“精神大餐”的同时，也给李老师和我带来了疲劳的“美食大餐”。为体现一视同仁，每位专家到来时都有欢迎晚宴，菜品也必由李老师精心安排，以至于暑期学校结束时，李老师和我很长时间都不想再吃饭店里的菜。

暑假来了，又受何老师委托，我和明倩、王捷两位老师一起去台湾地区采访，为《中国法学家访谈录》（台湾地区卷）搜集素材。到台湾地区后，首先受到黄源盛老师和师母李松萍女士的热情款待。师母把我们的行程安排得精确到小时，何时访谈、何地参访、何处食宿都安排得滴水不漏。为了让我们有更丰富的住宿体验，酒店一周内就换了3次，真是“七日看尽台北花”。接下来就是密集的访谈，仿佛让我们短短几天内就穿越了半部台湾地区法学史，一部栩栩如生的历史长卷被瞬间打开。我们一行3人也完全沉浸于历史追寻之中，以至于走的时候都来不及在台北附近转转，只是利用一个午后的空档去了淡水的码头，印象中的夕阳格外绚丽。

现在回想起来，刚回学科工作的那几年，正是学科经费最充足的时候，当然也就是各种会议活动最多的时期。组织这些活动，对学科扩大影响力意义重大，就学科成员个人而言则更多是一种付出。但所幸的是，不计个人得失的付出，似乎一直是学科润物无声的传统。前几天整理学科大事记时，发现李老师刚接任法律史中心主任的那两年，每年仅主持讲座的次数就10余场，还要应对各种大小会议和表格，可以想见他几乎付出了个人教学研究之外的全部时间。在外国法制史团队中，陈颐师兄与冷霞师姐都一直传承着低调做人、踏实做事的风格，从不患得患失，也始终潜移默化地影响着我。当然，对学科的各种事务工作，付出最多却回报最少的，还是学科的“大管家”孙晓鸣老师。每到年终，我总有几天要在40号楼305室现场办公，消化年终关账前要处理的各种紧急事务，这时就感觉她好像“羽扇纶巾、雄姿英发”的大将军，无论是多么棘手难办的业务，都在谈笑之间顷刻“樯橹灰飞烟灭”。

三

除参与学科各种活动外，刚回到学科工作的我也开始思考未来的研究计划。我的博士论文做的是中世纪后期到近代早期的英国司法制度史，也正着手修改各章节，以论文的形式投稿发表，并为当时即将出版的《司法治国》一书做准备。但同时，我也开始思考，接下来要做什么题目，是接着英国法史的内容做下去，还是另起炉灶？

当时的我确实困惑过。一个很现实的问题就是，纯粹外国法制史的题目当时已经很难在法学核心期刊上发表（现在似乎更难了），如仍将研究重心放在英国法史，可以想见未来学术发表的困境。如将研究转向中国法制史，或比较法史，则可能会有更大的空间。事实上，在北京大学读博时，受苏力老师关注中国问题的影响，我也写过两篇中国法制史相关的习作。自己因为参与过一些近代文献的点校，刚工作这几年也写过一些有关中国近代法的论文，并大多在不错的期刊上发表。因此，将重心转向当时热门的中国问题的研究，似乎也是不错的选择。

但最终我还是放弃了这些想法，将重心锚定在英国法史的研究上。这一方面是希望延续原有的研究基础，另一方面，也是更重要的，还是听从个人兴趣的召唤。我自己常和学生说，一个学者可以写的题目很多，但最后值得你动笔去写的，一定是令你内心激动的题目。当时，我已基本完成了《司法治国》的书稿，但从这一研究中延伸出来的更多问题却一直萦绕心头。在传统上以司法为中心的国家治理模式，何以在近代被以议会为中心的新宪制所取代？英国的普通法宪制与议会主权话语之间的紧张关系又是如何发生的？而这些问题的解决，又涉及近代国家建构、宪制转型与思想迭代等诸多话题，也是我长久以来就感兴趣却来不及做的主题。每念及此，常常兴奋地捧书夜读，“不知东方之既白”。既如此，又何乐而不为呢？

当然，坚持外国法制史研究，除个人兴趣外，也与对外国法制史学科的自我认同有关。任何一个学科都不是一天建成的，需要数代人的努力。经过前辈学者的努力，外国法制史学科已具备坚实基础，也交到了我们这代学人的手中。如果说这是一幅学术画卷的绘制，上一辈学者的使命就是通过大规模译介勾勒出形制与线条，而我们接下来要做的，就是贡献出更深入、更精细的研究，为这幅画卷深描细节、渲染色彩。虽然学术风潮的改变可能使外国法制史研究遭遇一时的困境，但只要想到这项学术事业的无穷意义，对个人“学术 GDP”的些许影响实在微不足道。更何况，古人早已说过，“世之奇伟、瑰怪、非常之观，常在于险远，而人之所罕至”；只要我们尽志而竭力，哪怕最终只是做出一些微薄之功，为这斑斓画卷略添几棵小草，亦“可无悔矣”。

华政法律史学科的研究生教育已历40载，早已臻“不惑”之境。就我个人来说，距离“不惑”之境界当然还很远。无以作文，只能略记10年前刚回学科工作时的一些经历与心境，权当作一些历史的记录。回望三十而立的我，也许距离“不惑”更近了一些。

2022年7月11日

往昔与平常

王 捷[*] 吕 琦[**]

法律史2005级硕士的人数很平衡，中、外法制史各为8名同学，男女生也各为8名。在校时，大家有共同的课程则一起上课，即便中、外法制史不同方向的课程，也互相蹭课以拓展见闻，所以经常有外国法制史的同学写出中国古代文献的课程论文（记得有一位外国法制史的同学写了悬泉置出土文献方面的论文），中国法制史的同学对比较法兴趣浓厚的，参与翻译的也多有之。课后则经常定期聚会，3年时光，匆匆而过，至今怀念。2022年是硕士毕业14年，我们都已近青年末端，回首往昔，我们来述说法律史平常学子的心路与历程。

一、往昔

今年雨季开始时，回顾到的往昔。

一个月的午后阵雨，搭配的潮湿闷热总是尽责地为即将来到的高温做好暖场。正片的情节是避之不及的烈日高高在上，偶尔光临的台风像突然绽放的烟花，令人惊喜却稍纵即逝。当大家逐渐习惯晚上7点的橙红色天空时，蝉鸣声在9月的某个夜晚戛然而止……

这是整座城市夏天的呼吸。对很多人来说，夏天是在雨中浸湿

* 2005级硕士研究生，2009级博士研究生，现任华东政法大学法律学院教授。

** 2005级硕士研究生，现任农业银行卡中心风险管理部副处长。

的双脚、泳池的氯水味道、遁入冷气房的救赎。它们就整整齐齐地在架子上陈列着。某一天，当我们不经意地发现这番琳琅满目的陈列时，有没有哪一排在时间洗礼下依然很少褪色？于我而言，它们是沿着并不宽敞的马路骑行，是进入大门后左手边的草坪，是经过钟楼后闻到的饭香，更少不了桥下睡着午觉的流浪狗。这“4+3”个年份的陈列品，是我成为一名法律人、法律史人的留念。

如今，我身处高楼极力远眺葱郁之间的钟楼而不及。虽然它一直都在那里，就像“比较法”“社会法学”“伯尔曼”之于我的记忆一样。这些在我的办公生态中找不到的名字，却总会提醒我自己有多幸运。不光是因为 7 年时间让如今的我找到一份能养家糊口的工作，更是于世俗的零碎之外，它充实了我的灵魂和大脑。

实际上，作为一个法律人都应该是幸运的吧。我们被教导相信真理。这份真理无法依靠显微镜和试管去发现或证实。这份真理基于人类对于大义和大善的信仰而存在。这份真理衍化出的规则试图把所有事情放在积极的轨道上。作为一个法律史人，这份注定的幸运又是如此独特。真理的碎片往往因为被嵌套在现实的场景下而显得互相矛盾，但我们却得以在历史中探寻它的全貌。书页上的每一张油墨、课堂上的每一段对话、哪怕是放进回收站的每半份论文，都让我们的心更有力量。

当年我们满怀期许地踏进那扇大门时，正值凉风劝走酷暑之际；当我们满怀抱负地离开时，恰逢闷热雨季。尤记得那一年的夏风把大家吹散的样子……

二、平常

2012 年春，我在博士学位论文后记里感叹，这是我从小到大待得最久的校园了。一晃 10 年，到 2022 年，华政也是我至今工作服务时间最长的单位了，心中窃喜。略有不安的是，我从开始就读法律史硕博乃至工作的17年来，都只是完成了规定要求而已，就法律史学科而言，我也没有贡献太多的学术“KPI”，是以并无高光时刻可述。那就让我作为平常的法律史学生与老师的双重身份来叙述“华政法史传承”的平常一面吧。

2005年秋，入华政园，攻读中国法制史硕士学位，记得第一学期有我的硕士研究生丁凌华教授的“中国法制史史料学”课程，听丁老师讲述史料学，才知原来以往所读著作，其来源皆本于史料，而史料入门，则从目录学、版本学开始。知此，让我颇有登高望远的快乐。那年秋天到次年夏天，我的课余时间就都在红楼和上图的古籍部度过了，除阅读各种法律古籍文献外，还同时尽量将其数据化“存入”电脑，由于那时还没现在这么多的电子书，于是逛网上论坛收集，或自己扫描制作电子书，慢慢也有了个人化的小数据库。更幸运的是，2008年毕业的暑假，高珣师姐让我制作“中国法制史”课程的数据库，于是有了充足经费去购买了刻录数字古籍的光盘数百种，更有良好设备和场所（40号楼），我和同届的李冬冬、彭芸安，日夜一起在那里奋战了一个月，制作了非常简陋的数据库。当我们将笨重的数据库硬盘（当时的移动硬盘是3.5寸，重量要超过2.5公斤，需要专门的电源）接入电脑，输入关键词，可以找到自己想要的史籍著作的PDF版时，那种史书尽在手中的感觉，就是对一个月辛劳的最好奖赏吧。由此，我也形成了延续至今的习惯——每年整理一次电子书，并购买硬盘进行备份。多年来，法律史的师友急需相关史料电子书时，我也多能及时提供，可谓人生一乐。2021年秋，我在万般惶恐中，接过丁老师的“中国法制史史料学”课程后，丁老师慷慨地将他的讲义发送给我，助我上课，而这时我积累多年的数据库，更是让我在惶恐之余有了一些资料底气。现在想来，真是一饮一啄，皆有因果，我受师长惠，当报于后学，不外如是而已。

进入读博阶段后，导师王立民教授对我多有提携和帮助，我自己选定楚简司法文书作为研究方向，他也是赞赏并鼓励，多方提供支持。尤记得，从当学生到后来当老师，每次和王老师出外参加学术会议，他抓住机会就会细心地向法律史前辈学人介绍我，说是少有的从事“冷门”的楚简法律文献研究者，导师的提携让我倍感温暖。在毕业后，每次和王老师见面，在汇报工作之余，他总是鼓励我要多思多写，保持学术产出，只是我多年来学术产出并不多，有愧导师期待，希望今后能更多努力，有更多成果可以汇报。

2009年我开始读博时，恰逢古籍所在何勤华老师支持下恢复独立编制，张伯元老师为名誉所长，王沛师兄为常务副所长，我在张老师和王沛师兄的鼓励下，就选定了楚简法律文献为博士论文的方向。于是从说文解字开始，从描摹楚简文字开始，在古籍所开始了至今为止仍在继续的楚简研究。古籍所恢复这十多年来的情形，王沛师兄有生动详细的记述，这里就不多赘言了。

从我作为学生的视角观察，“传承”在古籍所体现的就是“师生同学，一届带一届”。2009年古籍所开始恢复正常的运作，张老师给我们那届博士研究生上课，讲的就是出土法律文献的研究。我在那年秋天入学后就开始天天在40号楼的古籍所办公室读书、写作，张老师、王沛师兄也常到办公室里，师生畅谈学术，经常都是到晚上10点还兴犹未尽。后来陆续有欧扬、邬勖、陈迪、裴乾坤、张娜、黄海等加入。在张老师和王沛师兄的带领下，我们学着办年度出土文献学术研究国际会议、编辑所刊、举办读书会（乃至寒暑假不休），我们一届带一届，乐此不疲。记得我写博士论文时，主要在东风楼的古籍所资料室，那时资料室尚未整修，夏热冬冷，各种资料摊开满地，外人看来可能是比较辛苦，但是能有一个安静独立的空间进行思考和写作，我们已感觉非常幸运了。张老师还经常在晚饭后散步时经过东风楼，每次见了都是畅谈论文，听我得意扬扬地述说自己的浅薄所得，多予鼓励。在我毕业后，甚至有几年形成了在东风楼写作博士论文的“古籍所惯例”，记得裴乾坤、张娜、邬勖等都是在这拥有小小阁楼的资料室里完成了他们的硕士、博士学位论文。2014年资料室阁楼整修后，也有了正式雅称——“文章之无穷阁”（系张老师以楚文字题词），古籍所师生当以此为目标。

以上就是这些年来我认知的华政法律史“平常”，以平常心，做平常事，驽马十驾，功在不舍，“平常”精神或可为我们的传承。

2022年7月

守好业，就是弘扬好华政法律史精神

屈文生 *

一

我最早是从刘艺工老师那里了解到华政法律史学科的。那时，我还是兰州大学法律系的一名在读硕士研究生。有一次，刘老师鼓励我将写就的围绕人身保护令状（habeas corpus）的研究论文寄给华政的何勤华教授请益。他特别提到何老师虽身居校长、全国外国法制史学会会长等要职，但待人平和而不清高。比如，过新年时，何老师会将亲笔写好的贺年卡一一寄给包括他在内的学会同行；又如，何老师无论有多忙，都会抽空回信件。我听刘老师说起这样细腻的情节时，感觉心里照进了一束光。

2005 年 9 月 3 日，美国联邦最高法院首席大法官伦奎斯特（William Rehnquist）去世，我随即写了篇小文章，并以伦奎斯特本人的一句话开头："'罗伊诉韦德案'判错了，应该被推翻。" 2022 年夏天，当这桩堕胎案彻底进入公众视野，在朋友圈被热传时，我又想起了 2004 年自兰州大学毕业后在大连外国语学院任教的短暂时光。那时，我将那篇小文取名为《伦奎斯特小传——美国首席大法官》并再次寄给了何老师。究竟过了多长时间何老师回了信，我

---

* 2006 级博士研究生，现任华东政法大学研究生院院长，教授、博士研究生导师。

已经记不清了，当初的邮件也因辗转搬家找不到了。但是，这篇小文再次有幸被何老师收录在他主编的《外国法与比较法研究》(第1卷)中，该卷由商务印书馆2006年出版。

而我先前寄给何老师的两篇小文《试论人身保护令制度》和《论非常令状》，在此之前也经何老师首肯，略加修订后分别发表于何老师主编的《法律文化史研究》(第2卷)(商务印书馆2005年版)，以及何老师和王立民老师共同主编的《法律史研究》(第2卷)(中国方正出版社2005年版)。

也就是说，我在2006年9月正式到华政读博士学位前，已经通过写信的方式同何老师建立起了联系；何老师则给予了我这个向往学术但名不见经传的年轻人无垠的希望和比黄金更重要的信心。我的学术生涯在那时就算正式开始了。

二

2006年9月8日，我带着六大包行李，乘坐大连至上海新客站的T131次红皮车，经过近一天一夜的长途旅行，终于来到华政园。那时我在上海真是举目无亲。我到的时间比预定开学的日子早几天，是因为我要承担外语学院安排的本科教学任务。我记得到校前联系过马贺师兄，但当我顶着酷暑狼狈不堪地把六大包行李渐次搬挪到长宁校区“华政桥”河西端桥下时，却一时没有联系到他。于是我设法找到此前已在西宁学术会议上认识的韩强，他2004年硕士毕业后留校任教并于同年攻读法律史博士学位，高我两级，是我的师兄，同在何门。就这样我在他的宿舍借宿了数日，直到我在新教对面的6号博士楼分到了自己的宿舍。

开学后，我很快熟悉了其他21位同学：陈兵、陈婉玲、果海英、胡建会、胡骏、胡桥、黄爱武、荚振坤、蓝涛、李婧、练育强、穆伯祥、潘申明、王红梅、王亚军、阎锐、颜晓闽、杨辉、叶芳、虞瑾、张东平。我们22人在学习、考察、工作往来中结下了深厚友谊。

我有幸拜入了何勤华教授、李秀清教授的门下。李老师这一年是首次招收博士研究生，按惯例要同资历更深的博士研究生导师合作指导，于是我既是何老师的学生，又是李老师的开门弟子。这样的安排到底有多么幸运，我是逐渐才体会到的。到上海前，我辗转问到了李老师家里的电话号码，并同李老师有过一次通话。那次通话具体说了什么，我也忘记了，但我记得李老师要我记下她的电子邮箱时，飞快地拼出了“ecupl.edu.cn”的邮箱后缀。那一刻我很担心会记错这一长串当时听来还十分陌生的字母组合。若干年后，我对华政校名的英文缩写“ecupl”也会脱口而出，于是我就在想，要判断一个人是不是华政人其实很简单，但凡能够连贯拼出“ecupl”这5个字母的，十有八九是华政人无疑了。

刚入校时我生活过得非常拮据。华政的博士研究生学费还是比较高的，每年1.5万元。我虽然在读书前工作了两年，有些积蓄，但已在大连购房付了首付款，还有商业性个人住房贷款的月供要还。大连外语学院（现大连外国语大学）那些年我印象中是在开展“国有民营”试点改革，所以寒暑假时只给我们发几百元的薪水。而从我到上海读博后，学校每月只发放400多元的工资，这点微薄的收入于我而言，绝对是入不敷出，所以我在来沪前，就通过电话向外语学院办公室主任陈逸琴毛遂自荐，表示希望在外语学院兼职任教。就这样，我十分幸运地被聘为外语学院的兼任教师，学院安排我承担2006级本科两个班的“大学英语阅读”课程，每周8课时。课时费的收入，一定程度上缓解了我的经济压力。

但是读书期间经济压力还是比较大，于是我还间或承担了一些律师事务所外包的法律翻译工作。一次，一家沪上的律师事务所曾与我说，如果我愿意去做法律翻译，一个月可拿到1.5万元的薪水。这对当时的我来说，是不小的诱惑。当我试着向何老师征求意见时，何老师和我说“你适合在大学里工作”，没有任何拖泥带水。何老师的语气坚定，听得出他不是要我自己做决定，已经替我做了主。这一刻，我仿佛也觉得经济压力什么的，都是暂时的困难，算不了什么。

这件事后，我从未动过从事其他行业的念头。我开始了与书为伴的生活，一心读书、译书、教书、写书。开学不久后，何老师交给我一部大部头英文打印稿“A General Survey of Events, Sources, Persons and Movements in Continental Legal History”，有700多页，以及部分硕士、博士研究生对该书的初译稿，何老师要我完成这本书的翻译工作。我本指望这些译文能够用到一些，只是未料到其中误译、漏译甚多。由于这本书涉及的欧洲各国人名、法令名、制度名、王朝名、官职名及历史事件名非常多，往往读一小段，就要停下来解决若干问题，而初译稿对这些问题的处理十分随意、意思方面也常与原文出入甚巨，且各译者的翻译风格与我期待看到的也很不契合。于是我决定放弃这些初译稿，彻底重译。

此后，我每天早8点便开始翻译，经常一译就是一天，一干就至凌晨一两点钟。我在寝室译，在教室译，在内蒙古的老家译，在大连的房子里译，我走到哪里，就把这本书背到哪里，翻译到哪里。那时我没有笔记本电脑，我就把它们先翻在纸上，等有条件了，再将它们录入台式电脑中。就这样，一年半后，我终于将译文定稿交到何老师和上海人民出版社屠玮涓老师的手中。2008年12月，我收到了出版社寄来的样书《欧陆法律史概览：事件，渊源，人物及运动》，心里无比激动。学术史上，系统介绍欧陆法律史的仅有两本：一本是姚梅镇译的《欧陆法律发达史》，但那毕竟是民国时期的书了（商务印书馆 1943 年版），另一本即本译著。换言之，是何老师帮我选择了这本在学术价值上具有不可替代性的大书。我后来经常想，这部 72 万字的法律史著作，单是要将其录入电脑，单是做文字编辑校对，对很多人来说已足够单调艰苦，更别说是一字一句地翻译了。翻译这本书我没有得到任何项目经费支持，但我认为比项目经费更重要的，是何老师的精神支持与鼓励信任。一年半来，我从未敢懈怠，却乐在其中。

后来，我又陆续翻译出版了《中世纪的法律与政治》（与任海涛合译，中国政法大学出版社 2010 年版）、《盎格鲁—美利坚法律史》（法律出版社 2010 年版）、《世界上伟大的法学家》（与何勤华教授等合译，上海人民出版社 2012 年）、《美国陪审团制度》（与宋瑞峰、陆佳合译，法律出版社 2013 年版）、《小斯当东回忆录》（上海人民出版社 2015 年版）以及《中国进入国际法大家庭》（商务印书馆 2018 年版）6 部法律史与中外关系史方面的学术著作。此外，我利用 2015 年在哥伦比亚大学访学时的闲暇时光，彻底修订了《欧陆法律史概览：事件、人物、渊源及运动》，该书的修订版于 2015 年由上海人民出版社出版。

除外国法的汉译外，我还承担过两本中国法的外译工作：一是《东京审判文集》（*The Tokyo Trial: Recollections and Perspectives from China*）的英译本，该书于 2016 年在剑桥大学出版社出版，是“剑桥中国文库”（The Cambridge China Library）系列丛书之一，系我与靳璐茜、闵舒晴合译；二是何老师著《中国法学史纲》（*An Outline History of Legal Science in China*）的英译本，该书 2016 年于荷兰科威出版集团出版，系我与付俊伟、李婧嵘、潘俊武合译。

我理解，翻译完成一部作品，就相当于工匠建成了“一座新的宫殿”，翻译因此其实是一份非常容易给人带来成就感的工作。当然，在前机器翻译时代，在那个一切靠手工操作的时代，翻译还尤其考验“工匠”（译者）的耐心、技艺与智慧。

三

我后来全职加入了华政外语学院。2009 年，我顺利毕业拿到了博士学位。先是担任了法商英语教研室主任，继而担任学院副院长、主持工作副院长和院长。再后来我又调任学校科研处任处长。2021 年 10 月，学校党委又任命我担任学校研究生院院长。

这期间，我的兴趣点始终在法律史、法律翻译、翻译史和中外关系史等领域。我毕业后出版的多部著作或译著，何老师和李老师都有帮助，有时两位老师还帮我撰写长篇译序或专著序。2011 年，在何老师的支持下，我的博士学位论文《普通法令状制度研究》有幸被列入何老师主持的“法学文库”，由商务印书馆出版，这本书后来获得第三届中国法律文化研究成果奖二等奖。2013 年，在李老师的支持下，我的专著《从词典出发：法律术语译名统一与规范化的翻译史研究》有幸被列入李老师主持的“法律·社会·历史文丛”，由上海人民出版社出版，后来这本书先后获得上海哲学社会科学优秀成果一等奖、教育部第七届高等学校科学研究优秀成果奖三等奖。2021 年，我和我指导的博士研究生万立合作的《不平等与不对等：晚清中外旧约章翻译史研究》由商务印书馆出版，该书入选 2019 年度“国家哲学社会科学成果文库”，成为华政历史上首次入选该文库的专著（同年入选的还有胡玉鸿教授的《弱者权利保护基础理论研究》），而我对不平等条约的研究兴趣，也很大程度上得益于法律史学科这块沃土的滋养。

可以说，这10多年来，我都从未敢懈怠。我始终觉得，只有足够拼搏努力，才能配得上同这个杰出的群体相遇、相知、相助。10多年来，由于我编制在外语学院，始终是以法律史研究中心、法律文明史研究院兼任教授的身份，积极参与学科的各类重要活动。在法律史研究中心，真正由我主要推动的大型学术活动，大概有两次。一次是2012年11月，我和崔吉子老师受何老师委托，召集“中日韩法律翻译与法律移植国际研讨会”。这次会议后，我们3人共同主编出版了《法律翻译与法律移植》一书。但我在这里主要想记录的，是另一场学术活动。

2021年10月23~24日，我在科研处任上的最后一件工作，就是成功召集了首届“全国法学与史学跨学科前沿论坛”。这场标志性的跨学科会议由华政与中国社会科学院世界历史研究所、中国社会科学院近代史研究所、全国外国法制史研究会联合举办。来自全国各地法学、中国历史和世界历史3个一级学科的80余位专家和《历史研究》《世界历史》《近代史研究》《法学研究》《法学》《华东政法大学学报》《学术月刊》《探索与争鸣》编辑部的主编或责任编辑线下参加了全程会议。〔1〕

这场会议期间，最令我感动的，仍是何老师和李老师的倾力支持。两位老师全程参与会议，片刻没有离开会场，何老师还在头一天就住过来，为的是帮助我招待各位远道而来的贵宾。李老师则全程专注记录各位学者的发言要旨，并在两天的会议收尾时作了十分

〔1〕 参加者主要有陈志坚、程兆奇、杜正贞、高国荣、管建强、郭为禄、韩伟、何勤华、侯中军、胡晓进、胡永恒、胡玉鸿、黄海、李剑鸣、赖骏楠、李秀清、李洋、李金铮、李里峰、李在全、刘宇、廖刚、刘健、孟广林、孟庆龙、邱澎生、邱志红、屈文生、瞿骏、苏彦新、苏亦工、史志强、唐仕春、田雷、汪朝光、王鑫、王志强、王帅一、吴佩林、谢国荣、徐忠明、颜丽媛、杨义成、杨瑞、章永乐、张志云、张艳茹、张勇安、张晓宇、赵金康、赵立行、卓增华等。

精彩的大会总结发言。其间，学科于明教授的主持令我印象深刻；史志强副研究员则是全身心投入会务工作，最终奉献了惊艳大家的60多页会议简报稿。学科苏彦新、龚汝富、王沛3位教授，学科秘书孙晓鸣博士和学科多位青年教师、博士研究生、硕士研究生都全身心地参加到会务工作中来，体现了法律史学科的凝聚力和战斗力。

四

如果说已故的徐轶民、王召棠、陈鹏生等华政“法史三老”（郝铁川语）是学科奠基人，是第一代元老；何勤华、王立民、徐永康等教授就是第二代，他们是将法律史学科建成国家队的功勋主帅。张寿民、张伯元两位老师，对于学科20世纪80年代的起步复兴功不可没。“50后”的丁凌华、杨师群、周伟文、赵元信等老师，“60后”的李秀清、龚汝富、苏彦新等老师，“70后”的王沛、冷霞、洪佳期、姚远、茆巍、王捷、魏敏和我本人，“80后”的于明、董春华、王婧、胡骏、王海军、史志强、邬勖、王静、韩毅、赵智勇、张长绵、陈迪、徐震宇、肖崇俊、孙晓鸣等老师，以及“90后”的邱唐等老师，有的已经为学科进一步开疆拓土，作出了不可磨灭的贡献。而我们中的这些年轻人，在向第一、第二代致敬的同时，在不懈创业的同时，也是在为法律史学科守业。郝铁川、孙潮、沈国明、俞江、陈灵海、陈颐、高珣、于霄、李彤、马慧玥、金勋等老师，现虽已调离华政法律史学科，但他们曾长期为学科工作，可以说他们都曾为学科的成长作出过很大的贡献。我从李老师那里获悉，还有几位我从未听说过的前辈也曾在学科工作过，我暂未考证过，这里就先不列了。

我与学科第一代元老没有学习与工作上的直接交集，他们的故事，我都是听大家讲的。但我想，我和青年一代肩负同样的使命，就是守好第一、第二代元老和各位授业老师开创的基业，弘扬好华政法律史精神。

目下，华政的法学学科建设在全国600多家法律院校中，在不少二级学科稳居全国前列。若从教师梯队建设、学术成果和影响力来看，其中法理、法律史等基础学科的实力最为强大。在学校现有7位“长江学者”（3位特聘教授和4位青年学者）中，法理有胡玉鸿、马长山等两位特聘教授，法律史则有李秀清一位特聘教授，两位青年学者即王沛教授和我本人。此外，何勤华、王立民、王沛3位教授和我本人都正在承担国家社科基金重大项目。法律史学科团队近年来还在《中国社会科学》《法学研究》《中国法学》《历史研究》《学术月刊》《中外法学》等许多权威期刊发表了一系列有影响力的论文。

近年来，兄弟院校的进步非常快，且不说中国政法大学、中国人民大学、北京大学和清华大学在京四校的进步神速，就是京外的西南政法大学、武汉大学、吉林大学、中南财经政法大学、上海交通大学和复旦大学等高校，也常常让我们倍感压力。

华政法律史学科发展到我们这一代，我特别希望这个学科能够继续开枝散叶，甚至在这个二级学科中孕育一个新的一级学科。乍听上去，好像不合逻辑。但推敲起来，或许又不是一件完全不可能的事情。

在2023年和2026年，学校将迎来两次宝贵的申报新一轮博士点的机遇。我如今作为负责学校研究生教育与学位建设工作的具体推动人，得知国务院新颁布的学科专业目录中新增了一个交叉学科专业“区域国别学”，这是一个可以授予法学、史学或文学学位的新的博士点，但目前所有高校都没有建成。我认为，这件事既是学校发展，也是学科壮大的一次宝贵机遇。

每当我想到何老帅的12卷《各国法律发达史》和16卷《法律文明史》，每当我想到华政有何老师这样威格摩尔（John H. Wigmore）式的大家在，每当我想到华政还有一支从事国际关系与国际政治的力量如高琦琦等人在，每当我想到还有一支外语力量在，每当我想到我们刚刚拿到的国家级研究基地是以世界法律文明与国别法为主力时，这样的构想也不是完全没有可能的。区域国别学研究，从来离不开法学（含政治学）、历史学和外国语言学研究。比如，哥伦比亚大学的东亚研究是以“East Asia：Regional Studies”（东亚区域研究）和“East Asian Languages and Cultures”（东亚语言与文化研究）为中心的，伦敦大学的“SOAS”，即“School of Oriental and African Studies”（亚非研究学院）也把法律、政治、历史同语言研究紧密地结合在一起。或许，这些机构的做法可以给我们华政的法律史学科进一步发展提供某些启示。

我常想，要做好一篇法律史文章，就是要调动好笔下的文字和找到的史料档案，把它们放在该放的位置。其实，写好一篇文章往往能够体现作者的一种领导能力，当然能够布局宏大学术工程，调动组织庞大规模的研究力量，且总是能把这样的学术工程按期完成又完成得十分杰出的，需要的是某种更重要、更杰出的领导能力。

我还经常想，守好业也不容易。就我们法律史学科的成员而言，守好业就是弘扬好华政法律史精神。我的两位老师一位是1955年生，一位是1966年生，非常巧的是，我是1977年生。我们这个队伍中，我印象中王沛和陈颐也是1977年人，在现有学科成员中，“80后”中锐气、心气、才气很高者大有人在，我希望未来有更多“90后”加入，一道来接续我们这个共同的伟大事业。

2022年7月

不负韶华，感恩在怀

颜晓闽 *

不知不觉，时光荏苒，从华政毕业已经10多年了，我也迈入了法律职业生涯的中段，回望过去在华政的经历，至今仍然感慨难忘。

当年，怀揣为了国家强盛的理想和实现自身价值的梦想，我报考了华政的法学硕士研究生班。由于自己既对历史学感兴趣，又希望能够在社会上获得更好的学以致用的能力，我毫不犹豫地选择了法制史专业。

法律史专业当时集中了极为优秀的师资力量，尤其是外国法制史专业是由何勤华校长掌舵，在全国范围内都是顶尖水平，能够有机会到这一科研集体里接受教育和锤炼，是一件非常幸运的事情。

犹记得当初老师们开列了书单让我们精读，对刚踏入理论研究大门的我们来说，确实是颇有挑战的任务。但在阅读过程中，每当捕捉到思想和知识精华，那种惊喜、兴奋和爽快的感觉，如获至宝一般。随着时间的推移，通过老师们的指点和同学们之间频繁的交流，不知不觉中我的理论水平得到了提升，看待问题的角度和方式也发生了很大的变化，这为我今后的科研工作打下了坚实的基础。

就读硕士研究生期间，本专业几位老师的课程很让我印象深刻。何勤华老师在外国法制史领域有广泛而深入的研究和深厚的科

* 2003级硕士研究生，2006级博士研究生，现任上海思博职业技术学院讲师。

研积累，上起课来东西并重、广博精深、深入浅出。一些复杂的专业知识，经他一番讲解就能使我们从懵懂无知到熟练掌握。我的硕士研究生导师李秀清老师年轻干练，创作能力强，对我们学生也十分亲切，每次她上课，我们都非常轻松活跃，讨论也比较热烈。周伟文老师为人热情幽默，他的“罗马法”是我们外国法制史学生最喜爱的课程之一，在课上他经常鼓励我们发表自己的观点和意见，也不要惧怕质疑老师的观点，只有这样才能更快提高自己的能力和信心，发挥学习的主动性。几位老师对我的培养和教导，使我终身受益。

经过两年多的努力，我顺利完成了毕业答辩。为了实现学术研究梦想，我又报考了华政的法制史专业博士研究生，而这次更是有幸拜在了何老师门下。

博士研究生阶段同门的几位同学学术功底深厚，科研能力很强，成为我的好榜样，从他们身上我得到了很多的启发和帮助。我们经常相互切磋，激烈争辩，楼道里有时都回响着忘我的激动声音。回想起来，那段学习生活也是非常快乐有趣的。

博士同学中，练育强特别值得一提，他比我这样的应届生要大好几岁，社会阅历丰富，为人热情开朗，他操着一口带方言腔的普通话，让人倍感亲切。在学习期间，他是研究生部部长，我是副部长，我们之间相互配合，组织了研究生院党代会等活动，在工作中他也给了我很多帮助与支持。除极为干练外，他在科研上也十分努力钻研，思维活跃，我们经常参与他组织安排的学术活动。所以，良师益友，也不过如此而已。

我们这一届的学生之间感情非常深厚，即使是在毕业后，仍然经常见面、联系，这和我们法制史专业的学风分不开，师门常常强调我们同门之间要相互扶持，团结协作，我们也把尊师重道和同袍之谊记在心间。如今，法律史专业硕士研究生招生 40 周年、博士研究生招生 20 周年了，我们学弟学妹的队伍越来越庞大，不断成长，真是令人十分欣喜。相信未来，我们专业将越来越兴旺，科研实力越来越强，社会影响力也会不断扩大。

至今，我从法律史专业的研究生生活中获得了很多的益处，那段经历深深影响了我的人生轨迹。值此重大的日子，我衷心感谢老师们和同学们给予我的人生财富，也祝愿法律史专业的未来越来越光明！祝愿老师们身体健康，同学们事业蒸蒸日上！希望能够早日再次回到华政校园，徜徉在优美的鸟语花香之中，再去看看当年自己撒播青春热血奋斗的地方。

2022 年 6 月

回望博士学位论文写作的日子

李明倩 *

看到微信群里学科要出纪念文集的通知时，我的心一下子回到了博士学习的那段时光。当时所谓的“煎熬”，今天看却是无比幸福。没有什么比博士学位论文后记中的文字更能确切地表达我对法律史学科的感情，对众多华政师友们的感情和对博士学位论文写作的真实记录。再次翻出那些彼时看了又看，读了又读的文字，浮现出的每幅画面都很珍贵（下文为本人博士学位论文后记）。

自从来到华政，便钟情于这里的红砖黛瓦、绿树芳草，沉醉于河畔晨曦、钟楼唱晚。春日里观樱花细雨，夏日中赏栀子花开，秋日品桂花飘香，就连没有暖气的冬天也不似北国寒冷。转眼间，已然到了博士阶段，各种小情调都乖乖让位于博士论文。

以《威斯特伐利亚和约》作为博士学位论文选题的想法源于博士一年级参与导师何勤华教授主持的国家社科基金项目“法律文明史”子项目“法的国际化与本土化”时对和约本身以及国际法演进路径的粗浅认识。学术界对于“冷战”结束之后国际公法的研究已经相当深入，但对于国际法律史的研究仍相对比较薄弱，从法律史的角度对国际法以及国际关系上的标志性事件进行的研究也是付诸阙如。基于这一认识，我选择了国际法研究中无法绕开的事件——结束欧洲30年战争的《威斯特伐利亚和约》作为自己的博士学位

* 2006级硕士研究生，2009级博士研究生，现任华东政法大学外语学院副教授。

论文的研究方向。

当我将自己的这一想法向导师何勤华教授汇报时，得到了他的肯定与鼓励。但是“理想很丰满，现实很骨感”，在具体撰写论文的过程中，我遇到了很多困难：中文资料相对匮乏，部分英文资料晦涩难懂、术语翻译拗口、一些人名地名遍查无果或语焉不详，还有部分从名称上判断应该比较有用的文献所用语种却不在我掌握之内。很多时候，那些曾经“千辛万苦”写出来的章节，搁置几天再看时却发现词不达意，不得不忍痛割爱，删减下去……除此之外，写作过程中不时的思路枯竭更是让我焦头烂额，不时出现“阶段性癫狂和暴躁并发症”。

At the moment when you wanna give up, think about why you have come this far.（在你想要放弃时，想想当初为什么坚持走到了这里。）

这是我最喜欢的英文句子之一。而关于这个问题的思考不仅能够治愈上述“女博士论文焦躁症”，甚至还能品味到博士学位论文写作中的幸福与快乐。对我来说，它的答案很简单——爱，但我们往往吝于出口，唯恐频频挂在嘴边，玷污了它的珍贵与纯洁，徒增些廉价与俗气。也许此刻将它表达出来是最适当不过的。它来自华政诸位良师对我的关爱、众多师兄弟姐妹对我的友爱和家人对我毫无条件的疼爱。

我是何其幸运，能够在硕士、博士阶段均师从何勤华教授。何师学识渊博，兼收并蓄，且不说何师从论文题目拟定到资料收集整理，从结构搭建到最终定稿给予我细致指导，在生活上对我也是关怀备至。非常感谢何师对我的信任与包容、支持与鼓励，这是一份亦师亦父亦友的情谊，学生将铭记在心。

王立民教授应该是华政最有“腔调”的老师。他翩翩风度、儒雅气质、和蔼可亲，拙文《古代东方国际法探析》在王老师的启发和指导下完成，感谢之情自不待言。徐永康老师见解独到，思想深邃，他在课堂上引领我们从多个视角看问题，令我受益匪浅。博士学位论文开题之初，徐老师对本文提供了很多有益的意见。

还记得我在硕士学位论文后记中也曾写到，与李秀清老师的接触就像是四月春风拂面的感觉——温暖、清新、自然。非常感谢李师在篇章名称、索引附录等论文细节上给予耐心细致的指导和点拨，更要为每一次自己烦忧时对李师的“骚扰”致以真挚谢意。本文的思路亦来自陈颐老师。陈师是一部“百科全书”，他敏锐的视角和洞察力、渊博的知识，甚至于他羞涩的小表情都极其充满魅力。感谢陈师在忙碌中对本文的指导和启迪，然而学生能力有限，很多宝贵的建议和意见无法落实到最终文稿上，实属遗憾。此外，还要感谢周伟文老师，他的幽默睿智在我刚刚进入法律史殿堂时便给我留下了深刻的印记。

除诸位良师对我的教诲和关爱外，不得不提众兄弟姐妹对我的友爱。在我为论文一筹莫展时，果海英师姐经常打电话安慰我、鼓励我，我记得她说，“博士论文是一个学习的过程，只是研究的起点，不必太过纠结于所谓高深的理论”；李威、泳宏博士伉俪就像我的哥哥、姐姐一样，不仅在生活上嘘寒问暖，还常与我讨论论文，帮我修改提纲、完善内容，是我温暖亲切的小港湾；于明师兄更是对我的论文提出了具体而宝贵的建议，若干个在 Costa 和星巴克的下午见证了师兄的不厌其烦与细致入微，论文有今日之貌，定要感谢师兄“妙手回春”；何元龙、陈沛两位师弟为本文提供了技术支持与写作便利，在上海的严冬时节有这两位“高级伴读小书童”在图书馆鼓励我；有善解人意的师妹卢煜林共同“饕餮”、谈天说地是一件多么幸福的事情。此外，请允许我写下其他给予我鼓励的兄弟姐妹的姓名：与我共同经历论文写作、分享美好时刻的复旦大学常征博士，多年好友孙晓鸣，“闺蜜”刘竞元，室友穆红琴，师姐朱淑丽，师兄练育强、屈文生，师妹陈阳、朱颖，师弟李洋、卢然、马勇，以及同窗周会蕾、张婷、王伟臣、方堃、王海军、王捷、欧扬、于鹏飞、张海峰、李远明、王瑞山、刘承涛。

最后，我要感谢家人对我无条件的疼爱。外公外婆的谆谆教诲、爸爸妈妈的温暖叮咛，无不是我披荆斩棘的勇气和勇往直前的动力。当然，还要感谢我的先生泰瑞·菲茨杰拉德（Terry Fitzgerald），感谢他为我跨越千山万水，感谢他为我在英国订购论文资料，感谢他带我前往《威斯特伐利亚和约》的谈判地——德国小城明斯特和奥斯纳布鲁克。在那一排排焕发中世纪魅力的房屋中就包括签订和约的市政大厅。依旧清晰记得那些蜿蜒狭窄的街道和古老的半木结构建筑。也正是此次德国威斯特伐利亚之行让我的博士学位论文又增加了一丝别样情怀。

I love you once, I love you twice
I love you more than beans and rice

I love you blue, I love you green
I love you more than peach ice cream

I love you north, south, east and west
You’re the one I love the best

谨以一首自己非常喜爱的童谣表达我对 YOU——你们每个人的爱。

2012 年 5 月 13 日

找寻不应被遗忘的上海法治人物印迹

——《中国法学家访谈录》采访回忆

方　堃*

2022年3月底，听闻陈鹏生教授离世的噩耗，默默从书架上翻出《中国法学家访谈录》(第1卷)，不禁想起自己十几年前读研时在何老师指导下有幸参与访谈上海老一辈法学家们的往事。如今，当年访谈的口述人多已作古，作为后辈当年能有幸亲眼感受上海法治人物群像，亲耳听闻属于上海这座城市的法治旧事，是一段无法忘怀的记忆。

2007年前的深秋，何老师在课堂上提出了他已构思多年的想法：趁着当时许多老一辈法学家健在，以口述史的方式对新中国法治的事件、人物进行记录。想法一出，我们2006级外国法制史12名同学纷纷响应。说干就干，在何老师统筹谋划下，2008年伊始，我们分赴北京、上海、武汉等地，充当业余记者开始了对新中国法治历程的寻访。其中，我和王伟臣留在了上海，利用一个寒假时间寻访了10余位上海的法学家或他们的亲属。

上海的文化，是红色文化、海派文化和江南文化融汇的产物，上海独特的物质要素、人文历史、社会面貌也孕育了上海这座城市特有的法治故事。近代上海的法治以新中国成立为界，很自然让人想到两个时段，往前是东吴法学院，伴随2003年《南方周末》的

* 2006级硕士研究生，2009级博士研究生，现任中共安徽省委党校副教授。

爆款文章《被遗忘三十年的法学精英》，盛振为、周枏、卢峻、卢绳祖、许之森、徐开墅、浦增元、高文彬等一个个被时代忽视却又熠熠生辉的名字呈现在人们面前。往后伴随新中国法治的成长，华政是其中的重镇，王召棠、徐轶民、彭万林、苏惠渔等一批“功勋教授”们承载了上海新中国法治建设的使命。两段历史在新中国成立以后有交集，客观地说，交融得并不算融洽，但正是这有些纠结的时代、事件以及背后的个体命运，让上海的法治印迹有了一种立体的、难以言说的厚重，且充满韵味。我们的寻访，也正是在这种基调下开始的。

我们第一个访谈对象是华政法制史奠基人之一的王召棠教授（如果没记错，那天是 2008 年 1 月 4 日晚），王召棠教授那时已经 82 岁了，但精神饱满、声音洪亮，回忆其在中国人民大学的学习，回忆华政法制史的过往，那晚从 8 点一口气讲到 10 点许。其后两天的时间，我们加班加点整理编辑录音稿，希望能赶在其他同志出发前拿出一篇作为参考，稿子得到了何老师的认可。随后按此模式，杨兆龙（时已去世，采访其女婿陆锦璧老师）、徐轶民（时已去世，采访其夫人郭淑英老师和女儿徐清老师）、彭万林、苏惠渔、卢绳祖、浦增元、李昌道、高文彬、杨峰、陈鹏生等一位又一位在上海法学界有举足轻重地位的老人接受了我们的访谈。

客观地说，这些老人并非今天完全意义上的“法学家”，比如，上海律协、上海司法学校的开创者之一杨峰老师就说他只是一名法律工作者；百岁老人卢绳祖从事实务工作更多一些，他会提及自己作为交通银行法律顾问出资兴建永嘉新村的经历；参加过东京审判的高文彬先生更是在电话里就直接谦虚地说，“我不算法学家唉”……但是，谁又能否认他们为上海乃至中国法治所做的贡献呢？当代人不写当代史，但对这些具有传奇色彩老人们记忆的寻访，则是在抢救历史，且事不宜迟。访谈名单里原本有一位东吴法学院参与《元照英美法大辞典》编纂的许之森老人，电话那头，他女儿惋惜地说：“你们来晚了，我父亲几个月前刚刚走了……”我们也曾经设想能不能访谈到参加过东京审判的裘劭恒先生，也被告知老人家长期在医院，已经不见客了。随着时间的流逝，老上海尤其是东吴法学院的见证者已越来越少，这让我们当时的访谈多了几分“时不我待”的使命感。

与这种“使命”相伴的，还有作为晚辈仰视的“期待”。正是访谈对象的传奇人生，让我们始终怀着一种敬畏和期待：那时的我正在写一篇关于美国法的文章，经常查阅到李昌道老师的著作；那时电影《东京审判》热映不久，采访高文彬老师时就颇有一种“学术追星”的感觉；尤其是在陆锦璧老师家中，每每提到杨兆龙先生的晚年，总是那样令人唏嘘，那晚老人一直谈到快12点，出门的时候华政家属区和校园之间的铁门已经锁了，我们只好想办法翻回去，身手矫健的王伟臣没啥问题，身形臃肿的我则费了好大的劲才回到校园……

那年上海的冬天是阴冷的，有几天还下着雪，还在读书的我们条件也是艰苦的，忙的时候一天3场访谈，奔波在上海的地铁和公交上，如果有半天空档期就抓紧整理录音；访谈对象很多人的经历是坎坷的，但每个人对于我们的到来，谈及过往，都有着极高的热情：彭万林教授回忆起留学苏联在西伯利亚铁路列车上的那种兴奋；浦增元教授小心翼翼地取出那张60年前，记载着东吴法学院4年所有学科成绩的毕业证书，回忆新中国成立前后的法学学科变化；百岁老人卢绳祖，头脑、表达都很不清楚了，问他以前做过什么工作，他的回答含含糊糊：新中国成立前后好像做过法律顾问、给外国人做过翻译，百岁老人此时突然眼睛一亮，脱口而出一句话："我还担任过仲裁员，就是 arbitrator。"流利的英文单词伴随老人终身的记忆永远也无法抹去。坐在老人身边的我们，身临其境般地感受到这种记忆背后折射的人生起伏，也更感受到了这个课题背后那沉甸甸的时代价值。

高文彬教授说他一辈子就干了两件事：一件是早年参与了东京审判；另一件是晚年参与编撰了《元照英美法大辞典》；陈鹏生教授说起自己的命运起伏仿佛"滑稽戏"一般。曾有一次与周伟文老师聊到过这种现象，周老师说要用平常心看待访谈对象，他们也不是圣人，当年也都是有血有肉的人。想想也是，每个人都会因为时代和个人的因素作出这种那样的选择，只可惜在那样复杂的年代，很多事情的结果已无法挽回。但是，那个时代也只是百年长河中的一页篇章，随着时光的流逝，访谈对象也纷纷离世。但在法治蓬勃发展的当下，也正是有这些记忆中的杂音，才能时刻让人更加警醒，而上海这座城市的法治，也正是因为这些重要人物和附着在他们身上的这些事件，才会显得更加立体、复杂而厚重。此后从硕士到博士阶段，我又 3 次参与了法学家访谈录后续的访谈，但相较改革开放后法学家们"相对整齐的节奏"（恢复高考—海外求学—奋进教研—桃李天下—服务社会等），第一卷的这种厚重却又无比复杂的感觉却再也找不到了。

但寓于历史之中更值得被铭记的，是这些老人当年奋进自强的品格。他们吃了那么多的苦，却不怨天尤人，也不颓废消沉，而是充满信念地拥抱新中国法治的太阳。由于始终从不间断英语读物的阅读，高文彬在恢复政策回到上海后才能被上海海事大学聘用。陈鹏生自愿去最艰苦的大别山区，在金寨县汤汇公社一个山顶破庙修成的学校里，晚上点一盏劣质煤油灯看书。看到山区孩子读书难，他就协助学校在破庙中修起简易宿舍；看到山涧飞瀑，他和下放的电工、老师们一起，在当地老百姓的支持下，合力建成了一个水电站。处逆境而昂扬奋起，达顺境更锐意进取。如果一直在顺境，也许我们只能看到一个个著作等身的学者，但偏偏那些不平常的岁月和经历，证明了在伏案钻研之外，他们的人生宝藏中还有更大的热情和能量。

他们是命运的强者，穿透历史的沧桑，看淡了人生的起落，步入耄耋之年的他们在面对晚辈回忆历史时多了几分淡然与从容：在师祖徐轶民教授家中，时刻能感受到徐老在世时那种温情，人虽已逝，但师祖和家人们对学校的热爱，对晚辈的关怀依旧；李昌道教授谈到当年的过往，也淡然地说那页已翻过去了，当年的事情也不用多提了；高文彬教授说你们来一趟不容易，家中阿姨煮了桂花酒酿，你们一定要多吃一点；陈鹏生教授说他每周还要坚持几次游泳，还要为海峡两岸交流继续贡献自己的力量……10余年过去了，这些细节时常还会在我的在脑海中浮现，最后回忆一个经典场景吧：

那是在永嘉新村百岁老人卢绳祖的家中，老人思路已很模糊，访谈只能聊两句家常，访谈时间也不长，照看他的阿姨说，也许等下次来，他在不在世都不知道了。即便如此，老人还坚持将我们送出门外，我们下楼回望，老人笔直地站在阳台上目送我们离去，魁梧的身型恍若一尊雕像。那一刻，天空飘着小雨，我却突然感受到了巨大光芒：站在高处的老人，面前是后人对历史时代的不懈寻访；身后则是渐行渐远但不应被遗忘的法治记忆。我想，也许这就是本次访谈的价值，更是能够参与其中的我们后辈们的幸运吧。

2022年7月

喜欢法律史的理由

肖崇俊*

2021 年是法律史学科硕士研究生招生 40 周年、博士研究生招生 20 周年的纪念之年。2022 年的今天，回想过去，我已经来法律史学科 15 年了。

一

“你为什么要选择外国法制史？”后来成为我的硕士研究生导师的周伟文老师在面试时曾这样问我。

“因为我喜欢。”我不假思索地回答。

“你外国法制史课都没上过，怎么喜欢？”周老师的反问令我哑口无言。

是的，华东师范大学法政学院本科生的外国法制史课是到大学四年级才开的，给我们上课的陈融老师正是何勤华老师的博士。我面试的时候只上过中国法制史课。

这次糟糕的面试让我觉得自己没有机会了。意外的是，后来收到周老师的短信，告知我被录取了。那是我第一次来到 40 号楼三楼，因为紧张，我甚至都不记得那是什么季节了。

喜欢法律史学科需要理由吗？当时的我真的没有想太多。

* 2007 级硕士研究生，2013 级博士研究生，现任《华东政法大学学报》编辑部助理研究员。

二

我们2007级的硕士研究生或许是幸运的一届，因为刚入学不久，何老师担任首席专家的国家社科基金重大项目“法律文明史”便立项了。而我也有幸成为课题第6卷“中世纪欧洲世俗法”第5章“商法”部分的撰稿人。

我还清楚地记得那天的情形。课堂上，何老师询问大家是否有兴趣参加课题，并大致介绍了项目的总体情况和各个部分的拟写内容。商法部分何老师觉得撰写有难度，原本是打算安排给自己的学生吴玄的，但因为我申请负责这个部分，所以何老师还是应允了。

写作的难度确实是我没有预估到的。缺乏写作训练和时间管理能力的我，在子课题负责人陈灵海老师的严格监督下，吃力地完成了10万字的初稿。那些黑白颠倒的写稿日子已经在记忆中淡忘了，但此时又浮现在了我的脑海里。

当时，关于中世纪欧洲商法的资料并不容易获取。我幸运地在美国一家网上书店找到了一套欧陆古代商法的书，并托在美国读书的姐姐寄回国。何老师从课题经费里帮我报销了书费和邮寄费。我模糊地记得那大约是1700元，对于当时的我来说是一笔巨款。

这套书我一直珍藏着，一共两册，暗红色的硬封，大开本，沉甸甸的。

三

因为写课题的契机，我读了一些关于中世纪欧洲商法的资料。其中，欧陆的海商法特别引人注目。我翻译了《奥列隆海法》《维斯比海法》《汉萨同盟海法》的英文版。这时，我很好奇的是，为什么英国没有广为流传的海商法？这个疑问最终促使我以《英国海事法院的历史探析（1360—1785）》为题写作了硕士学位论文。

陈颐老师一听，就说这是一个好题目。学位论文答辩时，5位答辩委员也给予了我充分的肯定，论文最终被评为优秀硕士学位论文。答辩那天，李秀清老师特别叮嘱我，要坚持做研究。

后来，李老师又鼓励我考博，她用王沛老师的例子激励我努力尝试。但是要同时平衡工作、学习和家庭对我来说几乎是不可能的。在写作博士论文的那一年里，李老师免去了我的绝大部分工作，甚至将自己的教授办公室让给我使用。

仓促完成的博士论文是不尽如人意的，但对我来说是一个好的开始。选择一个领域，深耕细作，发现事物本真的一面，而不随波逐流、人云亦云，这是我喜欢的状态。李老师曾说，论文发表在什么级别的刊物上没关系，只要是你认真写的。

李老师的话，我一直记着。

四

在法律史学科学习，从硕士到博士，不只是一个学历的提升过程，更是一个观念的跃升过程。

还记得我在博士面试时被问到关于《宪法重大信条十九条》的看法时的窘态。当时，我搜肠刮肚，好不容易记起了以前在历史教科书上学到的那些关于清政府腐败无能的评价，勉强应付过去。但那并不是我想给出的答案。很多年过去了，老师们或许已经不记得这个“没有好好复习的”考生，但这件事对我却触动颇深。

“我不喜欢近代史，我很抵触教科书上关于那段历史的描述。”如果可以重新回到那场面试，或许我会有勇气说出自己的真实想法。这是我的一个心结，是对历史认知的一个心结，它在我来法律史学科之前就已结下。但是，现在这个结已经解开了。

长期以来，我们需要正确答案来给予自己安全感，没有正确答案甚至要自己去找答案的时候，往往是慌乱的。做研究就是这样一个自己找答案的过程。记得博士一年级的法学前沿课后，我向徐永康老师请教一个问题，徐老师说，你现在已经是博士了，应该自己去找答案。徐老师的话发人深省！

上徐老师的课，也是一个颠覆前见的过程。原来历史并不是我以为的那个样子，直面历史的必要性也不是我刻意回避就能躲得掉的。一个人在知道真相之后，或许才能真正地独立思考。这是法律史学科教会我的最重要的一点。

在法律史学科，我学习用规范的方法做研究，用客观的态度读资料。所谓“学问”，就是不断地探求真相，自己提问，自己学习，自己作答。做这项工作的人，人们称为“学者”，是非常贴切的。

现在，我知道我为什么喜欢法律史学科了，不再只是凭直觉，而是感知到了它的静（拂去喧嚣之静）、纯（摸索史料之纯）和真（还复本相之真）。

2022年6月21日夏至

于上海普陀寓所

何门一入教泽远，苏州河畔好读书

任海涛 *

经师易得，人师难求。有幸拜于何勤华老师门下，老师的言传身教对我日后成长影响深远。

2007年硕士毕业后，我留在兰州大学工作。但是我没有放弃学习法律史学的梦想。在考取华政博士之前，我也曾得到多位校友的鼎力支持。华政法律史博士招生有指定教材，这些教材中有的已经绝版，我在兰州无法买齐，托我的大学同学梅晓菁和她的爱人吴宇为我购买。他们往返于华政和华东师大之间为我购买、复印了所有书籍，最后，连书费、复印费、邮费都没有跟我要。曾在兰州大学为我讲授“法律英语”课程的屈文生老师对我考博起了关键的引导作用，是他一直鼓励我尽快考博，并建议我报何勤华教授的博士。当时，我对于报考何老师的博士还是心生惕怵，害怕难度太大。是屈老师的鼓励，让我逐步打消了疑虑。

2007年，一位师妹兼老乡，李爱然顺利保送到华政攻读法律史硕士。同年10月，我将自己读书期间的科研成果装订成册，与一封自荐信一并寄给她，托她交给何老师。李爱然告诉我，她会在何老师给她上课时当面转交。在某个周二晚上的9点左右，我接到一个021开头的电话。电话里传来一位长者慈爱的声音，询问是不是任海涛在接电话。我回答说是。原来这是何老师下课后，从办公

* 2008级博士研究生，现任华东师范大学法学院教授。

室给我拨打的电话。何老师说：“你的材料我收到了，我们考博士还是很看重笔试成绩的，希望你好好看书，好好准备考试呀！”我说：“很感谢何老师给我打电话，我会认真准备的。”接到何老师亲自给我打的电话，我激动了很长时间。

当时身为华政校长并是全国著名学者的何老师竟然会给一名远在兰州刚刚毕业工作的研究生打电话，这种鼓舞和激动是我无以言表的。当时的激动与感动之情我至今记忆犹新。受到何老师的影响，今天，无论收到学生的何种邮件，我都会认真回复。例如，多次有硕士、博士研究生学生写论文要对老师进行问卷调查，我都会认真填写问卷。又如，有一些学生会发邮件询问自己是否有可能进入夏令营，我知道他（她）的硬件条件可能无法获得通知，就会回复邮件劝其多投几个学校。再如，有同学询问是否可以选我做导师，我也会根据实际情况予以及时回复，以免耽误学生的选择机会。因为有何老师典范在前，我不敢忽视给我发邮件的学生的诉求，他们每个人给我发邮件之前都会认真准备，我也不能让他们希望落空。这可能是在我正式进入何门之前，老师已经给我上了深刻的一课。

笔试与复试期间，我几乎每天都去校园正门前的中山公园，被公园里那些未曾见过的南方花木、晨练的老人、唱歌的人群吸引。当时，我在想，如果能够考上华政，一定会经常来公园里读书的。但是，后来证明，我在华政读书 3 年，并没有经常来这里。似乎说明，凡是得到的事物，可能就不如遥远的事物更加让人珍惜吧。

2008 年 3 月底，笔试结束不久，我给研招办郭承安老师打电话咨询分数。郭老师告诉我说：“你英语 61.5 分，两门专业课分别是 80 分、90 分。还算不错的。”听到郭老师的回复，我很激动，在当时的办公室里走了十几圈，直到隔壁同事叫我去吃饭才停下。

博士复试是在 2008 年 4 月 14~15 日，这两天正好分别是我的阳历生日和阴历生日。华政的专业课面试时间很短，就是抽签回答问题，如果不会也无法自由发挥，每个人的时间五六分钟。这时，我才第一次见到何勤华老师，老师身着正装，表情严肃，目光如炬，令人肃然起敬。

经历层层磨难终于入得华政园，3 年学习时光也感光阴易逝。但是，何老师做科研的严谨精神与对待学生的坦诚态度，对我之后的成长产生了直接影响。

老师严谨的治学态度对我影响深远。博士研究生第一学期，何老师为我们开设了"中国法学史"课程，课上提到《吕氏春秋》中的法律思想是值得研究的。于是我就写了一篇《〈吕氏春秋〉"德治"法律思想研究》的文章交给老师指导。一周后，老师叫我到办公室。当我看到老师用红笔在文章上作的批注时，十分汗颜。因为，老师不仅为我指出了文章的结构、逻辑问题，而且为我修改了许多标点符号这样的小错误。老师当面只是给我讲了这篇论文在结构、逻辑方面的问题，其他小问题没有一一去讲，但是对我的影响却很大。老师的批改稿，我每次搬家都特意保留下来，不敢丢弃。这是老师以实际行动给我上了一堂课：科研工作应当一丝不苟、细节绝不可以忽视。老师的言传身教为我日后的科研工作树立了典范。

老师开阔的学术视野指引了我的科研方向。我来华政读书时，何老师在研究"法律文明史"课题，有幸多次听老师讲述该研究，其内容涵盖从人类法律文明的起源一直到 21 世纪人类法律文明的整体面貌，纵有四千年、横跨五大洲。该项目最初只是老师多年来的学术思考，后来申请到国家社科基金重大项目支持。通过这件事，我有几点感悟。

第一个感悟是，学术研究不能图快、跟风，应当持之以恒。老师对这个问题的思考已经持续多年，而不是追风、“赶时髦”。该研究最后被立为国家社科基金重大项目也体现了其重要学术价值。我有幸参与其中《古代远东法》的撰写工作。前几日，王兰萍老师告诉我《古代远东法》要加印了，这个也出乎我的意料，我本以为这种纯学术性著作是不可能加印的。这再一次证明，何老师多年的学术思考具有恒久的学术魅力。第二个感悟是，科研应当坚持自己的特色。不要等科研立项后再展开研究，即使暂时没有获得项目支持也不能轻易放弃。研究成果的价值终有一天会得到认可。第三个感悟是，研究一定要有体系化、整体化的计划安排。

2016 年前后，何老师正式给我提出了建议，鼓励我研究教育法学，因为他认为，这个学科在师范类院校具有特色且前景广阔。几乎是同一时间，当时还在华东师范大学工作的郭为禄老师，以及在华政工作的屈文生老师也提出了相同的建议。最开始，我并没有下决心去走这条道路。但是，有 3 位前辈提出同样的建议，我想，这个研究方向应该是不错的。一开始，我做一些小的问题研究，如校园欺凌、校园性骚扰、教育惩戒等。后来，我才开始思考整个学科的体系问题。首先，我模仿何老师主持的《法学家访谈录》的做法，对于我国各地著名的教育法专家进行了访谈，对我国教育法学的历史脉络有了宏观了解。其次，在此基础上，我主编了一本从法学学科角度研究教育法的《教育法学导论》。最后，近 2 年来，我还对教育法典基本理论进行了体系化研究，形成了一部逻辑结构较严密的书稿。从这个过程可以看出来，即使我已经毕业 10 年，但是我的研究路径、研究方法都体现着何老师研究思路的深刻影响。

老师对学生真切关心的态度也值得我学习。在我读书时，每一届所有法律史博士研究生都有一次单独跟何老师外出进行学术考察的机会。大家一起外出几日，放松心情，畅谈学术与人生，令人印象深刻。而且，那个时候每次参加学术年会，会后都有机会就近参观学习，极大地开阔了我的视野，丰富了我的阅历。在这个过程中，我们经常跟随老师边走边聊。我觉得这种研学旅游方式还可以加深师生、同学之间的感情，因此，我现在也会带着学生一起出游，会一起去爬佘山、游龙华、游郊野公园等，当然还有师门聚餐。我觉得这些活动有利于学生尽快融入集体，增加他们的归属感。

老师在不同场合对所有学生都会予以关注。一起吃饭时，如果我长时间没有融入大家的话题中，何老师会主动提出来一个我关心的问题，鼓励我加入大家的谈话。这种事情虽是细节，但也体现了老师对于每位同学的关心之情。这种对待学生的态度，对我有很大启发。

毕业十载，历经沧桑。回望来路，师恩难忘。

2022 年 7 月

锦瑟年华谁与度

——我的华政往事

焦应达*

往事是不变的，变化的是我们回忆往事的心境。回忆常有，但总结性回忆的机会并不常有。感谢华政法律史学科招生周年纪念会给我提供了这样一次机会。

与法律史结缘是在2003年，我研究生毕业即从事法律史教学，在摸索中前行。与华政结缘是在2008年，华政典雅别致的校园建筑，韬奋楼里悠扬的钟声，那些有年代感的小径，加之苏州河曲水流觞，都静静地展示它独特的韵味。华政之美，不仅是景致之美，更在于人之美，这也是让我在此后岁月中不断回味的。

华政法律史的导师们学识之丰富自不待言，更重要的是对待教师这一职业的真心，对待学生的真心。已作古的张寿民老师是我的博士外语老师，因博士学俄语的只有我一人，我的导师带我去已经退休的张老师家拜访，希望他能给我上课。张老师问了我几个俄语问题后确定可以给我上课，上课地点在韬奋楼。我至今清楚记得，每次上课前老师给我一些俄文资料，下次课上要我逐句精讲。我丝毫不敢懈怠，不仅因为只有我一个学生，没有偷懒的可能，更因为张老师的认真与执着，令我不忍心懈怠。老师的家就在图书馆旁边的家属楼，距离韬奋楼大约有5分钟的路程。但那时他已70多岁，

* 2008级博士研究生，现任内蒙古大学教师。

且深度近视，这对平常人来说的“5 分钟路程”，他估计要走十来分钟。记得有一天中午暴雨如注，我打电话给张老师，问下午一点半的外语课是否还上。他反问我：“你有什么事吗？”我当然没事，但我担心他如何过来上课。他说：“没事就上课。”课前我撑着伞去家属区的楼下等他，他说：“没事的，没事的。”老师如此用心，我内心感激万分，哪里敢懈怠半分。他夸我学习认真，我心里想的是，“老师您比我还认真”。就这样，一个学期的一师一生的外语课，张老师一丝不苟地上完。这份认真，也常常激励着后来的我，让我对教师这份职业，对学生都不敢懈怠。

给我们上古籍文献课的是张伯元老师，一手漂亮的粉笔字，下课了都不忍心擦黑板。后来知道老师的书法非同凡响，还请老师给我写了一幅字，他写的是屈原的“路漫漫其修远兮，吾将上下而求索”。我深知老师鼓励我努力为学的心意。虽然张伯元老师给我们上的课不多，但他治学之严谨、待人之谦和却给我留下了深刻印象。毕业后收到张老师寄来的自己出的两本书，拜读之余，慨叹老师年事虽高，但依然勤勉治学，可钦可敬。

我导师何勤华老师，更是一改我对学术兼职行政的导师的一贯看法。老师为人低调、宽容，处处体谅他人。有一年元旦假期，我和同学在上海图书馆查资料，自习室里遇见找座位的何老师，我要把位子让给他，他坚辞不肯，说去别的地方再查一下资料。后来快中午时他联系我，问可否帮他带几本书回学校？我说没问题。取书时问他怎么来上海图书馆的，他说坐地铁。问他为什么不让司机开车来。他说，是假期，就不麻烦司机送了，自己坐地铁也很方便。他永远以普通人的心态看待自己，在情理允许的范围内都不给自己行个方便。对学生更是如此，他宽容每一位有个性的学生，体谅他（她）们可能的难处，从不说重话。他对人对事皆不存偏见，不存成见。小事自不待言，大事举重若轻。这份从容亦是学识修炼的结果，我每每遇事慌张时想到老师的这份笃定，心气会平和许多。

法律史学科是法学的基础学科，也是相对比较冷门的方向，实用性与功利性不强。但也正因如此，选择这一专业的人多少有一点“出尘”的意思。在熙熙攘攘的世界里，以略显出尘的姿态过烟火气的生活，和世界保持一点点距离，也许更能看得清自己和世界。攻读法律史方向的博士学习经历，使我才入得一点学术门径，有良师，有益友，可自思，可探讨。我的博士同学与我年龄相仿者甚多，学术和学术之外的交流均无障碍。还有诸多师友，不能一一述及。在华政读书的日子里，不会有“知音少，弦断有谁听”的遗憾。

一年一度的外国法制史研究会年会，更是法律史学人的盛宴。外国法制史研究会年会这个平台，为那些在法律史学科中“上下求索”的学人提供了以学会友的机会。学问与人生，谋身与谋生的困境，或多或少会得以纾解。也让独自埋头书斋的人，得以观照这一学科在更广阔视域中居于什么位置，长成了什么模样。理论学科的发展历来不被一般人所重视，唯有真正理解地基对于大厦含义的人，才会倾注毕生精力于这些学科而无怨无悔，这在任何时代都需要定力，甚至需要勇气。看到优秀的前辈与后学前赴后继地在这一领域辛勤耕耘，我发自内心地为他们高兴，更为这一学科的未来欣喜不已。唯有热爱可抵岁月漫长，俯仰之间发现自己并不孤单，坚定了自己继续走下去的信心。在华政法律史硕士研究生招生40周年、博士研究生招生20周年之际，回忆往事，那些与我一路同行的师友给予我的指导、鞭策与鼓励依然历历在目，温暖我心，是为记。

2022年6月26日

无 题

周会蕾 *

“晓镜但愁云鬓改，夜吟应觉月光寒。”

10 年光阴，如白驹过隙。变化本是世界万物的常态。10 年前，我们不会想到：世界杯会在冬季举行，一线教师要同时具备“18 线主播”的基本素养。这个世界好像什么都在变化，而不变的又是什么？

想到华政，想起毕业，这几天总会在脑海中飘过“我从小学习就不好”这句话。该名言来自富贵同学的博士学位论文后记。就像对封尘老电影的记忆，可能淡忘了剧情，但无意间某个片段或某个镜头还是会不停地在脑海中闪现。

2009 年春，复试。除博士研究生报名、考试外，这是我第四次去上海，第三次到华政。那天，目光所及，老于（当然也是后来才知道名字的）和瑞山谈笑风生，明倩笑意盈盈地，和海军一起从我身旁走过。相较于他们的从容自信，身穿单位工装孤身站立于 40 号楼前的我，真如异类般的存在。后来海峰过来问我的分数，王捷询问我从何处来，他们通过分数、省份、性别等判断说我肯定有戏，面对他们的了如指掌，我更加忐忑慌张。终于挨到了面试时间，面对第一次见面的众导师，我内心只有一个信念：“坦白从宽。”何勤华老师问：“为什么报考华政？”我脱口而出的答案就是

* 2009 级博士研究生，现任河南中医学院教师。

“公平”两字。彼时，“公平”一词，于我，不只具有法治价值追求的理论意义，更是作为外省非科班出身考生的实践认知。王立民老师问：“你能交得起学费吧？”彼时，就算经济有困难的考生，回答的大概也只能是“交得起”吧。孔子曰：“自行束脩以上，吾未尝无诲焉。”魔都苏州河畔的一方书桌自然也要建立在经济基础之上。复试之后，结果若何，我浑然不知。“忙、盲、茫”大概能涵盖结果揭晓前我那两个月的状态。查询到结果的那一刹那，图书馆依旧安静，内心却没有想象中的心花怒放，我只是惶恐。未来 3 年，知名法学殿堂带来的到底是美好的馈赠，还是无力应对的荒凉？只是，此刻，向前走似乎是唯一的方向。

2010 年夏，足球。我是一名“狭隘型”球迷，只偏爱关注一支球队。富贵和方堃则是资深球迷、同道中人。于是，对博士生活的共同记忆，就有了 2010 年世界杯的影像。实际上，说同道中人还是不太确切。富贵爱好众多，足球只是其一。方方则自小看意甲，见证中国职业联赛发展若干年，评论头头是道。自愧不如。同门中，有看球者，如远明大师，自称是阿根廷粉丝，看球只看世界杯，其实我对这句话始终持怀疑态度，但鉴于大师的渊博学识、独具一格，可能还是应该选择相信他。有不看球者，如老刘，刘老师除了贡献出“昨夜西风凉”的经典段子，还曾一本正经地问我：“三个角球是不是能换一个点球？”面对刘老师的一脸纯真，就算内心觉得他在开玩笑，嘴上也只能诚实地回答说：“不能。”众人聚集到一楼富贵、方方宿舍（此处，想到在博士研究生招生 10 周年庆祝时，富贵上台说，除方方外，可能下一个与他同居 6 年的男人就是他儿子了。嗯，果真是他儿子），围绕小小的屏幕，局促、闷热、激昂。支持的球队不同，感受自然不同，有人亢奋，有人愤懑。有几次，我们这边屏幕上还没踢完比赛，对面宿舍的张帆就跑过来说赛果是什么。验证之后，我和富贵面面相觑，之后齐奔海军、张帆房间查看原因。现在忆起往事，对可能受到影响的隔壁宿管阿姨还是心怀歉意，虽然阿姨可能已经见惯了包括夜半晚归、小龙虾外卖等的生活百态。实际上，读博前，我偶尔会想，半夜看球打扰室友了该怎么办？巧合的是，第一个室友是同专业不住校的师姐，第二个室友是同为球迷的知识产权专业小妹妹。我看比赛，她也看；我睡得晚，她比我睡得还晚，作息真是合拍。明倩还因此开玩笑地说："琴瑟和鸣。"有时也会带室友凌晨去富贵宿舍看比赛，他们宿舍变动，看球人员也在变。如今我们还有一个微信小群，该群平时处于沉睡状态，仅在重大比赛时苏醒。

2011 年秋，论文。冠冕堂皇的说法是：每个同学的论文写作历程都有各自的艰辛，拿出来说，都是长长的故事。实际上，个人学术能力到底如何，一般情况下论文会回答。时间丈量了付出，付出则不会被辜负。张婷和小穆，除写作外还要带宝宝；海峰他们几个男生除上学外还要工作，要两手抓，要两不误；欧扬，论文选题大胆，要求甚高，引用较少，换作是我，自是没有这样的能力和魄力。人说"笨鸟先飞""勤能补拙"，可笨鸟如果不怎么飞，人也不怎么勤快，余下的也只是眼望终点而力又不能及的焦虑了。可见，焦虑，除加剧焦虑外，也没有什么用。实际上，就算你可以破釜沉舟，透支体力，知识基础薄弱、视野不够宽广、前期积累有限等硬伤，也决定了学术这条路不好走。于是，选题时，与独辟蹊径无关，只能讨巧般或者说是投机般地选择题目，既然能力不够，那就用资料来凑；既然质量不行，那就保障数量足够。有段时间，每天辗转去上海图书馆查找资料，一待一天。有一次，在那里遇到了张伯元老师，张老师亲切地询问学业，看着张老师的苍苍白发，想到老师们事务缠身却笔耕不辍，学生却虚度光阴，实在是羞愧难当。

数月的黑白颠倒，循环播放陈奕迅的《听一千遍后》，被方方戏称钉在耻辱柱的论文终于完工。论文就像镜子，将你五官的优点也好缺陷也罢，照得一清二楚。至于是原图观看还是编辑美化，选择权终在自己。

2012年冬，工作。毕业季面临的不仅是学位论文是否通过的问题，重中之重自然还有择业。为了脱产学习，辞去了原有的工作。原本想象中所谓高学历带来的种种优势，却被年龄限制、专业连续、学术能力、在城市谋生的经济实力等现实问题打得节节败退。是年5月，何勤华老师、王立民老师一行应邀到河南讲学时，还抽出时间和我详谈，帮我分析。毕业典礼授予学位时，何老师在帮我拨帽穗，合影留念的时间段，还在小声地问："你的工作找好了没有？"并提出建议说，是不是可以考虑先去做博士后研究。此情此景，一直感念于心。各种周折之后，在"谦谦学子"与"谆谆师者"间互换角色，最终又回到起点。

"今天我们已经离去，在人海茫茫，她们都老了吧，她们在哪里呀，我们就这样，各自奔天涯。"

春夏秋冬，四时行焉。这些年，关于华政的记忆，有人忘不了春日的惠风和畅，有人忘不了夏日的钟声悠扬，有人忘不了秋日的丹桂飘香，有人忘不了冬日的灰瓦红墙。但我印记里留存的，是华政永远碧绿的草坪，是那一份捧起书本的内心安宁。这份记忆伴随岁月悠长。

2022年夏初于郑州

宅兹华政

王思杰 *

一

毕业离开华政已经6年了。至今仍然清楚记得，初次进入华政园，是2010年8月26日的下午。当时，我作为一个刚刚考研“上岸”的学生，迈入华政的大门，有一种近乎朝圣的崇高感涌动于内心。我对于未来即将在上海，在华政开始学习、生活，充满了美好的愿景。

刚刚本科毕业的我，对于研究生的学习方式并没有太多了解，而对于这充满了人文底蕴与历史沉淀的美丽校园充满了期盼。后来我逐渐领会到，这个校园真的太美了：横跨苏州河，纵览两岸风光，闹市中得幽静，独具一格。建筑优美，深韵百年，景观雅致，交萃中西。春夏之交，绿草茵茵，阳光明媚。时值秋季，梧桐华叶，满园纷纷。冬季初雪，气清爽朗，韬奋钟声不绝，神凝毓秀。能在这里度过研究生的时光，幸甚至哉！

入学后第一个重要的活动是导师见面会。会议于入学式第二天的晚上在韬奋楼的教室举行。在见面会上，我第一次见到何勤华、李秀清等诸位老师。何老师穿着一件深蓝色短袖上衣，面带微笑，

* 2010级硕士研究生，2013级博士研究生，现任厦门大学嘉庚学院法学院副教授。

与我们同届同学聚坐在教室里。何老师面带微笑，问候各位新同学，而后由同学们做自我介绍。我当时的心情非常激动，何老师、李老师的名字之前都是写在教科书扉页上的，见到本人，分外感慨。何老师细致地询问了我平时有哪些兴趣，读了哪些书，我一一做了汇报。后来，我得知自己幸运地被何老师选为弟子之一，幸福感无以言表，开心至极。但是很快，我就从师兄那里得知，何老师对学生的要求很高，绝不可以马虎松懈。我当时暗自下定决心，一定以百倍精神努力进取！

二

入学后的时光过得很快，我在学习生活中也不断成长。我逐渐体会到，研究生教育和本科教育有很大区别：本科时代注重知识灌输，因此学习以记诵为主，关键在于期末考试考出好成绩；但研究生学习的重点并不是书本知识，而是要通过大量的阅读，进行专门性的研究，其关键在于写作学术性论文。但是，写作论文谈何容易，我自知自己底子薄弱，需要不断实践提高。恰在此时，何老师给我布置了第一个学术任务，就是完成“法律文明史”项目子课题“近代亚非拉地区法”之巴基斯坦法律的研究任务。这项研究属于国家社科重大项目，我一方面倍感荣幸，另一方面也觉得压力巨大。经过近一个学期的艰苦努力，我最终完成了3万余字的研究成果。巴基斯坦法的成果获得了老师的肯定，而这也是我学术研究的真正开篇。此后，我又在老师的指引下，做了许多课题，我逐渐感受到了学术研究的魅力和获得感，也渐渐找到了研究生生活的节奏。

在学习之余，我交结朋友，也收获了诸多友谊。我会乘坐地铁2号线去外滩看一看中国著名的江景。去徐家汇，去淮海路，去新天地，在不断的观览中，我感受到了海派文化的特殊魅力。这种海派文化与华政的意蕴相得益彰，毋宁说，华政本身就是海派文化的一张名片。这种文化是“洋气”的、精致的、开放的、包容的，也是有灵动的人文底蕴的。作为华政最出色的学科，法律史专业，更得海派文化兼容开放精神的神韵。学问，横跨中西；研究，贯通古今。海纳百川，气象博大，华政法律史似乎就是上海精神的隐喻，而上海精神又是开放之中国的喻表。宅兹华政，学习、生活于其中，我每天都能被海派文化所濡染，为这种文化背后的那种可贵的特质所熏陶。

何老师曾经在课上讲到，研究生的学习是多元多层次的，除基础研究外，还要博观纵览，积极参与学术活动，开阔眼界。在这一点上，我对法律史学科充满了感激。尤其记得2011年全国外国法制史研究会第二十四届年会在海南大学召开。我在孙晓鸣老师的带领下，和另外两位同学乘机前往海口，这是我第一次参加全国性的学术盛会。会议中，我担任会务工作，可以近距离目睹各位卓越学者的风姿。会后，我又随团参加了考察活动，饱览南国秀丽风光。那时，我感觉天空特别蔚蓝，时光充盈欢乐！

三

非常幸运的是，硕士毕业后，我又考取了何老师的博士研究生，从而能够在华政校园继续生活，前后一共6年。这6年里，我对华政产生了一种浓厚的故园情怀。那是一种源自内心的浓烈情感，也是构成我后来人生格调之基础的特别因素。2016年6月，当我从华政博士毕业时，已经与6年前的自己大分轩轾。经过6年的学术训练，在老师的指导下，我在学术上已有一定的经验积累，也摸索到若干研究的路径。虽然根基尚浅，但我大致明晰了未来发展的方向。与此同时，我对于法律史学科产生了深厚的感情，“法律史”已成为我自我认同的一个不可替代的标签。

博士毕业后，我前往福建工作，继续在大学中任教和生活。当我也成为老师，立于三尺讲台之后，我切身体会到了为人师者的使命和不易。令我惊诧的是，我在与学生的日常交流中，不自觉地展现老师对我的深刻影响。在闽南的天空下，我时常回想起在华政的点点滴滴，那些闪烁流光溢彩的青春，已汇聚为我力量的源泉。而在华政和法律史学科中学习、见闻、感受到的种种，也都成为我开启新征程的坚固基础。华政法律史学科的培养，恩师和诸位老师的教诲，是我最为宝贵的财富，如云端火柱，指引着我未来的路。如韦伯所说，学者应将学术作为一种志业。我虽不敏，心向往之。希望在未来的征途上，我能够以恢弘法律史之学术为志业，为法律史学科的光大贡献绵薄之力！

2022 年 7 月 15 日

记第一次参加国家社科基金重大项目的编写

汪　娜 *

我第一次参加国家社科基金重大项目的编写时还未入学。2011年6月，何勤华老师将我叫到他的办公室，询问了我近几年的工作生活和研究兴趣。也许是自硕士毕业后太久没接触学术，或者是自己太过紧张，我一时竟不知如何回答，只好慌乱地接道："也没什么研究重点，就是随便看看法学类的图书……"然后我不知所措地望向何老师，谁知何老师并未生气，只是轻轻地说了一句："哦，你平时工作比较忙……我这里有一个课题，是国家社科基金重大项目——法律文明史。首先需要启动的是大陆法系的编写工作，我希望你能参与，一些刑法和刑事诉讼法的概念你还比较清楚吧？"我本来已稍稍平复的心情此刻又揪了起来，但想到自己早年司法考试卷二（刑法、行政法、刑事诉讼法、行政诉讼法）的分数还不低，一股莫名的勇气让我脱口而出："嗯，记得比较清楚。"这时何老师用鼓励的语气对我说："那你就负责编写大陆法系中的法国刑法和刑事诉讼法的内容吧。"由于当时我还在职，而且工作单位较远，最重要的是，我对自己是否能够胜任这个重大项目的编写毫无信心，所以只能硬着头皮对何老师说："我先试着写一下法国刑法部分，法国刑事诉讼法部分可能无法完成了。"何老师听后点了点头，

* 2011级博士研究生，现任上海交通大学出版社副编审。

对我说："今后你还要完成毕业论文，课程也会比较紧张，如果不辞职的话，到时你会苦不堪言的……"然后他拿出一份编写提纲，详细地给我介绍了大陆法系的渊源、发展脉络，本课题的主要框架体系、主要内容以及编写要求，甚至连哪里有资料、什么地方的资料比较全面、如何查询资料、中文和外语资料的运用、编写的规范都一并交代清楚了。就这样，我"领命"大陆法系"法国刑法"部分，开始了我的撰写之旅。

2011年7月至8月，我利用周末时间"恶补"了一下刑法知识，特别是法国刑法的制度体系和相关法律观点。同年9月，我正式辞职。之后虽然时间多了，但是由于研究领域与我以往接受的知识体系和制度建设相差较远，我时感无力与困惑。法国刑法是如何发展和践行这些法律原则的；法国思想家孟德斯鸠在《论法的精神》中提出的人民主权原则和三权分立原则又是如何体现并影响法国刑法的制度体系的；法国刑法与大陆法系其他主要成员和分支，如德国刑法、日本刑法、意大利刑法、西班牙刑法、葡萄牙刑法等有何不同……在几番挣扎和抉择中，我最终选择了以法国代表性刑法典的制定过程、内容和特点、条文修订及社会评价为主轴，以刑法改革中的重要人物与实践以及重大刑法案例述评为辅助的框架体系。现在看来，这种框架体系非常传统和保守，就是按照法国刑法的历史发展脉络将法国各历史时期重要的、具有代表性的刑法典进行逐一介绍和分析，而且很多观点也略显绝对和稚嫩，但是这对于当时根本不知道如何进行课题研究、如何规范撰写学术论文的"小白"（我）来说，几乎是一项"根本不可能完成的挑战"。

当然，让我感到"压力山大"的绝不仅仅是内容的撰写与编排，资料的收集、整理和取舍同样让我倍感焦虑。由于当时国内对法国刑法制度研究不多，故可供参考和借鉴的专著与论文少之又少，而且因为我不懂法语，所以初期收集到的都是中文资料，直接相关的只有罗结珍翻译的《法国新刑法典》、卡斯特·斯特法尼等著的《法国刑法总论精义》、雅克·博里康和朱琳编著的《法国当代刑事政策研究及借鉴》等著作，以及郑伟的《法国新刑法述评》和冯锐的《法国新刑法典中的法人犯罪》等几篇论文。仅凭这些资料想支撑起整个"法国刑法"部分的写作无异于痴人说梦。正当我苦于"无米下炊"之时，有一天，我上完课，刚出校门就遇见何老师，他看见我，立刻对我说："去我办公室，我有几份关于法国刑法的资料给你。"我不记得自己是否向何老师"吐槽"过资料难找和文章难写，但是何老师作为一校之长，居然还想着帮我收集资料，当时我真的是又感动又惭愧。除给我资料外，何老师还建议我可以在英语或日语文献中找一下关于"法国刑法"的论述以弥补法语文献的不足。就这样，除上课外，我其余时间都泡在上海图书馆和学校图书馆里"疯狂"找资料，周末还拉着先生帮我筛选、翻译和搬运资料。随着资料的不断丰富，"法国刑法"部分的内容也开始渐具雏形。2013 年上半年我完成课题内容，顺利交稿。2015 年 7 月《法律文明史》（第 9 卷）：《大陆法系》（上下卷）由商务印书馆出版。

"法律文明史"的重点在大陆法系，大陆法系的重点是法国法，而作为法国"六法之一"的法国刑法无疑具有极其重要的地位和价值。感谢何老师对我的完全信任，他将如此重要的课题研究放心地交与一个初涉学术研究的"小白"来自由发挥，让我在找寻和梳理资料以及日复一日地"爬"格子过程中萌发了对学术研究的浓厚兴趣，甚至还想将学术研究作为自己未来的职业方向。不可否认的是，通过这次国家重大社科基金项目的研究，我懂得了如何进行框架搭建和内容编排、如何规范写作和有效利用文献资料，这些都使我在日后其他论文的写作中受益匪浅，平添了几分“底气”，特别是大大缓解了我在撰写博士学位论文之初因史料繁杂、内容冲突、观点矛盾所引发的无措和焦虑。如今毕业已经8年了，日常工作的琐屑、无力让我常常怀念在学校读书和写论文时“痛并快乐”的日子，那无疑是我人生中最美好、最纯粹、最沉静的时光。当时的“挣扎”“纠结”“惶惑”甚至“绝望”，现在想起来又算得了什么？

2022年7月

我所认识的张伯元先生

邬　勖*

2010年秋季，我刚通过司法考试不久，课业已有所减轻，心态亦稍自宽缓。一天，偶然瞥见张贴在宿舍楼门边的讲座通知，是东京外国语大学亚非语言文化研究所陶安教授关于汉代法律简牍的题目，由华政古籍整理研究所张伯元教授主持，当下心中颇为惊讶。此前不久，我刚在图书馆读到两部法律简牍的书，一是冨谷至先生的《秦汉刑罚制度研究》，二是张伯元先生的《出土法律文献研究》。我读过《出土法律文献研究》少许章节，感叹其内容之专业、细致、精深，便翻开封面看“作者简介”，更出乎我意料的是，原来我心中素来景仰的出土文献研究领域，在本校亦有教授从事，且还是如此厉害的一位大学者！但当时臆想张教授春秋已高，想已淡出研究事业，不禁惋惜。现在讲座通知贴出，怎不令我且惊且喜。其时便决定“围观”讲座，以期得一睹传说中大学者的风采，现在想来，当然幼稚单纯，颇为可笑。而彼时也万万没有想到，这宿舍楼下不经意的一瞥，在冥冥之中完全改变了我的人生方向。

次日的讲座是在东风楼西南一隅的教室里，内容已不大记得，好像是关于《二年律令》的，还记得陶安教授提到“告地书”，台下中国法制史的同学们纷纷有所回应，我心想：“果然是学术硕士，

* 2011级博士研究生，现任华东政法大学科学研究院助理研究员。

见识就是不一般。”彼时的我出于对史学的兴趣和爱好，已不顾法律硕士注重实务的培养倾向，选择了中国法制史作为学位论文方向，论文指导老师是给我教授“中国法制史”课程的洪佳期老师。

讲座结束后，本来打算悄悄“开溜”的我，因看到张伯元教授留在教室和同学和蔼交谈，竟也鬼使神差地走上前去，抓住了与张教授面对面交流的机会。张教授的年纪看起来比“作者简介”照片里要大，头发全白，面容清癯，身材不高，目光却炯炯有神，谈吐蕴藉而张弛有度，正是我对学识渊博的大学者的想象。我大学时课外读过一点裘锡圭、李零的书，对古文字有些兴趣，其时则爱好魏晋史，亦知其制度源头在秦汉，而学位论文虽定了方向，但选题尚无头绪，故向张教授请教的问题乃是围绕简牍中的一项具体制度以及对学位论文的设想展开。性格内向拘谨的我当时如何小心窘迫自不必说，而张教授全无大学者的架子，始终慈眉善目微笑着响应，乃至饶有兴趣地了解我的个人情况，使我悬着的心稍稍舒缓，不知不觉间竟与张教授攀谈起来。同张教授一起来到40号楼庭院中的古籍所，看到几位年轻师生正围着陶安教授热切交流，我自觉冒昧，亦复已得偿所愿，便匆匆向张教授道别。

令我意外的是，几天以后，张教授又请洪佳期老师通过邮件找到我。这次他更加深入细致地鼓励我从事简牍法律文献的研究，并基于当时的学界研究状况，结合我个人的兴趣，将我的硕士学位论文题目具体化在睡虎地秦简《封诊式》上。同时，他还把我嘱托给华政古籍所的两位年轻老师，一位是性格儒雅言谈风趣的副所长王沛老师，另一位是精明干练又极为平易的王捷老师，请他们对我的学习加以照顾和指引，安排我参加古籍所各项活动。为了对我因材施教，帮助我建立基本的知识结构，他还将自己所藏的《训诂学》《音韵学》《文字学》《校勘学》《目录学》等语言文字文献类的教材借给我，叮嘱我认真学习。回想起来，自己日后虽屡屡未能完成张老师的期望和嘱托，但对张老师所给的这批教材，我当时确实尽力投入学习了，时至今日，我在研究中遇到问题时，还会不时去翻阅这些奠定了我学术工具基础的优秀教材。

就这样，我从一个游离于法律史研究领域之外、毫无人脉根基的“愣头青”，一下就成了华政古籍所的积极参与者，并最终幸运地成为其中一员，这一切，都是从张伯元教授对我的不拘学科门第和资历的赏识开始的。而张教授对于与学术相关的人和事的纯粹、真挚、热切、坚持，也正是他对我等后辈的期待和要求，成为我从他那里所收获的最宝贵的课程。他对我们的频频叮咛“甘坐冷板凳，好好搞研究”，在当今学界急功近利的浮躁风气下，又显得何其宝贵！

随着与张伯元教授交流的增多，我对他的称呼也逐渐变成更加亲切的“张老师”。每当我读书偶有心得，写成长短不一的札记请他批阅时，总能获得他耐心细致而又慧眼独具的指导意见，而这些意见又都以鼓励和赞赏为主，这对于为一个刚刚涉入研究活动的“毛头小子”建立信心、激发热情来说，实是何等的重要！记得我有一篇小文字，是试图对睡虎地秦简《法律答问》中的“宵盗”一词提出新的解释。今天看来，那篇文字的见识和观点都是多么的浅陋和不名一文，可张老师却没有着重批评我的结论，而是大力肯定我的质疑精神，鼓励我继续深入研究下去，而我的硕士、博士学位论文，就是在这样的鼓励之下，由一点一滴的研究心得汇纂而成的。我也了解到，每一位来古籍所从事研究的学生，都能获得张老师的亲切鼓励。我相信，王沛、王捷等古籍所的优秀老师挑选、培养学生的理念方式，无疑都受到了张老师的濡染。

2011~2014 年，我在华政法律史专业攻读博士学位，同时继续跟随张老师、王沛老师、王捷老师从事研究工作，这一时期，又有欧扬、陈迪、裴乾坤、张娜、黄海等师兄师弟师妹陆续加入古籍所学生的行列，大家与老师们同心同德，无嫌无猜，通过读书会等方式互相交流研究心得，真个有“一时啸聚”的气象。这段永生难忘的时光，使一直“飘蓬江海”的我初次产生了归属感。记得我一次心血来潮，邀结师弟共办古籍所“内部刊物”，加强交流，不料惊动张老师，竟劳力费心为我们题写“未刊”二字作为“刊物”名称。后由于性情疏懒，“刊物”终于半途而废，然每每忆及其事，都忍不住为张老师赐名的精妙而叫绝，更为他对后辈的无尽关爱和良苦用心而动容。

我认识张老师之时，他已年过六旬，退出教学岗位，也已成果累累，在学界“功成名就”，如《出土法律文献研究》在简牍学界影响甚巨，《法律文献学》则成为该领域的必读著作，其余之例不可胜举。尽管如此，他仍以旺盛的精力从事法律简牍研究，以“焚膏继晷”来形容绝对不折不扣，同时对待学术问题仍然一丝不苟，真可谓“研精覃思”，因此其“产量”和“质量”都足令我等后辈难望其项背。如此活跃的学术活动，一直持续到前些年张老师年逾古稀之后才渐停止。而尽管如此，只要我将写成的稿件发给他请教，他仍会迅速给出专业的指导意见。不久之前，张老师又对我参加执笔的华政古籍所“岳麓秦简律令读书班”进展缓慢提出批评，更是直接给我以如芒在背般的鞭策。每当我研究遇阻，怠惰荒事时，心中一视张老师为比，又想起张老师用战国古文给古籍所的题名“文章之无穷阁”，都要生出汗如雨下、战战兢兢之感。有人说，一等的学者以学术为事业，二等的学者以学术为职业，诚哉斯言。以此观之，在今时今世，张老师作为学者之品第何须言喻！

时光荏苒，自从我跟随张老师开始研究工作以来，至今已历

12载，10年都是几多时！晨夜昏晓，寤寐之间，我时常忆起与张老师相识的始末，及受其谆谆教诲、叮咛嘱托的种种，随即又想到自己依然学术不就、成果寥寥，根本无以回报张老师的热切期望，愧疚之情即郁结在膺，久难释怀。唯作此篇，聊抒胸臆，亦为自程，期在来日。

2022年7月

青蓝同心齐绽放，师道传承勇担当

王　静*

“芳草地红砖墙，百年学子拼搏场。坎坷复坎坷，潮落又潮涨，生生不息不如长江。”每每吟唱起华政校歌——《明珠之光》，总是令人十分动容。在艰难的岁月里，正是老一辈学者朝乾夕惕的奋斗，才奠定了华政今日的辉煌。任何一项伟大的事业，必是经过一代又一代人的传承，才可保持荣光并继续伟大。外国法制史作为华政的元老级专业，与华政一道发展和壮大。一代又一代的华政人秉持着学术至上、踏实钻研的精神，谱写着外国法制史专业一页又一页辉煌的篇章。值此70年校庆之际，就让我们一起来回顾华政外国法制史专业学者的薪火传承。

华政“功勋教授”徐轶民，是新中国外国法制史学科的奠基人之一。他无论是给学生上课还是撰写论文、著作，抑或是编写教材、讲稿等，都特别地认真、严谨、周密，即使是一个标点符号，都是经过仔细斟酌才定下来的。这种反复推敲、细致钻研的精神深深感染了周围的每一个人。徐老师曾说：“对父母要孝，孝之大者是成就事业，光宗耀祖；对老师要敬，敬之大者是拓展师门，扬名天下。”在艰苦中追求卓越，在奋斗中创造辉煌，就是徐轶民教授为外国法制史专业奠定的精神基调。

何勤华教授是国家恢复高考后的第一届考生，1977年就读于

* 2016级博士研究生，现任华东政法大学科学研究院助理研究员。

北京大学法律系，1981 年考入华政法律史专业攻读研究生。他继承了老师徐轶民教授在学术上一丝不苟、精益求精的精神，为人踏实、治学严谨。何老师秉持教研相长理念，重视对学生的学术培养，把学术视为自己的生命，将教学作为自己终生的事业。在他的带领下，华政的法律史学科迅速成长，教学和研究成果丰硕、人才辈出，于 2007 年获评国家级重点学科。何老师本人是一位非常勤奋的老师，每天晚上 10 点睡觉，早上 4 点起来备课、写作，坚持 30 多年，至今没有改变。很多人好奇，何老师的身体为何会蕴藏着这么大的能量？我想，这巨大的能量就源自他对教学与研究真切的热爱吧。

李秀清教授，大家私下里也惯常称呼她为“女神”。一看到她，就会被她温婉又知性的气质所吸引。用“气质美如兰，才华馥比仙”来形容李老师应当是最贴切的了。作为华政外国法制史学科的第三代学人，因科研成果突出，李老师于 2011 年获得“全国十大杰出青年法学家”称号，2021 年又获得“长江学者特聘教授”称号。学术领域里所有的重要荣誉，李老师都已获得，是当之无愧的“大满贯”。然而谁又能想到，她的第一篇法制史论文竟然是伏在家里缝纫机上完成的？她也曾为了上课，定好闹铃，晚上辗转难眠担心错过班车。从教 30 余年，李老师培养了一批又一批优秀的学生，直到现在，李老师仍每天坚持阅读和写作，学术研究早已成为她生命的一部分。

苏彦新教授是位豪爽仗义的“侠客”，也是个爱书如命的人。他阅读广泛且术业有专攻，研究问题深入且极富思想性。与苏老师交流，总能获得写作上的灵感或知识面拓展。希望苏老师以后多办讲座，分享自己最新的研究心得。

屈文生教授是大家都很喜欢、很敬佩的老师。他身上带有儒雅的学者气息，这种气质是内在极高涵养的自然流露。这种高雅的气质令人神往，在他身上不急不慢，不骄不躁，由内而外徐徐展现。

屈老师不仅极具人格魅力，也是功底扎实的学者。我于 2021 年拜读了屈老师撰写的《不平等与不对等》一书，从中学到很多。屈老师研究中一直注重资料和理论的结合，在分析的过程中运用法哲学、历史学、社会学的知识，分析论述非常透彻。无论是为人还是做学问，屈老师都是我学习的榜样。

冷霞教授是我很尊敬、喜爱的老师。她虽然姓冷，但她本人可一点儿都不冷。她不仅学术扎实，是学界著名的英国法专家，也是个特别会为他人考虑的热心人。她理性、智慧，也很温暖，平易近人，富有正义感。她是我心目中理想的法律人模样。

于明教授总是被学生热情地称为“小明哥”。作为华政外国法制史学科的第四代学人代表，从登上讲台的第一天起，他就把做一位学生喜爱的好老师作为自己职业的最高目标，为延续这个集体的荣誉而不断努力。“小明哥”的称呼寄托着学生对他的爱，也让我们从中感受到教师这份工作的光荣。

外国法制史队伍里还有许多优秀的老师，例如，胡俊老师、王婧老师、李倩老师、宫雪老师、肖崇俊老师、孙晓鸣老师。他们都有闪闪发光值得人们学习的品质。

学科前辈勤于学、精于学的事迹，让我非常感动。我深感外国法制史研究是一份事业。能够得到这些前辈的指导，是人生的礼遇，我要不断奋进和努力才能不辜负这一代代的薪火传承。

以艰苦求卓越，这就是一代又一代外国法制史学人的精神！岁月可以催人白头，可以暗人容颜，但摧不毁这精神。我们相信“不为外撼，不以物移，而后可以任天下之大事”的道理。未来，外国法制史学人也将一如既往，以学术为志业，踏踏实实做研究，勤勤恳恳教书育人，将专业发展推向更高的水平。

2022 年 7 月

归客絮语

邱　唐*

在下不肖，尽管是一名如假包换的“老华政”，然求学经历堪比游击队员，打一枪换一个地方，本、硕、博辗转上海、北京和台北3个城市，很遗憾终未有“华政研究生”这一头衔与经历。然而，生命的轨迹恐怕谁也不能预知，自诩不系之舟的我，兜兜转转却又回到了点燃我法学梦想的原点。2018年年底，非常荣幸有机会回到华政，师从何勤华教授做博士后研究，进而也承担了一些教学和科研工作，游子终成归客。作为华政法律史学科年纪最小（尽管年资不是最短）的成员，在法律史专业硕士研究生招生40周年、博士研究生招生20周年这样意义重大的日子里，要写一些有关记忆和感悟的文字，总觉得是赧然而彷徨的；勉强有资格、有立场说的，大概就是我自己的些许亲身经历吧。

2018年春，我的博士学位论文初稿完成，开始了迷茫而奔波的求职之旅，尽管也有一些其他高校和机构愿意接纳，但面试之后信步校园，总有一种莫名的“梁园之感”。直到回到华政，一切都那么熟悉又陌生，站在思贤桥上，看着一张张洋溢着青春朝气的面庞与自己擦身而过，仿佛一下子回到了大学时光，一时竟不知今夕是何夕。尽管我直到博士阶段才以法律史为专业，但本科时代似乎就对法律史充满了懵懂的热爱，与法律史各位师长的点滴回忆始终

* 2018级博士后，现任华东政法大学法律学院特聘副研究员。

萦绕在我心头：答错冷霞老师中世纪继承原则问题时的小尴尬；像粉丝一样追着王立民老师合影时的小兴奋；做学术部长时汇编了一年的讲座录音成书，受到何勤华老师的鼓励，“你们这个书编得很好，你要送我一本呀”；《新律》十八篇的篇名背不出来，徐永康老师无奈而温柔地劝慰，“不要急呀，多念儿遍就记住了”……往事并不如烟，自己与华政法律史的种种羁绊一点点涌上心头，恍然如梦。

面试结束后，何老师看着我准备的一摞摞材料，轻轻说了一句，这些材料太重了，我找个办公室给你放着吧，你背回去太辛苦了。恰如当日窗外将玉泊湖畔垂柳拂起的煦风，让人感到温暖而安定。走出崇法楼，正逢学生们为“红五月”合唱比赛做准备，校园的空气里都飘荡着悠扬的歌声——“芳草地，红砖墙，百年学子拼搏场”“依法治中国，方能致富强……人民利益高无上”，一时之间，只觉得血往上涌，泪往下流。虽然面试结果并未公布，但我心底却早已笃定：华政，我回来了。

回到母校，进入法律史学科，与自己昔日景仰神往许久的诸位硕学鸿儒共事，则更真切而深刻地感受到华政法律史学科不唯有上与浮云齐的高度，更有五里一徘徊的温度。作为一个初入学界和职场的懵懂新人，无时无刻不受到来自学科内诸位前辈大家的关爱与扶持。李秀清教授、屈文生教授、龚汝富教授、王沛教授以及于明教授在学术研究和交流领域，一直不遗余力地为我提供助力，鞭策、拉拔我前进；何老师则始终是我最坚实的后盾，一直鼓励和支持我参加各种有益的学术活动。

而在法律史专业硕士研究生招生 40 周年、博士研究生招生 20 周年这一特别的时刻，回想自己还很短暂的教学生涯，不禁觉得很有意思，尽管自己资浅生嫩，但与法律史专业研究生培养工作却很有缘分。严格来说，“小邱老师”的正式履职，正是从研究生教学工作开始的。2019 年年初，龚汝富教授和王沛教授不弃谫陋、着意提携，各自让出一节博士班课堂让我发挥，虽然备课的时候战战兢兢，讲课的时候冷汗涔涔，但总算安全下庄，学生也很鼓励，反应不错。之后，王捷教授和姚远教授又分别安排我给刑法学和法律史专业的硕士生讲授隋唐刑法史和法律近代化转型的相关课程；洪佳期教授则是很早就让我参与硕士生面试、论文答辩等培养工作；王沛教授更把两门本科限选课“中国法律思想史”与“中国历代名案导读”全部安排给我，王捷教授则毫无保留地将他多年累积的课件和参考资料全部给了我……我想，终余之执教生涯，我都会一直铭记几位老师的“赶鸭子上架”，让我这个刚入职的新人菜鸟一下子“开了胆”，迫使我有机会直观体悟和适应授课模式的场域环境，推动我尽速完成由学生向老师在思维方式和言行习惯等各方面的蜕变，促使我能够比较快地进入教师这一新角色。

更令人难忘的，是我跟随王沛教授操办由上海市学位委员会主办、华政承办的 2019 年上海“法律文明的互动与变迁”研究生暑期学校的经历。该项活动吸引了来自全国各地数百名青年法律史学子的积极报名，最终我们选录了来自清华大学、复旦大学、澳门大学等 43 所知名高校的 87 名优秀学子，延请了梁治平、张生、徐忠明、李秀清等当代最具影响力的法律史学者作专题讲座，收获极佳的反响。事实证明，暑期学校的成功举办，对于吸引优秀生源以及扩大本专业业界影响力具有重要作用。然而，事非经过不知难，短短两周的暑期学校，其筹备、组织和善后工作却持续了将近一年。从前期的报方案，定预算，请专家，录学员；到开班后学员的供给保障、日程安排，优秀学员的评选以及授课专家的迎送；再到结课后大量的报销与决算，千头万绪、细密烦琐。虽属驽钝，但总算是在王沛教授不厌其烦的指导下顺利完成各项事务性工作。辛苦有之，但收获与成长更多，对于大型学术活动举办的流程和校内相关职能部门的工作情形有了一个具象的了解；更重要的则是，与参训的许多法律史界青年俊彦建立了纯粹而真挚的友谊。法律史学科与王老师能够信任我，放手将这样一项大活动让我这样一位新人来具体做一些事情，实在是让我感念先生们的雅量与提携后进之心。

颇为奇妙的是，在法律史硕士研究生招生40周年庆典之际，蒙诸位先生抬爱，我很荣幸被增补为硕士生导师。2022年，我也开始跟随洪佳期教授学着如何指导硕士研究生，算是正式参与华政的法律史研究生培养工作了。然而，仰望法律史学科诸前辈先生高人的学术身影，又深觉自愧，似乎“长大后我就成了你”这样一句原本感人的词儿突然都有些烫嘴：我有这个能力与毅力成长为师长们那样卓越而纯粹的学者吗？幸好，还有一句词儿，叫“虽不能至，心向往之”。

庆典前夕，我蓦地有一种感慨，40年，着实是一个不短的时间，比我的年龄还要大，一个人生命历程中最精彩的段落大概也就这么长；然而，在我们这些习惯站在历史长河的岸边打量的人看来，40年恐怕又实在只是弹指一挥间耳。念及此，我陡然生出一种豪迈，有先生们道夫前路，我辈勤慎以趋，华政法律史，永远正青春！

2022年7月

五、访谈

徐轶民教授访谈录*

只有坚强的人才承认自己的错，
只有坚强的人才谦虚，
只有坚强的人才宽恕——而且
的确只有坚强的人才大笑，
不过他的笑声常常近似眼泪。

——俄国文豪赫尔琴《家庭的戏剧》

整理徐轶民教授的遗物时，一本尚未完成的回忆录摆在了他的爱人郭淑英和女儿徐清老师的面前，回忆录的扉页就是上面那首诗。郭淑英老人说：也许她可以读懂这种“带着眼泪的笑”，在生命的尽头，病床上的徐老师也是用这种笑平静地面对着一个个他倾注了满腔心血的弟子前来看望；也平静地面对着自己将要走过的一生。

徐轶民教授（1925~2007 年），浙江常山人。1952 年复旦大学法律系毕业，先后在华东政法学院、上海社会科学院、复旦大学和杭州大学主讲“外国法制史”“罗马法原理”“法学基础理论”等课程。曾任华东政法学院校务委员会委员、学术委员会委员、学位委员会委员。1985 ~ 1989 年兼任华东政法学院图书馆馆长、全国外

* 本访谈为“中国法学家访谈录”项目的一部分，因徐轶民教授已逝世，由夫人郭淑英和女儿徐清代为接受访谈。原载何勤华主编：《中国法学家访谈录》（第 1 卷），北京大学出版社 2010 年版。

国法制史研究会副会长。1982 年起任硕士研究生导师。1992 年起享受国务院政府特殊津贴，1999 年被授予华东政法大学“功勋教授”称号。

记者（以下简称记）：徐老师是哪一年从复旦大学毕业的？

郭淑英（以下简称郭）：新中国成立前，他就读于上海的暨南大学，解放之后就到了复旦大学。1952 年 7 月大学毕业。

记：当时，好像暨南大学是并到了复旦大学。

郭：大概是 1950 年。他 1947 年进入暨南大学，当时他是一个进步学生，后来受到特务的迫害，回到家中休学一年。当时暨南大学特务很多，他宿舍里就有一个特务，也就没法继续在学校里读书了。

徐清（以下简称徐）：后来就到复旦去了，1952 年毕业。

记：听说徐老师在毕业之前去安徽参加过土地改革？

郭：是的。他是在 1951 年下半年到 1952 年年初，去安徽参加的土地改革。当时是学校统一分配过去的，整个毕业班的同学都过去，算是毕业实习。

记：徐老师毕业的时候正好是 1952 年，那时他也就随着院系调整分配到了华政？

郭：他那时算是进步学生，实际上也就等于留校了，也正好赶上院系调整，所以就来到了华政。

记：当时徐老师教些什么课？是外国法制史还是别的？

郭：一开始主要是法律理论，后来就教法制史。

记：那他一开始就直接去上课了，还是先当一当助教，或是做做其他的事情？

郭：他开始是做助教。但那时，他当助教的时候就已经可以给学生上课了。

记：当时的华政是怎样的情况？

郭：那个时候，组成人员好像比较复杂，有很多干部、军人。除本科生外，还有转调生。后来，安徽大学、复旦大学、厦门大学等很多学校的法律系学生就都过来了。

记：后来呢，徐老师就一直在教研室工作？

郭：对，他一直在教研室工作了很多年。

记：当时是学习苏联时期，在您的印象中，苏联专家有没有来过华政，徐老那个时候有没有考虑出国？

郭：苏联专家的情况我不是太清楚，他是到人大进修过的。至于是哪一年，我记不清了，大概是他30岁的时候，好像是1955年。不过只去了半年。对于出国，当时很多人都希望能有这个机会，但是徐老师对这个好像不是很有兴趣，他私下里还说：为什么一定要出国？

记：后来就开始“反右”了，那个时候，华政的情况是什么样的，有哪些老师受到过影响？

郭：有很多，我们家当时还住在现在的华政餐厅旁边，楼上3位讲师，还有楼下的几家都受到过影响。“反右”的时候，仅仅一个晚上，命运就发生改变了。那时候我很忙，白天要去上班，回家之后，徐老师就告诉我住在我们前面的那家，好像叫作梅泽君的老师被认定为“右派”。

记：当时在“反右”的过程中，徐老师没有受到影响吧？

郭：他那时没有。他当时算是比较年轻的，没有太多历史问题，思想也一直比较进步，因此没有受到影响。在我印象里，很多东吴大学的老教授都被认定成“右派”。

记：当时徐老师的家庭出身是不是比较好？

徐：出身不好，一点都不好。

郭：他家里是大地主，但“反右”倒还没有太大问题。他这个人比较正直，不喜欢夸夸其谈，不乱说话，做人比较谨慎。那时被认定成“右派”的人，往往都是一些说话不谨慎的人。但是，出身不好对他以后很多事情还是有很多影响的，比如说，入党，他虽然在青年时就把它当作一个梦想，但一直拖到 1991 年才正式成为一名共产党员。这个事情，当时他很多在暨南大学的同学都觉得不可思议，他在学校可就是进步学生啊，怎么都快 70 岁才能入党？

记：然后就是 1958 年，华政停办了，之后社科院进来了，当时的徐老师是不是继续在上课？

郭：是的，当时的学生也还有很多。他从 1952 年到 1958 年 9 月，一直作为助教给学生上“法学理论”和“法制史”。后来直到 1963 年，他一直在社会科学院研究所当讲师。因为社科院还是华政啊，还是在这里，没有停过。

记：郭老师，刚才您提到徐老在“文化大革命”期间受到了影响，那是什么原因，主要是家庭出身吗？

郭：主要是家庭出身。之前，他到宝山的“四清工作队”当队长，在那里，他得罪了一些人，“文化大革命”时，他们就来报复了，每天晚上开拖拉机过来，就把他拉走接受批斗。学校这边还是比较平静的。

记：也就是说，徐老白天还是在学校，晚上被人揪出去批斗。

徐：那时我还小，很怕爸爸被揪出去，但是，他好像有时也不大回来。

郭：当地的那些人“批斗”他，戴高帽子、挂牌子什么的。还好，华政的人倒没有批斗过他。到了晚上，拖拉机就来了，拉他到宝山那边批斗。第二天回来后，整个人不像样子。第二天继续批斗。我们家里也被“抄”过的，但我们没有什么东西，也没有“四旧”的东西。

记：当时学校里大概有多少人受到过影响？

徐：有很多，当时的情况很不好。

记：1972 年之后，徐老师就去复旦大学了，那时他主要是在做什么？

郭：他去了复旦大学的国际政治系当讲师，同时还兼任国际关系史教研室的主任。但那时就没有上课了，主要做一些翻译的工作。当时华政的老师都去了。1979 年他又回到了华政。

记：徐老师从复旦大学回来是基于哪些原因，当时很多人回来是因为住房的问题。

郭：其他人的情况不是很清楚，对于老徐，主要是因为我们家还在这里，并到复旦大学之后，他每天也是坐班车去复旦大学，晚上再回来。

记：当时有些老师就没有回来？

郭：很多人之所以没有回来，主要是因为华政当时的氛围。但是，老徐并不太注重这些，反正家在这里，他也就回来了。

徐：他们从复旦大学回来是有些说法的，好像主要是教学和业务上的原因。

郭：还有一个原因，当时徐老师是被要回来的，就是曹漫之老师点名把他从复旦大学调回来的。曹漫之老师给人的感觉是很开明的，他特别器重做研究的人。

徐：他给我的感觉就是，他很重视这些做学术的老师，对他们非常关心。如果在待遇方面有什么不公平的地方，他就会站出来为这些老师说话。

记：听一些老师介绍，很多老师不愿意从复旦大学回来，好像是因为他们同事之间关系处得不好？

徐：是的，尽管也有一部分老师不愿意回来，但是最终还是有很多人回来了，很多人回来后就成为华政的骨干力量。我爸爸回来是因为他家在这里，但是我想主要因素还是业务上的原因，他们几个老师回来主要是为了做学术。但住房问题在很多老师看来，可能是一个重要原因。

记：他这一回来，学校给他都派了哪些事情？

徐：那时华政开始招生了，在华东地区招，就是他和孔令望两个人出去招生。

记：当时华政的法律史教研室好像就只有徐老师和王召棠老师两个人，后来还有陈鹏生老师等人。

郭：陈老师相对来得比较晚一些。

记：徐老师后来又担任了图书馆馆长？

郭：那是后来的事情了。在这之前，他还到过法理学教研室，教过一段时期的法理学。华政复校后的第一批学生，也就是1979级，他给他们上过课。

徐：你们可以去问问周伟文老师，他就是1979级的。

记：那么，徐老师是哪一年担任图书馆馆长的？

郭：徐老师后来在院报的《复校后我遇到了几道难题》一文中提到了当时的情况。1984年年底，华政当时的领导，庄咏文书记、陈天池院长希望他兼任图书馆馆长一职。可是徐老师一开始并没有答应。他说他不敢接受这个“烫手山芋”。华政1952年建校时，图书馆汇集了华东六省九校的大量图书，政法类藏书之丰富，当时在全国可谓首屈一指。但是经过两次停办，什么都没有了。1979年复校时，图书为0册，没有一处馆舍。1983年年底，6层楼的新馆终于落成。可是，一年多的时间里，规章制度不齐全，大库不出借图书，大厅成为家属夏天纳凉的好去处，小孩也都过来玩耍，师生意见很多。总之，问题非常多。

记：徐老师最后好像还是答应了？

郭：直到1984年12月底，他才答应兼任图书馆委员会主任，但是要求委员会的成员必须包括各负责人及教务、财务、总务、基建等处的处长，以求各方面配合、支持，共同办好图书馆。几个月后，在党总支带领下，副馆长的共同努力下，规章制度才逐步完善，才勉强正常运行。他一直干到1989年年初，一共有4年的时间。

记：在担任图书馆馆长的同时，徐老师还带了很多研究生，何勤华老师就是徐老师的第一届研究生。

郭：何勤华当时在北京大学读书。徐老师到北京开会，应该是1981年之前，碰到了何勤华。当时徐老师经常去北京开会。但关于他们是怎么见面的，我们也不清楚。因为华政是在1981年获得了硕士点的资格，可以招外国法制史研究生。何勤华是上海人，想考回上海，也想考外国法制史。那一批招了很多人。这个硕士点也是华政的第一个硕士点。外国法制史和中国法制史，徐老师都有资格带，后来中国法制史的硕士主要交给了王召棠老师，他就主要负责外国法制史，第一次带了5位硕士研究生。

记：何勤华老师当时是不是通过哪位教授引荐给徐老师的？

郭：好像没有具体哪一位教授，他们当时开会有好多人，很多老师经常去开会。

记：好像有林榕年老师、陈盛清老师。

徐：陈盛清老师主要在安徽。

郭：他是徐老师的老师，暨南大学的老师。还有一个老师很有名，已经去世了，叫周枏，研究罗马法的，我们和这两位老师经常见面。

记：他们私下关系很不错吧？

徐：我爸请过周枏到华政上过研究生课的，教“罗马法”。

郭：当时曹漫之老师要求增开一些选修课，就对徐老师说：“外国法制史能否开一门‘罗马法’？”于是，1982年春节之后，他就专程前往安徽大学，聘请罗马法专家周枏教授来华政教“罗马法”。

记：那他们也经常联系了？

郭：联系比较多，经常请他们来这里讲课，过年、过节互通信件，介绍各自的情况。

徐：在我的印象中，陈盛清老师是蛮喜欢活动的，所以他才这么长寿。

记：后来徐老师一直带研究生到1996年退休？

郭：虽然退休了，但学校会请他去开会，参加学术委员会。反正他就是闲不住，看到你们这些年轻人，他就会想到一些东西，他的脑子很好用，思路很清楚。教你们怎样做人，会给你们一些建议。有的时候，我就对他说，“你年纪那么大了，就不要管那么多事情了”。他却说：“唉，怎么好这样呢？年轻人是需要关心的。”

徐：他当时总是从外校找好的老师来上课，给研究生答辩，忙前忙后地费了不少工夫。有个文件你们也可以看看，上次华政“翻牌”（改为华东政法大学）的时候，他专门写了一篇文章，结合他自己的经历写了华政发展的整个过程。从复校开始，到后来的招生，再到申请研究生时的情况，写得很详细。

记：能不能介绍一些徐老师与全国外国法制史研究会的情况？

徐：他退下来之后，担任副会长。后来，他觉得应该给年轻人机会，就推荐了何勤华。他认为何勤华也是比较刻苦的。不过他对学生都是一视同仁，对每个学生都很好，也非常严格。

郭：1984 年年初，在厦门大学举办外国法制史年会，徐老师带着他的 5 位硕士研究生一同参加。当时学术会议一般不允许研究生参加，仅有复旦大学哲学系好像带过一些研究生参加学术会议，但是收获很大。徐老师就以此为理由，要求华政的领导准予所请。在这次年会上，这 5 位研究生在会议上担任了一些会务工作，得到了锻炼。会后，徐老师还征求了周枏、潘汉典等专家对他们（研究生）的印象，普遍反映良好，给予了高度评价，还为 5 人总评了等次。

记：感觉徐老师在学生的培养上倾注了大量心血。

郭：开始的时候，研究生还不多，几乎徐老师带的每一个研究生都会来我们这里，徐老师也会根据每个人的特点对他们提出不同的要求。像秦瑞亭以前胆子小，老徐为了培养他，去南京上课的时候干脆就让他主讲，他在一旁补充；刘小冰那个时候比较调皮，徐老师对她的要求就很严；郭光东以前在上海市司法局，后来把工作辞了来读研究生，徐老师就觉得这个精神很可贵，虽然他不是徐老师直接带的学生，但他和徐老师的关系非常好。就是现在已经教书很多年的周伟文老师，徐老师见到他也会说：别光顾着上课了，有空的话还是要写文章。以前看徐老师给学生改的论文，红笔圈圈点点，每一个标点符号他都会帮着纠正过来。他还要求学生的字一定要好好写，这是给别人看的。

记：徐老师走的时候，他的弟子好像都来了。

郭：他走的时候，来了很多很多人。杜志淳和何勤华来看他，他就在病床上说："小杜啊，小何啊，你们都回去吧，我知道你们工作太忙。"傅冬辉专门从比利时回国看他；周伟文一听说徐老师病重，急得不行，自己在上课走不开，就打电话给他爱人叫他来探望徐老师。徐老师平日里都把他们当作自己的孩子看待，就是在他走的时候，他的嘴也还是张着的，好像还在微笑，非常非常地安详。

记：他的弟子肯定都很爱戴他。

郭：徐老师和我一生也都没想过一定要怎么样，就是希望学生能好好学习，徐老师在这里 50 多年，对这里是很有感情的。我儿子从美国回来的时候，他病得很厉害了，他就说了几句很简单的话：你知道吗？华政终于改成大学了，华政今后的前途会越来越好的。关于家里的事情，他一句话也没有交代。因为他把所有的心都花在了学校上，花在了学生身上，华政的外国法制史才有这么大的凝聚力，也希望这种凝聚力能一直保持下去。

（访谈记者：方　堃、王伟臣）

王召棠教授访谈录*

王召棠教授（1926~2017年），浙江东阳人。1947年就读于安徽大学法律系，1951年进入中国人民大学攻读硕士学位，1954年毕业后进入华东政法学院从事法律史教研工作，1972年在复旦大学从事国际政治教研工作，1978年成为硕士研究生导师，1979年因华东政法学院复校重回华政法制史教研室工作。历任法制史教研组长、法律系主任等职，兼任中国法律史学会副会长。1992年起享受国务院政府特殊津贴，1999年被授予华东政法大学"功勋教授"称号。

记者（以下简称记）：我们注意到，王教授您的大学4年正好是1949年前后的那一段时间，国内局势的变化对您的大学生活有什么影响？

王召棠（以下简称王）：我是1947年进入安徽大学法律系的，当时没有高考，交通也不方便，像安徽大学这样的省立大学最多只能从附近的地区招收一些学生，我是浙江人，那时就被招进来了。

* 本文为王召棠教授生前接受的访谈记录。原载何勤华主编：《中国法学家访谈录》（第1卷），北京大学出版社2010年版。

那时的安徽大学在安庆，交通非常不便，每次从家到学校都要好几天时间。那时候很乱，1947 年上海、南京那边就有学潮了，1948 年全国的学潮就非常多了。我们的课大概才上了 1 年，就开始不停地闹学潮，说国民政府这不好、那不好，大字报满校园都是，课也是时上时停。那个时候虽然解放战争已经开始了，但解放区毕竟大多是在农村，1947~1949 年真正上课的时间，只有一年多一点。

记：那时，好像安徽大学法律系在华东地区还是有一定规模的，您在那里上学的时候，当时的主要课程是什么？

王：我读书的时候，安徽大学法律系就已经有好几届毕业生了，现在还健在的著名法学家陈盛清先生就算是我的学长。那个时候我们的课程主要就是背条文，背“六法全书”和其他法规条例，像现在这样系统学习理论课的不多，民法、刑法是有的，法制史也是有的，用的教材就是陈顾远的那本《中国法制史》。

记：那时你们的课程教师主要来自哪里，有一些法学名家给你们做过讲座吗？

王：那时的大学不像现在，当时的教师都是要聘请的。安庆那里，虽然现在看来离南京不远，但当时的交通却非常不便，那时安徽大学所能聘请的教师，只能是当地审判厅的一些法官或是当地的一些律师，他们的公务都很忙，课程都没有定点，很多老师经常要去南京办案，我们的课也就经常上不了。讲座偶尔会有一些，但那时的大师基本上都在南京、上海，能去我们那里的很少。当然，学校也会为了自己的声誉聘请一些大师，但也只是为了拉拉关系、装点下门面，像陈顾远就是我们那里的兼职校长，但实际上，我连他一次面都没见到过。

记：您的意思是说，当时的形势很乱，您的课程学习都很不系统。新中国成立后，学校的整顿是什么样的状况？

王：是的，国民政府的法律，我几乎没学到什么东西。现在想想，那时的形势实在太乱了，1948年淮海战役一打，我们的课几乎上不下去了，即使有课也没人去上，后来学校就停课放假了，我的民法课和刑法课都没有上过。安庆的解放还算是比较早的，大概是1949年4月，直到1949年年底，才有人通知我们回学校上课，那时很多同学都已经参加工作不愿意回去了，谁也不知道回去上课是个什么情形，回学校一趟也不容易，路费也很贵。那个时候学校本来人也不多，系里一共也才十几个人，回去上课的人就更少。

记：回去以后，课程和教师有变化吗？学校对你们以前的法律课程是怎么调整的？

王：以前给我们上课的那些老师在那时就算是"旧法"人员了，给我们上课的主要也就是军管会的一些老干部，讲的内容就是社会发展史，后来又学了中国革命史，看的教材有范文澜的《中国近代史》。对于"六法全书"的批判，主要还是1952年的事情，那时的我，已经在中国人民大学读书了。

记：当时开始对"旧法"进行系统批判，对"旧法"人员进行改造的时候，您有什么样看法？

王：说实话，那时我们在中国人民大学上学，对这些问题基本没有什么观点和看法。"旧法"的废除，对于那个时代刚上大学的我来说，没什么太深印象，并没有学过太多旧的法律。"旧法"人员的改造，是一场社会上的运动，当时在校园里的我们也只是听说某某地区又清理掉了一批"旧法"人员。因为新中国成立后，有的"旧法"人员还是在他原来的单位，工作没有太大的变动，原来担任什么职务现在还是担任什么职务，"旧法"改造主要就是改造这样一批人，主要还是在司法系统。

记：您是基于什么原因去中国人民大学读研究生的？

王：我们那时的情况与现在不同，那个时候国家急需一批法律外交人才，中国人民大学也就是在那个背景下建立。1951 年我从安徽大学毕业后就被分配到中国人民大学读研究生，说是要培养一批能教法律的教师，我就这么去了中国人民大学，也不像现在这样需要考试之类的，就是分配。

记：您同学的情况是否也跟您差不多？您当时所学习的课程就是按照苏联模式进行了，是吧？

王：当时国家法律方面的人才急缺，我们一个系也就十几个人，人员主要是一些当时政治素质过硬的老干部，还有就是像我们这样刚从法律院校毕业的学生，国家把我们作为未来法律事业的支柱进行培养。现在很多的法学家，像中国人民大学的高铭暄教授就是我的同班同学，这一时期，中国人民大学培养了很多专业的法学人才，像孙国华、王作富等。课程主要就是苏联的那一套模式，我们的教学主要也就是马克思主义政治课，再加上苏联实行的一些法律课程，像“外国法制史”就是参考苏联模式开设的，苏联的“外国法制史”课程叫“法制通史”，正式的名字好像叫“国家与法权史”，讲的就是国家的阶级理论。这些概念对于我来说，很多都是第一次听到，当时苏联方面还派了一些专家来帮助我们进行课程教学的建设。

记：专家大概来了多少？

王：在我印象中，法律系的苏联专家也不是很多，好像法理方面的有一个，法制史有一个，刑法还有一个。其实他们虽然称作专家，但对法律也不算是很精通的。因为是用俄语，他们上课都必须配备一名翻译，这些翻译的水平也参差不齐，有些没有法律基础的翻译会把课上的内容翻译得很不像样。我们也就是苏联专家讲一句，我们认真记一句，然后回去背熟，考试就是考这些背的东西。

记： 那你们和这些专家的关系怎么样，是不是也像现在的大学生和外教一样经常有一些互动？

王： 绝对没有。那时苏联专家和我们的界限非常清楚，专家就是专家，给我们的感觉都是高高在上的，那时学校对我们的要求就是必须足够尊重苏联专家。我们可以对老师有意见，甚至对领导都允许有不同意见，但对于苏联专家，不能有任何的不礼貌。我们和苏联专家之间语言也不通，也就没有太多的活动了。

记： 那您呢？和这些专家还有联系吗？

王： 教我们的苏联老师人都还是蛮好的。教我们法制史的那个苏联专家好像叫瓦里赫米多夫，我跟他的关系一直还不错，十月革命三十几周年的时候，我还专门给他去过信。后来我到华政教研室，他有一次来上海，我还专门请他到华政来参观，友谊是很深厚的，他临走时送给了我一本他的讲稿，我一直珍藏了 50 年，可惜前两年不小心遗失了。

记： 当时除苏联专家来华外，我们好像也派了大量的留学生过去？

王： 是的，每年中国人民大学都会选派一批学生去苏联，大概有几百人。其中，研究生还不算多，主要是以本科生为主，他们在去苏联之前都要经过系统的俄语学习。

记： 那当时去苏联留学，需要具备哪些条件？

王： 这是个很有意思的事情，我们那时去苏联留学，不像现在按成绩择优选拔。我们当时的成绩只是一个很小的因素，看你是不是符合条件的最大因素就是看你的出身，没有历史问题是优势，所以我们的留学生大多数都是军队中的干部，还有一些出身好的学生，比如，华政的彭万林教授当年就是很典型的工人阶级出身，后来他就去了列宁格勒大学。

记：您毕业之后就来到了华政，赶上了全国的院系调整？

王：1949 年之前的法律院校在新中国成立后基本上都没变动，只是全部停课了，以后这些学校怎么办，谁都不知道。1952 年，全国的院系开始调整。在这之前，新中国刚成立的时候，像沪江这些上海地区的私立学校就已经并入了复旦大学，1952 年复旦大学的法律系又并到了我们这里。

记：其他学校什么情况？

王：南京那边有南京大学，杨兆龙好像是从那里过来的（当时杨兆龙已经去了东吴，南京大学只是一个兼职）；金陵女子学院也有法律系；安徽大学也过来了几位教师。但当时的学校有一个特点：基本上都是像我们这样刚毕业的年轻人当老师。民国时候上海法律界比较有名的人，如孙晓楼是从复旦大学过来的，还有向哲浚、卢峻，但他们都是不能去教课的，而且不敢随便说他们的观点，一说就被认为是“旧法”观点。我们其他地方过来的，都是像我这样的年轻教师，国民政府时期的老教师基本上没过来，像安徽大学就没过来几位国民政府时期的教师，过来的人里只记得一个叫陈鹏的，名气大一点，民法教得很好。

记：那当时圣约翰大学政治系的人后来怎么样了？

王：当时华东地区的政治和法律院校合并的时候，主要都是我们这样的年轻教师，圣约翰大学这里老教师基本上都没有了，当时只留下了几位年轻的老师，而且还改行教语文去了。记得圣约翰大学那时候在教务处里有个叫傅季钟的年轻人，也被安排教语文了。

记：那当时像杨兆龙先生这样的著名法学家在那一段时期的情

况是什么样的？

王："反右"之前，杨兆龙先生的处境还是可以的，虽然他是"旧法人员"，要不停地接受审查。但一方面，他还在上海法学会等机构任职；另一方面，当时的曹漫之对于杨兆龙等法学家也比较尊重，认为杨兆龙先生改造归改造，研究还是可以继续的。这种状况一直持续到1957年。

记：那就是说，当时许多像您这样刚刚毕业的学生充实了教学第一线。

王：的确是这样。1952年，华政就成立了，但那个时候更多的是为了培养未来合格的警察干部等。当时国家在每个大区都设立了一个政法学院，但最初就相当于警察干部管理学校，培养当法官的都不多。当时民法、刑法那边的老师受过系统训练的也不多，即使去过苏联，学的也是苏联的民法、刑法，在国内一时也用不上。直到1954年《宪法》颁布，国家开始需要培养更多的法律人才，完善我们的法律体系，于是华政的法学教育才全面铺开，法制史教研室也是那个时候成立的。而我，恰恰在那一年从中国人民大学毕业了。

记：没过几年，就开始"反右"了。当时您受影响了吗？

王："反右"还没有影响到我，当时从"胡风"开始，后来又"反右"，对上海的法学界影响得相当严重。杨兆龙、王造时等一批人都被打倒了；但华政的情况有所不同，因为那个时候的华政教师大多是像我这样刚刚从事教学不久的年轻人，没有太多的复杂经历，所以基本上对我的影响不大。但是，当时的检查是相当厉害的，我们上课的讲稿都要拿去审查，我们老师的讲稿也不可能每个字都符合当时的要求，好在那时查出问题的也不多。

记：那当时被认定为"右派"的主要是哪些人？大概有多少？

王：现在看来，当时被认定为“右派”的人，要么是具有“旧法”历史背景，要么是因自己的某些言论得罪了一些人，像杨兆龙先生，就因为是“旧法”人员，再加上他的一些文章在当时显得过于激进，受到了很多批判。但是像杨兆龙先生这样的情况毕竟还是少数。像我们这样的老师，都不懂国民政府的法律，叫我们说，我们也说不出什么法学观点来。总之，基本上就是这两类：要么历史背景不好；要么说错了话，得罪了人。还好，在我的印象里，华政当时的几个领导基本都没怎么受到影响。

记：您刚才说到了杨兆龙先生，我记得当时有一本非常流行的小册子，叫《政法界右派分子谬论汇集》，其中就有很多杨兆龙先生的文章，当时他在华政的情况怎么样？

王：他被停职了，然后就是不断地被批判，劳动改造。那时，因为杨兆龙那时太显眼了，是整个政法界重点批判的对象，他的性情也很耿直，说的话也容易得罪人，当时他就遭到了整个社会的批判。在那个环境下，为了完成硬性任务，我也写过一篇文章批判杨兆龙先生。大意是针对杨兆龙的一篇说目前我们国家人权保障还不够的观点说的，我主要是在马克思主义的法学学习中形成的观点。

记：总体来说，您在当时还算比较幸运。到“文化大革命”结束前，您主要做了什么？

王：“大跃进”以后，大概就停课了，学生全部下到工厂、农村。后来虽然华政复校了一次，但也没上几年就“文化大革命”了，那时我们被影响了。“反右”时，我们年轻的没怎么被影响，等到“文化大革命”时，我就是教研组资格最老的了。开始是我和叶孝信，后来徐轶民和李昌道才进入教研室。“文化大革命”时对家庭情况的审查特别严格，但像我们这样 1949 年前后受过教育的通常出身都不算好。学校停课了，我们以后要去哪里，我们都不知道。

记：再后来，您好像是去了复旦大学？

王：学校虽然停课了，但我们法制史教研室还保留了几年。“大跃进”之后，上海社科院曾经来华政办过公。当时那个主任虽然文化水平不高，但对我们还是很好的，说法制史的内容很难，教研室就继续留下来吧，而且有什么重大问题还会跟我们商量。说来也有意思，我们教研室得以保留的另一个原因竟然是我们无法被分配，没有单位愿意接受我们。想想也是，法理的人还可以转去做思想政治工作，民法、刑法的人出去也可以做做调研，做做改造，而我们研究法制史的人出去能做什么？就这样，一直到 1972 年纳入了复旦大学政治系，现在想想，这也是件幸运的事情。

记：当时您也在复旦大学。

王：是的，那时我在复旦大学国际政治系几乎什么课都教过，什么法国政治、英国政治，甚至还教过非洲民族解放运动史。那里主要是讲西方的政治，没有中国的，老师也很缺乏，有的课没有人讲，像第三世界的民族解放运动，就叫我去讲。1978 年，我获准带硕士研究生，那一届我只带了一个人。因为当时他的研究方向是西欧政治，而我恰恰是教那个领域的老师，当时刚写了一本叫《法国政府机构》的书，学校就叫我带他了。但是后来，研究生我就不大敢带了，因为我虽然教外国的东西，但我的英语很吃力，1978 年下半年，华政复校后，各方面的待遇都不错，我也就从复旦大学回来了。

记：那时您的教学方向是西欧政治，为什么后来您的研究重新转向了中国法制史？

王：我是外国法制史出身，但后来在教学过程中就发现自己越来越力不从心。像李昌道，包括我的学生，他们英语都非常好，而我以前学的是俄语，那时我每天都要花大量的时间在英语上，还是觉得教学的压力太大。当时中国法制史也缺人，而且对中国法制史我也还有一点基础，我就开始将精力投入中国法制史的研究了。

记：也正是有您、徐轶民、陈鹏生等教授的努力，华政的法律史才有了后来的基础，华政也授予了您“功勋教授”称号。

王：我回到华政以后，先是担任法制史教研组组长，然后又担任法律系主任，当时整个法律专业就是一个系，后来国际法、经济法才分开的。我在1992年拿到了国务院政府特殊津贴，当时华政有4个人获得，1996年70岁的时候我正式退休，1999年被学校授予“功勋教授”荣誉称号。一晃也十几年了，我们那批6个“功勋教授”只剩下我和庄咏文两位还健在了。不过华政现在教研的骨干力量，像何勤华、郝铁川、王立民等，都是那时我们法律史的研究生。

记：感觉您的身体还是非常硬朗的，那最后再问您一个问题，您从事法律史研究50多年来，对于这门学科，您对它的总体评价大概是什么样的？

王：我以前研究外国法制史，后来开始转向中国法制史，中国法制史学科今后该怎么发展是很多人都在讨论的问题。这个学科该怎么发展，谁都不知道，究竟怎么上课，都很成问题。1979年，中国法律史学会成立。第一届中国法律史学会年会的一个中心议题，就是要明确中国法制史的研究对象和今后的发展方向。总体看来，这么多年的研究成果是显著的，不过还是有很多领域需要突破。比如，我们是不是还要按照苏联的那套模式？现在虽然退休了，我还是经常会思考这些问题，每天还会坚持看七八个小时的书，法律史以后到底怎么发展，还需要不停地探索和研究。

（访谈记者：方　堃、王伟臣）

陈鹏生教授访谈录*

陈鹏生（1932~2022年），福建南安人。1951年考入厦门大学，毕业后在上海市人民检察院工作，1957年后去安徽淮南煤炭学院（现安徽理工大学）从事教学工作28年；其间，还在金寨大别山顶创办一所学校（现金寨职工学校）。1981年调回上海，曾任华东政法学院副院长，兼任中国法律史学会会长、中国儒学与法学文化研究会会长、上海市政协委员暨法制委员会副主任等职，享受国务院政府特殊津贴。2004年被授予华东政法大学“功勋教授”称号。曾获首届“全国杰出资深法学家”、上海侨联“爱国奉献奖”等荣誉。

记者（以下简称记）：我们从您上大学开始聊吧。您1951年进入大学，1952年的时候，遇到了两件事情：一是对“旧法”人员的改造；二是又赶上了院系调整。您当时的情况是什么

* 本文为陈鹏生教授生前接受的访谈记录。原载何勤华主编：《中国法学家访谈录》（第1卷），北京大学出版社2010年版。

样的？

陈鹏生（以下简称陈）：我1951年进入厦门大学，在考进厦门大学之前，我已经先后考取了省里的协和大学和福建省医学院。当时没有全国统考，基本上都是学校自己招生，但那个时候我家里不放心，我就停学了一年。1951年我又去考厦门大学。当时它是福建省唯一的国立大学，国立大学的好处是吃饭不要钱，并且免学费，当然也很难考。我考上了，名次还很靠前，好像是第二名。

记：1951年厦门那边局势好像还是很复杂的。

陈：当时我们在战壕里上过课，我们都很乐观，说“要么上山，要么下海”。学校边上就是海啊，我们下课就去那里游泳。上山是因为防空洞都在山上，这边炮打过去，那边又打过来，我们也经常去防空洞上课。

记：那个时候厦门大学在全国的名气还是非常大的。

陈：当时，厦门大学的法律系在全国绝对是第一流的，知名法学教授也特别多：像李景禧，那是非常有名的民法专家，1991年我去我国台湾地区访问，看很多学校用的教材还是他很多年前的著作；还有陈朝璧，是罗马法的专家；陆纪藩，后来去武汉大学当教务长兼系主任了；还有谢祁光；等等。

记：好像周枏也在那里待过一段时间。

陈：对的。当时还有后来去上海外国语大学当法语系主任的，叫漆竹生，也是教我们民法的。柯凌汉，全国有名的刑法专家啊……这些大家都集中在厦门大学来教我们。

记：当时给您上课的这些教授用的是中文还是英文？

陈：新中国成立后，他们就不用英文上课了，一般都是用中文，漆竹生那个法语好得不得了，都没办法用外语上课。当时，他们上课都有一个特点，几乎都不拿教本。有的就是拿张小纸片，写个几句话的提纲，上课就是发表他们的见解，他们的讲义也从来都没给我们看过，我们就只得到一个提纲。我们考试也主要是考对这个课一些知识的理解。可以说，在厦门大学的那段时间，我们打下了非常坚实的法律基础。

记：您对厦门大学是很留恋的，当时说要院系调整，并到华政的时候，您和您的同学愿意吗？

陈：当时我们同学没有一个愿意来。在厦门大学，我们每一个同学都感到非常的满足：一是这里的老教授都是具有真才实学的，讲课讲得太好了；二是厦门大学的那个环境太漂亮了；三是那里的饭菜实在太好了，厦门大学东西便宜，有很多很多海鲜，我们那个时候早饭就有稀饭、豆浆、馒头、油条，还有各种小鱼，基本上每天都能吃到鱼和蛤蜊，条件好得不得了。所以我们都很不愿意走。

记：那您的情况？

陈：我个人还有一个特殊情况。我和厦门大学的王亚南老师关系非常好。当时我是厦门大学通信社的负责人，还主持厦门大学的校刊，很多人就说我怎么不去读中文系？当时我经常去采访王亚南老师，一来二去就熟了。他是一位非常博学的人，是个国际型的大专家。我们进厦门大学的第一堂课就是他上的“政治经济学”，上得让听课的人为之倾倒啊……他今天举办一个历史讲座，明天就去举办一个文学讲座，每门课都讲得非常深刻。作为一个年轻人，我就经常提问，他也觉得我很上进，就叫我帮他抄稿子。我想这太好了，我就边抄边学习，看他的稿子哪些地方改了，为什么要改，通过这些，我既拜读了他的文章，又学到了他研究问题的方法，当时我们系的人就笑称我是“王校长的小秘书”。所以我也不愿意离开厦门大学。

记：但最后还是不得不离开了。

陈：当时整个院系调整最直接的后果是两项：一是把当时最优秀的师资队伍打乱了，那些有学问的人物，像陈朝璧要去教中文了；二是原来的名牌大学很雄厚、很正规的法律体系也被打乱了。

记：大家都不愿意来，组织是怎么给学生做工作的？

陈：组织上说：新成立的华政是一所新型的政法大学。当时我们也不知道这个“新”是指什么地方，来了以后我们就觉得跟厦门大学一比，落差实在太大了。大到什么程度，王亚南老师去北京开会路过这里看我们，我们都要掉眼泪，我们就感觉到：这哪里像大学啊，学不到什么东西。时间一长，就有一些矛盾，也牵涉了我个人。

记：是什么事情？

陈：我比较喜欢写东西，来了以后很快就成了学校广播台的负责人，后来我就利用这个机会，在一次广播中批评了学校的管理：你一天到晚作报告，连学生的文体时间都要被占用，这是不对的。我说在厦门大学，我们的文体活动那是“神圣不可侵犯”的。马上，党委书记就把我叫去谈话，对我说：厦门大学是厦门大学，这里是华东政法学院，你不能拿厦门大学的情况来批评我们，我利用你们文体活动时间做思想政治工作有什么错。当时我很无奈。

记：那当时您对废除“六法全书”有没有什么看法？

陈：学生有一个特点，表面上虽然不敢说什么（华政当时思想管得很严），但是按照我们学的知识，“六法”体系还是有一定科学性的，所以我们那个时候就有议论，我们从厦门来的学生最激烈。

当时我们厦门大学来的独立分成一个班，是大三五班，那个班很多事情都是学校里的排头兵：打球我们是第一，文艺活动全校第一，读书也是全校第一，我们那时还没毕业就给他们低年级的做辅导。

记：您和您的同学私下里有些想法，那您的老师对废除“六法全书”是怎么看的？

陈：那个时候，我和陈朝璧先生聊得比较多。他和我家还有些关系，我家以前打官司的时候还请陈朝璧帮过忙。他私下里曾说：作为思想改造我们，我没有意见；作为法学的理论体系，是不能割断历史的；到了华政以后，这些老师大多不懂法律，就只能说有哪些政策、哪些条文。但实际上，他们连“六法全书”到底是什么内容都不清楚。

记：您刚才说到以陈朝璧为代表的老教授对这个是有意见的，那时厦门大学的老师是不是基本都没来？

陈：一个都没来，无论老的小的，只有我们几个学生来了，那些教授就都分散了。有的去教语文；有的去找资料，做图书馆管理员；还有的也离开了，像陆纪藩去了武汉大学，谢祁光去了中山大学当教务长……太可惜了。当时我们来了就两个感觉：一是这里并不像是一所正规化的大学；二是给我们上课的人上的都不是法律，这些人中好像一个教授都没有。

记：当时一个重要的需要学习的方面便是苏联法律。对苏联法律，您还有印象吗？

陈：苏联专家去中国人民大学了几个，上海零零星星有一些报告，我在厦门大学也接触了一些，他们来了也没有讲什么。我们在厦门大学的时候，自己的老教授水平都棒得不得了，苏联专家也没什么太多的学问，我们甚至都有些看不上眼。

记：那个时候，您好像已经毕业了。记得您毕业的时候还出过一件事情，跟《光明日报》有关的。

陈：我是 1954 年毕业的，毕业的时候就去了上海市人民检察院。当时上海市人民检察院为什么会要我？他们主要是看我在学生时代写过很多文章，就找我谈话，我也跟他们谈了很多我的思想，我对于法律的理解。他们觉得我不仅会写，也比较有头脑，再一看我的成绩，每门都是优，他们就指定要我，结果那个时候我还不太愿意去。

记：为什么？

陈：因为那个时候我更多的是在考虑出国的事情，虽然基本上是去苏联，但是已经有大学来跟我联系了。我的运气也不大好，很快我们和苏联的关系就不太好了，我也就出不去了，不过现在看看，这也未必是坏事，当时去苏联的很多人，学业也没完成，有的人在苏联也没学到很扎实的学问。

记：然后您就去了上海市人民检察院。

陈：在上海市人民检察院我主要办了两件事，都很轰动。第一件事是给《文汇报》办法律专栏，对大众宣传法律常识；第二件事是给上海人民广播电台办法律讲座，我讲，他们录音。这个讲座当时很有影响力，华东各地都来要，因为新中国刚成立，全国都没有这方面的节目，后来我就被上海市评为报刊宣传员一等奖。但是我的事迹刚刚在报上登了还没几个月，1957 年 9 月，我就被认定为“右派”了。

记：那主要是因为什么？

陈：因为我在上学的时候就比较喜欢写东西，时间一长，同学也都知道我是一支“笔杆子”，有什么事情都喜欢来找我，遇到不能理解的事情也来向我反映。当时的一个问题是，华政毕业的学生很多人出来没有被分配去法律部门工作，而是去做其他工作了。有的到车上去卖车票，有的去保管室当保管员，理由是他们的出身不好。我一听这个情况就很气愤，那时国家这么缺法律人才，像我们这样的学生都是提前毕业参加法律工作的，怎么还能让这些学法律的学生“不务正业”？所以“鸣放”的时候，他们就希望我能帮他们说话，我也就写了一篇文章，名字叫《为什么不让政法专业学生务正业》。这篇文章《光明日报》登载以后就给我写了一封信，信上说：你写得很好，反映的情况也很真实，我们已经把你的文章转给了国务院人事局，希望得到重视。人事局一看，又给我写了一封信，说：文章写得很不错，我们又把你的文章转给了上海市委，希望纠正这种错误。我当时年轻，高兴得不得了，还请同学们吃饭，说这种日子要结束了。结果过了半个月，一天我从外面回来，就看见上海市人民检察院大楼铺天盖地的都是批判我的大字报。

记：那当时给您扣的“帽子”是什么？

陈：1957 年，我就像在唱滑稽戏一样，在没有被批判之前，被认为是上海市青年法学家的精英，柯庆施一开大会还把我叫上，批判杨兆龙、王造时，还指定要我写一篇文章。我当时糊里糊涂就写了，两个人一人批判一篇。报纸上还用很大版面登出来，说年轻法学家陈鹏生批判王造时、杨兆龙。

记：当时您批判他们的也是法律的继承性、阶级性？

陈：批判杨兆龙的是关于法制协调关系上的，批判王造时的是阶级性上的，但是批判人家没多长时间就批判到了自己，当年采访我的记者现在还健在，他是圣约翰大学新闻系毕业的，现在生活在美国，还和我保持着联系。

记：您被认定为“右派”的主要原因也就是《光明日报》的

事情?

陈:主要是因为这个，人家说我跟罗隆基内外勾结就是因为《光明日报》。

记:那您的同学被认定为“右派”是什么情况?

陈:我有一个同学叫张斌生，他是我们全班最小的，后来留校了。他的歌唱得好，他被要求去安徽劳动教养，在那里待了19年，等他回来的时候已经40多岁了，还没结婚。当然他还是有能力的，后来在福建行政上做得也不错。

记:您被认定为“右派”以后的遭遇也和很多人一样了，是吧?

陈:基本上是，但当时他们对我还是有些格外对待，因为我被认定为“右派”时，还太年轻，历史上没什么“旧账”，平时也经常拿先进，所以一下子被定为“右派”有些说不过去，对我的处理是最轻的，工作还是继续。但是我认为我不能再干了，因为我干的都是最机密的工作，在政策研究室里，要综合世界各国的动向，掌握这种资料，很可能就说不清楚了。我们检察院有个党组成员要调到安徽淮南煤炭学院当党委书记，他就过来跟我说:“小陈，你跟我走吧，到淮南去，那里是一座新兴的工业城市。”我那时也血气方刚:走就走，检察院那时还有些挽留我，跟我说，如果我走可能就没机会再回来了，那时我压根就没想再回来。

记:但您那时离开上海也许还是一件好事情。

陈:一点都不错。我如果不走，我以后可能就在检察院里待下去了，待到后来最多是个检察员，当个处长就很好了，我大学教授当不成了。

记:那时的淮南煤炭学院是个什么情形?

陈：开始淮南煤炭学院叫我去党委宣传部，我坚决不干，一来我不是党员，二来我在宣传上吃过亏。我就提出我到教研室去，那里没有法律课，我就去教语文。没想到干了几年以后，在淮南有些名气了，淮南有的部门就请我讲课，主要是给中学老师讲课。

记：淮南煤炭学院的边上就是淮南第一中学，那是我的母校。

陈：我在那里也开设了不少讲座，讲古典汉语，也给那里培养了不少语文老师。我在淮南就立足了，领导看我也不错，就叫我兼任附中校长，后来又去政治理论部教哲学。我这一生，杂七杂八的课是教了不少。

记：然后就是"文化大革命"了，您也是被影响得挺厉害的。

陈：这次我专门找了一些我那个时候公开发表的文章，20 世纪五六十年代的都有，大学时代的文章也不少，那个时候年轻啊，见过的事情也不多。后来，就有人把我的文章专门搜集起来，罗列到一个房间里，取名为"陈鹏生黑文专室"。这倒是帮了我了，我自己的作品发表以后我是从来不搜集的，结果他们帮我把我的作品整理好了。

记：这倒算是给您帮忙了。

陈：那时也有许多学生跟我非常好。我们被批斗得很厉害，到了最激烈的时候，保护我的人一得知消息就偷偷跟我讲：陈老师，你赶快走，再不走就可能出事。于是我当天晚上就穿着短裤、背心到了火车站，谁都想不到我穿成这样就要走。那个时候坐火车都是不要钱的，我看火车来了，跳上去就走了。同情我的学生悄悄地把我的文章收集起来，用塑料布包好，找个地洞埋了起来，又把我房间里的所有东西用劳动车拖到乡下，帮我保存起来。

记：那您后来回来了吗？

陈：没过多久，我想想就回来了，然后就被关进了牛棚，进行劳动，到现在我身上还落下了一个终身的毛病。当时淮河发大水，冲下来很多木头，那是冬天，没人愿意去捞，就叫我们这些人去。那时我年轻，才三十几岁，就下了淮河，从早上7点一直捞到晚上，结果一上岸我就走不动了，两腿关节红肿，上楼梯都是用屁股一点点挪上去的，整整一天不能动弹，也没吃饭、没打水，后来幸亏有个人过来看我，帮我打饭、打水。然后就落下了关节炎，每年都发，前两天才打过吊水。

记：看了您的一些材料，您还去了金寨一段时间，那是怎样一回事情？

陈：那时我们也没什么事情做，矿业学院就公布了一些地方，叫我们选择再教育的地方。当时我就挑选了一个最艰苦的地方——大别山，还在学校贴了一个纸头：谁愿意跟我去？结果我们一共7个人就去了。当时金寨的情况我也不清楚，根本就没办法上山，那里海拔2000米，最后是老乡肩挑背扛，我们什么都不拿，费了半天劲才爬上去。但是一上去就下不来了，路怎么走都不清楚。当时我就住在一个大庙里，庙周围几十里都没有人，我当时就想不能在这里耗着啊，那些工科的老师天天没事干，有的开始打麻将，有的人还掉过眼泪，我说这样不是办法，我们都还年轻，干脆合伙办一个学校，我一个人就可以教语文、政治、历史这些课，你们这些工科的老师数理化什么不能教。我们就跟公社商量，把一些学生组织起来，我们自己弄土坯、建宿舍。那时的学生对我们的感情深啊……那些家长，有的老奶奶都过来说，老师啊，我的孩子不听课，您就好好管教。

记：您在那里待了多久？

陈：我们在那里慢慢发展起来，两年后，当我们要走时，几十个乡亲在我们门口待了一夜。有老奶奶、老爷爷都专门过来送我们，几十里的山路，他们一直把我们送下水库。当时我是真感动，那里山好、水好、人更好。

记：您后来就一直在矿业学院工作，直到回上海？

陈：我回来以后继续在附中教书，我这人有个特点：你叫我干那一行，我就会拼命干。我带班主任的那个班，37 个人里有 22 个考上了大学，这在当时是一个了不起的成绩，我寒暑假都留在学校里，跟他们一起补课，补课的老师都是我亲自去外面请的。

记：您是 1981 年被调回了上海？

陈：1980 年的时候上海这边就想叫我回去，那时学校不肯，后来我考虑到家庭因素，再加上上海那边一直催促，我就回来了。当时上海市人民检察院和华东政法学院都要我，华政看了我的简历，希望我去办《法学》杂志，我想想还是觉得心有余悸。我说如果办刊物，我也责无旁贷，但是我需要有属于我的专业，于是我就到了法制史教研室。在淮南 20 多年，法制史的典籍我一直在看，以后我也没放松，就这样，我一直从事法律史研究直到退休。

记：您一生的经历很丰富也很坎坷，最后您能不能总体评价一下我国这么多年的法律发展情况？

陈：“文化大革命”之前，中国法律最基础的学科几乎都没有。新中国成立之初，我们都没有自己的法律，有的只是暂行规定。

（访谈记者：方　堃、李　梓）

何勤华教授访谈录*

1955年3月生，上海市人。现任华东政法大学法律文明史研究院院长，教授、博士研究生导师。兼任全国外国法制史研究会会长、中华司法研究会副会长。曾任华东政法大学校长、中国法学会常务理事、中国法学会法学教育研究会副会长。1982年1月北京大学法律系本科毕业，进入华东政法学院攻读硕士研究生。曾于1988年和1994年两次赴日本东京大学法学部进修。1987年9月任讲师，1993年7月破格晋升为教授。1992年10月起，作为对国家有突出贡献的专家，享受国务院政府特殊津贴。1998年7月获北京大学法学博士学位，1999年10月被评为第二届“全国十大杰出中青年法学家”，2003年获得“国家百千万人才工程”称号，2009年

* 原载何勤华主编：《中国法学家访谈录》（第5卷），北京大学出版社2013年版。

获得“国家级教学名师”称号。主要著作有《西方法学史》(1996年)、《英国法律发达史》(1999年)、《20世纪日本法学》(2003年)、《中国法学史》(三卷本，2006年)、《外国法制史》(2011年)、《比较法学史》(2011年)等；公开发表论文180余篇。2019年入选上海市文史研究馆馆员。

记者（以下简称记）：在读大学之前，您已经工作了吗？

何勤华（以下简称何）：是的，我已经工作了。我是1955年出生的人，1977年参加高考的时候已经22岁，这个年龄在今天应该已经大学毕业了。高考之前在农村工作、劳动已有6年半，相对于现在正常的高考制度下的你们而言，我确实是被浪费了一些时间。但是，当时我在乡政府的机关工作了3年，担任乡团委书记，算是机关的工作人员。

记：听到恢复高考的消息，您是怎么想的？

何：其实那时的农村，信息来源相对单一，不像今天这样充分，只能说是知道一些大致概况。至于说读大学，事实上从1971年开始，我们那里已经有了被推荐读“工农兵大学生”的人，一开始很不错，都是让综合表现良好的知识青年去就读、深造。但是到了1974~1975年的时候，这种推荐变了味儿，出现了有些人把他们的小孩儿硬推上去读大学的现象，我们就感到这种做法不太合理，可是没有办法。

直到1976年，我们才开始意识到国家在各方面的情况都可能有重大变化，后来相继得知邓小平同志即将复出主持工作，教育部在1977年夏天连续召开会议讨论恢复高考的事宜，我们的内心其实已经在欢腾了，特别是后来我们乡一级政府机关接到了上级通知，开始鼓励乡里的青年踊跃报考、参与招生，大家的心里才真正为恢复高考后的第一次高考而振奋不已。

于是我们乡里一些具备相应能力的中学老师也就开始给大家办辅导班，我作为团委书记和大家一起开始复习。当然了，我参加复习的次数不多，毕竟我们几个青年干部都有自己负责的日常工作，一般是白天劳动，晚上处理行政事务（团委的工作）。到1977年9月看到了正式的报名文件，10月报名，12月11日和12日参加考试，这个时间间隔里还进行了体检、政审等工作，很紧张，情况大致如此吧。

记：您就是在上海参加高考的吗？

何：那一年上海考点很多，我们参加考试的地方今天属于浦东新区，当时是上海市川沙县。我记得考试科目有语文、数学、政治、史地，1977年不考外语，1978年的外语考试也没有计入总分。1977年时高考科目里的古文也没有计入总分。我当时考完以后就觉得自己数学考得比较差，特别有一道题目印象深刻——求一个六角螺帽的表面积，这对我来说太难了，所以我对自己数学成绩的预计是三四十分，但政治和语文我感觉非常好，语文我甚至给自己打满分，后来的成绩公布出来，也就和我的自评差不多……

记：您是在北京大学读的本科，当时为什么要读北京大学？您一开始选择的专业就是法律吗？

何：这个说来话长了，我们那时参加报名的有四五百人，最后考的人没有那么多，因为有人放弃、有人另择出路，至于我，因为做团委工作，我们乡的团委工作成绩一直是县里的前3名，所以大家都看好我的前景。在家庭内，我的父母、亲人也都期望我继续走干部之路，故此，我在填报志愿时就选择了复旦大学的哲学系、中文系，还有华东师范大学的中文系，心想："此二者若不录取，则继续工作。"因为我想读好大学。

北京大学是后来追加的，上海市起初并没有北京大学法律系的招生，结果当北京大学追加招生名额后，录取工作反而先于复旦大学和华东师范大学，就把我们的材料拿过去了，当年也没有征求考生意见这么一说。虽然当时内心对于法律专业一片茫然，因为我们就没有接触过法律，但在接到录取通知书的时候，对于能够上北京大学这样的学府，欣喜之情自然不用说了。

录取的时候还有插曲，当年北京大学在上海的招生工作虽然先结束，但却没有在第一批公布，而是在第二批公布名单中，当年整个招生工作的程序时间之紧、事项之繁，导致我们考生也非常紧张，特别是我因为身体素质欠佳，又常年在农村从事体力劳动，担心会因为一些非考试因素而落榜。到了公布录取结果时，乡里通过广播站的高音喇叭向在工地上劳动的我们传达，在第一天的 20 多个录取名单中，没有我。当晚回家，我辗转反侧，多少还是有些失落的，心里不是滋味，总觉得忙活了几个月却没有得到期待中的结果，很难受，尽管我此前已经做好了落榜的准备。

第二天，我越想越不踏实，就打电话找到一个一起参加复习的教育系统的参考人员打听情况，她当时安慰我说，录取名额很多，你肯定会在陆续公布的人员里面的，叫我耐心等待。到了第三天早上，她告诉我，“你已经被录取了，而且结果出乎意料，你自己绝对想不到是被哪所大学录取的，这个成绩超出我们的想象”。于是我很忐忑地问她，到底是哪所大学录取了我，复旦大学还是华东师范大学？她说：“都不是，你被北京大学录取了，下午的广播里你应该就会听到此通知。”

尽管如此，我心里还是没底，因为我还不敢相信会被北京大学录取，直到当天下午，从广播里真真切切地听到这个消息之后，心里的石头才落了地。曾有报章说我当时欣喜若狂，扔掉手里的铁锹就一路狂奔，其实这是文学加工的成分。实际上，我在听到这个消息的时候内心反而是平静的，当时我们都还在挖河泥的工地上劳动，上午听到消息后，下午继续劳动了半天，将分配给自己的挖泥任务完成后才回家。

得到录取结果是1978年2月初的事，而2月28日就马上要去北京报到，时间已经很紧迫了。作为专职的团委书记，我在一周内将应该做的工作都做完，办理好了与接替工作的同志的交接，又接受了县里领导的祝贺，因为我是县里唯一上北京大学文科的考生，可以说是给县里增光添彩了。还有同乡里一起考上的年轻人聚餐，以及和家里亲戚们告别吃饭等一大通事儿，忙完后，到2月26日才乘火车北上。

2月28日凌晨3点多抵京，一出火车站，就看到了北京大学的新生接待站点，于是紧锣密鼓地乘车、入校、办手续，那时候精神也好，根本不觉得累，还和各地来的同学互相认识了一下，我们1977级法律系人少，就一个班，83个人。总之，那一天我是特别激动、振奋。

记：您记忆中的北京大学法律系，感觉如何？大学时代印象最深的是哪位老师？

何：北京大学法律系当时规模很小，仅大于图书馆系；师资力量偏弱，当时的北京大学大师级人物都在文、史、哲三大系；地位偏低，专业排序处于末座。尽管如此，法律系还是给我们配备了最强的教师阵容，譬如说，法理学有孙国华、沈宗灵、罗玉中，中国法制史有肖永清、蒲坚，中国法律思想史有张国华、饶鑫贤，外国法制史有由嵘，宪法与行政法有龚祥瑞、魏定仁，民法有李志敏、朱启超、王德意，刑法有甘雨沛、杨敦先、张文、刘守芬，国际法有魏敏、罗祥文等。

说到印象深刻，我在回忆录里提到过李志敏老师，他讲课的时候并不十分生动，也不是很有吸引力，但是他功底深厚、见解独特，因为李老师是用自己在比较婚姻家庭法学研究上的成果来给我们讲授的，他讲起婚姻家庭法确实是博古通今、学达中外。

另外，还有教授我们比较宪法和比较行政法的龚祥瑞老师，与李老师相反，他的授课风格就很放得开，胆子大，他的观点就是要在中国加强对权力的制约，加大对公民权利的保障。这在当时是振聋发聩的，因为我们学习宪法的时候实行的还是1978年《宪法》，主要是强调公民的义务，1982年《宪法》是在我们毕业后才颁行的，所以龚老师的观点对我们来说是颠覆性的，他反复强调——"宪法的作用，一是限制国家权力，二是保障公民权利"，当时很多同学非常崇拜他。

还有一种类型的老师，如刑法学的老师杨敦先，他的板书特别规范、讲稿非常系统，就从最初入门的每一个问题讲起，无论大小，无一遗漏，既不像李老师那样详略分明，也不像龚老师那般激情四溢，而且他上刑法课的时候刑法尚未颁布，所以我们听起来特别细致，笔记也记得很完整。

第四个类型就是沈宗灵老师了。开选修课，他教的是西方法律哲学，授课特点是善于讲述法学家生平事迹和名著，讲格劳秀斯和《战争与和平法》，讲社会法学派、功利主义法学派、分析法学派，把我们带入世界级大师的世界里去，领悟名著名家的思想精髓。

当然，像甘雨沛老师这样的传统型知识分子也是有的，他治学精深，把学问做得很透，但苦于不善言辞、节奏拖沓，讲课效果就不如以上几位，因而选修他课的学生不是很多。但我在听他课时，和他课下交流比较多，这种私底下的交流会得到很多知识。那时学习的情况基本上就是这样。

记： 同学之间呢？

何： 这个问题我在回忆录《北大法律系77级——我们永远的精神家园》[《法制日报》(现《法治日报》) 2008年年底至2009年春天连载] 一文中都提到过，就像上一个问题一样，印象深的不是一两个人，而是很多，可能是因为只有一个班，同学交往多，感情特别深吧。

现在特别再提起两位我的宿舍舍友，一位是武树臣——2008年北京奥运会组委会法律部的主任，在中国法制史和传统文化研究领域造诣很深，他年长我几岁，我们推心置腹、无话不谈，由于他在入学时已经结婚，所以常常告诉我夫妻的相处之道；另一位老大哥何山，曾就职于全国人大常委会法工委民法室（现在已经退休），也是婚姻法的专家。那时候他酷爱摄影，幸亏有他在，我们当年的生活片段才得以大量保存，成为我们珍藏记忆、怀念友情的载体。

记： 我们常说“父母是每个人一生中最重要的老师”，在您的记忆中，父母对您产生了什么样的影响？

何： 我的父亲常年在外地山区工作，生活非常苦，对家庭的照顾也比较少。他本来是上海一家烟厂的工会主席，在1960年开始的三年困难时期，因我们城市中商品粮食不够吃，需要下放一部分工厂的工人去农村，我父亲是工会主席，又是共产党员，领导让他带头，他就响应国家号召，离开上海的工厂回到了农村老家，原川沙县王港乡（现为浦东新区唐镇镇），从一名工人成为农民。过了两年，因实在无法适应农村的生产和生活（我父亲从小就出去到工厂当学徒，不会干农活），就又支边到青海、四川，长期在山沟沟里的军工企业工作。印象之中就是一个老实巴交的人，不会钻营，不懂怎么拉关系要好处，更无法从外地调回上海。所以，我们姐弟3人几乎就是母亲一个人带大的，如果没有她的言传身教，就不会有我们今天的成绩。

我还记得，大概是在读小学的时候，有一阵子为了挣点钱补贴家用，母亲带着姐姐和我，跟随村里的其他人半夜起来，走几十里路到东海海边的芦苇荡，采摘新鲜的芦叶。然后，背着芦叶再走上几十里路，到金桥镇上卖给城里人包粽子。再匆匆走十几里路赶回家里，我们去上学，母亲再下田劳动，那时的生活真是又苦又累又穷。尽管在当时的农村里，我们姐弟3人的身体均比较羸弱，但是母亲这种农村妇女吃苦耐劳的精神，教育我们懂得了一个最简单的道理——要生活，就要劳动；只有付出，才会有收获；只有勤劳地工作，才能改变自己的命运。

我的母亲作为一名中国农村妇女，是一个极其普通的人，一辈子生活得非常平凡。从来没有进过电台和电视台，也没有在报纸上留下过片言只语。除子女亲戚、周围的邻居以及平时在一起劳动的乡亲外，再也没有人知道她的存在，就如同路边的一棵小草一样。但母亲却是一个热心肠的人，一个勤劳的人，一个坚强的人，一个值得我们骄傲的人。

记：老师的回忆很深情，也让我们很感动。似乎明白了您几十年耕耘学术的源泉所在。记得学界对您有这样的评价——“一位学者，在上海的繁华之地，在苏州河岸华东政法大学的清修之所，苦心孤诣，把法学大科目中原本不受重视的法律史学做成今日显学，千般辛苦，万分不易”，故而我想问老师，您对法律史的兴趣是在什么时候产生的？

何：我刚到北京大学的时候，因为一开始是法学的“门外汉”，对什么都充满兴趣，想把什么都学好，正所谓“天不负我，我何以对天；身不饥寒，何不以治学”，那种学习状态就是不分主次，全面铺开。之所以后来专注法律史学，也算是机缘巧合。

第一个原因是在上大学的时候就有两位教授法律史的好老师。一位是张国华老师，中国法律思想史讲得出神入化、精彩异常，可以说是引人入胜；另一位是由嵘先生，外国法制史的专家，带领我们步入世界法学的殿堂，穿越时空，纵览几千年的法学史。

第二个原因是毕业时的选择，考研究生成为我真正对法律史有兴趣的契机。当时我们还是想着毕业了回上海，回到父母亲人身边，而分配到上海工作的名额只有一个，和我一起到北京读书的还有一位崇明的同学，考虑到他在上海已经有自己的家庭，我想到名额应该是优先照顾他的，自己就只能通过考研究生回上海了。当时上海的各所高校只有华政在招收法学硕士研究生，具体再打听，得知华政徐轶民老师和王召棠老师所在专业招生的人数最多，也就是法律史专业。我觉得自己的外语水平还可以，本科学位论文选题又是罗马法，是由嵘老师指导的（论文最后被评为“优”），所以就报考了外国法制史专业。

虽说一开始是因为择业的彷徨才报考，但在考上后对这个领域的研究兴趣却是一发而不可收，迅速进入了一种“学术重积累，枯坐十年冷”的忘我境界，以至那时候别人说什么我们的待遇不如普通产业工人之类的话也不当回事，更没有想到改行、换专业之类的事情，我一门心思地认为——既然选择了这个方向，就让它成为我一辈子奋斗的目标吧。

特别是在治学的精神追求上我又曾深受冯友兰、翦伯赞、郭沫若、顾颉刚等传统学术大师的影响，他们这几位终身都没有改变过自己的事业选择。我要坚定自己在教学、科研战线上耕耘的信念。再加之，后来的学术环境越来越好，国家日益重视，投入也日渐增多，特别是随着个人发表的成果逐渐增多，得到的社会认可度提高，而华政法律史学科又具有前辈老师创造的优势条件，因此我们最终能够脱颖而出。

记：您对您所从事的专业，有什么基本的学术观点？

何：这不是一两句话就能够说清楚的，法律史学科按国别分类可简单分为外国法制史和中国法制史，按内容分类可分为法律制度史和法律思想史。我的一个基本观点是：法律史研究者应该要能把这几项内容融会贯通，不能把自己的研究限制得太窄，既然做了法律史，就要对这些东西广泛涉及，然后才重点选择自己最感兴趣的领域。第二个观点是：要善于组合研究，鉴于现在学科的体系越来越大，门类越来越多，而个人的精力有限，我希望老师术业有专攻——在宏观知识结构完整，在具备了给普通学生授课的能力之前提下，自己再拥有研究专长，可以实现优势互补。譬如，在一个中国法制史的教研室内，有人研究先秦文献，有人研究唐律，有人研究明清法律史等，单独每一个人都是专家，而组合起来又是研究中国法制史的最强团队。外国法制史也是如此，宏观和微观相结合，才能达到最优化的科研力量配置。

另外，关于法律史学科的前途问题，我认为它既冷亦热——法律史之冷，在于它离现实生活相对遥远，对解决眼前问题起不到立竿见影的效果，从事这个研究要坐得冷板凳；法律史之热，在于人类对历史的热情永远不会消退，毕竟这是追本溯源，关乎自身来龙去脉的问题，这些年的“国学热”“史学热”，不是正好都说明了这个问题吗？

当然，法律史学的研究队伍不可能会像民商法、金融法那样庞大，但它的魅力是永恒的，需要填补的内容还是很多的，就像我们研究中心，最近10年就相继填补了国内在古代巴比伦法、日耳曼法、希伯来法等领域的研究空白，这些空白有大有小，还等着我们一个个地去填补，继而再将我们的研究成果传授给学生。法律史的定位就是一个基础学科，是为法科学生、法律人提供基本素养的奠基石，要做到功底扎实、基础牢靠，以便他们后来更好地学习各部门法、构建自己的法学知识结构，使之更稳固。只要这个作用发挥出来，那么作为一个法律史的老师，我就觉得很欣慰了。

记：以您自己为例，您认为中国法制史学与其他国家有什么不同？

何：按照现在的理解，法律史学科诞生于19世纪的德国，当时历史法学派把探讨法的起源、法的本质、法的精神的问题从历史的观点引向民族，形成了他们自己的特色，其经典语言——“法是民族精神的体现”现已深入人心，从那时起有了法律史的研究，并在欧洲扩散，影响美、日两国，然后蔓延到全世界，这是学界的一般观点。

按照我个人的理解，上溯到罗马时代就已经有了法律史研究的作品。中国历史上对法律制度进行反思的著作就是历代的《刑法志》，由《汉书》开辟，到民国时，有研究者写清史还写过关于清代的《刑法志》。

现代法律史学科的概念是从外国传进来的，如浅井虎夫写的《中国历代法典编纂沿革史》，他的译著影响了杨鸿烈（撰写了《中国法律发达史》和《中国法律思想史》）、梁启超（编写了《中国法典编纂史》）、陈顾元、丁元普等人，进而形成了民国时期研究法律史的学者团体。

到新中国成立后，可以说，直到20世纪90年代中期之前，我国法律史研究的差距的主要表现就是，当时我们的法律史研究方法大量使用“定性”——性质判断的方法，量化研究反而做得少了，而法律史研究较先进的方法，是特别善于运用数据对比的方式来说明古今法律的传承性，定性化的泛泛之谈并不多，力图恢复历史的本来面目。

但是从20世纪90年代中后期开始，一是方法的改变，二是资源的有效利用，使我们的法律史研究迅速赶超上来了。我认为，我们法律史领域现在的科研水平已超过日本和我国台湾地区，更遑论欧美的汉学家了。有两件事情很能说明问题：一个是1998年张晋藩先生主持编纂的《中国法制通史》（十卷本）的出版；另一个是杨一凡老师的中国珍稀法律史料汇编、考证类书籍出了好几套。

当然，顺便说一句，现在有个别考古科研单位总爱把新发掘的珍贵史料视作单位私有，迟迟不对内容予以公开（影印件），反而让我们法律史学者又有了一些前后掣肘的感觉。借此我也发出自己的声音：学术是公共的事业，是属于全中国甚至全人类的事业，我们只是希望得到确切的文献记录，文物可以被单独拥有，但文化应该成为所有学界同仁共享的资源，希望大家早日消弭学术的门派之见，共同为历史的研究尽自己的绵薄之力、做最大的学术贡献。

记：在您的专业中，出现过什么大的争论吗？您的观点如何？

何：法律史学界的争论倒是出现过几次，最主要的就是20世纪50年代、70年代反复出现的关于“法治与人治”的争论，20世纪70年代末关于法的社会性、阶级性、继承性的大讨论，还有法律史学界关于方法论的争论，是“以论带史”还是“以史带论”？

我的立场很明确。第一，要坚持法治，一些人说什么“法治里面有人治，人治里头有法治”是偷换概念的说法，“徒法不足以自行”，人肯定是实现法治的要素，什么法都需要人来执行，我们讲的法治是以法律作为行为准则的标尺，尽量排除人的随意性，杜绝“拍脑袋”的行政模式，不能僭越法律规定。第二，法的阶级性也是不容否认的，无论什么国家，何种社会形态，统治阶级都是法制的建立者和掌握者。第三，法产生自社会生活中，当然也具有社会性，社会是法的母亲。在历史演进过程中，任何一个新社会形态取代旧的社会之后，都会在前者的法律基础上重建自己的法律，所以法的继承性也是客观存在的。

关于方法论的问题，能把史料和论证结合得天衣无缝固然最好，但在多数情况下却做不到，我认为史料的比例大一些好，如果史料部分做得好，即便若干年后观点已经不再被需要，但翔实的历史资料还是会留下价值，这总比空话连篇的文章价值要大得多吧！

记：在各种法学研究方法中，您最推崇哪一种？

何：在法律史领域，实证的方法我最认同，用证据说明一切。譬如，我在《中国法学史》（第1卷）中论证古代中国是否存在法学这个命题，我就运用了列举历朝的法律活动与法律文化表现、法律文献记载、“法学”一词在汉字中的起源和流变等多项史料的方法，来证明“中国古代确实存在法学”这个观点。况且，我们现在的证明方式更多元了，过去大多只能依靠传世历史文献记录，缺乏相对应的考古发现，而历史文献就存在被篡改、记录不完全、因年深日久而产生错误等不利因素，局限性非常明显。现在由于国家的重视，大量考古文献的公布或新的文物史料被发现，使我们的论证较之单纯依靠传世文献要准确得多，当然，各方面的资料运用在研究中都要兼顾，偏执任何一种都是不可取的，正所谓“孤证不足信”。

记：您认为现在法学界的中青年学者这个群体浮躁吗？

何：浮躁之心当然是要戒除的，怀着浮躁的心态治学肯定出不了精品。可我们不能忽略每个人具体的生活状况，现在也不是要求知识分子甘守清贫的年代了，每个人都要为生存而奋斗，年轻人更要谈婚论嫁、赚钱养家，功利和浮躁只是承受生活压力的表现。

我提倡坐“冷板凳”，静下心来严谨治学的态度，拿出高水平的研究成果甚至是传世之作，但不苛求每个学人都一定要做到，多元社会要求我们处理好这种矛盾，对功利者不要过分谴责，应该有宽容的态度和雅量。将心比心，我们这代人年轻的时候不也盼着多认识几位名师、能参与好的项目课题、多出成果、早日成名吗？孤芳自赏式的清高就不要提了。

记：那您认为现在学术规范执行得好，还是不好？

何：首先声明，我对现在的学术评价体系持保留态度。以现在的全国法科教学科研产生总量来看，就算把所有的法学类杂志、期刊，还有大学学报加在一起，都不可能完全满足每年发表文章的硬指标要求，且无论老师感受如何，好多学生就已经被发论文的硬指标压得喘不过气。

可是话说回来，如果完全放弃了现在的这一套量化标准，又拿什么来替换它？人都是有惰性的，有的师生本身就不爱动笔头，刚性要求的存在，可以鞭策他们不得不写、不得不发，好歹还能看到他们出些研究成果，一旦压力消除，真不知要到他们何年何月才会有只言片语了。我说这话不是中庸，而是内心的纠结，究竟什么样的学术评价体系才能恰到好处地激发绝大多数人的研究热情和创作动力，同时有利于真品、精品的涌现，确实是困扰我们的大问题。

记：既然如此，您认为现在中年学者是多发表成果好，还是少发表好？

何：这个不能一概而论，学术成果的多少与学术水平的高低并没有正反比之说，关键还是在人——文学界有巴尔扎克这样一生写了两百多部作品，著作等身的大师，当代法学界也有理查德·波斯纳这样笔耕不辍的巨匠，其他如罗斯科·庞德、威格摩尔等大家，都有很多作品问世，并非作品少的就一定是精品，说不定他真是写不出来。一个人的精力投入和勤奋刻苦才是作品好坏的关键，人的个体差异很大。

我鼓励学生在力所能及的范围内多发表文章，尽力多出成果，不要怕自己写得不够好，从青涩到成熟总有一个过程，就算是巴尔扎克的作品也不见得没有失败之作。如果学生顾虑引用他人的内容太多会涉嫌抄袭，我的观点是只要遵守了学术规范、尊重他人的学术成果，如实注明出处，尽到注意义务，你就可以大量引用。假如说我看到一个学生的文章，引用的材料几乎都是我的研究成果，只要他尊重我的著作权，标注规范，我个人还是很高兴的。

记：在您所从事的这个专业中，感觉您的最大贡献在哪里？

何：我当然希望在有生之年能完成自己的所有学术梦想，过去的30年，我个人的主要成果是《西方法学史》和《中国法学史》三卷本，在这两项上也倾注了很多精力。《西方法学史》仍在不断修订,《中国法学史》正在撰写第四卷——新中国法学卷。由我主编的教材主要是《外国法制史》、“中国近代法学译丛”以及“世界各国法律发达史”系列丛书，这个主要是为了培养出人才梯队，填补一些空白，尽管水平有限，难称精品，但也可以让本科生有入门启蒙的读物，这就是我对以上作品的定位。

未来几年我想把关于法律文明史的著作完成，这套书涉及的历史线索特别多，体系庞杂，参与写作的人过百，从法律文明的起源一直到当今的法律本土化与国际化，前后共计有16卷内容，力争在退休前完成吧。

而在退休之后，我将会把自己的学术成果先作一遍梳理，然后对诸多有争议、受质疑的问题作出回应，其他的我暂不奢望。一代人有一代人的任务，倘能如此，我也可以欣慰地自言对改革开放后的中国法制史学研究有所贡献了。

记：您的专业中，还有哪些发展空间，或者说，还有哪些需要开拓的新的领域？

何：谈不上是新领域，应该说是查缺补漏。在中国法制史这一块，我认为有必要对一些过去研究偏弱的朝代和历史时期进行深入挖掘。一直以来，从事中国法制史研究的博士习惯性地集中在唐朝、明清和民国时期做文章，对先秦、秦汉、魏晋南北朝的关注就不够，我觉得这不是一个好现象。空白是需要填补的，越冷僻的地带越容易有新的发现。

外国法方面就更多了，过去我们受制于外语语种和能力的限制，对外国法的研究局限于发达国家和大语种国家，对一些小国或是已经消亡的文明古国缺乏足够关注，现在随着掌握多种外语的人才加入法律史研究行列中，这些缺失的工作都会有人去做的。此外，整个法律史范畴内，法从远古、中古到近现代的历史断点还有很多，这也是需要加强科研努力，把它们很好地连接起来。

记：您认为一种良好的学术环境，应该是什么样的一种状态？

何：我们国家现在学术环境的大氛围应该说是越来越好。首先是国家的投入不断增多，出版自由也有保障。其次是学术规范的执行越来越严格，尽管时不时还有一些学术打假之类的事情发生，但这恰恰说明执行学术规范的要求深入人心，执行的力度也正在加强，远胜过二三十年前（那时一篇论文看下来也没有多少脚注、尾注）。制定良好的学术规范并将之落实，说明我们是在朝着好的方向发展。最后是学术共同体正在形成，我们各个部门法研究会，无论规模大小，都已经形成了固定的科研团队和人才梯队，大家有共同的语言、共同的爱好、不断涌现的科研成果，在更多外国语专业人才的努力下，我们的学术之路会越走越宽阔。

现在的法学研究强调现实与理论紧密结合，我也希望法律史研究者能够发挥借古喻今的作用。总之，我对国家现在的学术大环境是满意的，除个别旧时代留下的劣根性尚需克服外，各方面都呈欣欣向荣的景象，道路已不曲折，前途更加光明！

记：请您向我们的年轻学子推荐一些优秀的书目可以吗？

何：我对学生永远要求多读书、读好书。记得我刚到华政读硕士的时候，由于历史遗留原因，上海社科院图书馆就留驻在华政的校园内，里面收藏了从新中国成立前到当时上海所有的书报杂志，而时任华政研究生科科长的胡韵琴老师和她的丈夫（时任上海社科院法学所副所长）黄道老师又竭尽全力为我们大开方便之门，使我们前三届的研究生每人都办到了一张图书证，得到了在这个图书馆里看书的机会，这样的读书时光你们或许难再享受。书目我就不推荐了，但我建议大家在看西方法学名著的时候能够先看英文版，一开始会很难，但随着阅读的深入，就会发现自己的外语水平提高很快，大概读完3本大部头英文原版书，从事相关研究的外语水平就很不错了，我当年就是这样学习英语和日语的。

记：最后，能否请您给我们年轻学子提几点希望？

何：对于学生，首先，扎实的专业知识功底是必需的，也是第一位的；其次，在外国法制史的研究方向上，我还要求精通一门以上的外语，这样才谈得上研究外国法制史；最后，我希望学生不仅要能读书，更应会做人，要具备建立良好人际关系的能力，千万不要因为自己小有成就便看不起别人，而那些有志于将来一步步深造，成为教学工作者的人更要严于律己，学者必须具备好的人品，“学高为师，身正为范”——要治学，更要自律。

我们也要面对现实，时代毕竟不同了，我们不能用过去的要求和眼光来看待今天的学子。有些人总说现在的大学生不把精力完全放在学习上，却不说我们当年是一进学校就意味着解决了工作，公检法司随便进，大学校园更是很多人的不二选择。

而如今的学生却要面临比我们大得多的就业压力，就业环境的非良性发展迫使孩子们不能一心一意地治学，对于此类现象，我常告诫自己要对学生宽容、对旁人博爱，所以我现在对学生实行个性选择教育：愿意参与课题的，就让他们积极地投入进来；只专注于个人选题研究的，需要帮助时我尽力提供，没有障碍时我不会去打扰他；有其他发展规划的，我只要求他们完成基本的学习任务就可以了。教书育人和求学上进，出发点就是节约一个人的人生成本，但愿有一天，我能成为蔡元培先生那样的大学校长。

（访谈记者：方　砚）

王立民教授访谈录*

1950年4月出生于上海市。祖籍浙江宁波市。1979年毕业于华东师范大学哲学研究班（试点）。1985年毕业于华东政法学院，获法学硕士学位。1993年毕业于华东师范大学，获历史学博士学位。现任华东政法大学法律学院教授、博士研究生导师。曾任华东政法大学副校长、中国法律史学会执行会长、中国法学会法学教育研究会常务理事、上海市法学会法理法史研究会会长等职。主要研究领域为上海地方法制史、中国中央法制史、古代东方法等。在《法学研究》《中国法学》《中外法学》等境内外期刊、报纸发表论文300余篇。主持国家社科基金重大项目等10余项。国家精品课程“中国法制史”的负责人；马克思主义理论研究和建设工程教材《中国法律史》首席专家。获得国家和省部级奖项10余项。曾获全国优秀教师、国务院政府特殊津贴、上海高校教学名师、当代中国法学名家、上海市哲学社会科学优秀成果奖一等奖、国家级教学成果二等奖等荣誉。

* 原载何勤华主编：《中国法学家访谈录》（第3卷），北京大学出版社2013年版。

2019 年，被授予华东政法大学“功勋教授”荣誉称号。

记者（以下简称记）：王老师好！十分荣幸您能接受我们的采访，首先您能为我们介绍下家庭的一些情况吗？

王立民（以下简称王）：好的。我是来自浙江的上海第二代移民。父亲王联群（1920 年 3 月 15 日 ~2000 年 5 月 15 日）出生地是宁波市，母亲徐耐秋（1922 年 8 月 30 日 ~1997 年 7 月 8 日）的出生地是杭州市。1946 年以后，他们先后来到上海，成为上海的第一代移民。我生在上海，长在上海。父母家庭都是当时的工薪阶层，也都有点文化，祖父和外祖父都能看能写能算账，是那种有教养有文化的家庭。我的父母也都从小接受过教育，能看书写信，知书达理。同时，父亲王联群积极要求上进，是中共党员；还发奋学习，解放以后，上过夜大学；临终前，再次强调了多年来捐献遗体的夙愿。母亲徐耐秋慈祥能干，虽先后在医院和药厂工作过，可大量的时间和精力都倾注在 3 个孩子身上，裁衣做鞋，烧饭炒菜，样样是能手；离世前，坚决要求不保留骨灰，让其撒归大海。3 个孩子中，我排行第一，下有妹妹王立平和弟弟王立行。我们从小就情同手足。1968 届的妹妹于 1970 年插队落户于安徽，后任小学教师，退休前是蚌埠市一所小学的副校长。1971 届的弟弟于 1972 年去哈尔滨参军，当一名航校的机械兵；复员回上海后，在一家国企工作，现在一家外资公司负责行政管理工作。现在，他们都已过知天命的年龄，我们之间的相处更和谐和亲近。这样的一个和谐、有教养、有文化的家庭对我的一生都受益匪浅，喜爱学习、勤奋学习成为生命中的一个重要组成部分。

记：看来家庭对您有很大的影响。您是在哪年上大学的？之前有参加工作吗？

王：我在1968年1966届初中毕业，接着幸运地被分配到“上海热加工机械厂”当一名工人，跟着当时的车间主任骆元生师傅学做钳工。1972年加入中国共产党。至1972年离开工厂到上级公司（机配公司）团委工作前的4年时间里，我学会了钳工的基本知识，准时转正，还被评为厂“三好工人”，兼任厂团支部副书记和公司团委委员。1974年，所在单位的上级机关上海市机电一局借复旦大学之地举办了一个政治经济学的培训班，我脱产参加了这个班。这是我第一次到大学接受教育，听大学老师的课，感受大学的生活。几个月的学习结束以后，我深深爱上了大学的学习和生活。之后，由于组织调动，到上海市机电一局建筑公司任团委副书记、公司的“七·二一”大学副校长兼政治课教师等。这时，我接触到了一些大学的管理知识，也懂得了一些在大学任教的基本要求。1977年春，华东师范大学政教系的哲学研究班（试点）招收了7名“工农兵研究生”。这7名学员中，3名从1976年毕业的工农兵大学生中挑选，另外4名则从上海所属的单位中选拔。经过名额分配、推荐、面试等程序，我有幸成为这4名学员中的一员，进校后还担任了班长。当时的教师是张天飞教授。学员们几乎每天都与他在一起，课程都由他一人承包。张教授为人正派，知识面广，讲课条理清晰，理论功底深厚。他为大家讲授的马克思的《〈黑格尔法哲学批判〉导言》《关于费尔巴哈的提纲》，恩格斯的《反杜林论》《路德维希·费尔巴哈与德国古典哲学的终结》，列宁的《国家与革命》，毛泽东的《矛盾论》《实践论》等原著，至今都令我难以忘怀。1979年春毕业后，我被分配到华东师范大学分校任教，为本科生讲授“马克思主义哲学原理”课程，真正成了一名大学教师。同年，我完成了人生的一件大事，与陈瑞君结为伉俪。她长年来一直支持我的学习、教学与科研，不愧是一个好伴侣。1981年9月，女儿王颖（后改名为“王胤颖”）降生，她从小就十分懂事，3 口之家其乐融融。

记：那到后来，是什么原因促使您想要继续深造？

王：那时对工农兵学员的“非议”和工农兵研究生的大专学历待遇，给了我很大的压力。“压”则思变。那时的华东师范大学分校离华政很近，才几分钟的步行路程，十分便于了解那里的情况。可是，我要考取那里的硕士研究生绝非易事：第一，英语底子差，没有受过大学的英语教育；第二，法学是个陌生专业，过去没有学过；第三，竞争对手是恢复高考后招收的 4 年制本科生，实力很强。顶着巨大的压力并怀着强烈的“翻身感”，我奋发图强，买了华政的教科书去背，到母校华东师范大学去补英语，在公共汽车上背英语单词等，克服了许多学习上的困难。功夫不负有心人，1982 年我幸运地考取了华政的硕士研究生，而且成绩还不错。

当年，华政的中、外法制史，宪法，刑法，国际法等学科加起来，只向全国招收 8 名研究生，50 多名学员报考，我考了第 3 名，顺利进入硕士研究生阶段的学习。我学的是中国法制史，导师是王召棠教授，我还担任了这一届学生的班长。3 年的学习也很艰辛。首先，经济拮据。原来工作单位的工资不发了，只能靠学生助学金过日子。其次，孩子要抚养。尽管女儿王胤颖很懂事，但还是要照顾、养育。最后，学习紧张。学校考虑这批研究生全为非法学专业毕业，法学的理论基础比较差，所以要求补上“法理”“宪法”“民法”“刑法”“民事诉讼法”“刑事诉讼法”等当时重要的法学课程，再加上原来的硕士课程，学习任务很重。然而，由于老师们的指教，妻子陈瑞君和女儿王胤颖的支持，再加上自己的努力，3 年的学业我按时完成，与其他同学一起于 1985 年毕业。

3 年中，王召棠教授耐心教导，陈鹏生教授悉心指导，使我从一个中国法制史学科的“门外汉”，逐渐成长为一名此学科的年轻学者。正如我自己在《唐律新探》一书的“后记一”中所言：“我的硕士导师王召棠教授和陈鹏生教授不厌其烦，指导我一步步走向探索中国法制史和研究唐律的大门。”这3年的学习使我受益一辈子。当时的硕士学位论文《论〈唐律疏议〉中的法律协调关系》也为此后研究唐律打下了良好的基础。

1985年，硕士研究生毕业后，我便留校任教。先做了一年的班主任，随后就进入法制史研究室，从事中国法制史的教学与研究工作。另外，1986年我还参加了中国的第一次全国律师考试，顺利通过，以后还成了一位兼职律师。1986年年底，我被任命为法律系副系主任，分管教学工作，需要天天坐班，科研时间明显减少。到1990年，我已年满40岁，也是当时国家规定可以报考博士研究生的最后年限。权衡再三，我作出“牺牲”，报考了华东师范大学中国史学研究所的博士研究生。由于准备充分，考试一举成功。1990年9月，我再次走进熟悉的华东师范大学校园，当起了博士研究生，学制3年。这3年是我作出了“牺牲”的3年。第一，再次拿学生助学金，工资被取消，家庭经济又一次受到不小的影响。第二，人事关系转入华东师范大学，评副教授职称的希望成了泡影。第三，脱离了华政以后，副系主任职务自动解除。当时，有不少好心的老师、同事、好友相劝，要我慎重考虑，因为损失太大。可是，我下定了再次求学的决心，又有家庭的支持，毅然又一次踏上求学之路，导师是中国的史学大家吴泽教授。这3年真是继续深造的3年。吴泽教授深于理论研究、广于史学知识，精于史论结合，给我以很大的帮助和提高。2005年12月14日，我在《新民晚报》上发表的一篇关于纪念吴泽教授的文章中这样写道，(吴泽)“先生教导我要治学严谨”“先生教导我要重视史学中的理论问题，特别要努力学习马克思主义”“先生还教导我要理论联系实际，不能脱离实际，千万不能做书呆子”等。这些教导使我受用一辈子。我在学期间的成果也喜人。完成了博士学位论文《古代东方法研究》；总结了以往研究唐律的成果，撰就了《唐律新探》一书；收集了有关上海地方法制史的资料，初成了《上海法制史》一书；在国内外公开发表论文近20篇；另外，还获得了“宝钢奖学金”和学术论文奖等一些奖项。这3年的学习有得有失，“牺牲”换来了很大的学术进步，基本成就了我学术研究体系的框架，即上海地方法制史、中国中央法制史和古代东方法。对于一个热爱学习和科研的我来说，这非常值得，同时也证明当年的选择十分正确。

1993年，博士研究生毕业后，我又回到自己的另一个母校华政继续从教。有了前3年博士研究生期间的学习积累，我此后的发展比较快。1994年，我被评为副教授；接着，被派往德国的帕桑（Passau）大学法律系讲学，用英语为德国学生讲了一年的中国法律课；回国后，1996年任法律系系主任；1997年破格晋升为正教授。由于领导的关怀、同事的相助、家庭的支持和自己的努力，之后我又获得了不少的荣誉和奖项。

记：作为一名大学教授，教书育人，您怎样看待这一光荣的职业？

王：作为一名大学教师，教学是根本，教书育人是基本职责。我在三尺讲台上，以学生为本，尽心尽责，全力奉献自己的知识，热情培养自己的学生。就是生病，也不轻易下讲台。2002年，在为纪念华政50周年校庆而出版的《五十年回眸》（上海社会科学院出版社2002年版）一书中提到我时，是这样讲的：“可贵的是，即使生病，他依然坚守在讲台上，从不退缩。1997年4月，他患第一节腰椎骨折，可还是忍痛坚持到校上课，未缺一次课。”自1985年以来，坚持为本科生、硕士研究生、博士研究生讲课。为本科生开设的课程有:“中国法制史”“中国法律思想史”“上海法制史”等。为硕士研究生开设的课程有:“唐律研究”“唐律精读与研究”“中国法制史”“中外法制史比较研究”等。为博士研究生开设的课程有:“中国法制史研究”“唐律与唐代法治”等。自1998年单独指导研究生以来,已指导法学硕士研究生23人,法律硕士研究生15人,博士研究生48人,另外还有博士后7人。他们大多已走上工作岗位,在各自领域,发挥自己的积极作用,其中不乏大学的教授、优秀的法律实务从业人员和领导干部等。

我的辛勤劳动也得到了在校大学生的首肯,他们在2009年的教学评教中这样评论:“老师非常好,认真负责,讲课耐心,说理透彻。”“内容丰富,重点突出,联系实际,上课形式形象生动,也很幽默。”“王老师对法学和历史学的研究令学生十分佩服!史料和古文信手拈来,而且引用得十分精准。老师对历史上的细节也很重视,这是学生需要学习的。王老师给人的感觉很平易近人,根本没有校长的架子。我希望下个学期还能跟着王老师上课。”近6年来,我还4次被在校学生评为“我心目中的十佳教师”。国家也给予了肯定,我先后评为全国优秀教师、上海市高校教学名师、上海市领军人才等。这些不仅是肯定,也是一种鼓励和鞭策,以致我在日后的教学工作中,能更上一层楼。

对外国学生讲课,我也是如此,一点都不马虎。自1993年以来,几乎每年都要为校举办的“暑假班”和“寒假班”的外国留学生,用英语讲授“中国法制史”课程。每次上课结束,暑假班的美国留学生和寒假班的澳大利亚留学生都会报以热烈的掌声,表示感谢。1994年11月至1995年11月,在德国帕桑大学法律系讲学期间,我也用英语为德国大学生讲授了“中国法制史”和“中国当代法律体系”两门课程,另外还开设了“中国新宪法的修改”“中国刑法的新发展”“中国婚姻法的原则”“中国的法律教育”等一些讲座。这使德国学生大开眼界。1997年，华政印制了《华政情结》（教授篇）一书。书中我这样回忆道：“他们常以德国学生特有的鼓掌方式用手敲桌，对我的授课表示满意。他们说：‘我们是第一次听中国的法学课程，过去不知道中国有如此悠久的法律发展史，现在有如此完备的法律，听了您的课才有所了解。’还有个别德国学生表示，要了解中国法学，学好中国法律，争取到中国的德国企业工作。每当他们讲这番话的时候，我心里总是乐滋滋的，因为我的努力有收获了，中国学者在德国的讲台上也有了一席之地。”

大学的教师不能只是个教书匠，还应该是个科研能手，做到教学与科研相长。我十分重视科研工作，把科研与教学并重，科研占据了我大部分业余时间。由于管理工作的需要，白天8小时的管理工作必须全身心投入，根本无暇科研。我长期分管本科教学、继续教育和国际交流等工作，责任都很重，不可马虎，也容不得分心和出现差错。这样，晚上和周末、节假日便成了最好的科研时段。在这些时间段中，我争分夺秒，从事科研，产出成果；其他的活动少而又少，基本不看电影，很少看电视，没有游山玩水。加上没有抽烟、喝酒的嗜好，写文章成了我唯一的兴趣和爱好。人们常常可以看到，我在办公室度过了大部分业余时间，晚上办公室的灯经常是亮的。这种情况长年累月都是如此。20世纪，华政编印的《风华岁月》一书是这样记述的：“夜幕降临以后，寂然无声的办公室里他仍在埋首工作。”一分耕耘，一分收获。近年来，我每年都要主持、完成两个以上申报的项目、课题，其中，除国家社科基金、教育部、司法部、最高人民法院、上海市哲学社会科学的课题以外，还有上海市教委、教育科研等项目。而且，这些课题、项目都能按时结项，受到了科研管理部门的称赞。已经出版了个人著作5

部；在《法学研究》、《中国法学》、《法学》、《法制日报》（现《法治日报》）和《曙光》（日本）、《法学论集》（韩国）等中外期刊、报纸等发表论文 280 余篇，其他文章 200 余篇；获得国家和省部级奖项的 10 余项。对于我的努力，国家给予了肯定。1998 年，我被评为“全国优秀教师”，1999 年我又获得国务院政府特殊津贴。这次被评为“当代中国法学名家”，社会又一次给了我极高的荣誉。

除我的主要研究领域外，由于工作需要和领导的安排，我还承担过有关现行法治的研究项目，做过此类研究，其中包括：中国审判方式改革研究、诊所法律教育、干部的法律素质研究、中国教育法律体系研究等。我公开发表过一些相关论文，其中有《依法治国的有力举措——中国审判方式的再改革》（2001 年）、《诊所法律教育的思考》（2002 年）、《提高干部法律素质，推进依法治国进程》（2002 年）、《中国反恐怖立法及其完善》（2003 年）等。对于这类研究，我在《古代东方法研究》（北京大学出版社）的“后记二”中这样写道：“这一方面使我有机会更多地关注现实的法治问题，延伸原有的研究领域；另一方面使我的研究有点杂，成了不是杂家的杂家。不过我始终把这类研究作为我的‘副业’，‘主业’仍然是法制史，因而‘主业’的成果仍然是我主要的学术研究成果。”

我还承担了相应的社会责任。作为上海“东方讲坛”的特聘讲师和上海市法制讲师团的高级讲师，我在高校、国家机关、企事业单位和社区为大家讲授《法制建设与和谐社会》《中国依法治国的理论与实践》《中国审判方式改革研究》《干部的法律素质与依法治国》《诊所法律教育》等专题报告。另外，我还在国内外的大学、国内的研究中心和司法机关中兼任客座教授、专家咨询员等职务。

曾任德国帕桑大学和日本青山学院大学的客座教授；被上海市立法研究所、上海市检察官培训中心、上海社会科学院艾滋病社会政策中心、华侨大学、浙江财经学院、浙江万里学院、甘肃政法学院、南京财经学院、华南师范大学、曲阜师范大学等聘为客座教授、兼职教授、客座研究员或顾问；被上海市第二中级人民法院和闸北区、奉贤区、黄浦区人民检察院以及杭州市中级人民法院聘为专家咨询员。

我还多次被派往境外作学术报告、交流、访问、讲学。1998 年 12 月，在香港大学作了关于中国审判方式改革的学术报告。2001 年 3 月，在美国的乔治敦大学、美利坚大学和哥伦比亚大学等的法学院交流诊所式法律教育。2005 年 5 月，访问了俄罗斯莫斯科大学等高等学校。2003 年 6 月，赴韩国的法制研究所、汉城大学法学院等交流办学情况。2003 年 9 月，在日本东京参加了我国台湾地区东吴大学法学院召开的“第 9 届海峡两岸法学学术研讨会”，并作了《诊所法律教育与中国法学教育改革》的学术报告。2004 年 5 月，到新加坡参加了“第一届亚洲法律学会”年会，并作了《唐律与唐前期社会发展》的学术报告。2004 年 7 月，赴加拿大完成了上海市重点学科“加拿大法律发达史”项目的最后工作。2005 年 3 月，受邀请去澳门大学法学院讲学。2006 年 5 月，在上海参加了“第三届亚洲法律学会”年会，作了《20 世纪初中国法学的转型与现代化》的学术报告。2006 年 6 月，应邀到日本青山学院大学讲授了《中国法制现代化的历程》《中国法制现代化中的几大问题》《中国法学教育现状、存在的问题和发展趋势》等专题学术报告。2007 年 5 月，在印度尼西亚的雅加达参加了“第四届亚洲法律学会”年会，与到会专家交流了中国法治发展的情况。2007 年 12 月，到泰国曼谷参加了 2007 年亚洲法律网络协会组织的国际学术研究会。2009年5月，在香港大学出席了“第六届亚洲法律学会”年会。2009年9月，出访美国，与有校际关系的几所美国大学商谈加强合作事宜。

2010年，我已到花甲之年。回忆过去，努力奋斗，不断进取，没有虚度年华，也没有蹉跎岁月。总结自己以前的历程，我最大的体会是“勤奋”两字。只有勤奋，才能做好充分准备，上好每一堂课，深受学生的欢迎；只有勤奋，才能产出有质量的成果，在学术上有所长进，有资本与同行们交流；只有勤奋，才能在其他方面也表现突出，受到社会的尊重和认可，成为一个对社会有用之人。展望以后的人生，我仍将坚持“勤奋”的治学道路，集中精力从事教学与科研，坚守本科教学岗位，培养高质量的硕士研究生、博士研究生和博士后，不辜负党和国家的期望，不辱“当代中国法学名家”的称号。

记：您对所从事的专业，有什么基本的学术观点？

王：我在长期的教学与科研工作中，逐渐形成了自己的法制史研究体系。这个体系主要由3个领域组成，从低到高的排列分别是：以上海法制史为主的中国地方法制史；以唐律和其他研究内容构成的中国中央法制史；以古代东方法为代表的东方法制史。这3个领域都分别有个人专著和一系列论文作支撑，即《上海法制史》（上海人民出版社1998年版）、《唐律新探》（上海社会科学院出版社1993年第一版，2001年第二版；北京大学出版社2007年第三版）和《法律思想与法律制度》（中国政法大学出版社2002年版）、《古代东方法研究》（上海学林出版社1996年第一版；北京大学出版社2006年第二版）、《上海租界法制史话》（上海教育出版社2001年出版）等，以及相关的一些论文。其中，阐发了一些创新、独到的学术思想观点，这里列举部分。

1. 关于“汤刑”的属性问题

在中国现行的中国法制史教科书中，几乎都把“汤刑”确定为商朝法律的总称。这成了一种主流观点。我认为这一观点值得商榷，主流观念有明显缺陷。首先，主流观念忽视了商朝其他时期的立法。根据《左传·昭公六年》的记载，“汤刑”是在商朝“乱政”时期制定的，那么非“乱政”时期怎么样？“乱政”能不能覆盖整个具有6个世纪历史的商朝？显然不能。在商汤建国的时期和盘庚迁都以后的一段时期内，商朝的秩序良好，特别是在盘庚迁都之后，社会也有了长足的进步。那时，社会生产有了显著的发展，人民生活比较安定，以致人们会怀念盘庚，像《史记·殷史纪》中记载的那样“百姓思盘庚”。商朝有很长的非“乱政”时期，这一时期也会有许多社会关系需用法律来调整，不会没有法律。“汤刑”不能包含整个商朝的法律，也就无法称其为商朝法律的总称了。其次，主流观点忽视了与周朝“九刑”的对称。《左传·昭公六年》记载了“商有乱政，而作汤刑”之后，紧跟着一句话“周有乱政，而作九刑”。现在对“九刑”的解释具有双重含义：一是指一部刑书；二是指九种刑罚，即除墨、劓、刵、宫、大辟外，还有流、赎、鞭、扑。这两种含义都与周朝法律的总称无关。在同一段的前后两句话中的“刑”差别很大，前一句的“汤刑”被认为是法律的总称，后一句的“九刑”则无此种含义，极不对称。从《左传》作者的本意来分析，前后两句话都用一个“刑”字，含义应该一致，不对称的解释不准确。那么，能不能把“九刑”也作为周朝法律的总称来解释呢？不能。因为，“九刑”无法涵盖周朝整个法律。人们已经知晓，在西周的时候还制定过《吕刑》。那么，能不能使这两句话中的“汤刑”和“九刑”对称起来？能。那就是放弃把“汤刑”作为商朝法律总称的解释。最后，主流观点忽视了“刑”字的其他含义。在先秦时期，“刑”字的含义有多种。除法律外，还有其他的含义。比如，有刑罚的含义，如“五刑”“官刑”等；有法典的含义，如“吕刑”“九刑”等。在《左传·昭公六年》中记载的“汤刑”的“刑”字，解释为法典比法律更贴切。可以想象，在商朝的“乱政”时期，社会秩序混乱，执政者为了改变“乱政”的状况，就制定了一部内容特殊的法典来发挥平息“乱政”的作用；同时，为了提高这部法典的权威性，便冠以“商汤”的名字，定名为“汤刑”。可见，在现有资料的情况下，解释“汤刑”是“商朝的一部法典”比“商朝法律的总称”更为合理一些，也更能自圆其说一些。从“汤刑”的定性可以往前推至夏朝的“禹刑”，其也应是夏朝有“乱政”时期所制定的一部法典。这样，《左传·昭公六年》中记载这句话中的3个“刑”字都具有法典的含义，意思都能统一、协调起来，不存在不对称的情况了。这些思想观点可详见于《法学家茶座》（第20辑）（山东人民出版社2008年）中的《“汤刑”：商朝法律的总称？》一文。

2. 关于唐律内容疏而不漏的问题

有种传统观点认为，唐律的内容是疏而不漏。我则认为，唐律的内容不是疏而不漏，而是密而不漏，传统的观点值得商榷。首先，唐律不仅要制裁违反唐律的行为，而且还要制裁违反唐令、格、式等其他形式的行为，其范围大大超过了唐律本身500条的范围。现有资料可以证明，违反了唐令、格、式并受到唐律处罚的行为大致可分为两大类：一大类是违反了唐令、格、式并能在唐律中直接找到相应条款的行为；另一大类是违反了唐令、格、式而不能在唐律中直接找到相应条款的行为。这两大类行为在数量上都很多。其次，唐律还要制裁那些只是违反礼、理而不违律的行为，其范围又大大超出了唐律的范畴。关于制裁违礼不违律的行为。唐代亦有其礼，而且也汇编成册，数量还不少。为了维护礼的尊严，唐律还破例惩治了一些只违礼不违律的行为。唐律除要制裁违礼不违律的行为外，还要制裁违理不违律的行为。这里的“理”是指“情理”，即符合封建地主阶级权益和伦理要求的情理。唐律把违反理而唐律、令又无明文规定的行为称为“不应得为”或“不应为”。这些行为也在唐律刑罚的处罚之中，这不能不说是唐律网密的一种表现。最后，唐律还要用比附的方法，惩治那些律条无明文规定而又与相关条款有联系的行为。也就是说，这些行为本不在唐律明文的规定之中，但唐律用比附的办法也使其受到刑罚的处罚。这是唐律加密法网的又一种表现。这种行为较多，其中，包括原则比附、定罪比附、量州比附、定非量刑比附等。

此外，我还探究了唐律要用以上各种途径加密法网，以致密而不漏的原因。唐律认为，在制定律文时，制定者只能以一般情况和人为出发点，并以此来确定律文的内容。因此，再好的律也不可能包罗万象，面面俱到，而总会有一些特殊情况无法预料，有一些危害社会的行为不在律文的规定之中，成为漏网之鱼。但是，国家绝不能让这些漏网之鱼逍遥法外，胡作非为。因此，有必要使用各种方法，扩大唐律的适用范围，加密法网，以杜绝其侥幸心理，并使他们都能捉拿归案，受到应有的惩罚，而无疏漏。唐律制定者的功绩在于，用较高的立法技术，使唐律的律条简明化，同时又不使它的法网变疏，不至于有些罪犯成为漏网之鱼。这些思想观点可详见于 1998 年第 2 辑《南京大学法律评论》中的《唐律内容疏而不漏的质疑》一文。

3. 关于唐律中“化外人相犯”规定的问题

我认为，“化外人相犯”是中国古代一些法典中的条目名称和制度。这里的“化外人”是指在中国的外国人。其所规定的是关于外国人与外国人之间在中国犯罪以后所适用刑法的制度。唐朝的唐律首先对“化外人相犯”作出规定，其中贯彻了属人主义和属地主义两个原则。同一国家外国人在中国相犯的，实行属人主义原则，即适用该国的法律；不同国家外国人在中国相犯的，则实行属地主义原则，即适用中国的法律。这一法条规定的内容为：“诸化外人，同类自相犯者，各依本俗法；异类相犯者，以法律论。”为了便于正确理解这一条文，防止出现歧义，唐律还对其作了解释。“‘化外人’，谓藩夷之国，别立君长者，若高丽之与百济相犯之类，皆以国家法律，论定刑名。”宋朝的宋刑统也设有“化外人”的条目，其内容与唐律相同。

我认为，唐律的这一规定既难操作，代价又大。可以设想，如果同一外国的原、被告到唐朝的衙门来要求审判，那里的司法官能听懂他们的语言、知晓他们国家的法律吗？如果不能，怎么贯彻属人原则，“依本俗法”断案？这一规定的可操作性很差。如果可以操作，不管是唐朝的司法官，还是从外国请来的司法官采用外国的法律在唐朝的衙门判案，都意味着唐朝司法权的丧失。这样的代价太大了。中国人是聪明人，往往能从前人的经验和教训中得到借鉴。明、清的立法者看到了唐律中“化外人相犯”规定的失误，随即改变了原有的规定。大明律的“化外人相犯”全面贯彻了属地原则，规定所有在明朝相犯的外国人，全部适用明朝的法律。此条明文规定：“凡化外人犯罪者，并依律拟断。”清朝的大清律例作了同样的规定。至此，“化外人相犯”的问题得以妥善解决。也可以说，这两部律在立法上取得了一大进步。这些思想观点可详见于《法学家茶座》（第 7 辑）（山东人民出版社 2005 年版）中的《“化外人相犯”与领事裁判权》一文。

4. 关于中国新儒学与法制问题

在 2008 年以前，中国的新儒学与法制问题在法律史学界研究很不够。我专门研究了这一问题，提出了自己的一些思想与观点。首先，汉朝的新儒学开始影响当时的法制。中国自汉武帝独尊儒术、罢黜百家以后，儒家思想变成了国家的主导思想。那个时期的儒学实际上已是新儒学。汉朝的新儒学开始影响其法制，这里以董仲舒及其新儒学为例。董仲舒是汉朝的一名大儒，其“春秋决狱”在法制方面十分突出。他通过“春秋决狱”，使新儒学深入司法领域，在法制中充分发挥了作用。其次，宋、明两朝同样存在新儒学，新儒学深刻地影响了当时的法制。它抛开以往作传、注的传统，直接从儒家经典的经文中寻求义理，并获得更大的解释自由度。一方面，以继承孔、孟道统自居；另一方面，则大讲理欲心性，讲“三纲五常”并用经学进行解释，形成自己的特色。在宋、明两朝的立法中，新儒学有了体现，特别是一些以新儒学为指导的改革措施，以立法面貌出台，宋朝的“均输法”是其中之一。明朝的立法也受到新儒学的影响。为了巩固皇权和加强专制，洪武三十年（1397 年）施行的《大明律》就出现了一些严惩有损皇权的新规定，“奸党”“交结近侍官员”“上言大臣德政”等条规定的内容都是如此。最后，近现代的新儒学渐离法制。中国社会进入近代后，新儒学仍然存在，但对法制的影响越来越小，逐渐淡出法制领域。以康有为为代表的新儒学曾在维新变法中崭露头角，他的《新学伪经考》和《孔子改制考》等都是那时新儒学的代表作。在“百日维新”期间，新儒学还在立法中发挥了作用，通过诏令的内容，改革旧制度，推出新制度，其中的许多内容在推进社会改革方面具有积极意义。五四运动以后的新儒学，着眼于 20 世纪的中国社会现实，在主张继承和发挥新儒学的同时，还赋予其民主、科学等西方近代思想的新内涵，以寻求新儒学的新发展。钱穆、梁漱溟和冯友兰等人都提出一些自己的法律思想，并把它作为新儒学中的一个组成部分。但是，这些新儒学中的法律思想已不能再直接演变成法制了。

此外，我还认为，在新儒学与中国法制问题中，还有一些值得关注的地方。第一，新儒家在发展新儒学与法制中有着自己的作用。新儒家是新儒学的载体，在发展、宣传新儒学的过程中起着极其重要的作用。新儒家是个群体，风格各异，在法制中的作用也不尽相同，大致可以分为 3 种类型。第一种是接受了新儒学的君主，即皇帝；第二种是主张新儒学并对法制改革起某些作用的新儒家；第三种是在理论上为发展新儒学作出贡献的新儒家。第二，新儒学在法制中的作用，很大程度上取决于社会的大背景。新儒学作为一种意识形态，与社会大背景联系在一起，它对法制所起的作用也离不开这一背景。当社会需要新儒学时，它就会应运而生，随着新儒家的推波助澜，新儒学也会生机勃勃，深入法制领域；法制的新内容又会促进社会发展，产生一种良性的互动效应。第三，经学是新儒学与法制之间的主要环节。这里说的经学是指儒家经学，一种翻译、阐述和研究儒家经典的学术。由于儒学在中国汉朝以后封建社会中的独尊地位，经学也成了那时社会意识形态的核心。新儒学的阐释和研究同样离不开经学，只是由于其更强调对国家的功用，所以与今文经学的关系更密切。没有经学，新儒学的理论、观点得不到充分的阐发，无法被人们接受，也无法成为法制的指导思想。经学在新儒学法制化中的作用非同一般。这些思想观点可详见于 2008 年第 7 期《政治与法律》中的《论中国的新儒学与法制》一文。

5. 关于“阴阳五行说”与中国古代法律问题

1994 年以前，中国法制史学界对“阴阳五行说”与中国古代法律问题的研究十分贫乏。我涉足了这一问题，提出了自己的一些思想观点。首先，“阴阳五行说”曾对我国古代法律产生过深刻影响。可以这样说，我国古代的法律是阴阳五行化的法律，我国古代的“阴阳五行说”是法律化的“阴阳五行说”。然而，“阴阳五行说”对法律的影响及其结合有个过程。我国古代的当权者很早就把阴阳五行与法律联系起来，并以此为用刑的依据。《尚书·甘誓》载，“有扈氏威侮五行，怠弃三正，天用剿绝其命”，把触犯五行作为受刑的原因。秦始皇比前人更重视“阴阳五行说”与法律的结合。汉代是法律内容阴阳五行化的重要时期。那时，多次强调秋冬行刑，并严格要求按照阴阳五行化的《月令》司法。西汉初就把执行死刑定在秋冬季节。唐代是法律阴阳五行化的完成时期，也是阴阳五行法律化的完备时期。在这一时期中，“阴阳五行说”已与法律融合于一体，代表作是唐律。唐律的许多内容直接或间接地反映了“阴阳五行说”的观点或要求。主要是：第一，用《周易》经句来解释律中的内容；第二，把“阴阳五行说”作为确定律中制度的依据；第三，律中的有些内容体现了“阴阳五行说”的精神。唐律中一些阴阳五行化的内容，大多被唐后各代沿用，影响后世的立法，使它们也同样与“阴阳五行说”结合在一起。其次，在“阴阳五行说”与法律的结合过程中，这一学说本身的发展和当权者对其的接受程度，起了关键作用。缺少其中的任何一个方面，它们的结合便会遭到挫折。我国古代法律的发展能证实这一点。再次，“阴阳五行说”虽有些合理因素，但其随意性非常大，局限性很突出，特别是运用到社会领域以后，其荒谬之处显而易见。人们要以它为依据来推测社会，更是枉费心机，连阴阳五行大师董仲舒也因推算失措而丢失仕途。“阴阳五行说”的随意性易被人们利用，甚至为个人目的寻找理论依据，包括篡权，王莽就是如此。“阴阳五行说”既有被当权者利用来为自己服务的一面，也有被反当权者利用来进行反抗活动的一面。最后，在“阴阳五行说”与法律的关系问题中，还有一些方面需要述及。第一，“阴阳五行说”，特别是一些合理因素运用到包括法律在内的社会领域后，其合理因素便逐渐丧失。它机械地搬用“五”这一数字来框圈有关制度，使它们脱离社会的实际需要，引起不便。第二，从汉代独尊儒术起，“阴阳五行说”逐步与儒学结合起来，成为正统思想中一个组成部分。到了唐代，“阴阳五行说”作为正统思想中的一个部分与法结合，代表是唐律。它既是儒法结合的产物，也是“阴阳五行说”与法结合的结晶。第三，我国虽有阴阳五行化的法律，但并不是任何时期都严格执行这一法律。有些朝代的某些当权者带头不执行这种法律，不按秋冬行刑的规定执行死刑就是典型一例。第四，我国阴阳五行化的法律还对东亚一些国家的立法产生过影响。唐代是我国古代对外文化交流的重要时期，“阴阳五行说”及阴阳五行化的唐律也流传到东亚一些国家，并成为这些国家的立法楷模，大量的内容被抄袭。第五，“阴阳五行说”在我国近代法律中的某些方面顽强地表现出来。1912 年 1 月 10 日，辛亥革命后组建的临时参议院决议，以红、黄、蓝、白、黑五色组成国旗，即称五色旗。此五色正好与五行色吻合。决议也承认，用五色旗是因为“中国习惯则‘五色’二字早已贯彻人民心理”。足见“阴阳五行说”对我国法律影响之深刻。这些思想观点可详见于 1994 年第 1 期《法学评论》中的《阴阳五行说与我国古代法律》一文。

6. 关于中国古代的刑讯制度问题

有关中国古代的刑讯制度不断有论著涉及。我探究了这一制度以后，提出了自己的一些思想观点。首先，中国古代刑讯制度的主流是积极的。因为，在中国古代的审判中都少不了刑讯，其理由如下。第一，中国古代司法官的审判水平参差不齐，“严明者”为数不多，不用刑讯不足以帮助他们及时结案。第二，中国古代的刁民不少，不用刑讯不足以使他们招供。第三，中国古代的刑事侦查技术有限，如果不用刑讯，一些疑难的犯罪线索和证据就难于发现。可以这样说，中国古代刑讯制度的产生和使用有其一定的必然性。它适合当时中国古代的实际情况。

其次，在刑讯之下，中国古代确实出现过一些冤案，但刑讯与冤案之间没有必然联系。中国古代的统治者在长期的司法实践中，总结了使用刑讯的经验和教训，并使其逐渐形成制度，不断加以完善。到了唐朝，刑讯制度已十分完备。产生冤案的原因主要是以下3种违法情况。第一种情况是，尚未掌握一定证据就对意志薄弱的无辜者使用刑讯。第二种情况是，使用不规范的法外刑讯方式，残酷地进行刑讯。第三种情况是，实施了超过规定的刑讯数，恶毒地进行刑讯。从以上三种情况可知，中国古代出现的冤案并不是刑讯制度本身所产生的必然结果，相反是违反了刑讯制度的非法之刑才导致的结果。

最后，中国古代的刑讯制度在古代东方法中处于领先地位。它是古代东方法中最完备的刑讯制度。古代东方的宗教法包括印度法、希伯来法和伊斯兰法等。它们比世俗法更注重把发誓和神判作为审判的辅助手段，而不是刑讯。这样，证据和审判问题便基本得到解决，刑讯也无实质意义，因此刑讯制度在宗教法国家里也不会充分发展起来，更无法与古代中国完备的刑讯制度相比拟了。古代东方的世俗法受宗教的影响相对比较小，人判的作用比较大，因此刑讯比宗教法发达。但是，古代东方各国的世俗法之间的情况不完全相同，所以刑讯制度的发展也不平衡。楔形文字法是一种只有奴隶制法，没有条件形成像中国古代那样完备的刑讯制度。俄罗斯法中有关刑讯的规定要比楔形文字法中的发达，多部法典中都有关于刑讯的内容。但是，俄罗斯法却没有对刑讯制度作出完备的规定，甚至连刑讯的方式和次数、立案程序、免刑对象、违法刑讯的法律责任等都无明文规定。

什么原因使中国古代的刑讯制度能在古代东方法中处于领先地位呢？原因是多方面的。从法律思想来看，中国古代的统治特别强调慎刑思想。从部门法来看，中国的封建刑事法律的高度发达也促进了刑讯制度的发展。从司法来看，中国拥有连续数千年不间断的世俗审判经验，这又为刑讯制度的产生和发展创造了一个有利环境。

最后，禁用刑讯是在20世纪初。那时，清政府对中国的传统法制进行改革，其中也涉及刑讯制度，国家开始在制定的法律中禁用刑讯。在当时，关于禁用刑讯内容的法律中，有的是已颁布且生效，有的是未颁布。但是，效果十分糟糕。事实上，刑讯仍被广泛使用，司法官并没有因为禁用而洗手不干，以致在辛亥革命后成立的南京临时政府再次明文禁止使用刑讯。那么，为什么21世纪禁用刑讯会“流产”？原因也是多方面的，但有两个方面十分引人注目。一是在思想方面阻力太大。那时，有不少人还认为，刑讯是一种有效的治狱手段，如果不用这种手段，中国将无法断狱，犯罪也会因此而泛滥成灾。二是在组织方面准备不足。要禁用刑讯，用证据定案，就需建立一支受过先进法律教育训练的专职审判官队伍，可是这样的队伍在当时没能建立起来。这些思想观点可详见于1999年第3期《华东政法学院学报》中的《有关中国古代刑讯制度的几点思考》一文。

7. 关于把在世界上最早具有部门法法典作为中国古代法的一个特点的问题

我认为，中国古代法有个非常重要的特点，那就是在世界上最早具有独立的部门法法典，其代表作是现存的《唐律疏议》。它是一部刑法典，颁行于唐永徽四年（公元653年）。对此，我的论述如下：

首先，翻开外国古代法制史（包括奴隶制和封建制两个时期的法制史）可以发现，没有一个古代国家比中国再早地颁布过部门法法典。也就是说，中国是世界上最早颁行部门法法典的国家。先从古代东方国家的立法情况来看，在公元7世纪以前，无一国家公布过部门法法典。再来看古代西方国家的立法情况。在公元7世纪以前，也没有颁布过部门法法典。我们完全可以得出这样的结论：无论是在古代东方，还是在古代西方，《唐律疏议》都无愧是最早颁布的部门法法典。因此，最早具有独立的部门法法典不能不说是我国古代法的一大特点。

其次，《唐律疏议》不是诸法合体的法典，而是一部刑法典。有一种传统的说法，认为《唐律疏议》是一部诸法合体的法典。这种说法实际上否认了它是一部部门法法典。对于这种说法，我不能苟同。我认为，刑法与其他部门法也有较为明显的差别，以致不会与它们混淆，刑罚是其中的重要标志之一。只有刑法才能适用刑罚，适用刑罚的也只能是刑法，这两者完全统一。从《唐律疏议》的内容来看，它是一部刑法典。在类似现今刑法总则的《名例律》中，共有57条律条，条条与犯罪的量刑有关。其中的一些行政制裁方式，如“除名”“免官”“免所居官”等，也只是作为附带而设，并不单独适用，目的是同时解决犯罪官吏的官职问题。《唐律疏议》的其他11篇，则类似如今的刑法分则，其中的每一篇都以打击两类以上的犯罪为内容，而且律条均由罪行和法定刑两部分组成。即使有其他制裁方式，也是附带而已。《唐律疏议》是一部刑法典，而且是世界上第一部现存的、内容完整的刑法典。

最后，中国能在唐朝制定刑法典的历史原因。其一，有长期的刑事立法发展的积累。从现存史籍的记载来看，我国早在夏、商时期就已有刑法。以后，经过秦汉、魏晋南北朝及隋的演进，到了唐代，刑事立法在我国已有近三千年的发展历史。在这一基础上再上一个台阶，制定一部专门的刑法典，便水到渠成。其二，有较为发达的刑法学为基础。春秋末期，我国公布了成文法以后，法学便迅速发展起来。其中，主要是刑法学。经过战国、秦汉、魏晋南北朝到了唐朝，刑法学继续发展，从《唐律疏议》中的“疏议”中就可看到它的成就。有较发达的刑法学作为指导，制定出一部刑法典便是顺理成章的事。其三，还有唐代社会政治、经济发展的客观要求。唐代是我国封建社会的鼎盛时期。在这一时期中，社会各领域均有了新发展，特别是在政治、经济领域。在政治领域，中央集权统治得到了进一步加强。要使这种专制统治得到强有力的保障，制定一部能为这种统治服务，而且内容较系统、完整的刑法典完全有必要。在经济方面，唐前期实行的主要经济制度是均田制和租庸调制。根据这一制度，国家控制全国大部分的土地，土地国有形式是主要的田地所有权形式。为了保证国有土地不受侵犯，维护当时的经济制度，需要用严厉的手段打击有损这种制度的犯罪，制定刑法典当然是最佳方式之一。这些思想观点可详见于1996年第2期《法学》中的《我国古代法的一个重要特点——兼论部门法法典与诸法合体法典问题》一文。

8. 关于中华法系的3个问题

中华法系是法律史学界广泛关注的话题。我经过研究，对其中的3个问题提出了自己看法。

第一个是礼法结合是中华法系的一个特点的问题。我认为，礼法结合是中华法系的一个特点。在世界上，其他法系都不具备中华法系的这一特点，既没有像中国那样礼法结合的过程，也没有像中国那样礼法结合的内容。

第二个是诸法合体不是中华法系特点的问题。我认为，特点是某一（或某一类）事物所独有的现象。特点又是相比较而存在，比较的方法是揭示特点的必要手段。诸法合体，是指两种或两种以上部门法的内容同存于一部法典之中。世界上并非中华法系才有诸法合体的情况，它在世界古代社会中不少见。《乌尔纳姆法典》《苏美尔法典》《埃什嫩那国王拉拉马的法典》《汉穆拉比法典》《中亚述法典》《赫梯法典》等无一不是诸法合体。

第三个是中华法系生存地域的问题。中华法系的生存地域应定位在哪里？有人认为是亚洲。我认为，这一定位不够确切。因为，亚洲是个很大的地域范畴，包括有东亚、西亚、中亚、南亚和北亚等地区。中华法系的生存地域仅为东亚一些国家。那么，为什么中华法系无法影响到其他一些国家呢？原因有多种，但其中的经济、政治、思想等方面的原因比较突出。关于经济方面的原因。除蒙古外，中华法系国家都以农业为主要生产部门，它们的主要经济都是农耕经济。蒙古在入侵中国前是个游牧经济国家，入侵中国并建立了元朝以后，元朝也是以农耕为主的朝代。农耕经济的先进性、管理的周密性和人际关系的复杂性决定了需有内容较系统、完整和与农耕经济配套的法律与之相适应。关于政治方面的原因。中华法系国家建立的都是世俗性的国家政权。中国自夏朝立国以来，历朝历代都是世俗政权，每个君主都是世俗君主，宗教力量没有控制过国家政权。其他的中华法系国家也都如此。然而，中国周边的印度法系、希伯来法系和伊斯兰法系国家，都是宗教法国家，是中华法系无法在这些国家生存的一个重要的政治原因。关于思想方面的原因。中华法系国家都特别推崇、渲染世俗思想，并把它作为国家的主要思想，而非宗教思想。中华法系的其他国家也是以世俗思想为其主要思想，而非宗教思想。中华法系国家的这种情况决定了其法律只能是世俗法，不会是宗教法。西亚、南亚的希伯来法系、印度法系和伊斯兰法系国家都是以宗教思想为主的国家，与中华法系国家不同，与国家思想关系密切的法律也不同。这些思想观点可详见于2001年第5期《华东政法学院学报》中的《也论中华法系》一文。

9. 关于上海租界与上海法制现代化问题

我认为，上海法制现代化的进程始于租界，租界当局通过大量移植现代法制，使上海租界的法制率先实现了现代化。论证如下：

首先，上海的土地章程在上海租界法制现代化中起了重要作用。具体表现为以下三个方面：第一，为移植现代法制创造了地域条件；第二，为建立租界的自治机构和制度提供了法律依据；第三，为直接移植现代法制作了明文规定。

其次，上海租界的现代法制优势明显。上海华界的法制在20世纪初才开始走上现代化的道路，在此以前上海租界的法制已经实现了现代化。具体表现在以下六个方面。第一，建立了自己的现代法制体系。除土地章程外，这一体系中还包括组织、治安、邮政、路政、建筑等方面的规定构成。第二，具有现代的法规结构。其中，采用了“章程”等现代称谓；采用款、条等现代排列方式；采用现代的款标做法等。第三，使用现代法制语言。在上海租界颁行的法规中，不仅都使用白话文，而且还大量使用现代法制语言。第四，推行现代审判制度。上海开埠以后，上海租界实施了领事裁判权，率先于上海华界推行现代审判制度。第五，现代律师制度。在上海租界移植了现代的审判制度，同时，也引进了西方的律师制度，英国领事法庭最早在审判中使用律师，以后其他各国领事法庭也纷纷引进了本国的律师制度，允许律师出庭。第六，现代监狱制度。上海出现租界以后，英、美、法 3 国先后建立了附设于领事法庭的监狱。与此同时，现代监狱制度也开始介入上海租界。

最后，我还论述了在上海租界与法制现代化中的一些相关问题。其中包括：上海法制现代化的发展很不平衡；上海租界的有些规定没有得到切实施行；等等。这些思想观点可详见于 2006 年第 4 期《法学》中的《上海租界与上海法制现代化》一文。

10. 关于古代东方法特点的问题

我在探研了古代东方法以后，提出了古代东方法所具有的 4 个主要特点，并就此进行论述。

首先，与古代西方法相比较，古代东方法具有 4 个主要特点。第一，部族间的战争作为法的起源的重要原因，表现得比较突出。在古代东方社会，部族间的战争是促成法的起源的一个重要原因。然而，在古代西方社会，法的产生主要不是通过这种部族间的战争来实现的。第二，受宗教的影响比较大。世界上几个主要宗教的发源地都在东方，它们是佛教、希伯来教、伊斯兰教、道教和基督教等。其中的佛教、希伯来教和伊斯兰教都曾对法律产生过巨大影响，以致形成了宗教法，即印度法、希伯来法和伊斯兰法等。在古代西方社会，最有影响的宗教是基督教，受宗教影响最大的是教会法。然而，那里的世俗政权长期处于主导地位，基督教受到限制，更没有与国家政权合二为一。第三，私法和公法先后发展。与古代西方法比较，古代东方法有个先私法发展、后公法发展的演变过程，其界线在公元 6 世纪前后。公元 6 世纪以前，东方的私法比西方的发达。公元 6 世纪以后，原东方私法、西方私法的格局被打破，以罗马法为代表的西方私法异军突起，更加先进。此后，东方公法则有了大发展，超过了西方公法，其突出的标志是唐律的诞生。第四，司法的独立性比较差。从古代东方诉讼法的规定和具体的史料来看，古代东方的司法独立性比较差，非专职司法人员控制、参与司法的情况司空见惯。然而，古代西方却有专门的审判官，司法独立性比古代东方强。

其次，形成古代东方法特点的 4 个主要原因。第一，血缘的纽带特别强韧。这使各部族独立性很强，部族成员间的关系依然非常密切，以致部族组织不易瓦解。因此，古代东方这个时期，部族之间的战争特别多，这种战争加速了东方国家和法的形成。第二，宗教势力特别强大。世界上的几大宗教不但都发祥于东方，而且势力特别强大，对东方国家的政治和社会生活等方面都产生过很大影响，尤其是佛教、希伯来教和伊斯兰教。这 3 种宗教产生后，都曾对古代东方许多国家的政治生活产生很大影响。古代东方政教分离的世俗国家，也不同程度地受到过宗教的影响。第三，文明的起源特别早。东方国家文明的起源早于西方国家，经济和商品交换也都先发达于西方国家。两河流域的国家、中国、印度等都是如此。有这种较发达的商品交换为基础，古代东方的私法自然也相应发展起来了。第四，专制制度特别发达。古代东方国家长期实行专制统治，专制是基本政治制度。古代东方国家的专制制度对法律产生过很大的影响，其中包括对古代东方法特点形成的影响。比如，它促进了公法的高度发展、削弱了司法独立性等。

最后，关于古代东方法特点在近现代社会的淡化。进入近现代社会以后，由于各种原因，古代东方法的一些主要特点逐渐被淡化了。第一，公法和私法的发展渐渐趋向平衡。第二，宗教对法律的影响明显减弱。第三，司法开始相对独立。引起古代东方法特点淡化的原因也比较复杂，但最终可归结为内、外因两大方面。从外因来看，那时，绝大多数的国家都不同程度地受到西方殖民主义者的入侵，先后沦为殖民地和半殖民地。这些殖民者不仅给东方国家带来了西方的商品和资本，还带来了西方的法律。从内因来看，随着近现代东方国家社会情况的骤变，特别是资本主义生产关系和市场经济的形成，原来以封建制生产关系和自然经济为基础的古代法律已无法继续发挥其作用，有必要由新的现代法律来适应这种变化。这些思想观点首度发表于上海社会科学院出版社在1999年8月出版的《跨世纪法学问题探研》一书中的《关于古代东方法特点的三个问题》一文，以后又被入编北京大学出版社于2006年2月出版的《古代东方法研究》一书的第八章。

记：您能为我们法科学子推荐一些优秀的阅读书目吗？

王：好的，择要推荐如下：

1. 睡虎地秦墓竹简整理小组：《睡虎地秦墓竹简》，文物出版社1978年版。

2. 程树德：《九朝律考》，商务印书馆1934年版。

3. 刘俊文点校：《唐律疏议》，中华书局1983年版。

4. 吴翊如点校：《宋刑统》，中华书局1984年版。

5. 怀效锋点校：《大明律》，法律出版社1999年版。

6. 田涛、郑秦点校：《大清律例》，法律出版社1999年版。

7. 丘汉平：《历代刑法志》，群众出版社1988年版。

8.（清）沈家本撰，邓经元、骈宇骞点校：《历代刑法考》（第1—4册），中华书局1985年版。

9.《最新六法全书》，上海春明书店1946年版。

10. 蓝全普：《解放区法规概要》，群众出版社1982年版。

11. 胡留元、冯卓慧：《西周法制史》，陕西人民出版社1988年版。

12. 李力：《出土文物与先秦法制》，大象出版社1997年版。

13. 栗劲:《秦律通论》，山东人民出版社 1985 年版。

14. 张建国:《两汉魏晋法制简说》，大象出版社 1997 年版。

15. 高珣:《隋朝法制与统一秩序研究》，法律出版社 2008 年版。

16. 乔伟:《唐律研究》，山东人民出版社 1985 年版。

17. 陈寅恪:《隋唐制度渊源略论稿》，上海古籍出版社 1982 年版。

18. 薛梅卿:《宋刑统研究》，法律出版社 1997 年版。

19. 杨一凡:《明初重典考》，湖南人民出版社 1984 年版。

20.（清）薛允升著，怀效锋、李鸣点校:《唐明律合编》，法律出版社 1999 年版。

21. 张晋藩:《清律研究》，法律出版社 1992 年版。

22. 苏亦工:《明清律典与条例》，中国政法大学出版社 2000 年版。

23. 瞿同祖:《中国法律与中国社会》，中华书局 2003 年版。

24. 杨鸿烈:《中国法律对东亚诸国之影响》，中国政法大学出版社 1999 年版。

25. 张国福:《中华民国法制简史》，北京大学出版社 1986 年版。

26. 张希坡、韩延龙主编:《中国革命法制史》，中国社会科学出版社 2007 年版。

记：最后，能否请您给我们年轻学子提几点希望。

王：根据我自己的经历和经验，法学教育的不断现代化，我深感法学专业的同学们应该充分重视“学术”和“实践”两大领域，要在这两大领域中有所作为，创造成就。要在“学术”上有所成就，就要认真学习法学理论知识，不懈钻研其中的问题，发现、突破学术观点，有所创新，乃至建立自己的学术体系，推动学术发展，作出学术贡献。要在“实践”上有所成就要养成良好的职业道德，熟练地把理论知识与实践活动结合起来，切实解决现实的法律问题，不断促进法治的发展，为构建和谐社会作出自己的努力。这两大领域如同一个人的两条腿，缺一不可。没有“实践”的“学术”，缺乏价值，有点无聊；没有“学术”的“实践”，缺少根据，十分肤浅。当然由于个人的爱好与工作岗位的不同，可以有所侧重，但不能缺少，否则就像人少了一条腿一样，不可能站立长久。衷心希望我们的同学们都能在这两大领域中成为成功之士。

（访谈记者：徐　娜、金芳翠）

丁凌华教授访谈录*

1952年2月出生于上海。1982年1月毕业于吉林大学历史系。现任华东政法大学法律学院教授、博士研究生导师。曾任华东政法大学法律学院法制史教研室主任，兼任中国法律史学会常务理事。

已出版专著《中国丧服制度史》（上海人民出版社2000年版）、《艰难与希望——中国法律制度史讲课实录》（人民出版社2008年版），主编《中国法律思想史》（华东理工大学出版社）、《中国法律制度史》（法律出版社）、《中国法律思想史》（科学出版社），副主编《中国法制通史·隋唐卷》（法律出版社）、《中国法制史》（上海人民出版社）、《中国法律制度史》（上海教育出版社）。发表论文《宗祧继承论》《家族主义法渊源略论》《法文化视野中的传统与现实》《宋代寄禄官制度初探》《丧服学研究与"准五服制罪"》等70

* 原载何勤华主编：《中国法学家访谈录》（第4卷），北京大学出版社2013年版。

余篇。曾获司法部优秀论文奖、司法部法学优秀科研成果（著作类）二等奖、上海市教学成果一等奖（合作）、上海市高校优秀教材二等奖（主编）、上海市育才奖等。曾被学生评为校第 5 届、第 7 届、第 8 届、第 9 届、第 10 届“十佳”教师。

记者（以下简称记）：丁老师好！非常高兴今天能采访您，首先请问下，在读大学之前，您已经工作了吗？

丁凌华（以下简称丁）：我在读大学之前，工龄已经很长了，我是带着工龄读大学的。我在读大学之前工龄已经 9 年，3 年插队落户都算工龄，而且读大学也计算工龄的，所以我至今工龄已经 40 年，大学教龄也有 29 年了。

我看你们给我的采访提纲中的重点，一是了解被采访者的人生经历，二是学术研究，那我就先来谈谈我们这一代人的历史吧。

我是恢复高考后第一届考生，就是电影《高考 1977》中的那一届，实际是 1978 年 2 月报到入学的。我之前是在上海中学读书的。我是属于 1967 届初中，就是通常所说的“老三届”。之后，我在学校待了 3 年左右，到 1969 年的 3 月，就上山下乡去了，有一个说法叫“逍遥派”。我基本上是“逍遥派”，就是旁观者。人家批斗走资派，我从来没斗过；人家在台上慷慨激昂地发言，我也从来没发言过；人家写大字报，我一张大字报也没写过；人家都是“大串联”到全国到处跑，我一个地方也没去过。在“文化大革命”期间，我基本上是旁观者。原因有 3 点：一是年龄小，当时只有十五六岁，除读书外其他事情不懂；二是生性胆小谨慎，看不懂的事情不敢去做；三是受到我父亲和一些亲属社会关系的影响。我那个时候胆小，不敢去打人、骂人，再加上受家庭牵连人家也不要我。大概是 1968 年年底到 1969 年年初的时候，为了解决大学生、中学生的就业问题，毛泽东同志发出了“知识青年到农村去，接受贫下中农再教育”的最高指示，这时学校的分配大权掌握在工宣队手里。工宣队支持对方一派而打压我们这一派，本来我们班大概一半人是可以留在上海的。按照我的情况，我母亲已经去世，我在家里是长子，是完全符合条件留在上海的。但工宣队说，我父亲有历史问题，社会关系又复杂，必须要下乡，而且不能到江苏、安徽等近地，也不能到云南、内蒙古、黑龙江等边疆地区，所以我只有吉林、贵州两个地方可以选。我们这一派只有一位同学因三代工人出身，才留在上海龙华的一个屠宰场，其他人都下乡了。一开始的经历就是这样。

于是，我在1969年3月下乡到吉林省梨树县，当时17周岁，在乡下待了3年。我们14个人一个集体户，10男4女，其中12个人都是高中生，只有两个初中生，我就是其中的一个。我们整个集体户素质比较高，因为我上的中学当时是上海最好的，在郊区，占地面积大，环境优美，设施完善，甚至有自己的植物园和游泳池，教师优秀，管理严格，每个班大概有1/4的学生是“高干子弟”，被人称为“贵族学校”。一进初中就是寄宿，生活自理能力比较强，人的素质比较高。下乡的3年，我们这个集体户整个情况都还不错，就像我在一首打油诗里写的那样：“豆腐半块，酸菜满盆；小米高粱，粉渣当粮。黄狗一条，忠实看家；肥猪两头，精心饲养。铲地运粪，割谷扬场；边塞关外，苦筑希望。黎明即起，日落归户；煤油灯下，尚存书香。”大家也都很团结，而且实行共产制度。这3年，我从其他高中生身上学到很多好的品质，我至今仍然非常感谢他们在最困难的时候对我的帮助，所以我们这个集体户现在还是我交流圈子中最重要的一部分，大家都认为对方是自己很重要的朋友，我们每年都聚会。大家对这段经历念念不忘。当时，我们跟农民也相处得很好，这个很不容易。在东北农村的3年，是我一生的精神财富，我看到了当时农村的穷困落后，看到了农民的艰难。我学会了独立思考……

3年以后，我们都被抽调到了工矿企业，或被推荐上了大学，那时候叫工农兵学员。我们中的一半人，包括我，到了长春的吉林省水利工程局，专门修水库，建水电站。一年差不多有半年的时间在外面跑，6年的时间，整个吉林省我差不多都跑遍了，在松花江的船上吃生鱼片、在嫩江的岸边看日落，一住就是半年。这6年，前半段时间我是做井点工程，也就是控制地下水，把一根根管道打到地下，把控制区内的地下水抽干。水电站要挖基础，地下水不控制靠近江边就没法挖土，先要把地下水控制好，不让地下水涌到施工的坑里面。后来我就做安装，安装水库闸门。水库闸门技术含量比井点高一些，涉及测量、计算、钳工、架子工、电工、电焊工等工作，这些事情我都做过。每天腰里扎一根很粗的皮带，上面插着电工刀、改锥、老虎钳、电笔等工具，自我感觉是个技术工人，比起在农村已经很满足了。1976年10月粉碎“四人帮”，但是真正的高考又经过了10个月，我记得好像是1977年9月，邓小平同志正式召开了全国的教育会议，在会上定下来恢复高考，通过广播传达给了全国人民。当时，我正好在吉林省舒兰县（现舒兰市）的一片原始森林旁的水库工地上安装闸门，一听到广播马上向领导请假。当时国家规定参加高考请假的必须准假，领导准了我的假，我从工地赶到长春。从听到广播到正式考试只有一个月时间。在这之前，我很羡慕那些被领导推荐上大学的工农兵学员，我也曾经申请过，但是没被批准。这里面有很多原因，一是要自己表现突出，比如说，学习毛著的积极分子，我这人到哪里都不起眼，这一条当然够不上；二是要跟领导关系好，经常走动。

记：那个时候有送礼的风气吗？

丁：一直有。后来，我就在长春复习。大部队还没回来，我一个人一间房子，条件很有利，复习时间算在一起大概不到一个月的样子。我最打怵的是数学，物理、化学我不用考，因为我是报文科，那是理工科考的。一个月时间，我大概花了25天都在攻数学。初一、初二的课本我到东北后一直随身带着，因为中学时的基础比较好，一个晚上初一初二的数学全部复习完，第二天就开始攻初三和高中的数学。完全自学，没有人教。当时没有正规的教材，有的话我还能考得好一点。我都是跟其他人借书。有的是同学那里借的，有的是同事那里借的，有的是亲戚寄来的，只要是数学我都要。手里好几本书看着，不断做题。大概用了25天时间，我宿舍的墙上贴满了各种各样的数学公式。我每天背，只睡三四个小时，也不跟别人交流。有些人复习喜欢和别人交流，我不交流，我一个人自学。除数学外还要考语文、历史、地理、政治，这些课程我全部加在一起复习了大概有四五天。这些学科我有些基础，历史书和报刊我平时就喜欢看，我那时已看完了范文澜的《中国通史》和《资本论》的第一卷，所以政治和历史也难不倒我。语文我比较有自信，从小我的语文都是班里最好的。我小学换过3个学校，都是好学校，老师总是在课堂上把我的作文当范文读，中学里的作文也一直是优，所以语文我基本不用复习，古汉语也有基础。所以，就这样复习了一个月的时间，在考试之前三天，大概是因为太累，发热到将近39℃。我跟医务室的医生讲，不管用什么办法，都要把我的热度退下去，哪怕考试完我生一场大病也不要你负责，用最强的药压下去就行。结果医生给我开了好多药，热度慢慢退下去。我在床上整整躺了一天，一点书没看。离考试还有一天，我把以前复习的东西全部再看了一遍，还去了一次考场，熟悉路线。第二天就去参加考试，四门课，考了两天。语文一门、政治一门、历史和地理一门、数学一门，这样一共四门。实际上是五门课，历史、地理算在一起。那时候，按照报纸说的，恢复高考以来，全国 13 年的精英都集中在一起，平均二三十人才有一人能考上大学，而且是把重点大学、非重点大学合在一起算的，如果单计重点大学，那比例就更小了。那些考试题目，现在看起来不难，但在只有一个月复习时间的那个时候就有一定难度了。数学后来我复查一下，小题目基本都对了，有几道大题目错了，估计考了 60 分左右，考得最差。其他我都不担心。考地理，还闹了个笑话，问中国的周边国家有哪些，我对地理还比较熟，几乎所有的国家，连尼泊尔、不丹等我都写上了，结果单单把蒙古给忘掉了。当时，每个省自己出题，我在长春考，语文的作文题目叫“十月的胜利”，十月就是指 1976 年的“十月”。人家采用政论形式，我是采用散文的形式，声情并茂，自我感觉不错，估计得分蛮高。后来，进了吉林大学以后，我也没去查分——那时高考不公布分数，有人帮我去查了分数，我大概比吉林大学分数线高了 30 多分。四门考试满分是 400 分，我大概考了 320 多分。

我为什么考吉林大学？我填志愿时当然首先考虑上海，叶落归根嘛，但是在当时吉林省考生可以报考的文科重点大学中，上海的大学一个没有。复旦大学、华东师范大学都不在吉林省招生。北京的大学没有，杭州的大学没有，广州中山大学没有，武汉大学也没有，全都没有，基本上都是东北的文科大学，而吉林大学是东北最好的大学，这样我就没有别的选择了。只有一个北京大学的图书馆专业，在吉林省只招 1 名，好像还是 3 年的专科，我也不感兴趣；还有一个南京大学，只有一个城乡规划专业招吉林省文科学生，名额是两名，我一看蛮好，所以第一志愿就填了南京大学城乡规划专业。我们那个时候填志愿跟你们现在不一样，只能填两个。结果给我发的录取通知书是吉林大学历史系历史专业，我就觉得奇怪，难道我的分数不够南京大学，不够南京大学怎么会被吉林大学录取？因为当时全国综合性大学排名中吉林大学高于南京大学。后来，我的一位大学同学，他母亲是省高招办的，我把这个事情跟他讲，他母亲说，原来报纸上登的文科中确实有南京大学城乡规划专业，但是后来发现登错了，这个专业应该是属于理工科的，于是凡是文科考生报南京大学的志愿都作废了，从理工科考生中调剂。就是这样，我的第一志愿就作废了，所以我考大学时等于只填了一个志愿。

记：当时您为什么没有回到上海参加高考？

丁：我的户口在长春，只能在长春考试。我们当时上山下乡，户口到东北去了。户口一开始在农村，到工厂后转到工厂，跟着人走。所以我只能在长春考。

结果，我就进了吉林大学的历史系。历史系把我分到历史专业，不让我到考古专业，为什么？因为我眼睛近视，挖坟掘墓要眼睛好一点。虽然大学只有 4 年，但这 4 年还是很愉快的。我们是恢复高考后第一届考进去的，不是推荐的。老师看到我们也非常高兴，过去教工农兵学员，大部分基础都很差，专业课没法教。而我们这一批学生就不一样了，学习积极性非常高，一下课就围着老师问问题，每天上课时都要全体起立向任课老师致敬，老师的师道尊严又回来了。图书馆每天都是要去抢位子，一到晚上每间教室都亮着灯，学习氛围空前热烈。

我刚才不是讲，我没有去看自己的考分，这里面也有一个原因。高考的时候，我的报名表上的年龄是谎填的，比我的实际年龄增加了一岁，那个时候我是 25 周岁，我填了 26 周岁。为什么有这种事情？今天讲起来不可思议。我们是在单位报的名，后来传来一个消息，因为考生太多，为了照顾高中生，初中生暂时不能报，只有超过26周岁才能报。我就写成26周岁。一直到进了吉林大学，幸好没人对比我的档案和我的表，我就混过去了。所以，我就不敢去查成绩，因为一进吉林大学，老师就跟我们讲，如果考生有作弊违法的行为，3个月之内是可以令其退学的。我生怕一查成绩，老师眼睛一瞄，两张表一对，就麻烦了。因此，我的一个同学帮我看的成绩。在这3个月之内，我很老实，过了3个月之后我就不怕了，因为不可能再被令退学，以后我再填表就把年龄恢复了。我的夫人——我们后来是在吉林大学认识的，她是历史系1978级的，也是上海知青——那个时候在黑龙江兵团。第一年，兵团就不让她们报考，但是长春没有这么执行，可以报考。当时我们学习积极性都非常高。大家如饥似渴，10多年就没看到过这么大的图书馆，这么多的书。我三天两头到图书馆，什么书都借，只要是感兴趣的，小说、文艺、政治、历史、哲学，阅览面非常宽。

记：在读大学期间，您对哪些老师印象比较深？

丁：大学4年给我留下比较深印象的老师基本上是我们历史系的。如金景芳先生，从现在来讲，可以被称作国学大师了，他是研究先秦史的，给我们开过先秦思想史的课。给我们上目录学的老师，叫罗继祖，他祖父是清末很有名的考古学家罗振玉。现在的《二十五史》中华书局点校本中，辽史或是金史就是罗继祖点校的。我现在给研究生开设的“中国法律史史源学”，课程中的目录学部分就是受到罗继祖老师的启发。还有一个老师研究中国近代史，叫李时岳，后来任汕头大学副校长，讲课讲得非常好。在那个时候，他的观点属于超前了，敢于讲一些人家不敢讲的，如对外国传教士的看法，对义和团的看法，都与传统看法不同。还有赵锡元老师，他讲先秦史，讲得非常好。前些日子，我们留在吉林大学的同学刚刚给他过完八十大寿。那位老先生做学问非常严谨，而且手下一点不留情，我大学 4 年里拿到唯一的一个 3 分就是赵锡元老师给的。他考试跟别人不一样，别人都是名词解释、问答题之类的好多题，他就出一个大题目，谈谈你对秦末农民起义的看法，开卷考。那个时候不知道论文怎么写，胡拼乱凑，结果他认为不符合规范，给了 3 分，我们班有好几个学习很好的同学都栽在他手里。他给的这个 3 分让我知道，我在这方面不行。这样的论文写作思路不可以。以后我就注意看一流杂志怎么写论文，怎么找选题，开头怎么开，结尾怎么结，中间怎么论证，注释怎么注。我进了大学以后，写的作文还是班里最好的之一。我写的两篇作文，被老师在课堂上作为范文点评，我的作文在我们班还是有点小名气的。但是一写论文，就不行了，得了 3 分，对我打击非常大。后来，我就注意区分作文与论文，我很感激赵锡元老师。还有就是林沄老师，他也是上海人，是考古专业的。当时，历史专业、考古专业是一个系，考古专业的课我也上过。林沄老师给我们上考古概论，那时也就 40 多岁，后来成为吉林大学副校长，现在是全国非常有名气的考古学家，擅长田野考察，就是到现场发掘。林沄老师厉害在什么地方？他讲课思路非常清晰，即使你一点都不懂考古，第一堂课就给你讲得非常清楚。我讲课可以说都是潜移默化地受这些老师影响。林沄老师的板书也非常好，字非常漂亮，跟书法一样，图画得也好，要画一个圆圈绝对圆，画一个三角，随手一画，非常标准，从来不改，非常厉害。一直到我走的时候，林沄老师在系里面还是默默无闻。现在，考古学界一提到林沄那是大名鼎鼎，不得了，是泰斗级的了。

我的学年论文指导老师柳春藩是讲两汉史的。我的学年论文题目是《两汉屯田考》，那年寒假我没有回上海，就在写这篇论文。

柳老师的收藏里有一套民国时期学者劳幹的《居延汉简考释》，是石印本的，很珍贵，他毫不犹豫地借给我。春节期间，我一个人天天在寝室翻这本书。老师对学生真是非常无私。我的学位论文指导老师李春圃是研究宋史的，也是个可亲可敬的人。师母是上海人，见到我说说上海话很亲切，我有时在他家聊得晚了，师母就会留我吃饭。后来，我的学位论文《宋代寄禄官制度初探》发表在《中国史研究》上，是我的处女作。

另外，法律系老师的课我听过两门，印象比较深的是乔伟的秦汉法制史。那时，我并不知道将来自己会以研究中国法制史为职业。乔伟老师在法制史学界很有名，但去世得比较早。他以前是“右派”，但没被下放，让他留在吉林大学图书馆，所以他在图书馆当“右派”，一直看书，久而久之功底显示出来。他讲课底气足、条理清晰，有一种霸气，是法律系学生公认讲课讲得最好的。我去听过他的秦汉法制史，确实不错。以上这些老师的人品与学术都对我以后做人、做学问、讲课影响很大。

记：您是必修还是去旁听的？

丁：法律系的课是旁听。我们是没有成绩的，不像现在的选修课程。一开始旁听都不行，大概从三年级开始允许我们旁听。个别还有转专业的，从我们历史系转到法律系，我们班就有一个。

记：在同学中，您最敬重的是哪位？

丁：同学之间其实也无所谓敬重，大家在一起整天嘻嘻哈哈、打打闹闹，现在碰到一起也是叫绰号、揭丑事，无论你现在成就多大，只要提到当年的丑事，就敬重不起来。最熟悉的主要还是同寝室的人，4 年天天在一起。其次是同一小组的男女同学，十几个人。我们班当时 60 多人，成就了 4 对夫妻：2 对现在美国，1 对在大连的高校，1 对在一个中部省份。在中部省份这一对中的男同学现在是省长——名字我就不说了，也是我们班官做得最大的，为人严谨正派，不苟言笑；女同学当年是我们班的党支部书记，热情开朗，很有组织能力。我们寝室的人都比较呆，11 个人，一个女同学也没“抓住”。现在 6 个在北京、长春、河南、南京、上海的高校当教授，2 个是省公证处处长，1 个是博物馆馆长，1 个驻瑞士海牙国际法庭，1 个当过广东的市委副秘书长和区委书记，已经退休。我们班里有孩子的好几个，同学之间年龄差距很大，最大的大概 34 岁，最小的中学刚刚毕业，18 岁。

记：报考大学对年龄有限制吗？

丁：只要是老三届到应届毕业的，都可以，但个别省份有内部限制，比如，黑龙江的农场就有限制。我当初把年龄改了，就是听到了某些传言。我们班里应届毕业生也有，不过大部分是下过乡的。年龄两头相差大概有 15 岁，差不多要相差一代人了。我们同学现在是天涯海角，一般隔几年聚一次，北到黑龙江，南到深圳、海南，比较集中的长春一大块，深圳一大块，北京一大块，这三大块人比较多，我在上海是孤零零的。我如果是从上海的大学毕业，上海同学就会很多。前年，我回吉林大学参加 60 周年校庆，我们班到了一半多人。普通的，就是一个机关干部，或者大学教授，像我一样；事业有成的，有当省长、校长、总裁、研究所所长等的。绝大部分在知识分子圈和政界，经商的也有几个，但不多。

记：大学 4 年中，让您印象最深的是哪件事情？

丁：大学期间，有几件事情令我印象比较深。一是中国女排得了世界冠军。那时候的大学生对这些事情非常关心。那天，大家一听到广播都跑到楼下欢呼，甚至有游行的边走边喊口号，还有人狂欢，把热水瓶从楼上摔下来。这令我印象深刻。二是那个时候刚刚改革开放，外国电影开始被引进。有一部日本电影《追捕》，高仓健演的，他在电影中是冷面小生形象，很酷。大家都想去看电影，但买不到票。我们寝室的老田有一个亲戚在电影公司，通过他的关系去买，好不容易才给我们买到半夜的票。那部电影特别受欢迎，一天 24 小时轮着放映，我们是凌晨 1 点的票。12 点爬起来，公交车没有了，电影院有三四站远，半夜 12 点一个寝室十几个人在空荡荡的马路上嘻嘻哈哈走着去，路灯下一排长长的黑影，那个劲头现在是不可能有了。三是自己动手组织国庆聚餐。那时大概是大二，我是班里的生活委员，由我牵头。我是大一当副组长，大二当生活委员，大三当班长，一直到毕业。其实我小学只当过小队长，那时老师看我成绩好，让我帮助带差生，中学以后就没有当过班干部，人学当班干部，是因为我年龄比较大，办事也还算公正，不拉小圈子，大家比较信任而已，其实我并没有什么经验。大二时，过国庆节，我们都没有回家，打算组织个聚餐，去饭店吃不起，于是我们决定自己做。把老师两个办公室挪出来作为厨房，把教室挪出来作为餐厅，有长春的同学把家里煤气罐搬来。餐具怎么办？我的一个集体户同学，他的岳母是附近一个研究所的，通过他岳母的关系跟研究所的食堂借碗碟，整整折腾了两天时间才准备好。这个冷餐会虽然现在看起来一点称不上丰盛，香肠、猪肉、鸡蛋、黄瓜、粉皮、酸菜、西红柿、白菜、土豆，东北也就这些东西，但比食堂要丰富多了。大家热火朝天、气氛热烈，把系领导和任课老师都请来了。自己动手最有意思，我们常说包饺子比吃饺子更开心，就是这个道理。这是几件让我印象比较深刻的事情。

记：您开始学的是历史，后来怎么转变兴趣了？

丁：我们这个转向跟你们现在不一样。你们是主动转向，我们那个时候都是被动转向。因为我们毕业后是国家分配工作，我们大部分是全国各地的下乡知识青年，分配的时候更多考虑的是你是从哪里来的。你们班有4个北京同学，就给4个北京名额，我们班有2个上海同学，就给我们班2个上海名额。我到华政，另外一个同学去了出版社。我进了华政之后，本来学校是让我到党史教研室，已经定好了。但研究党史不是我的优势，大学4年中党史课总共只上了一个月，我最熟悉的是古代史。我把我的学位论文、学年论文都拿出来，学年论文大概有七八千字，学位论文1.5万字，成绩都是优。我希望能分到法制史教研室，但是人事处的金处长不同意。师资科科长刘征很同情我，我就把我的论文都交给他，他就去请示当时管教学的副校长曹漫之。

我根本没有想到会一辈子研究法律史，我只是对古代史有兴趣。为什么到法律系听乔伟老师的秦汉法制史课呢，因为我觉得历史系讲的课没有涉及法律，我觉得研究古代史，法律也很重要。乔伟老师讲课讲得好，我就去听课。我主要是想听从其他角度怎么看历史，我的侧重点是历史而不是法律，我只是想知道从法律角度是怎么看历史问题的。但是，我到华政以后只有法律史跟古代历史有关，党史不是我的长项，我就要求到法制史教研室去。刘征科长向曹漫之校长请示，曹漫之校长比较开明，说那就让他去试试吧，于是一直就试到现在，28年了，至今也没人跟我说我的试验期已经满了，大概要一直试到退休了。因此，我至今很感激刘征、曹漫之以及当时同意接收我的教研室主任王召棠教授。其实，当时华政总共也只有3届1000名学生，法制史教研室已经有七八位老师了，并不需要人。

记：您对“大跃进”、“四清”运动还有印象吗？

丁：对“大跃进”还有点印象。刚刚开始的时候是1958年，我上小学一年级，只有6周岁。当时规定7周岁才能上学，但1958年办了很多民办小学，教师大都是一些读过初中的家庭妇女，招生招不满，民办小学放宽条件，降低1岁，所以我6岁就进小学了，比一般人小1岁。“大跃进”时因为年龄很小，只有几个片段印象。一个事情是炼钢铁，号召大家把家里废铜烂铁捐献给国家，我们家没什么多余的东西，后来找来找去找到一个手电筒，手电筒实际上还可以用。上交时，说不是交，是收购，价格还挺高。一个手电筒也就一块多钱，收购时给了我8毛钱，8毛钱可以买半个新手电筒了。我也很高兴，我母亲给了我1毛钱奖励，那在我眼里是一大笔财产，可以在书摊上看20本小人书了，这次给我印象很深。还有一件事情，当时街上到处演活报剧，我们放学以后就都到街上去看。内容一是宣传“大跃进”，说要15年赶超英国；二是批判美帝国主义。当时跟苏联还没彻底闹僵，所以还没有批判修正主义的。表演者戴一个很高的帽子，拿一面美国国旗，装上洋鼻子，然后被另一个代表中国人民的演员打倒，再踏上一只脚。我们当时很喜欢看，小孩子喜欢热闹。还有一件事情是除“四害”，这对我们小学生来讲，印象比较深。“四害”之一是麻雀，因为麻雀要吃稻谷，用什么办法除？对着家里的坛坛罐罐——铁皮桶、铝和搪瓷的脸盆（那时脸盆还没有塑料的）用棍子敲，全市集体行动，到处都在敲，麻雀吓得不敢停下来，一停就敲，这样就把麻雀活活累死了，用这个办法消灭麻雀。苍蝇也是“四害”之一，我们小学生放学以后以及星期天都有“指标”。苍蝇拍都是自己做的，用硬纸板剪成长方形，然后把一根竹片用线缝在硬纸板上，再在硬纸板上钻几十个小孔，自己做成苍蝇拍。到哪里找苍蝇？苍蝇最多的地方就是小菜场了。专门准备一个火柴盒，还用一只筷子绑了一根针，打死一个苍蝇就用针扎住放在火柴盒里，当成“战利品”。第二天老师看谁打的苍蝇多，就会表扬，挂小红旗。

另外，涉及我个人的不幸的事情，就是我母亲在三年困难时期生病了，三年困难时期刚过就去世了。我母亲没有工作，为了争取份工作非常艰难。她到崇明去垦荒，那时崇明都是荒滩地，她住的是芦苇棚，把我们两个孩子扔在家里，一个人跑到那边，就是为了有个工作，结果还是留不住，做了快一年，对她身体的摧残很严重。另外，三年困难时期没什么吃的，我们每天吃的就是很差的糙米，很难吃。还有面疙瘩，没什么菜的南瓜面疙瘩汤，导致至今我一看到面疙瘩就反胃。没东西吃，我母亲把好一些的东西都留给孩子吃，留给我父亲吃，她自己吃剩饭剩菜。本来身体就不好，加上劳累，又没有营养，1961 年她被查出患了胃癌，大概在医院住了半年多，1962 年年初就去世了。那个时候我只有 10 周岁，我还有一个妹妹和一个弟弟，弟弟只有 5 岁。

“四清”运动我基本没有印象，我那个时候读初中，查经济问题主要在农村，城市工厂也有，但是基本是在单位，不在学校。学校也可能被查，但是跟我们没关系，也许传达过什么文件，但是也没要求我们做什么，跟我们关系不大。因此，我对“四清”运动印象不深。

记：您对现在所从事的这个专业的兴趣是什么时候产生的？

丁：现在开始谈专业和学术了。我对法律史的兴趣，并不是一开始就有的，一开始我主要是把它看成一个职业，养家糊口的职业，后来就慢慢有兴趣了。把前人没有研究清楚的问题研究清楚了，你就有兴趣了。我研究了 20 多年的法律史，准确说是 28 年，在这 28 年里我对法律史的研究成果不多，很惭愧，跟其他很多学者比起来不行。《中国丧服制度史》这本书，我是 1985 年萌生写作想法的，过了十几年以后，2000 年才出版。1985 年，我就有这个想法，但当时只是想写一篇论文，没想到出一本书。1985 年有一件事情，要求我们学校派一个人参加司法部的法律史培训班，培训地点是西安的西北政法大学，那时候叫西北政法学院我就报名了。在那里学习的3个月中，给我们授课的都是当时全国最有名的、第一流的法律史学者，包括张晋藩、曾宪义、刘海年、胡留元、张警、张西坡，还有西南政法大学的林向荣，可以说都是法律史的开山人物。这3个月的时间使我对法律史有了更深的了解，这个学科最好的老师我都看到了，他们讲课的方式我也领教了。讲课讲得最好的是林向荣，西南政法大学的老师，他实际上是研究外国法制史的。讲课有激情，有想法。当时，讲古代法制史的老师凡是讲到丧服制度就一笔带过，再细问，那些老师就讲不清楚了，觉得这个问题不重要。但是，我觉得这个问题很重要，应该讲清楚。凡是来一个研究古代史的老师，我就问他们这个问题。但问到细节，没有一个老师能回答。我就产生一个想法，这个问题怎么就没有人知道？中国古代的法律是等级制法律，而等级制的源头就在丧服制度，为什么就没有人去研究清楚？后来我才知道，不光我们年轻的法律史学科没有研究清楚这个问题，就是古老的历史学科在这100年里也没人研究过，只有一些零星的小文章，比如，胡适谈到过三年丧，沈家本和徐世昌作的两篇序，章太炎的片段议论等。

之后，我就开始查，这一查查了十几年，后来越查越多，先在华政图书馆查《四库全书》，再到上海图书馆去查其他丛书、类书，可以说浩如烟海。好多东西不查不知道，一查才知道资料多得很，但是这个课题不说我们法律史没人研究，历史学界也鲜有人研究过，这让我觉得问题很严重。从清末以来到现在，就几乎没有人研究过。但是古人对这个问题却非常重视，几乎可以说我们知道的古代的那些大学者大部分都研究过丧服，东汉的马融、郑玄，魏晋南北朝的王肃、杜预、裴松之，唐代的杜佑，宋代的司马光、朱熹，明末的顾炎武，清代的阎若璩、胡培翚、崔述、徐乾学、俞樾等，这些大学者全都研究过，当然有的人深一点，有的人浅一点。在古代，不光学者研究丧服制度，皇帝也研究，西汉宣帝召集的石渠阁会议、东汉章帝的白虎观会议都讨论过丧服，北魏汉化改革的孝文帝还亲自为群臣讲解丧服，因为他知道丧服是汉学的基础。而且，唐太宗、武则天、唐玄宗、宋太祖、明太祖、清高宗这些著名的皇帝都亲自参与讨论过变革丧服制度。我认为，古人那么重视，一定有他的道理。虽然我们现代人看问题的角度跟古代不一样，但是古代那么重视，肯定关系统治者的切身利益。

实际上，丧服制度是古代经学的基础之一，而经学实际上就是古代的政治学。古代的政治学就是用这一系列的制度，说明这个社会是合理的。家族内部本身是分等级的，父母和子女就是不平等的，不平等的家庭才稳定。家族内部这样，社会也是如此，不平等才能稳定。大家都是平等的，这个社会一定乱了。古人的认识就是这样。我们今天讲和谐，至少是建立在一个基础上——人与人之间是平等的。古代认为，社会要和谐。没有一个统治者不讲和谐，中国几千年，从来没说过不要和谐不要稳定，但怎么样才能长久和谐稳定？他们的理论就是依靠封建等级制度，只有等级制度才能维护和谐。等级制度为什么能维护和谐，明确划分等级，每个人都知道自己的权利义务是什么，才能不逾矩。我们今天讲人与人之间是平等的，但是在古代，人与人之间就是不平等的。每个人都被画了一个圈，指明其权利义务是什么。圈画好了，人就在这个圈里面活动，如果一个人稍微越出圈子，实际上他自己可能还没意识到，别人就会认为他潜意识里有谋反的念头，想侵犯上级的利益了。等级制度对维护和谐稳定有什么好处？人稍微露出点逾矩的苗头就会被扼杀在萌芽中，这样就能保持社会的稳定和谐。不要认为和谐稳定一定是和平等相关的，古代和谐稳定跟平等没有关系，反而是不平等才能和谐稳定。古代要把这种不平等变成知识，让特权阶级垄断这一知识，它就变成了学问，变成很高深的东西，且越弄越高深。怎么弄高深呢？就是细节分化。人与人之间有差别，那差别在哪里？一点点细化。两个人之间本来是一个等级的，但是一定也要划分出不平等，大部分都平等，但细节上不一样。通过差异对人加以区分，丧服就起这样的作用。清代胡培翚的《仪礼正义》，四部备要本，这本书里面关于丧服的部分，一共只有几万字，我却整整看了半年，一个字一个字地研究清楚意思。书中把丧服制度设计得十分复杂，不让人研究清楚，一般人的确也研究不清楚。丧服制度的法律化从汉代已经开始实施了，魏晋时期反映到法律上，唐代全面法律化。中国古代为什么能延续几千年？与经学、等级制度、科举制度都有关系，要把这些制度一个一个研究清楚，要看清它的实质，同时，又不要陷进它的圈套里去。

还有一个研究方法的问题。至少在目前，考证方法很重要，我很欣赏。研究任何问题都有一个前提，你必须把这个问题研究清楚，才可以评价他。如丧服制度，你都不知道它是怎么回事，怎么发展的，然后就夸夸其谈，这种议论就没有价值。日本法制史学界非常重视考证。人家有的考证，你以为很荒唐，好像没什么用。有用没用怎么知道？就像科学研究，一个微观或宏观的发现，一开始就能知道它有没有用吗？几十年后才发现用处大得不得了，还得了诺贝尔奖。考证也是这样，第一件事情就是把研究对象研究清楚。历史的复杂之处还在于，制度是在变化的，就像今天讲到法律制度，前后变化也要理清楚。所以，我这本书里面一方面讲最初的先秦时期丧服，这是丧服制度的来源。后来怎么演变的，还要找出历史和社会的原因，整个家族制度、国家和家族之间是联合还是对抗的关系，这些跟丧服制度都直接有关系。一点一点开始研究，一个一个问题地考证，问题像滚雪球似的越来越多，这样，慢慢我就写了这本书。我一开始还是不想写，想再积累点资料。正好我们创立一套丛书，报了这个项目，出版社催得紧，我写了 2 年时间，资料很多是现成的，也有临时查的，写得比较匆忙。现在看起来这本书还不够完善，好多东西没有写。写出来以后，在法制史学界产生了一定影响，到现在为止，快 10 年了，关于丧服制度的专著还是就这一本。现在凡是涉及丧服制度的文章，很少有不引用我这本书的。

过几年，这本书我还要在原来的基础上改写，观点和材料都要有所更新。现在这本书才 20 多万字，将来我估计扩到 40 万字是没有问题的。因为好多材料没有用，古代的材料太多了，没有用，很可惜。这本书 2000 年年初由上海人民出版社出版后，我送给陈鹏生教授一本，陈教授是华政的老校长，也是中国儒学与法律文化研究会的会长。陈老过了两天就给我打电话说我这本书是原创的，他给我推荐。由研究会出钱买书赠送给会员，对我来说这是第一次。陈鹏生教授还专门写了赠书说明，附在赠送的书里面。

研究中确实也遇到了不少的困难和压力。一个压力就是有人质疑你怎么这么慢，人家一年出好几本书，你为什么 10 年才出一本书？是不是你能力有问题？这个就是压力。在现在这确实是个问题，想出研究成果要专心坐冷板凳。很多同学问我，到底写得多好还是写得少好？你想写得少？不行。因为有考核指标，一个教授每年不发表两篇文章，考核就不合格。你想两年写一篇好的文章？不行，因为没发表够规定数量的文章，会被判定为不合格，这个规定欠妥。现在判定论文和著作的质量的标准，是看你发表在哪里，发布在一类期刊还是二类期刊上，出书则看是哪一个出版社的。我这两本书一本是上海人民出版社出版的，另一本是人民出版社出版的，都是国家级出版社。

记：您认为现在中青年学者是否比较浮躁？

丁：这是受整个市场经济环境的影响，社会的投机风气较浓厚，学术界也难以避免。原因在我看来有四点：一是科研指标压力大。二是科研和利益挂钩。三是科研评价体系的不合理。四是科研违规违法成本太低。

现在也在慢慢改，但设计一套完全客观的文章质量评价体系也很难，比如，论文送给外地的专家去审，也是在想怎么样能更公平一些。

记：您最希望有什么样的学术氛围？

丁：好的学术氛围应该是一个创造条件能够让知识分子安静做学问的氛围，是一个使知识分子有起码的体面和尊严的氛围。

记：您认为自己在学术方面有哪些贡献？

丁：我只是做了一些在教师岗位上自己认为应该做，又对得起自己良心的事情，谈不上有什么贡献。

讲课要对得起学生，要每堂课都应让学生觉得有价值，有收获。现在有一种错误的倾向，认为讲课不是学术，甚至把讲课和学术对立起来，认为讲课影响学术。似乎出书才有大学问，教学则是人人都可以上讲台，所以现在有的老师开一门新课，连讲义都不准备，拿着一本教材就敢上讲台，这样的课怎么上得好？我教学 20 多年总共开了七八门课，每门课的讲义都在 10 万字以上，都是手写的，要翻查很多资料，一堂新课的内容起码要准备一星期。即使开一场两个小时的讲座，我也要写几千字的提纲，不敢大意。即使教了 20 多年的课，每次走上讲台，心里都很紧张，战战兢兢，生怕对不起学生。2008 年年底，人民出版社出版了我的一本书——《艰难与希望：中国法律制度史讲课实录》，列入“人民法学文存”丛书。这本书是根据我课堂讲课录音整理而成的，科研处还给了我1万多元的科研奖励。我讲了20多年的中国法制史课，学生也欢迎，但从来也没有人认为我这是在研究学术，最后只是把讲课录音整理一下，就变成学术了。现在国内的大学，都在讲要办成国际、国内一流的大学，但目标都是放在科研上，从来也没有哪所大学提出讲课要一流的目标。大学的重心还是应该在培养学生，没有一流的学术当然不可能有一流的讲课，但如果重学术轻讲课，那么将来很可能是一流的学术却培养出二流、三流的学生。更何况在现在究竟有多少学术能够称得上是真正一流的？一流的学术是要后人来评价的，是要经得起历史考验的。

我20多年里发表的东西，自己觉得还拿得出手的，也就是两本书、几篇文章而已。两本书就是前面提到过的：一本是上海人民出版社出的《中国丧服制度史》，24万字，内容比较艰深，不适合一般读者阅读；另一本是人民出版社出的《艰难与希望：中国法律制度史讲课实录》，38万字，这是普及型的，一般读者都可以读得懂，也有可读性，我的不少朋友都不是研究法学的，读了都觉得很有意思。还有些零零星星的论文，有点价值的也就十来篇而已，主要是涉及经学与法律关系，比如《宗祧继承论》，以及“古代家族主义法研究”系列，现在只写到唐代，还有《律学两大流派与唐律渊源》等，在这些论文里我都提出了一些新的观点和看法。

记：这个领域还有哪些值得研究或者开拓的地方？

丁：中国法制史4000年值得研究的东西太多了，比如，丧服制度史这个题目很小，一般不受人关注，但一旦挖进去，一片富矿。如果可以把中国丧服制度方面的书都一本接一本地看，我大概要看一辈子。我现在这样写出来，也不敢说我写的东西都是正确的，每个人的看法不一样。几千年的东西多得不得了，我想有很多东西肯定还没有被发掘出来，但是容易发掘的东西大家都写了。比如，好多研究生写论文喜欢写近代的，因为古汉语不过关，就写近代的法制史，近代不过就是百年，各个方面都有人写了。那近代法制史是不是没有可写的了？也有可写的，关键看你眼光怎么样。我上半年到上海师范大学去当答辩委员会主席，其中有一篇文章我觉得不错，很有新意，是讲近代国民政府时期的涉外婚姻。作者所得到的资料都从档案馆来的，第一手资料。资料好，题目又新。你说他这篇文章里面有没有什么高深理论？没有。就是把这个问题讲清楚，我觉得这样就可以了。你只要把问题的来龙去脉讲清楚，引用第一手资料尤其是档案资料，就很不错。当时有些老师不太赞成把这篇文章评为优，认为还有很多问题，理论上比较浅。我说光凭创新性和资料的唯一性就可以得优，我就坚持，后来他们便说，听主席的吧！

我在中国法律史年会上曾经说过，我们中国法制史的研究从1979年到现在，正好30年了，30年实际上可以分为两个阶段。第一个阶段，以张晋藩教授为代表的第一代学者起到了拓荒的作用，他们把这个学科建立起来。这个学科是怎么一个结构，理论和基本资料的架子搭起来，1999年法律出版社出版的张晋藩教授主编的十卷本《中国法制通史》是这个阶段的总结。从20世纪90年代以后，进入第二个阶段，以杨一凡教授为代表的第二代、第三代学者，发掘和整理大量的古代资料，收集大量的考证文章，2002年出版的三编十五卷本《中国法制史考证》和2008年出版的十三册《中国法制史考证续编》，以及近10年来陆续整理出版的古代珍稀法律文献不下数百种，还有何勤华教授主持的对大量中国近代法律文献的整理点校。这些工作极大地推动和发展了中国法制史的研究，也为将来第三个阶段的研究奠定了坚实的基础。我想，从 2010 年开始的 10 年应该成为我们期望的第三个阶段，充分地利用第二个阶段文献整理与考证的成果，进一步深入研究，建立起更科学的学科体系，同时要拓宽法律史的边界，注意与其他学科的结合，建立起一个大法制的框架。

记：丁老师您博览群书，能为我们法科学子推荐一些优秀的阅读书目吗？

丁：我读书是越读越觉得自己浅薄，而且每天为生活和大量的杂务奔波，能有多少时间可以安静地坐下来看书？哪里敢称得上“博览群书”？当然，相对年轻的学子而言，我毕竟痴长几岁，多看了几本书，因此推荐一些书目也是可以的，但是不是适合所有人，要因人而异。

中国法制史是一个比较年轻的学科，经得起时间考验的书还不多，因此可以参考一些历史学方面的书。

古代法制史方面，可以看：瞿同祖《中国法律与中国社会》、陈寅恪《隋唐制度渊源略论稿》、程树德《九朝律考》、沈家本《历代刑法考》、滋贺秀三《中国家族法原理》、钱大群《唐律疏义新注》，钱穆《国学史纲》、冯友兰《中国哲学史》等。

近代法制史方面，可以看：陈旭麓《近代中国社会的新陈代谢》、郭廷以《近代中国史纲》、《梁启超法学文集》、谢振民《中华民国立法史》、徐矛《中华民国政治制度史》等。以上都是挂一漏万，不足为范，仅供参考而已。

记：最后，能否请您给我们年轻学子提几点建议？

丁：我觉得我们的学生，无论是硕士研究生也好，还是博士研究生也好，都要培养自己的学术能力。怎么提高自己的学术能力，我觉得有 4 点应该注意：

第一，学术兴趣。要善于发现自己的兴趣所在，兴趣是研究的动力，没有兴趣是很难做好学问的。有的人为什么能够成年累月在书斋里坐得住冷板凳？他就是有这个兴趣，或者说乐趣。你不要跟我说这个人怎么有毅力，我不相信，能坚持首先是得有兴趣。考科举是要靠毅力的，做学术要有兴趣。兴趣这个东西，一是靠天赋，二是靠后天环境的熏陶，它是在不知不觉中形成的，如果有意识地去培养，可能适得其反。所以我主张发现兴趣，而不是培养兴趣。

第二，阅读能力。学习中国法制史要精通古汉语，学习外国法制史要精通一门外语。学习中国法制史要精通古汉语到什么程度，我打个比方，中华书局的标点本二十四史能看懂不算精通，上海古籍出版社出了一套没有标点的影印武英殿本二十四史，没有标点的古文能自己标出来，这个才叫精通。另外，同样二十四史，看懂人物传不稀奇，人物传是最容易看的，但能看懂志就不容易。《刑法志》和《食货志》还是志里面比较容易看的，什么志难看懂？《礼志》比较难懂。《礼志》跟我们中国法制史很有关系。

第三，文字能力。文字能力是什么？并不是说你写一篇作文或是小说写得好。研究中、外法制史，首先必须要有寻找资料的能力，我给研究生开“中国法律史史源学”的课，就是告诉大家怎么找资料。其次是文章的排篇布局，找了那么多资料怎么分类，分类以后总不能一条资料在几个方面都出现吧，这条资料排在第一部分好还是排在第二部分、第三部分好，整个文章看起来舒服不舒服，这个很讲究功力。有的学生不知道排篇布局，第一章占 2/3 篇幅，第二章、第三章加起来只有第一章的一半篇幅，有的甚至一章内容连一页都不到，这样的编排布局能力太差。如果编排的前后比重相差太大，就要重新布局。结论性的东西放在后面，前提性的东西放在前面，后来得出的结论，不要放在第一章去。同样一条资料可以分为两块，拆开来，分两次用，都有讲究的。最后是文字的表述，即怎么样把话讲清楚。写文章有一个大问题，就是口语化，不要像我这本书（指《艰难与希望：中国法律制度史讲课实录》）这样，我这个是故意口语化的，让大家看起来像上课，写论文要绝对避免口语，一定要用书面语。有的同学连口语、书面语都区分不清楚，这就有问题了。有的研究生的论文，写着写着口语就出来了，哪怕一个动词用得不好，就口语化了。怎么注释，怎么用标点，包括“的”“得”“地”的用法，好多研究生也不懂。

第四，怀疑精神。在前 3 点基础上，如果没有怀疑精神，那么也绝对成不了大器。什么东西都是在一定范围之内的真理，过了这个范围就不是了。哪怕“1+1=2”都是在三维空间成立，超过三维空间就不一定成立。过去讲四维时空，时间也算一维，已经不易理解，现在科学家已经讲到 11 维空间。你说光线是直的，光的速度是最快的，在 11 维空间里面大概都有问题，所以没有绝对真理。任何大师的东西你都不要绝对相信，都可以怀疑，往往你的怀疑会得出一个大的成果来。而且要敢于怀疑他的源头，就是怀疑他的基础，怀疑基础才能出大师。怀疑小的、零碎的东西，只不过是有些创新而已，要把其基础全部推倒，才是大师的做法。对任何大师，对任何好像已经有定论的那些东西，都不要轻易相信，自己实际查证一下，他这句话到底是对是错，你查证的过程中就可能会发现他至少有一部分是错的。再深入下去，就会发现好多人都是错的。在这个基础上，再用很多资料证明你的新的看法。但是要知道，你的看法也不是绝对真理，将来也会有人来批判你。我对学生讲，我在课堂上讲的每一句话都可能是错误的，因为没有一句话是绝对真理，所以都可能是错的，只不过错得多错得少而已，你要推翻都是可以的。当然提倡怀疑精神并不是真理虚无主义，而是说没有那种自以为是的绝对权威的所谓真理。

（访谈记者：徐　娜、金芳翠）

郝铁川教授访谈录*

祖籍河南南阳，1959年出生于河南汲县（现卫辉市），现任杭州师范大学沈钧儒法学院院长，兼任华东政法大学教授、博士研究生导师。曾任华东政法学院法律系党总支书记、副主任，《法学》月刊社总编，华东政法学院副院长，上海市委宣传部副部长，上海市委宣传党校校长，上海市金山区委副书记、区长，北京奥组委秘书行政部副部长。中央人民政府驻香港特别行政区联络办公室宣传文体部部长，上海文史馆馆长。

代表论著:《周代国家政权研究》，黄山书社1990年版;《儒家思想与当代中国法治》，河南大学出版社1994年版;《市场经济与中国法律文化的变革》，安徽人民出版社1995年版;《〈周礼〉与中国文化》，河南大学出版社1995年版;《中华法系研究》，复旦大学

* 原载何勤华主编:《中国法学家访谈录》（第6卷），北京大学出版社2013年版。

出版社 1997 年版;《法治随想录》，中国法制出版社 2000 年版;《法治沉思录》，上海三联书店 2007 年版;《法律是一种生活艺术》，法律出版社 2003 年版;《国家拐点》，人民出版社 2009 年版。在《中国社会科学》《中国法学》《法学研究》《比较法研究》《人民日报》《光明日报》等报刊发表论文 300 余篇。

记者（以下简称记）：郝老师，您作为 1978 级的学生，现在已经是社会的栋梁之才了，而且您还有下乡知青的背景，您从下乡知青到 1978 级大学生这样一个历程，您是如何走过来的?

郝铁川（以下简称郝）：我是 1978 级的学生，但是我大学是提前毕业的，也就是和 1977 级一起毕业的。我 1976 年高中毕业，1976 年年底下乡。1977 年恢复高考，我就报名参加了；但是由于一些特殊原因而受到了影响，被当时河南一所师范专科学校录取。当时年轻气盛，接到通知书就当场撕掉，坚决不去这所学校。我当时深信我自己不是上大专的命运，所以 1978 年我继续参加高考；恰巧遇到了我父亲的一位老战友，当时他正好在河南大学招生办工作，并看见了我的档案，看到我成绩符合要求，算是帮忙把我录取到河南大学历史系。进入大学之后，我不得不考虑大学毕业之后的出路，那时我们大学毕业还是组织分配工作，家里背景让我清楚自己肯定分配不了好的单位；为了让自己能够找到更好的出路，我一进入大学就决定考研究生，因为这是最好的办法。

直到 1979 年，我就更加抱定考研的决心。因为当时 1977 级和 1978 级是允许提前毕业的，我们河南大学那一届，提前毕业的就我一个人；当时提前毕业的要求是我们必须在毕业前把剩余的课程全部考试及格，当时，我仅仅花了 1 个月左右的时间，把剩余的课程考完；考完之后，我顺利地申请了提前毕业。当时，我在河南大学是最刻苦的，河南大学最初的校史上还记录了“一盏小马灯”的故事。“一盏小马灯”描述的就是我读书刻苦的场景，当时我们晚上 10 点半必须熄灯，于是我点了一盏小马灯在走廊上看书背书，后来渐渐地，“一盏小马灯”成了我刻苦读书的写照；当时我们寝室的人很少看到我，我一般晚上 1 点多睡觉，早上 7 点多起床，所以他们一般很难见到我；那个时候，我们在学习上是相当的刻苦，这也是我们学习的理念。因为当时我们大学毕业之后由组织统一分配工作，所以我们也就没有就业的压力。当时，我们读书的观念很纯粹，一点都没有功利的想法，只是记得周恩来同志的话“为中华崛起而读书”，夺回我们浪费的读书时间。

提前毕业后，1982 年 1 月，我考取了河南大学历史系硕士研究生，1985 年我硕士毕业后就留在河南大学教书。毕业之后我就准备结婚，但是有一天，我在去游泳的路上，偶然遇见一个朋友，顺便问候了一下他，得知他正在考博士。当时我就很好奇，不仅有本科和硕士，居然还能考博士，他还告诉我，他正在考上海的博士，并且鼓励我同他一起考博士。由于我当时忙于准备结婚的事情，但当时离博士考试还剩下几个月的时间，于是我和妻子决定去上海“旅行结婚”，顺便考考博士。当时我想，如果考不上博士，结婚也不错；如果考上了，那还真应了古人那句话：“洞房花烛夜，金榜题名时。”来到华东师范大学后，我发现那些准备考华东师范大学博士的人很多，他们也复习了很久。当时，我是在离考试还有几个月的时间才知道可以考博士的，也就没怎么复习准备，这倒反而让我心里放轻松许多。

有一天，我在华东师范大学附近书店逛，发现那里卖的杂志特别便宜，一毛钱一本，所卖的杂志是华东师范大学主办的《历史教学问题》，我随便翻翻杂志，发现里面有我报考博士的老师的文章，于是我开始挑选，凡是有我老师文章的杂志，我都买下来，总共买了十几本。晚上回去之后我就开始看杂志，过几天我就去考试了。考场上我也算是非常幸运，考试的题目几乎都是我老师在《历史与教学问题》杂志上发表的文章，我当时记忆力非常好，前几天晚上看过老师的文章之后，我就能把文章的主要内容和主要观点都记住。当然还需要一些基础，但是这都是我的强项。因为我在大学和研究生期间，导师就让我背诵《大学》《论语》《孟子》，背诵完这些经典，又让我背诵由四川大学徐中舒编注的《左传选》，余冠英注译的《诗经选》，还有《韩非子选》《荀子选》《尚书选》等，当时我因为背诵这些古文太吃力，身体上火，还拔了一颗牙。但是，在我考博士的时候，对于老师出的题目，我可以引用很多经典著作里面的观点来论证，我答题的时候大量引用这些经典著作里的原文，批阅我试卷的老师非常惊讶，还专门去核对了我的原文，核对的结果是我引用的原文八九不离十，几乎都是对的。在这一点上，老师是很肯定我的。

我考本科和硕士时完全是因为压力所致，但是我考博士时心理上非常轻松，感觉也比较自由；同时，以前流行的观念也影响着我，如胡适之博士、基辛格博士等，我对博士的印象非常好，这种考博士的心态是毫无压力，完全是知识向往型的。

记：郝老师，其实这也是我想问你的第二个问题，您是如何从历史学转向法学的？

郝：其实这也跟我的历史学专业背景有关，我读书期间，有一个很大的感悟，就是中国历史上的朝代的平均寿命是200年。在这个周期中的每一个朝代，前100年是发展与繁荣时期，后100年就是没落与灭亡时期；每个朝代都是这样的周而复始地运行着，我对这种现象很好奇；带着这个疑问，我就读了很多书，得出中国只有走民主与法治的道理，才能跳出历史的怪圈。其实我在大学就非常赞同这样一种观点，即“德先生”“赛先生”，还缺了一个“老先生”（“law”意思）。后来我就在《法学研究》上面发表了关于君权与法治的关系的文章，探讨这些问题。

后来，来华政教书之后，我觉得五四运动除“德先生”与“赛先生”外，还缺少了“老先生”（law）和“何女士”（human right），当然“何女士”是我的博士后导师夏勇教授提出来的。

当然，从历史学转入法学也有点巧合的因素。当我博士毕业的时候，我妻子还在河南工作，当时南京有所高校要录用我，并帮忙解决我妻子的就业问题；但是，我打电话去那所高校咨询就职问题时，得知帮我妻子解决就业的事情要等半年以后，于是我就拒绝去那所高校了。因为工作着落问题，那段时间我比较沉闷，有一天，我从华东师范大学散步到中山公园，来到公园后面，恰巧发现华政正在招聘老师，当时我在想，我也对法律挺感兴趣的，何不去问问。于是我就去华政法律系打听情况，被告知要去人事处问明情况，当人事处的工作人员得知我是博士之后，颇为惊讶，因为华政当时还没有博士教师，并当场答应愿意录用我。人事处的工作人员很快就把我介绍给了当时的副院长陈鹏生老师，陈老师对我选择华政教书很感兴趣，于是我就拿出我在博士期间撰写并发表在《法学研究》的论文给陈鹏生老师看，陈老师对我的文章评价很高，陈老师的肯定对我以后继续从事法学研究起到很大的激励作用。

所以说，从历史学研究转向法学研究，归结起来是专业和家庭的原因，当然也有偶然因素。如果当时南京那所高校录用了我，我现在可能就是一位法学业余爱好者了。

我来华政之后，开始教授中国法制史的课程，“中国法制史”是一门史论结合的课程，史论结合其实侧重的是“论”，于是我开始慢慢对法理学感兴趣了，后来就从法制史教研室调到法理学教研室。但是，我的研究领域始终是在理论法学领域，包括宪法、法理、法制史和行政法。1995 年，我开始担任《法学》主编，因为工作的缘故，开始对各个部门有所了解，与法学界的诸多的前辈与朋友的友谊也是从这个时候开始建立起来的；当然，这也跟我的兴趣广泛有关，我对宪法学的研究也很深入，像宪法领域中良性违宪的概念就是我第一个提出来的，良性违宪论文一经发表，引起海内外宪法学界不少轰动。

记：郝老师，您曾担任过中国法律思想史学会的会长，您认为中国传统的法律思想对中国当今的法治建设有什么积极意义？

郝：我写过一篇题为《“性善论”对中国法治的若干消极影响》的文章，是专门探讨这个问题的。在刑法领域，“性善论”对中国刑法思想产生了深远的影响，历朝历代所尊崇的“德主刑辅”的理念，是我们国家刑法中缓刑制度的重要的思想渊源，这一制度设计的缘由在于中国人相信人本善，恶的思想是可以改善的；行政法领域，社会综合治理的观念形成源于人们认为公民犯罪是由多种因素组成的，这跟西方的实证刑法学家龙勃罗梭的观念差别很大，龙勃罗梭认为，公民犯罪是天生的，不可以改变的，而中国人认为，人的本性是善良的，犯罪只是一时糊涂，这种糊涂产出的原因包括受教育较少、家庭贫困等，这些因素都是可以改变的，综合社会治理也可以从这些因素着手。民法领域中，中国很注重家庭文化，以“户”作为民事主体，比如，原《民法通则》采用“个体工商户”“承包户”的概念，这种“户”的观念深受传统因素影响。如果我们放眼法学的各个领域，我们会发现，凡是中国法律制度中属于独创性的制度，大凡都与中国的传统因素有关。

我的另外一篇文章《文化传统与当代中国立法特色的形成》，这篇论文主要是揭示中国传统的法律思维对中国当代立法技术的消极影响，传统的“性善论”思想造成中国长期疏于对公共权力的规范与制约，容易造成个人崇拜；中国农业社会的生产方式使中国人很重视经验，但是这种经验有时不够精确，容易形成模糊的思维方式，而法律要求明确性，这就形成了一种冲突，这种冲突在改革开放初期，表现为很多立法的条文规定相对来说都很模糊，对制度的影响就是，在司法实践中，最高人民法院、最高人民检察院的解释不是司法解释了，而成了立法解释。中国人的思维方式倾向简约，农业生产简单，生活方式简单，这种简约的思维方式表现在立法上就是古代“约法三章”之说，这种简约的思维方式对改革开放时期的立法的影响，表现在立法较为简单，很多条文的规定相对来说比较粗糙，规定不那么完善细致。例如，原《民法通则》规定才150多条，1979年《刑法》也不过192条；改革开放初期，《刑法》和《刑事诉讼法》在1979年就制定公布了，但是原《民法通则》却在1986年才规定。

中国立法过程中的这些不足都与中国人的传统思维方式有很密切的关系，中国传统的法律思想和思维方式，一方面，可能造就中国特色的法律制度；另一方面，也可能成为中国法治建设过程中的历史包袱。所以说，这些传统的法律资源就要看我们当今的立法者如何对待了。如果充分利用了传统的法律资源，肯定会加速推动中国法治建设的进程，否则，就会阻碍依法治国建设的步伐。

记：郝老师，您现在担任的是中央政府驻港联络办宣传文体部部长，您担任这一社会公职和您的知识背景有什么样的互动联系？

郝：我担任这一公职，主要源于服务北京奥运会。2008年，奥运会在北京举办，因为当时奥组委工作的需要，我被中组部抽调至北京奥运会。北京奥运会结束后，中央组织部正在选拔人才去我国香港特别行政区工作，因为香港特别行政区在我国地位比较特殊，且香港特别行政区是国际自由港，需要一定的国际视野的人才。而我一方面具有法律背景，另一方面，在上海待过多年，又经过奥运会的锻炼。中组部看中了我的这两点，就派我去香港特别行政区工作。到了香港特别行政区之后，我工作的核心就是依照《香港特别行政区基本法》，服务香港特别行政区人民。

香港在英国人统治150多年期间，采用英国的统治模式，香港的小孩从小接受欧美教育，信仰基督教，香港的外来文化相对强势，欧美文化对香港人的影响比较大，而本土文化相对来说处于比较弱势的地位。因此，我们很重要的一项工作就是让香港特别行政区居民了解传统文化，增强对国家的认同感。香港人有一种很强的观念：一方面，香港人不否认内地是其“亲生父母”；另一方面，香港人也不否认英国是其“养父养母”。香港特别行政区与台湾地区不一样，他们从来没有想要“独立”的想法，他们对内地（大陆）的感觉犹如对自己“亲生父母”般的认同；但是他们对欧美文化，有着一种剪不断、理还乱的情节。

记：郝老师，您在香港特别行政区担任这一社会公职，对于您继续从事法学研究是否有一种积极的互动的影响？

郝：这肯定是有影响的。我在香港特别行政区工作期间，主要的职责是解释《香港特别行政区基本法》，通过该法来评价公务活动，判断社会管理活动是否违反基本法，让基本法的价值理念深入香港特别行政区居民的思想中。目前，在香港特别行政区，产生了一个很大的困惑，即如何看待“一国”与“两制”的关系，实际上就是中央政府与特别行政区政府的关系和香港特别行政区的资本主义制度与内地的社会主义制度的关系问题。很多香港人误认为，“一国”即国家主权应该与香港特别行政区自治权等同，且两种社会制度也应该是地位平等的。然而，根据《香港特别行政区基本法》的规定，香港特别行政区的管制权并不完全属于香港特别行政区，香港特别行政区的管制权分为两部分：一部分管制权是中央政府基于国家主权对香港特别行政区的管制权，这种管制权包括全国人大任命香港特别行政区行政长官，中央管理香港特别行政区的国防与外交，香港特别行政区法律制定需要报全国人大备案；另一部分管制权是基于《香港特别行政区基于基本法》享有的自治性管制权。因此，香港人认为，“港人治港”就是中央不要干涉香港特别行政区，其实这一看法是错误的。

所以说，从这个方面来看，如果没有很深厚的法律背景，是很难胜任这一社会公职的。当然，从另一更高的层面看，还是一个如何对待不同文明的问题，无论是“两制”还是文化教育，所体现出来的是在香港特别行政区我们应该如何调和好这不同文明的关系。在我看来，文明是多元的，我们应该尊重不同的文明的存在。

记：郝老师，作为一位法学家，请您对当代中国法治现状作一个评价？

郝：我的博士后论文《秩序与渐进——中国社会主义初级阶段依法治国研究报告》一文就是关于对当代中国法治现状的一个总结。在我看来，中国依法治国进程的特征是渐进的，秩序与渐进是中国社会主义初级阶段依法治国的主要特征，是保证依法治国这一伟大事业正常进行的关键。

中国的法治建设需要秩序。中国共产党是维持当今中国秩序的中流砥柱。坚持党的领导、人民当家作主和依法治国的有机统一，是中国依法治国成功与否的关键。其中最关键的是党的领导，这是依法治国方略正确实施的根本保证。首先，中国共产党不是一般的执政党，既是执政党更是领导党。共产党的领导地位是历史形成的，是人民的选择，明文载入宪法，绝不能动摇。共产党的执政地位不仅是历史的选择，也是现实的要求。苏联解体的经验告诉我们，没有共产党就没有新中国，没有共产党就没有人领导、管理中国。其次，无论是人民当家作主还是依法治国，都离不开中国共产党的领导。法律是党的政策的稳定化，党的政策是法律的灵魂。社会关系不成熟时先用政策去调整，调整成熟了就变成法律。立法离不开党的领导，司法也离不开党的领导。国家法律的实施，一方面需要各级党组织强有力的保证作用，另一方面需要党委的领导、支持、监督。

中国法治建设是一个渐进的过程，法治既是目标，更是过程。中国的依法治国只能在党的领导下走渐进的道路。当今进行的依法治国是初级阶段的依法治国，而不是中级阶段的更不是高级阶段的依法治国，只能一步一步地走。为什么要选择渐进的路径？一是因为国家经济发展水平还比较低，还不能够支付法治所需的全部经济成本。二是人民群众的文化水平有待提高。毛泽东同志说，没有文化的军队是愚蠢的军队，愚蠢的军队是不能战胜敌人的。可以说，没有文化的民族是愚蠢的民族，而愚蠢的民族是不可能建设好法治的。很多法律非常专业化，别说没文化，就是有点文化的人，对那些专业性很强的法律也要费一番理解。要承认法治是有阶段的，必须一步一步走。三是我们正处在一个社会变革、转型的时期。变革的社会有一个特点，就是社会关系很不稳定。法律不是万能的，法律只能调整稳定的社会关系，不能调整不稳定的社会关系。在改革进程中，很多措施是以冲破不合时宜的法律规定为特征的。能不能先修改法律再改革？不可能。改革是“摸着石头过河”，只有摸过去了才能制定法律。变革时期的法治受外在条件约束。经济发展水平、文化发展水平、社会变革的急变性都会影响法治的发展速度。因此，中国的法治建设只能在党的领导下有秩序、有步骤、渐进地进行。

中国的法律还处于社会主义初级阶段。中国5000多年的历史传统，是我们走向法治国家的过程中必须面对的问题；人口众多，地域差别大。另外，中国现在面临的是一个双重转型的过程，不仅是由农业社会转向工业社会，而且还是由计划经济向市场经济转变的过程；这些因素注定中国法治化的进程是非常艰辛的。

我引用19世纪英国现实主义作家狄更斯的《双城记》的开篇来形容当代转型时期中国的现状：“这是一个最好的时代，这是一个最坏的时代；这是一个智慧的年代，这是一个愚蠢的年代；这是一个光明的季节，这是一个黑暗的季节；这是希望之春，这是失望之冬；人们面前应有尽有，人们面前一无所有；人们正踏上天堂之路，人们正走向地狱之门。”这个就是我们时代的特征。我国目前法治建设是压力与动力并在，机遇与挑战并存，我们要把握好现状。

记：郝老师，您从法学家的角度，您对于我们年青一辈的学生有什么建议？

郝：首先，作为年轻的学生，应该有一个良好的人生态度。我们作为一个人，在事业上和学术上都差不多，但是前提是都有一个良好的人生态度。例如，我在华政担任副院长期间，何勤华老师担任院长，王立民老师担任副院长，在学校的领导机构中，能有 3 个法律史专业的老师进入校领导班子，很多人看来很偶然。但是，在我看来这是必然的结果。因为在改革开放初期，很多人都忙于做律师，而我们法制史教研室的老师相对来说比较平和，能够静得下心来做学问，因此科研成果就明显很多。在一个学校，科研成果多的话担任校领导的机会就多，所以就有 3 个法律史老师进校领导班子的情况。因此，在我看来，一个人事业上的成就有多高，必须要有一个良好的心态，这个人生态度就是我们如何看待生命、金钱、荣誉、生活等。

其次，年轻人应该处理好激情与理性的关系。激情就是鼓励年轻人创新，而理性是要求年轻人正确看待西方的法律文化和中国传统的法律资源。我年轻的时候也写过一本书《儒家思想与当代中国法治》，我当时认为“现代化”就是“政治市场化、经济市场化和思想市场化”。当时我写这本书的时候充满了激情，但是后来想想，曾经的激情确实对我影响很大。年轻人能不能顺利走过青年这一历程，能不能写出优秀的文章来，很关键的是能不能处理好激情与理性的关系。没有激情与冲动，甚至是一定的荒唐，那就不是年轻人了；除激情外，我们还必须要有理性，如果是理性不足，激情有余，可能会一失足成千古恨，年轻充满激情之时，还必须要有如中年人那样的沉稳。

最后，就是要处理好“博”与“约”之间的关系，读书要做到“博”，做研究要做到“约”。对于法学研究，我们一定要处理好“博”与“约”之间的关系，在同一个学科领域，我们应该做到“博”与“约”，如果我们研究刑法学的，就不能不知道刑事诉讼法的相关知识；研究民事诉讼法的，不能不知道民法学的相关知识；同时，我们也要关注相关学科之间的研究，我们研究法学，必须要关注政治学、宗教学、历史学、经济学和社会学等学科的发展。

（访谈记者：王思杰、李海有）

沈国明教授访谈录*

1952年出生，先后毕业于华东师范大学历史系和上海社会科学院研究生部。现任上海交通大学凯原法学院讲席教授，博士研究生导师。兼任中国法学会学术委员会委员、中国法学会法理学研究会副会长。曾任上海社会科学院法学研究所副所长、上海社会科学院副院长、上海市人大常委会法制工作委员会主任、上海市法学会会长、上海市社科联党组书记。2004年曾兼任华东政法大学法律史专业博士研究生导师。

著有《土地使用权研究》、《人权：虚幻与现实》（合著）、《渐进的法治》等，主编《二十一世纪中国社会科学·法学卷》《国外社会科学前沿》《世界经济改革潮》等。曾主持国家社科基金、上海市哲学基金项目多项。曾获国家人事部"有突出贡献的中青年专

---

* 原载何勤华主编：《中国法学家访谈录》（第4卷），北京大学出版社2013年版。收入本书时由沈国明教授作过部分修订。

家”称号，享受国务院政府特殊津贴。

记：以沈老师的年龄，您应该是“老三届”的知青，对您来说，是怎样的一段年少时光？您又是怎样进入大学校园的？

沈：我是1968届初中生，1966年我在上初一，那时学校停课了。1968年12月21日晚，新闻广播播放了毛泽东主席关于“知识青年到农村去，接受贫下中农的再教育，很有必要”的指示，“上山下乡”运动兴起了高潮。1969年3月，我便前往黑龙江下乡，成为一名下乡知青。我在黑龙江农场待了8年。在农场期间，我努力工作，当过农场的劳动模范，有幸被推荐为工农兵学员，进入华东师范大学（当时华东师范大学等五校合并成上海师范大学）学习，成为1976级学生。入校时“四人帮”已经粉碎，学校对教学抓得很紧，都是最好的老师给我们上课，在校期间，学术活动也很多，我们去听了一些全国性的学术会议，见到了很多学术名家。对于我来说，学习机会非常珍贵，所以，我学习很刻苦。1979年，国家出台了一项特殊政策——在校生成绩优秀可以报考研究生。我报了名，系里也出具了证明，我很幸运，考上了上海社会科学院国家与法的理论研究生，成了该院最早的一届研究生，同班同学37人，分布在19个专业。这批同学很优秀，很多成了学科翘楚。

记：大学时代您的学习状况如何？后来又为什么走上了学术之路？

沈：在大学里，我的成绩是比较好的。其实，我在下乡的8年中，也一直很注意学习，没有中断过。在校期间，看了不少法学专业的书，在迎考的几个月，可以说是我一生中读书最用功的时光，结果很幸运，我考上了。我在上海社会科学院师从潘念之先生，潘老被誉为法学、政治学领域的开拓者，有“北张(友渔)南潘(念之)”之称,《中国大百科全书·法学》的卷首篇就是这两位前辈执笔。潘念之是1924年的党员、老革命，我从他老人家身上学到的不仅是知识，还有人生的信念。潘老一生坎坷，又长期从事地下工作，他是真淡定，我辈无法企及。在老先生的追悼会上，潘老的儿子（北京外国语学院的教授）致答词，第一句话就是:“我不知道世界上还有谁像我们这样，不了解自己的父亲。”做这样的革命前辈的学生，是我一生的幸运，不仅学到知识，也经历了精神洗礼。法学所对研究生培养很认真，我们每个学生都有一个带教老师组成的指导小组，负责我的有何海晏、齐乃宽、浦增元。他们都是很严谨的学者，对我也很关心，给予我很多教育和指导。

记：在您的专业领域内，您有什么基本的观点？

沈：我提出过，法理学研究要注意多运用归纳法，不能仅停留在对中西方各种经典的演绎上。社会生活丰富多彩，法治实践也在快速进步，需要法理学了解现实，深入社会生活实际，对各种法学现象加以归纳，提出和丰富适合中国实际的概念和理论，与时俱进，形成中国特色的法理学。如果脱离实际地开展对话，往往同一个概念，各自所述的含义差异很大。

我们有了法治中国的总目标，还应该有一些阶段性的目标，而后一步一步地去实现。1995年党中央将“到2010年形成社会主义法律体系”作为法治建设的目标，经过15年的持续努力，这个目标最终实现了。接着，又提出建设中国特色社会主义法治体系，到2035年要基本实现这个目标，这样的做法，有利于大家齐心协力，一步一步接近总目标。法治体系5个子体系，涵盖了法治建设的方方面面，每个人都可以从中找到自己的工作目标。

从完善法治规范体系角度讲，主要是在重视立法的同时，进一步提高法律的有效性。现在，无法可依的问题基本解决了，在赋予设区的市地方立法权之后，地方立法主体大大增加，各地立法的积极性也很高。但是，很多法规在现实生活中并没有产生预期的作用，所以，在法律体系形成后，提高立法质量仍是一项重要的工作，要在条文的可执行性、可操作性上下功夫。

社会治理必须目标适当、方法适当。社会是五彩斑斓的，不可能非黑即白，更不可能纯而又纯，不良现象不可能被全部清除。有的地方对社会治理的要求是实现“无犯罪”等“几无”，我认为是脱离实际的。我国是发展中国家，还处于社会主义初级阶段，物质没有丰富到可以满足所有的需求，各项制度也没有完善到无懈可击，社会成员觉悟也没高到可以让犯罪消失。实践一再告诫我们，凡有约束性指标，就很容易出现造假。经济领域是这样，法治和社会治理领域也是这样。管理学上有一个重要的原则，也适合于法学，那就是“‘最好’往往是‘好’的敌人”。我们在社会治理上，应当以“可控”作为工作目标，这是比较实际的。

关于法治文化，我们要多花气力加以研究。中华传统文化博大精深，而且，具有与时俱进的特点，能根据世事变迁而变通，实现中华文明的延续。走中国式法治现代化道路，不可能摆脱中华传统文化的影响。要汲取传统法律文化精华，必须对传统文化有全面的认识，认清中国法治建设的土壤和基础。法家强调法治，只是在诸多治国理政工具中，强调法律的作用，与我们强调制约公权力、实行社会主义民主、实现国家治理能力和治理水平现代化不是一回事。推崇法家的，也未必真的重视法律。传统文化深刻地影响法治现代化道路的行进。法治受经济发展的影响，也受传统文化的影响，两者相比较，传统文化产生的影响更持久。在法治建设中，深受传统文化浸润的社会成员自身也应当得到提升和改造。

传统文化的影响很值得研究。中东地区因群体性事件频发导致社会矛盾发生质变的事例有数起，而且都发生在共和制国家，那些君主制国家反而没事。这提示我们，要关注共和制适合生存的土壤。在研究中有了文化维度，可以帮助我们将很多事情看得更清楚些。依法治国与以德治国两手抓，源于我们认识到传统文化的价值，认识到为法治生存和发展提供合适土壤的重要性。好比中医治病，用扶正祛邪的调理方法，不仅治标，而且治本。

记：那么较之于国外的法理学研究，他们有什么差异？

沈：我认为，我们中国的法理学还需进一步成熟，目前的理论还不能完全解释和说明中国的事情。没有对国情的深入理解很难形成适应国情、符合现实需要的法学理论，也难以制定出适合社会运行状态的法律。

法条本身的科学性和它能被大家接受的程度是成正比的。举例说，各地对区域协同立法研究不少。区域协同立法是为了区域协同发展，这势必牵涉利益分配或者利益调整，现在对区域协同立法的研究，基本不涉及利益分配和调整问题，所以，虽然看上去大家很重视，但实际停留在纸面上的东西相对多，在现实中真正起到的协调作用很有限。立法的科学性，在这时表现为要形成利益协调的机制。明白这个道理，可以帮助我们认清社会现实的严峻，缩短现实与法律之间的距离。

中华文化之所以得以传承，延续至今，而没有像其他几个古文明那样被历史湮没，其重要原因在于中华文化与时俱进，能根据实际情况进行变通。法治要求恪守规则，而面对各种危机和挑战，帝王、士大夫往往用变通规则来应对。对这种现象的确不能用线性思维来看待，不能绝对化、简单化。

记：是什么促使您没有走纯粹的学术道路？

沈：20 世纪 80 年代初，改革重心已经由农村进入城市，改革开放和经济社会发展中许许多多的问题需要法学回应。可是，法理学的研讨主要集中在法的基本属性、法律面前人人平等的几个有限的话题。1988 年，在长春举行了法学基本范畴研讨会，这次会议对于法理学的发展产生了深远影响，法理学研究的视野拓宽了，提出的命题也有了与实践更紧密的联系。当年，我还参加了在深圳举行的“中国城市土地制度改革研讨会”，土地制度改革急需法律的支持，于是，我参与了土地批租最初的一些研究，还承担了一个国家项目。1992 年，中央决定开发开放浦东，浦东改革带动了上海的改革，我参与了上海法治建设的一些工作，特别是参与了上海第十个五年规划中法治建设规划制定工作。这样很自然地走出书斋，比较多地关注经济社会发展。

记：在司法实务方面，沈老师有什么话要讲？

沈：“案多人少”对司法工作质量有一定影响。以上海为例，2021 年，上海全市诉讼案件 88 万多件，全市的法官队伍仅几千人。每名法官承受的工作压力很大，超负荷工作对案件质量会产生一定负面影响。法官素质也会对司法造成影响。法院的判决实际在引领社会风尚和价值观的确立，特别是在信息发达的当下，而不当说辞造成的后果十分严重。所以，法律人要对社会现实有深刻的理解，才能发挥助推法治前进的作用。实行员额制，方向是对的，但是，还有很多具体问题需要逐个解决。提高司法人员各方面素质特别是业务素质，将是一项长期的工作。

记：现在有人讲中国社会正处于最浮躁的阶段，作为一名关注社会现实的学者，您有何见解？

沈：在学术界，存在浮躁的现象，很多单位和个人都想快出成果，快出人才，年轻人想早日成名成家，这都是可以理解的，但是，不能急功近利。我们的学术规范和评价制度在一定程度上似乎助长了这样的风气。我们期盼出传世之作和学术大家。但是，我们的考评制度下，基本上不会允许一个人二十几年不出成果，只埋头专注于一项研究。出台这样的评价制度在一定意义上也是出于无奈，因为事实上很多人不是出于兴趣和爱好来从事研究的，没有考核制度，各单位可能都会“养懒汉”。

但是，如果都严格按照量化标准来考核的话，年轻人、有研究潜力的人、从事长期专项研究的人比较吃亏。上海财经大学黄天华老师花 30 年时间写成了《中国财政制度史》，其间，困难重重，有时连复印资料的经费都没有，是校领导个人掏钱帮助的。

记：既然如此，沈老师对学术界有什么期望？对年青一代又有什么要求呢？

沈：我一直关注法治建设进程，我很认同习近平总书记提出的，“不提不切实际的口号，不提超越阶段的目标，不做不切实际的事情”。历史上留给我们的教训很深刻。在法治建设中，要力戒形式主义，要扎根现实，提高法律的有效性。作为学者，我们应当身体力行。我们可能会相对早一些接触各种新观念、新理论，但是，在引入时，一定要考虑接受的基础，要多顾及法治实施的效果。在这方面，法学界还有提升的空间。上海应该做得更好些，因为海派文化向来看重实际，与外来文化接触得早、接触得多，易于实现中西交融。所以，上海的法治工作应该做得更好些。

另外，要营造更好的学术环境。形成“百家争鸣、百花齐放”的学术氛围，鼓励学者发表真知灼见，竞相争鸣。对年青一代，我谈谈自己的体会：第一，是要抓紧时间，人生如白驹过隙，虽然人生道路漫长，但读书的黄金时间只有那么几年；第二，要了解中国，了解社会现实，了解法治进程中的社会原生态。与社会接触的多与少，决定了研究成果的生命力；第三，名利要看淡一些，做学术的人本不应把这些看得太重，过眼云烟转瞬去，却看身后留何名？多做事，把事情做好才是学者的本分。

记：说到书籍，老师能向我们推荐一些吗？

沈：开卷有益，多读书总是不错的。但是，我建议也要读些经典，那是经典作家经过多少年思考、咀嚼和反复锤炼的好东西，会对我们产生长久的影响。举例说，在学习国家理论时，精读过恩格斯的《家庭私有制和国家起源》、列宁的《国家与革命》、摩尔根的《古代社会》、梅因的《古代法》，对我一辈子有很大影响。文化“快餐式”的书有作用，但与读经典得到的精神营养不一样。

记：没有其他问题了，再次感谢沈老师在百忙中接受我们的采访。

沈：不用客气，欢迎你们常到上海市社会科学界联合会来……

临别时，沈老师向记者赠送了他的书法作品“只要主义真”！

（访谈记者：方　砚）

李秀清教授访谈录*

1966年生，浙江临海人，法学博士。现任华东政法大学教授、博士研究生导师，兼任全国外国法制史研究会副会长、中国法学会比较法学研究会常务副会长。英国牛津大学法律系访问学者和美国密歇根大学法学院富布赖特研究学者。曾任《华东政法大学学报》主编、华东政法大学法律学院院长。主要从事法律史、比较法的研究。

著有《日耳曼法研究》《中法西绎:〈中国丛报〉与十九世纪西方人的中国法律观》《所谓宪政》《所谓司法》等著作。在《中国社会科学》《法学研究》等期刊发表论文50余篇。曾获上海市哲学社会科学著作一等奖及上海市“优秀中青年法学家”荣誉称号。2011年荣获第六届“全国十大杰出青年法学家”荣誉称号，2018年入

* 原载何勤华主编:《中国法学家访谈录》(第10卷)，北京大学出版社2014年版。

选国家“万人计划”社科领军人才，2022年入选“长江学者奖励计划”特聘教授。

尽管与李秀清教授早已熟识，但访谈的过程依然能感受到几分震颤。性格决定命运，从17岁进入华政的那一刻起，李秀清教授的人生道路便开启了崭新的一扇门，7年间求学的快乐，辗转去日本的艰辛，转入法律史后的打拼……环境改变着李秀清教授的性格，而性格则决定了她今日的成功，在这个校园里，李秀清教授付出了太多，也得到了本应属于她的收获：学位与荣誉，还有友谊与爱情。

美丽校园　七年求学

“大学期间，跟我关系好的同学很多，参加体育活动，再后来跟男朋友交往，使我在研究生期间，恢复了原来的性格。我觉得，性格对一个人生活的幸福，事业的进步都有很大影响。”

记者（以下简称记）：李老师，您好，我们从您入学的时候开始聊吧，您那个时候为什么会选择来华政读法律？

李秀清（以下简称李）：我们那一代的学生可能都有一个问题，对浙江人来说，一般不会走得太远，所以上海肯定是首选。我的分数复旦大学可能进不去，上海财经大学和我们学校的分数差不多，但我的脑子里根本没有想过去考一个和财经有关的什么专业，于是就选择了华政。当时还有一个很偶然的因素，我们高中当时的教务处处长席老师的哥哥在华政当教授，就是我们原来宪法的席祖德老师。当时他说，上海有一个华政，我的这个分数可以考虑，于是我就进来了。其实那个时候法律系并不热门，文科比较热门的系还是传统的哲学、文学、历史等。但是，当时我们的目标就是要考进大学，至于读什么专业好像没有考虑太多。

记：您是 1983 年入学的，当时的华政和现在有什么不一样的地方？

李：当时的华政和现在差别很大，我们当时一个年级也就 400 多人，那个时候学校只有法律系，而且还没有完整的图书馆，图书只能借用现在的食堂。现在的这个图书馆那时已经开始兴建，但是还没有使用。此外，那个时候韬奋楼还是被卫校占着，学校还需要在帐篷里办公，可以说，现在的硬件变化很大。

记：您对当时的老师有什么印象？

李：当时的我，只是一个本科生，与专业老师的交流并不多，再加上那时候我从乡下过来，不大习惯跟人交流，也不是那种活跃的学生。只知道任课老师和班主任，当时法理的张善恭老师担任我的班主任。我觉得大学里设班主任的机制是很好的，班主任也由专业的老师担任，老师与学生的联系很密切。这个机制对本科，特别是本科一年级和本科二年级同学的影响很大。上课也都是小班教学，所以老师与学生之间的关系肯定比现在密切。但可惜的是，这个机制现在是没有了，现在的老师都记不住每个学生是谁，只能跟几个比较活跃的学生进行沟通。

记：有哪些老师给您印象比较深？

李：在本科期间，印象比较深的老师有法理的张善恭老师，现在遇到时，张老师还直接喊我“丫头”，还有我们的辅导员，现在讲授刑事诉讼法的王俊民老师，他当时刚刚留校。特别要说的一点是，当时我们 1983 级进来的时候，恰逢 1979 级第一届毕业生开始留校，像周伟文老师等一批年轻教师都给我们上过课，师生之间的关系很密切。在本科三年级时，张驰老师也当过我们的班主任，他是1980级留下来的，是兼职的班主任，所以我觉得当时的班主任制度很好。现在尽管也有导师制，但是导师与学生之间的关系却没有那么密切。

记：当时的学科体系是什么样子的?

李：科目体系，我现在也不太记得了。只记得应该是没有太大的变化，从基础课开始，法理、中国法制史、外国法制史、罗马法等，跟现在的课几乎都差不多，现在变化大的可能就是民法的课是越来越多了，我们那时候只有“民法”“民法总论”“民法分则”的课程，老师是吕淑琴，她的课上得很好。杨兴培老师给我们上过刑法，当时给我的印象也很深。

记：当时同学们之间的关系怎么样?

李：同学们的关系也十分密切，我在40号楼住了两年，当时的那间宿舍也正好就在40号楼三楼，也就是现在我们专业老师的工作室。正是这个原因，在当时分配工作室的时候，我专门选择了当时我们宿舍所在的那一间，也就是现在的308房间。当时本科一年级、二年级都住在40号楼，我们女同学住在三楼，男同学住在二楼，所以男女同学之间的关系也很密切，而且可以互相串门。那时学生的业余活动很单一，要么看电视，要么跳舞，要么看电影。当时40号楼一幢楼只有一台电视放在走廊里，一般大家都是星期六吃完晚饭，就搬着小凳子挤在那里，就像以前乡下放露天电影。那时候有一点好处，每周末都有舞会，是条件很简陋的一种舞会，之前在教室里，后来就在体育馆楼上。那时候班级的概念是很强的，大家也比较单纯，没有太多担忧的东西，毕业后没有工作的担忧，所以不会总是想着毕业以后会是什么情形，当时读书也不像现在同学们还要求计算机、英语之类，那时候我们读书就是按部就班地上课就可以了。

记：本科时还有哪些让您印象特别深的片段？

李：有几件事情，第一件事情是，1985年，我们学校开始分系，原来只有一个法律系。读到本科二年级的时候要分成4个系，有法律系、经济法系、国际法系、犯罪学系，即后来的刑事司法，这件事情对以后的生活都产生了一定的影响，因为以前读书都是按部就班，到这个时候要有一个选择专业的意识。当时我们什么都不懂，都是老师说要报名。也不知道经济法要干什么，国际法要干什么，我就是随大流选择留在了法律系。第二件事情是，那时候老师对同学真的很好，大部分老教师也住在校园里，所以老师会把学生当作自己的孩子一样，逢年过节，老师会到宿舍看望同学们，尤其是对外地的同学。

记：一直听说那时您的体育特别好？

李：在读本科时，印象比较深的事情是运动会。当时学校没有自己的操场，所以开运动会都是租华东师范大学的操场。那时候从我们学校的后面，穿过铁轨就到华东师范大学。因为我体育很好，所以每次运动会的时候肯定是很踊跃，我那时的特长是短跑，60米我拿过冠军。那时候的规定很奇怪，有的项目规定哪些班级必须有多少人参加，因为我体育比较好，所以每次都是哪里人不够了就拉我过去凑。我印象中还扔过铅球，好像还拿了学校第六名，还有跳远、跳高，连三级跳远我也跳过，反正就是哪里人不够了，我就去补人数。

记：您那一代学生的体质肯定比我们现在要好很多。

李：是的，我印象中大家都在运动，而且当时大家的精力那么旺盛，如果不运动就没事干了。当时书也不多，很多教材都没有正式出版，就那么点东西。所以说物质条件，硬件发达了以后也未必是一件好事，很多东西并不是信息越多就是好事。我曾经看到过一篇文章，每个人脑中的信息都是有限的，人们对于信息必须要有所鉴别，很多事情知道了无非是去猎奇，没有什么好处。

记：其他还有什么事情让您印象比较深？

李：还有一件事情我必须要提，那就是我的丈夫，我们是同班同学。说来也巧，我到大学校园里看到的第一个人也是他，我从浙江乡下到上海要乘船，所以我提早了一天到。那时候学校会有一些同学先来做一些预备的事情，我丈夫是上海人，而且因为他原来工作过，年龄也大一点，所以就理所当然地先到学校来迎接新同学。那时候我的哥哥送我过来，我们在校门口就看到他，他正在校门口迎接新生。

记：1987年，您本科毕业，为什么会选择去考研究生？

李：其实我原本没有想过要去考研究生，那时候只是想着毕业回浙江。那时候的考研究生和现在也不一样，读了研究生就意味着要走上学术的道路，读研并不是我最初的选择。但是大三的时候情况发生了变化，我的个人问题来了。我那时的男朋友，也就是现在的丈夫，一直对我很好，但是我一直在想自己是要回浙江的，并未对此多加考虑。那时候女同学很吃香的，一个班级50个人，女同学就10多个，所以女生被追的也很多。大三的时候，我定好了要在大四上半学期的9月到嘉兴中院去实习，但在这个时候，我和他之间的关系变得很微妙，我们决定要建立恋爱关系。这样我的压力就很大了，因为他是上海人，虽然他不介意随我到浙江去，但当时上海比浙江的条件要好很多，我觉得不能让自己欠他什么，而当时要留在上海，唯一的可能就是考研究生，所以我才决定要考研，这样至少我已经努力过了，也算是对他有一个交代。

我们是1月考研究生的，当时我考研究生的有利条件就是，我男朋友也和我一起考，他喜欢做研究，我考研究生就是把他准备好的东西背一背，也没有什么自己的想法。他报刑法，我也跟着报刑法，因为我的背功比较好，所以许多门课我居然考得比他还好。

记：您那时候考的是刑法，为什么后来却进入了宪法与行政法专业？

李：因为当时我们两个人都上了线，一个年级就招 29 个人，刑法招 7 个，我的成绩在刑法考生中并不冒尖。当时苏惠渔老师对我的男朋友说，如果你们两个人都读刑法专业挺无聊的，刚好那一年宪法没有招满，宪法金永健老师也愿意接收我，就这样，为了不在一个专业读下去，我转到了宪法专业。

记：那您当时对宪法有概念吗？

李：没有什么概念。当时我们宪法一个年级就两个研究生，上课时有时候就是金永健老师、孔令望老师和俞子清老师这 3 位老师对着我们两个学生上课，而且 20 世纪 80 年代末期，宪法课也不那么好上，我的感觉就是我这 3 年中基本没有好好读书。

记：学业没太上进，那课余时间您主要做了哪些事情？

李：我最多的时间就是在玩，我没有现在的学生读书那么认真，也不会花太多的精力在学习上，更不会被逼着写论文。当然，也有个别同学花很多的精力在英语上，但主要为了出国，或为了考博士。我的生活状态可能与我个人性格也有关系。我的性格也比较被动，我真不是自己要去考研究生才考上的。

记：但现在如果回想起那时的时光，也许会觉得无忧无虑地去玩，也不是什么坏事。

李：虽然我也觉得不一定是什么坏事，但是我现在很后悔，至少该用在学习上的时间我没有用到。我的性格在那一段时间里确实发生了很大的变化，在本科一年级、二年级的时候，我几乎不大说话，甚至一个人连校门都不敢出，这与我从小在乡下长大，没见过世面，有一定的关系。在我考大学的前一个月，我的妈妈去世了，这对我的性格有很大的影响。我从小很开朗，因为我在家中是老小，也一直被宠着，但我从来没想过，我妈妈才60岁就突然病逝了，一直到了大三以后，我才慢慢地调整过来。大学期间，跟我关系好的同学很多，参加体育活动，再后来跟男朋友交往，使我在研究生期间，恢复了原来的性格。我觉得，性格对一个人生活的幸福，事业的进步都有很大影响。我本科到研究生期间变化很大，大一、大二其实不是真正的我，所以有时候本科同学看到我现在这个样子，都会问我你怎么变了呢。其实我并没有变，我本来就应该是这种样子。

记：您出生在20世纪60年代，一个普遍的现象是，在您的本科和研究生的时代，一批20世纪50年代的青年学者已经开始在学术等各个领域崭露头角了，在您的记忆里，早期的本科和研究生时，您与他们是否有接触，对您又有什么帮助？

李：本科期间，我和他们的接触很少。因为我的性格并不是那种很主动的。但是一进校，给我们印象比较深的一件事情就是曹建明老师作报告。当时曹老师已经是一个全国性的模范人物，我们这一届听过很多次他的报告，大家对他有一种高山仰止的感觉。我们大家都住在一幢楼，上下几届很熟悉。而且当时每届还都有像北京大学等名校来考我们学校的研究生，这种不同背景、不同地域之间学生的交流是非常重要的。现在的博士研究生与硕士研究生，高年级与低年级之间也一定要做好交流和沟通，做好传帮带工作，一定要彼此之间多交流。读书，读学位，其实都不是考出来的，而是“熏出来”的，在这样一个环境中，慢慢吸收很多人的优点，这样才能成长。

辗转回校　法史机缘

“（在日本）当时很艰苦，我一边打工，一边还要自己读书，日语就是我完全自学的，当时我带着磁带，一有空就听，选择电焊工，是因为电焊工是不需要说话的，做得最多的是在拉面厂拿面条，就是大家很熟悉的味千拉面，还当过服务员，卖过盒饭……现在回过头有时候想想觉得很苦，但这都是我成长的收获。对我成长影响最大的，就是在日本的这段日子。”

记：您毕业以后即选择了留校，当时您有没有想到过别的工作，还是一切听从分配？

李：我一直是很被动地做一些事情，在 1989 年之前，硕士留校不是一个好的工作，因为外面有很多选择的机会。但是 1990 年时，如果能留校，那就非常好了，而且我本身性格就是随遇而安的，而当时学校的师资确实很缺，所以我就留了下来。

记：那时的宪法教研室是个什么样的情况？

李：当时的宪法教研室还是比较强的，除刚才提到的 3 位教授，年轻的还有孙潮老师等一批前面几届我们学校培养的硕士，那时候宪法教研室和社会学的也都在一起，社会学也有一批年轻的骨干，比如说李建勇老师、易益典老师等，人数也不少，但相对而言，20 多岁的人比较少，我和同学付思明是最年轻的。

记：当时您是 1990 年留下来的，您在教研室里待了多长时间，后来为什么要选择出国？

李：我从 1990 年 7 月到 1993 年 10 月在教研室，当时学校还规定所有的留校老师还要兼职当班主任，我当 1989 级 8905 班的班主任当了半年多。1992 年是我的一段过渡期，因为我怀孕了，还要照顾家里。1993 年 3 月，我女儿出生，两个月后，我丈夫要去日本，他抛不开那种对学术的追求，想去日本读博士。去日本之前，他在上海的美国庄臣公司工作，就工资收入来说，我每个月只有 165 元，而他已经有 2000 多元了。他想去日本读博士，但到了日本才知道，博士学位特别难拿，很多老师在那边读了五六年都没有拿到学位。日本的经济压力特别大，如果一边打工，一边学习，那肯定是学不好的。他去了以后，他帮我以妻子身份好不容易弄到了一个签证。虽然我并不想去，因为当时我的女儿太小，还在哺乳期，但当时拿到一个签证不去又太可惜，我婆婆也支持我去，说孙女由她来照顾。我这样才来到日本，去了之后确实很辛苦，到了那边一句话我都不会说，不得不一边工作一边开始学日语。

记：过去听您说过，您曾经当过 3 个月的电焊工。

李：当时很艰苦，我一边打工，一边还要自己读书。日语就是我完全自学的，当时我带着磁带，一有空就听。选择电焊工，是因为电焊工不需要说话，做得最多的是在拉面厂拉面条，就是大家很熟悉的味千拉面，还当过服务员，卖过盒饭。其实从法律上说，我是不符合打工的身份的，因为家属的身份是不能打工的，当时我的身份写成中文叫“家族滞在”，但是当时留学生都是和我一样的情况。我爱人在日本也是一边读书一边打工，他刚进去的时候叫研究生，相当于访问学者，没有正式入籍，在研究生读完之后，再读的硕士生，写成中文叫“修士”。

记：这段生活对您的影响应该是非常大的。

李：现在有时候回过头想想觉得很苦，但这都是我成长的收获。对我成长影响最大的，应该就是日本的这段日子。在日本一年多时间，让我有了一种担当、独立的意识。因为我丈夫自己本身也很辛苦，不能一切都依靠他，所以在那边生活，包括找工作，都需要很大的勇气。那时我的日语刚刚会说一点，就要拿着书去打电话，这就需要我克服原来那种害羞的性格。

记：您当时回来是因为什么原因？

李：当时我回来的原因有很多，其中有两个最重要的原因。一个原因是想我女儿了，有一段时间我都觉得自己快崩溃了，那时中国还没有超市，我在日本的超市里看到小孩推着小推车在超市里面跑来跑去，我听到小孩子“咿咿呀呀”的声音，就会觉得很伤心，甚至会不由自主地跟着小孩走。另一个原因就是我丈夫本来想去读博士，但是到了那边才发现他所在的这个大学竟然不能招博士，必须从硕士开始读，而且当时中国人去得很多，奖学金也不是很好拿。这样一想，有点遥遥无期的感觉，所以及时作出了回国的决定。其实现在我们很庆幸回来了。因为在那边真的待下去以后，换一个学校，拿到一个博士学位，不一定是现在这个样子。对我来说，我可能就会变成一个家庭主妇了。

记：现在想想，这段岁月真的是一笔财富。

李：前年的时候，我和我丈夫还特地去了一趟熊本。虽然之前我们也去过日本，但是一直没有勇气去熊本，因为那个地方给我们留下的回忆是最底层、最辛苦的部分，去以后我们就找当时我们曾经住过哪里，在哪个地方买菜，很多角落我们都特意过去一下。

记：您后来为什么又回到了华政？

李：我从日本回来之后，因为之前和同事们的关系都很好，所以先回教研室去看望他们。那时候孙潮老师当系主任，郝铁川老师当书记，他们都对我比较了解，因为我性格上比较随和，学术上大家也都不怎么写东西，再加上那个时候学校正好也缺人。虽然也去公司面试过，但我发现那里并没有我喜欢的感觉。我刚回来时，女儿都不愿意叫我，所以我回来以后一直住在婆婆家，整天带她去长风公园玩，和女儿培养感情，所以在家待了几个月，也没有刻意地去外面寻找工作。

记：对您来说，回到华政有一种归属感。

李：我觉得当时也是个契机，如果在日本再待一段时间回学校，学校教研室如果名额已满，他们也不一定要我了。但回来后，我却发现宪法教研室因为殷啸虎老师的到来已经满了，而刚好外国法制史教研室缺一个人，那时的外国法制史教研室自周伟文老师之后就没有人了。孙潮老师和郝铁川老师把我的情况跟徐轶民老师和何勤华老师说了一下，他们说愿意接收，我就这样进入了外国法制史教研室。当时我的感觉是一下子就懵掉了，外国法制史？我从来就没怎么接触过，我总是觉得自己是宪法出身，心里还有些不安。但我丈夫已经在外面找到了非常不错的工作，他很忙，所以也希望我回到学校，还能照顾一下孩子，这样生活能安定一点。就这样，我就误打误撞地进入了外国法制史教研室。

记：当时的外国法制史教研室的情况是什么样子的？

李：当时，法制史教研室都是在一起的，在东风楼一进去的角落里，当时王召棠老师、徐轶民老师、陈鹏生老师都还没有退休，中国法制史的老教师们也都在。我 1995 年回来时，何勤华老师刚刚当上副院长，徐老师他们本来基础打得就很好，何老师又那么执着。整个外国法制史在各方面的项目开始启动，最开始就是跟何老师做现在的统编教材，然后再写“法律发达史”系列。我在日本学到的日语也派上了用场，回国的时候我日语的口语还蛮好的，看看文本问题也不是很大，在写教材时，特别是日本法的这一部分这就派上了用场。日本法的这一部分与之前的外国法制史教材相比可以说是有了全新的变化，我几乎全都是参考的日文资料。从那个时候起，我逐渐开始踏上了学术的道路。

记：统编教材的影响很大，当时是什么情形？

李：该项目的启动是1996年开始的，我到现在还清楚地记得：因为当时这套教材是司法部的统编教材，王人博老师、方立新老师、郑祝君老师等都来到上海，司法部还来了一个姓沈的负责老师，我们开了一个会，我还带他们去了外滩。我还记得当时我和王人博老师等站在外滩的时候，王老师说："上海好是好，但是我不属于这个地方。"我对这句话印象很深。

记：1996年以后，徐轶民老师、王召棠老师就基本上已经慢慢准备退休了，当时的教研室又有什么变化，您当时主要做了什么？

李：我刚回来时，跟着何老师听了他给本科生上的一个学期的课，也跟着徐老师听了他给研究生上的一个学期的课。两个老师的课我完整地听了一遍。这两门课对我当时在外国法制史的起步方面很有帮助，因为那时并不像现在有那么多的资料。

记：您是哪一年开始给本科生上课的？

李：在听完何老师和徐老师一个学期的课后，就开始给本科生上课了。但刚开始自己的水平还很有限，能把这个场面应付下来就不错了。随着自己的积累，我的课才越上越好，上课是一个综合实力的体现，并不只是文字上的东西。

记：后来您就开始做"法律发达史"方面的工作，那套书的影响应该很大。

李：是的，后来就是法律发达史的撰写工作，其实我一直没有问过何老师，但是有一点，我写的统编教材中的日本部分何老师肯定是满意的，所以才可能让我跟着做很多事情，先是做《日本法律发达史》，在做这本书时我是蛮投入的，参考的几乎全部是日文的资料。

事业荣誉　情定华政

“这么多年，我一直能在这个学校，无非是受到两个因素影响，一方面是对这个校区的感情太深了，万航渡路1575号，我从17岁就到了这里，走在这个校园里我有一种归属感，这个是很重要的原因。另一方面就是我们法律史的年轻老师和学生我觉得也离不开他们，我还希望在这样的一个团体中发挥一定的作用，所以我特别不能忍受一些有损于我们这个团体的不好的言行。”

记：2001年，华政的法律史有了第一批博士，您也就顺理成章地成为他们中的一员？

李：我在博士论文后记里面说的都是真心话，在回顾的时候一直觉得自己很幸运。仅是从这个博士点的建设来说，当时我们法律史申请博士点的资料，大部分是我在何老师的指导下填写的。我从1997年以后就没有真正地休息过，一直在忙这样那样的事。申请博士点的时候，当时的环境比较微妙，那时候盛传可能要与上海交通大学合并，各种事情很多，何老师的压力也很大。博士点申请下来后，在高校读博士已经是大势所趋。从家庭等方面考虑，我又不大愿意跑到北京去读。所以就决定要考何老师的博士。关于考博士，我是花了大力气的，因为一般来说，我们第一年招博士只能招一个，所以我当时给自己规定一定要考第一名。当时正在与上海交通大学商谈合并不合并的时期，交大答应拨了我们50个博士名额，所以那一年我们专业才会有15个名额，而我最终也如愿考到了第一名。

记：当时您读博士时，您要一边读博士，还要继续做没有做完的一些课题。

李：那个时候就很累了，尤其是 2000~2004 年，我不断地承接着各种课题。2000 年，我们启动了“外国法与中国法”项目，何老师最初是想招一批人来写，以主编的形式，按照年代来分。当时去湘潭开年会，我主动跟何老师讲，能不能以专题的形式只有我和何老师两个人。何老师觉得这个建议很好，所以这样就定下来。当时初定何老师只写开头和结尾，当中全部由我来写。从那时开始，我几乎没日没夜地到上海图书馆找资料，还出了个《民国法学论文精粹》——与这个课题有关的副产品。那个时候的硕士也非常得力，如王沛、陈颐、冷霞，而且那个时候都是无偿劳动，法律出版社能将这些书出版就已经非常不错了。在拥有这么多资料的基础上，我顺利地写完宪法、民商法、刑法三部分，但是写到司法制度、国际法时就已经没有时间了。如果我再不写博士论文就来不及了。现在想想，正是因为这本书让我对研究的要求、视野提高了。从此以后，我再也不认为随随便便编一本书是我想做的，我希望这一本书的每一个部分都是一篇独立的文章。如果不是《外国法与中国法》，后来的《日耳曼法研究》我可能也写不出来。

记：您的博士论文是《日耳曼法研究》，当时的一个比较有利的形势就是您在英国，能说说当时的情况吗？

李：那是因为定了《日耳曼法研究》的选题，我才去的英国。最初我的博士学位论文想写的是教会法，2002 年去澳大利亚悉尼大学法学院复印的都是教会法的资料。但 2002 年的秋季，情况发生了变化，第二届博士生进来了，商务印书馆的王兰萍编审在报到的时候，我去留学生楼与她聊天，她说彭小瑜的《教会法研究》一书已经准备由商务印书馆出版。我一个晚上没睡着觉，我觉得自己必须重新确定题目。在考虑了几天之后，我主动给何老师打了电话，我问刘晓雅当时选的日耳曼法研究还弄不弄了，何老师说刘晓雅已经放弃了，我就跟何老师说，我想选这个题目。当时我说这句话的时候，我心里一点底也没有，因为当时我什么资料也还没有找。后来，牛津大学的一个老师来参加校庆50周年，正好学校也有出国访学的一个名额，所以这样我就去了英国。

记：当时您去英国有什么不适应的地方？

李：因为之前有了去日本的经历，而且博士学位论文压着我，使我每时每刻都在想这个问题，所以我在英国一直很专注。当时我是和李桂林老师一起去的，因为他已经是博士后，所以他就比较轻松一点，他是我们学校引进的第一个博士后。我在牛津大学法律系的半年，将大部分时间都花在了博士学位论文的写作上，当时也是一个很大的锻炼。李桂林老师是不大喜欢玩的，但是我想这么好的一个地方，我怎么能不出去？所以我在星期一到星期五时非常用功地寻找资料，在星期五晚上我就开始上网查哪里好玩，周末就是在玩。牛津总共有39个学院，我想先把这39个学院走一遍，然后再到英国重要的地方看一看。比如说，伦敦、坎特伯雷等地我肯定要去。很多地方也都是我一个人去的。我先了解好去的路线，一个人背着双肩包，里面放着最简单的东西，一瓶水、一个苹果、一个面包、一台照相机。这个双肩包跟着我去了很多地方，我去过哪个国家，它就去过哪个国家。当时星期一至星期五我就拼命地找资料，翻译，我给自己的规定是每天编译5000字，所以回来的时候编了40多万字的有关资料，虽然最后也只用了十几万字，但这个过程使我收获很大。我在牛津待了半年多，2003年7月回来的。

记：有一个事情，您是很有发言权的。现在我们专业很多的博士研究生和硕士研究生，都会面对何老师的课题，这对大家都有很大的锻炼，这点是毫无疑问的。但是另一方面来说，如果没有这些课题，我们会有很多时间看很多的书，或者是扩展自己的视野。这样有时候大家就会很纠结，有时候书也看不好，课题也做不好，这两者之间怎么去掌握一个平衡？

李：这确实是一个矛盾，跟何老师做学科的课题对大家确实是一个锻炼，很多其他的点并没有这个机会。所以我的硕士研究生、博士研究生问我，我都会这样回答："如果你真的感兴趣，你就要参加。如果你真的参加，一定要尽力。"但是对博士同学来说，我觉得你可以参加，但是你必须要保证这个课题要在博士一年级完成，如果在博士二年级之后你还在忙一个与博士学位论文无关的课题，就没有时间来完成博士论文了。但是从另一个方面来说，假如你从来没有参加过课题这方面的训练，你一定要参加，因为这个课题的过程都是对你们的训练。所以我为什么逼着我的学生上课时提交自己的论文，因为这个过程是一个完整的学术训练过程，训练大家如何找资料、如何构思、如何行文规范。只有这样，才能应付其他的一些写作。关键还是要尽力，尽心尽力去做才会从课题中得到收获，否则就是拼拼凑凑，人家也不喜欢看，自己也觉得没有意思，就会很遗憾。

记：您回来之后不仅要面对艰苦的论文写作，行政职务上也有了一定的调整。

李：回来之后，我就成为《华东政法学院学报》的主编。当时学校要重新轮岗，我原来是科研处的副处长、学报副主编，那两个职务都是虚职，不需要我去做什么事情。但是，回来以后我就成了主编，也就忙碌起来。在我之前，学报主编是何老师挂名的，殷啸虎老师是常务副主编。我回来时殷老师去图书馆当了馆长，所以刚回国的时候我就开始编杂志。当时我对编杂志什么也不清楚，编辑部总共就 3 个人，我、余红老师和已经退休的郑茌老师这 3 位女同志，好在当时冷霞、王沛他们两个人轮流到编辑部值班，帮了我很大的忙。

记： 在您的主持下，学报这几年有了很大的发展，您觉得自己对学报作出了什么样的贡献，或者是自己得到了什么样的锻炼？

李： 这个要从两方面说，从我自己当学报主编后，学报确实发展了，有几个衡量的指标，包括学报进入了CSSCI核心。那个时候的我居然还不知道什么是CSSCI，我只是想把学报编好，后来，突然有人向我表示祝贺，我才反应过来这对我们学报来说是一个非常重要的突破。后来，学报被评为全国的最佳学报、上海的最佳学报、百强社科学报等，这些都是一些硬的指标。而从软的方面看，学报的学术声誉，也逐步提高了，从投稿量，人们对我们的认可，都可以感受到我们的进步。我希望在我当主编期间，学报是一个相对纯洁的环境，而且我办杂志是有底线的。虽然有的时候"人情稿"我们没有办法，但是我们绝对不会以牺牲学报的声誉去迎合，甚至会因此得罪领导和同事，我觉得时间长了大家也都会理解的。因为这是学校的一个学报，我的这个位置就决定了我要把学报做好，尽管我在学报办公室的时间不多，但每一期的稿子我必须要好好动脑子，也要审读的。

记： 我觉得，这个事情从某种意义上来说也是开拓自己的学术视野。

李： 是的，当主编对我自己的好处就是逼着自己要去了解所有的领域，并不只是局限于法律史。像刑法、民商法这些领域的文章，我都要花时间去浏览。尽管我没有很深入地去研究，但是我要知道现在大家都在关注些什么，而且我也要关注最新的立法动态。另外一个好处就是，在当主编的期间，我既要关注学术的问题，也要组织很多这个行业的朋友，包括法学系统的，学报系统的，也包括一些相应协会的。对于自己的一些实质性的好处可能就是，自己写出来的东西现在发出去比较容易，但是我不希望他们发我的文章也是因为这一原因。如果说我还是希望他们发我文章，是因为我是在搞研究，而且这些研究是我认真去做的。但是从另一个方面来说，当主编压力太大，尤其是稿源的压力太大。有时候我一打开自己的邮箱，有一连串的来稿信件。对于投稿的朋友来说有可能是跟我熟悉，投给我，好的稿子我看到也高兴。但是问题是每期杂志版面有限，我不可能照顾到方方面面，而且在这个过程中也拒绝了很多好的稿子。我的很多脑细胞都用在了怎么样婉转地去应对、去拒绝一些稿子，而且我又不愿意去伤任何人的心。我不能说哪篇稿子好，哪篇稿子不好，我只能说哪篇稿子适合我们的学报，哪篇稿子不适合我们的学报。一般的稿子我自己是不审的，由我们编辑去审，这样可以分担一些我的压力，让我能更超脱一些。

记：不仅是学报主编，这些年您还有一个重要的职务，就是全国外国法制史研究会秘书长，能说说这些年您当秘书长的感受吗？

李：我从 2000 年开始当的副秘书长，2002 年贵州会议时开始当秘书长。这些年，我当秘书长时也是尽心尽力，因为当秘书长要协调各方面的关系，何老师十分信任我。我觉得无论是当秘书长也好，主编也好，主要还是做人。我当秘书长的一个宗旨就是，要把这个研究会弄成团结、平等、开放、民主的研究会。我们从一开始就是要“以文会友”，没有文章就没有发言权，即使你是最资深的教授，要作主题发言就必须要提交与主题符合的文章。这样对整个研究会，特别是对年轻老师的培养，都是有很多好处的。早些年，会议代表不多，一般来过一次的人，下次见面的时候我肯定能叫出名字，尤其是比较偏僻的学校来的老师，人家就会特别感动。我也觉得与他们的交流会有很大的收获，我做的无非是些协调的工作，把整个会办得平平安安、开开心心，大家觉得有收获，有交流，就已经很好了。

记：这几年，您的另一项重要职务是比较法研究所的所长，能谈一下这方面的事情吗？

李：我其实在几年前就是法律史中心的主任了，法制史教研室只有我处在这个年龄段中，比较适合这个岗位，因为需要很多心力去做协调工作。有很多事情，比如说申请基地、争取上海市经费的支持等工作都需要去处理。去年何老师还让我担任博士生导师组组长，有时候何老师太信任我，却也让我觉得自己太累了。我都只是一个协调人，我的职责就是为这个团体作出一点自己的贡献，这是对整个团队老师的一个交代。我也希望年轻的老师能够快点成长，以准备接替我现在的职位。

记：李老师，这些年来，关于您的未来，也有很多传闻。比如说，2010年学校领导层的变动，2011年您女儿考上清华大学等，很多事情会不可避免地和您以后的去向联系在一起，您对自己的未来有什么规划呢？

李：说实话，离开华政并不是件非常困难的事情，如果离开高校，离开这样的工作岗位，或者是到其他的高校，到其他的法学院，现在自己做过的一些事情和成绩，别的学校也会感兴趣。所以现在外面有传闻也是正常的。我现在自己经常扪心自问，我是不是一辈子就要待在华政。就行政职位来说，既无能力，也不感兴趣，很多时候我都是“被”竞聘的。这么多年，我一直能在这个学校，无非是受到两个因素影响，一方面是对这个校区的感情太深了——万航渡路1575号，我自从17岁就到了这里，走在这个校园里我有一种归属感，这个是很重要的原因。另一方面就是我们法律史的年轻老师和学生我觉得也离不开他们，我还希望在这样的一个团体中发挥一定的作用，所以我特别不能忍受一些有损于我们这个团体的不好的言行。我们是法学专业，应该具备与人交流与沟通的能力。但有时候人不能太势利，有的同学整天想着眼前的利益，这样是成不了大气候的，因为何勤华老师和周伟文老师都比较宽容，而我对此往往会有一些意见，所以有时候我会表现得激烈一些。我希望在我退休的时候，我们这个团体仍然是蒸蒸日上的，尽管有的时候我有可能会感到无力，但是我还是希望能够发表我的观点。这个团体里有一批年轻而优秀的老师，像王沛、冷霞、陈颐、于明等老师，他们都十分出色，在与他们交流中，我感觉到我有责任尽我所能帮助他们，我十分珍惜与他们交流的机会。如果叫我去一个更著名的大学，待遇更高的法学院，却要放弃这么熟悉的一个环境，我还是舍不得，除非有什么不得已的特殊原因。

记：2011 年，您得到了“十大中青年法学家”这个荣誉，这也是我们学校自曹建明教授、何勤华教授之后 10 年来首位获此殊荣的教授，您觉得这个荣誉对您有什么影响？

李：这个荣誉不属于我个人，这个荣誉是属于我们整个法律史的，也是属于华政法制史教研室的，这样一个结果对我个人当然是一个肯定，但不能真的把这个荣誉当作“法学家”来看。有时候他们让我出席活动、演讲，我就说，这个真的不是我的强项，我希望这个事情过去就过去了，自己该做什么还去做什么，我真的没有太多的感觉。但是，从世俗的眼光来看这还是一个很高的荣誉，这对何勤华老师，对我们专业也是一个交代。从法律史学科来说，这是一个比较值得庆贺的事情，因为法律史学科本身就是一个小学科，特别是我还是偏外国法制史的，外国法制史的影响力与中国法制史是不能比的，很多杂志都不发表外国法制史的文章。在荣誉这方面，对很多人来说这可能很重要，但是对我来说，我已经习惯了华政的生活，所以也仅此而已，这绝对不是什么谦虚的话。

（访谈记者：尚　锴、方　堃）

六、学位论文

历届博士学位论文题录（267 篇）

2001 级法律史博士学位论文

外国法制史方向

郭光东 《陪审团的历史与价值》（指导教师：何勤华）

曲　阳 《日本中世法略考——以镰仓时代武家法为中心》（指导教师：何勤华）

李秀清 《日耳曼法研究——历史、制度及精神》（指导教师：何勤华）

郑少华 《从对峙走向和谐：循环型社会法的形成》（指导教师：何勤华）

朱晓喆 《近代欧陆民法思想的历史变迁——从人文主义到历史主义》（指导教师：何勤华）

徐　菲 《希伯来法研究》（指导教师：何勤华）

刘晓雅 《美国刑事司法公正的宪法保障——兼论美国的刑事司法制度对中国刑事司法改革的启示》（指导教师：何勤华）

刘守刚 《西方立宪主义传统研究》（指导教师：何勤华）

中国法制史方向

沈大明 《〈大清律例〉与清代的社会控制》（指导教师：王立民）

陈柳裕 《新中国民营经济法律制度之变迁——以“权利本位”为视角》(指导教师：王立民)

孟祥沛 《中日民法近代化比较研究》(指导教师：王立民)

陈灵海 《唐代刑部》(指导教师：王立民)

杨正鸣 《论〈民国时期恐怖活动与反恐法律制度研究〉》(指导教师：王立民)

法律文化方向

李孝猛 《社会变迁与制度建构——中国行政诉讼制度现代化研究》(指导教师：徐永康)

姚秀兰 《户籍、身份与社会变迁——中国户籍法律史研究》(指导教师：王立民)

2002 级法律史博士学位论文

外国法制史方向

陈　颐 《腓力四世到路易十四时代法国的法律与国家建构——从司法主权到立法主权》(指导教师：何勤华)

占茂华 《自然法观念的变迁》(指导教师：何勤华)

冯引如 《萨维尼评传——思想和轨迹及其贡献》(指导教师：何勤华)

汤　唯 《法社会学在中国——一个学说史的反思》(指导教师：何勤华)

王兰萍 《近代中国著作权法的成长（1903—1910）》(指导教师：何勤华)

吴旭阳 《习惯法成文化中的“人”——以 7~11 世纪英格兰为考察对象》(指导教师：何勤华)

季立刚 《民国商事立法研究（1912—1937）》(指导教师：何

勤华）

夏　雪　《上市公司关联交易法制演变的研究》（指导教师：何勤华）

裘　索　《日本违宪审查制度的形成、发展及其对中国的启示》（指导教师：童之伟）

中国法制史方向

洪佳期　《上海公共租界会审公廨研究》（指导教师：王立民）

方立新　《传统与超越——中国司法变革源流》（指导教师：王立民）

孙维飞　《当代侵权行为法学之发展——以法教义学理论为视角的观察》（指导教师：王立民）

法律文化方向

胡玉鸿　《马克思主义司法公正学说研究》（指导教师：徐永康）

龚汝富　《明清讼学研究》（指导教师：徐永康）

袁忠民　《我国仲裁机构演变的研究》（指导教师：徐永康）

2003 级法律史博士学位论文

外国法制史方向

苏彦新　《近代西欧大陆私法的历史基础——以中世纪罗马法为中心》（指导教师：何勤华）

王素芬　《明暗之间：近代中国的狱制转型研究》（指导教师：何勤华）

杨积讯　《穿越历史——论美国〈联邦宪法〉的长久存续》（指导教师：何勤华）

魏　琼　《民法的起源——对古代西亚地区民事规范的解读》

（指导教师：何勤华）

任　超《英国财税法史研究——从诺曼征服到光荣革命》（指导教师：何勤华）

廖初民《法律的宗教化与法律的世俗化——印度法律的世俗化变革研究》（指导教师：何勤华）

孟　红《罪刑法定原则与近代中国刑法之变迁——以法律文本为研究对象》（指导教师：何勤华）

陈　融《解读约因：英美合同之效力基石》（指导教师：何勤华）

王铁雄《美国财产法理念的变迁——走向个人与社会的利益平衡》（指导教师：何勤华）

姚建龙《福利、惩罚与少年控制——美国少年司法的起源与变迁》（指导教师：何勤华）

张海斌《转型社会中的乡村自治与法治》（指导教师：何勤华）

中国法制史方向

吕　利《律简身份法考论——秦汉初期国家秩序中的身份》（指导教师：王立民）

黄武双《制度移植与功能回归——新中国专利制度的孕育与发展历程》（指导教师：王立民）

洪冬英《当代中国调解制度的变迁研究——以法院调解与人民调解为中心》（指导教师：王立民）

曲玉梁《民初大理院及其民事判解制度研究》（指导教师：王立民）

袁兆春《孔氏家族宗族法及其法定特权研究》（指导教师：王立民）

许　莉《〈中华民国民法·亲属〉研究》（指导教师：王立民）

高　珣《隋朝法制与统一秩序研究》（指导教师：王立民）

法律文化方向

魏淑君《近代中国公司法史论》（指导教师：徐永康）

韦　浩《民国商事登记法律制度研究》（指导教师：徐永康）

杨成炬《论公务员制度的中国语境》（指导教师：徐永康）

卞　琳《南京国民政府训政前期立法体制研究（1928—1937）》（指导教师：徐永康）

潘小军《艰难中前行——中国法律经济学的发展与反思》（指导教师：徐永康）

2004级法律史博士学位论文

外国法制史方向

夏　菲《论英国警察权的变迁》（指导教师：何勤华）

马　贺《欧盟区域刑事合作进程研究——欧盟一体化背景下刑事合作的协调机制》（指导教师：何勤华）

李求轶《消灭时效的历史与展开》（指导教师：何勤华）

韩　强《法律因果关系理论学说史述评——道德归责背景下的原因构成理论研究》（指导教师：何勤华）

马　聪《霍姆斯现实主义法学思想研究》（指导教师：何勤华）

冷　霞《英国早期衡平法研究——以大法官法院为中心》（指导教师：何勤华）

张玉堂《边沁功利主义分析法学研究》（指导教师：何勤华）

蔡东丽《罗斯福新政时期的联邦最高法院（1933—1939）——从经济自由到公民权利》（指导教师：何勤华）

中国法制史方向

王　沛《战国时代的黄老“法”理论》（指导教师：王立民）

郭为禄 《新时期高等教育法制建设进程研究》（指导教师：王立民）

王月明 《中国近现代监督权利研究》（指导教师：王立民）

邹剑锋 《宁波近代法制变迁研究》（指导教师：王立民）

谢如程 《清末检察制度及其实践》（指导教师：王立民）

郭春莲 《韩非法律思想研究》（指导教师：王立民）

周卫平 《南京国民政府时期劳资争议处理制度研究——以上海为主要视角》（指导教师：王立民）

胡照青 《晚清社会变迁中的法学翻译及其影响》（指导教师：孙潮）

法律文化方向

刁振娇 《论地方议会制度在清末的实验——以江苏咨议局为核心的研究》（指导教师：徐永康）

唐红林 《中国传统民事契约格式研究》（指导教师：徐永康）

张益刚 《民国社会救济法律制度研究》（指导教师：徐永康）

芦　琦 《关于古代受教育资格及权利实现的考察与比较——以“去特权化”为线索》（指导教师：郝铁川）

朱淑丽 《从荣誉决斗看法律与社会规范》（指导教师：沈国明）

2005 级法律史博士学位论文

外国法制史方向

邵宗日 《英国租借威海卫法律制度研究》（指导教师：何勤华）

邓继好 《程序正义理论在西方的历史演进》（指导教师：何勤华）

刘　强 《美国社区矫正与犯罪刑罚控制的演变史研究——兼对我国的借鉴与反思》（指导教师：何勤华）

刘显娅 《英国治安法官研究——以 17～19 世纪治安法官的嬗变为线索》（指导教师：何勤华）

荆月新 《民国末期中央立法权的思想与文本研究（1947—1949）》（指导教师：何勤华）

郭延军 《发展中的美国女性就业权平等保护》（指导教师：何勤华）

陈郁如 《利益法学的开创者——耶林之生平、法律思想及其影响》（指导教师：何勤华）

郑现喆 《西方法在中韩两国的移植和转型及发展研究——以西方民法的移植和转型为中心》（指导教师：何勤华）

中国法制史方向

林安民 《我国反洗钱立法演变研究》（指导教师：王立民）

蒋冬梅 《杀人者死的中国传统观念及其实践研究》（指导教师：王立民）

姜茂坤 《近代中国民法学中的物权行为理论》（指导教师：王立民）

张　彬 《上海英租界巡捕房及其制度研究（1854—1863）》（指导教师：王立民）

饶传平 《论近代中国宪法中基本权利条款之演变（1908—1947）》（指导教师：王立民）

穆中杰 《上海市法学会历史变迁研究——以 1978 年以后的发展为对象》（指导教师：王立民）

法律文化方向

林华昌 《中国外汇管理法律制度变迁——人民币走向自由兑换进程中的法律调整》（指导教师：徐永康）

倪　铁 《中国传统侦查制度的现代转型——1906—1937 年侦

查制度现代化的初期进展》（指导教师：徐永康）

倪万英 《二十世纪中期上海婚姻刑案研究》（指导教师：徐永康）

吴旅燕 《论我国私有财产权的宪法保护——以宪法相关规范之实施为中心的研究》（指导教师：童之伟）

曾　坚 《信赖保护原则研究：以法律文化和制度构建为视角》（指导教师：沈国明）

刘志欣 《中央与地方行政权力配置研究——以建设项目环境影响评价审批权为例》（指导教师：孙潮）

于晓青 《清代刑讯制度考辨》（指导教师：郝铁川）

2006级法律史博士学位论文

外国法制史方向

陈　兵 《19世纪下半叶美国州反托拉斯法研究——以制定法和判例为分析材料》（指导教师：何勤华）

果海英 《西法东来的样式——西班牙殖民时期的菲律宾法研究》（指导教师：何勤华）

胡建会 《欧盟监察专员法律制度研究》（指导教师：何勤华）

荚振坤 《中世纪欧洲海商法研究（11至15世纪）》（指导教师：何勤华）

陈婉玲 《民国〈合作社法〉的孕育与影响》（指导教师：何勤华）

胡　桥 《衡平法的道路——以英美法律思想演变为线索》（指导教师：何勤华）

潘申明 《比较法视野下的民事公益诉讼——兼论我国民事公

益诉讼制度的建构》（指导教师：何勤华）

屈文生 《令状制度研究》（指导教师：何勤华、李秀清）

胡　骏 《奥地利宪法法院研究》（指导教师：童之伟）

颜晓闽 《美国证券法律史研究以〈1933年证券法〉证券发行强制披露制度的形成为中心》（指导教师：何勤华）

中国法制史方向

李　婧 《中国近代银行组织法律制度研究（1897—1949）》（指导教师：王立民）

王亚军 《明清徽商的诉讼研究》（指导教师：王立民）

王红梅 《商会与中国法制近代化》（指导教师：王立民）

黄爱武 《战后美国国家安全法律制度研究》（指导教师：王立民）

练育强 《近代上海城市规划法制研究》（指导教师：王立民）

穆伯祥 《南京国民政府的国事罪立法研究》（指导教师：郝铁川）

叶　芳 《冲突与平衡：土地征收中的权力与权利》（指导教师：孙　潮）

法律文化方向

张东平 《近代中国监狱的感化教育研究》（指导教师：徐永康）

虞　瑾 《论我国银行法体系的演进——兼论银行公法与银行私法的有关问题》（指导教师：徐永康）

杨　辉 《中国丧服服叙制度研究》（指导教师：徐永康）

阎　锐 《地方人大在立法过程中的主导功能研究——以上海市为例》（指导教师：沈国明）

2007 级法律史博士学位论文

外国法制史方向

解　锟《英国慈善信托制度研究》(指导教师：何勤华)

孔　晶《希腊古典时期诉讼制度研究》(指导教师：何勤华)

夏秀渊《拉丁美洲民法典的历史与现实》(指导教师：何勤华)

张进德《协商性司法在西方的兴起》(指导教师：何勤华)

蔡　迪《美国联邦私募基金法律制度史研究》(指导教师：李秀清)

中国法制史方向

姚　远《上海公共租界特区法院研究》(指导教师：王立民)

张周国《南京国民政府时期劳动契约制度研究》(指导教师：王立民)

法律文化方向

栾时春《宋代证据制度研究》(指导教师：徐永康)

钱泳宏《清代夫妻相犯研究基于〈大清律例〉与刑科档案的法文化考察》(指导教师：徐永康)

徐少辉《上海金融中心法制变迁及决策研究》(指导教师：徐永康)

尹伟琴《民国祭田法律制度研究》(指导教师：徐永康)

翟　芳《论调解制度在明清社会治理中的作用——乡土社会的和谐》(指导教师：沈国明)

2008级法律史博士学位论文

外国法制史方向

熊建明 《美国最高法院管辖基础及要素研究从美国宪法第三条切入》（指导教师：何勤华）

焦应达 《苏联法学教育研究》（指导教师：何勤华）

任海涛 《中国古代政治法思想萌芽研究以先秦诸子为中心》（指导教师：何勤华）

赵笑君 《美国法律进化论思想研究》（指导教师：何勤华）

王笑红 《试论教会法的演变及其对世俗法律的影响》（指导教师：何勤华）

陈晓聪 《中国古代佛教法初探》（指导教师：何勤华）

翟冠慧 《美国〈示范商事公司法〉的变迁》（指导教师：何勤华）

于　霄 《英国土地登记法律制度史研究》（指导教师：李秀清）

中国法制史方向

张　莉 《南京国民政府新闻出版立法研究》（指导教师：王立民）

张维新 《中国古代法制史学史研究——以历代古籍为中心》（指导教师：王立民）

王晓峰 《民国宪法在新疆的实践研究》（指导教师：王立民）

丁德昌 《民初湖南省宪自治研究》（指导教师：王立民）

法律文化方向

肖秀娟 《民国律师执业活动研究》（指导教师：徐永康）

孙建伟 《涉地农民住房权与生存权保障实证研究——以

2003—2010年上海市宅基地置换为例》（指导教师：沈国明）

2009级法律史博士学位论文

外国法制史方向

李明倩 《〈威斯特伐利亚和约〉研究——以近代国际法的形成为中心》（指导教师：何勤华）

王伟臣 《英美法律人类学的困境：格卢克曼与博安南之争》（指导教师：何勤华）

方　堃 《论美国独立管制委员会的兴衰》（指导教师：何勤华）

王海军 《〈罗斯法典〉研究》（指导教师：何勤华）

张　婷 《二战后英美民事对抗制的演变——以美国的案件管理制度为切入点》（指导教师：何勤华）

比较法律史方向

欧　扬 《〈奏谳书〉司法文书考论》（指导教师：李秀清）

中国法制史方向

穆红琴 《山西省永济县家事审判实践变迁及启示——以永济县家事诉讼档案为基础（1949—1999）》（指导教师：沈国明）

王　捷 《包山楚司法简考论》（指导教师：王立民）

周会蕾 《20世纪上半叶中国法制史学史》（指导教师：王立民）

于鹏飞 《认识与反思：近三十年劳动教养制度研究史》（指导教师：王立民）

张海峰 《唐代佛教与法律》（指导教师：王立民）

法律文化方向

李远明 《春秋时期司法研究——从纠纷解决的视角切入》（指

导教师：徐永康）

刘承涛 《近代中国商会理案制度研究——以苏沪为中心（1902—1927）》（指导教师：徐永康）

王瑞山 《中国传统社会治安思想研究——以“盗贼”治理为考察对象》（指导教师：徐永康）

2010 级法律史博士学位论文

外国法制史方向

吴　玄 《古罗马保民官制度研究》（指导教师：何勤华）

熊玉梅 《中国不动产登记制度变迁研究（1949—2014）》（指导教师：何勤华）

周小明 《印度宪法及其晚近变迁》（指导教师：何勤华）

方　砚 《近代以来中国婚姻立法的移植与本土化》（指导教师：何勤华）

比较法律史方向

汪　强 《民国初期的弹劾制度研究（1912—1916）》（指导教师：李秀清）

赵　亮 《贵族与宪法——基于瑞典宪法史的比较研究》（指导教师：李秀清）

中国法制史方向

李耀跃 《晚清铁路对外借款法律问题研究》（指导教师：王立民）

谢　舟 《近代中国货币法制变迁问题研究》（指导教师：王立民）

虞　浔 《1997 年以来中国司法体制和工作机制改革进程中上海的实践与探索》（指导教师：王立民）

杜军强 《近代中国对外商银行的法律控制研究》（指导教师：

王立民）

法律文化方向

段宝玫 《近代中国破产法制流变研究》（指导教师：徐永康）

翟旭丹 《近代上海社会福利制度研究（1927—1937）》（指导教师：徐永康）

王丹丹 《“伟大社会”改革与美国法律的变迁——以平等保护与社会保障为视角》（指导教师：沈国明）

2011级法律史博士学位论文

外国法制史方向

张武汉 《英国布莱尔政府社会保障立法研究》（指导教师：何勤华）

陈　阳 《西班牙同性婚姻合法化研究》（指导教师：何勤华）

卢　玮 《美国食品安全法制与伦理耦合研究（1906—1938）》（指导教师：何勤华）

骆永兴 《英国ADR初探》（指导教师：何勤华）

刘佳伟 《美国〈萨班斯－奥克斯利法案〉研究——以规范公司治理及责任为中心》（指导教师：何勤华）

赵江风 《行政处罚诉讼问题研究》（指导教师：何勤华）

比较法律史方向

李　洋 《美国驻华法院研究》（指导教师：李秀清）

朱　颖 《民国时期妾的法律地位研究》（指导教师：李秀清）

中国法制史方向

邬　勖 《秦地方司法诸问题研究——以新出土文献为中心》（指导教师：王立民）

法律文化方向

汪　娜　《近代中国商标法律制度研究》（指导教师：沈国明）

赵　勇　《1927—1937年南京城市管理法制研究》（指导教师：徐永康）

2012级法律史博士学位论文

外国法制史方向

张宪丽　《阿甘本法律思想研究》（指导教师：何勤华）

戴秀河　《〈彭德尔顿法〉研究——兼论美国文官制度的形成》（指导教师：何勤华）

冀明武　《培根法哲学和宪政思想研究》（指导教师：何勤华）

江小夏　《理性之争语境下的普通法——以17世纪英格兰大法官黑尔为中心》（指导教师：何勤华）

比较法律史方向

宫　雪　《英国民事执行权的运行与控制》（指导教师：李秀清）

赵博阳　《中世纪教会济贫法律研究》（指导教师：李秀清）

中国法制史方向

王文涛　《宋例与宋代法律体系研究》（指导教师：丁凌华）

杨晓波　《明朝海上外贸管理法制研究》（指导教师：王立民）

陈婴虹　《民国前期浙江省议会立法研究(1911—1926)》（指导教师：徐永康）

林仪明　《我国公诉制度的历史变迁》（指导教师：王立民）

法律文化方向

方　宇　《满汉平权改革与清末民族国家构建》（指导教师：沈国明）

裴乾坤 《战国楚司法职官研究》（指导教师：徐永康）

孔志强 《上海公共租界税收法制研究（1845—1911）》（指导教师：徐永康）

周　颖 《近代少年司法制度研究》（指导教师：徐永康）

2013级法律史博士学位论文

外国法制史方向

肖崇俊 《美国公司收购立法史研究——以公司控制权市场理论为线索》（指导教师：何勤华）

杜丽君 《国际商会国际仲裁院研究》（指导教师：何勤华）

王思杰 《希伯来圣经中的审判研究》（指导教师：何勤华）

比较法律史方向

李　超 《民初宪法顾问有贺长雄及其制宪理论研究》（指导教师：李秀清）

沈　伟 《近代上海高等法律教育研究（1919—1937）》（指导教师：李秀清）

中国法制史方向

肖志珂 《20世纪上半叶中国法律思想史学研究——以学科发展为视角》（指导教师：王立民）

汪湖泉 《唐代漕运法研究》（指导教师：丁凌华）

赵美玲 《近代中国法律行为的有效要件研究》（指导教师：王立民）

谢志民 《江西各县司法处研究（1936 ~ 1949）——以司法档案为中心》（指导教师：龚汝富）

张　娜 《秦汉法制因革探微——以出土法律文献为中心》（指导教师：王立民）

法律文化方向

胡译之 《清末及民国前期行政审判制度研究》（指导教师：沈国明）

阎　婷 《民国时期中医医疗纠纷研究》（指导教师：徐永康）

徐　望 《明代武职犯罪研究——以〈皇明条法事类纂〉为中心》（指导教师：徐永康）

2014 级法律史博士学位论文

外国法制史方向

王　涛 《英国枢密院司法委员会研究》（指导教师：何勤华）

万　山 《老挝投资法研究》（指导教师：何勤华）

高　媛 《德国社会保险立法起源研究》（指导教师：何勤华）

楚盛男 《19 世纪下半期俄国刑事司法制度研究——以托尔斯泰的〈复活〉为线索》（指导教师：何勤华）

比较法律史方向

刘　丁 《康德法权哲学研究》（指导教师：李秀清）

中国法制史方向

封　涌 《中国当代证券法制变迁研究》（指导教师：王立民）

向广宇 《明弘治至万历朝治贪立法研究（1488 年—1620 年）》（指导教师：王立民）

黄　河 《百年中国劳动法史学研究》（指导教师：王立民）

李　岩 《中国近代关税自主权研究》（指导教师：龚汝富）

法律文化方向

周阿求 《民国时期婚约无效制度法律研究（1929—1949）——兼以沪赣两地司法档案为例证》（指导教师：沈国明）

刘志娟 《民国中后期婚姻纠纷与基层司法研究——以 1935—

1949年河口婚姻司法档案为中心》（指导教师：徐永康）

2015级法律史博士学位论文

外国法制史方向

段鹏超 《美国医疗保障法研究》（指导教师：何勤华、苏彦新）

齐凯悦 《英国2011年以来的家事审判改革研究》（指导教师：何勤华）

谢国儿 《个人破产欺诈立法规制研究》（指导教师：何勤华）

比较法律史方向

张宁芳 《民国法政学人的国际法视野——以〈中国社会及政治学报〉为中心》（指导教师：李秀清）

中国法制史方向

姚　澍 《民国后期湖南坟山案件研究（1936—1949）》（指导教师：龚汝富）

杨　艳 《改革开放以来中国民事再审制度发展研究（1978—2018）》（指导教师：王立民）

张　钢 《中国军事法研究七十年》（指导教师：王立民）

法律文化方向

路晓霞 《吧达维亚华人法律文化研究——以〈公案簿〉为中心的考察》（指导教师：徐永康）

陈　超 《〈红楼梦〉所见明清社会士人礼法观念研究》（指导教师：徐永康）

徐红军 《改革开放以来中国行政复议制度变迁研究（1978—2018）》（指导教师：沈国明）

2016 级法律史博士学位论文

外国法制史方向

裴仕彬 《美国辩诉交易演进中检察官的作用（1804—1970）》（指导教师：何勤华）

宋宇宁 《日本法治化进程中的地方自治研究》（指导教师：何勤华）

王　静 《西班牙公共养老金法律制度研究》（指导教师：何勤华）

吴伟彬 《汉娜·阿伦特宪制思想研究——以委员会制度为中心》（指导教师：苏彦新）

中国法制史方向

崔雅琼 《上海法租界第二特区法院研究》（指导教师：王立民）

王炳军 《明朝隆庆时期东南海上贸易法律制度研究》（指导教师：王立民）

姜　增 《人际网络与司法界生态（1906—1937）——以沈锡庆为线索的考察》（指导教师：龚汝富）

周海灵 《司法会议与民国司法改革——基于人员与经费提案的考察》（指导教师：龚汝富）

比较法律史方向

龚湉晰 《法政人生：刘师舜的国际法理论及外交实践》（指导教师：李秀清）

法律文化方向

黄　海 《秦刑制溯源例证》（指导教师：徐永康）

齐　盛 《北魏法制演进的文化因素》（指导教师：徐永康）

2017级法律史博士学位论文

外国法制史方向

张戈平 《1976年以来美国版权法的变迁研究》（指导教师：何勤华）

王梦奇 《新中国禁止重婚制度研究——以1950—1980年为中心》（指导教师：何勤华）

靳匡宇 《自体性观照下的美国海事管辖权演进研究》（指导教师：何勤华）

李前程 《近代早期英国出庭律师的兴起》（指导教师：苏彦新）

比较法律史方向

陈　一 《国民政府时期上海检察制度研究》（指导教师：李秀清）

涂　钒 《美国专家证据可采性研究》（指导教师：李秀清）

中国法制史方向

孙晓鸣 《明代律法的朝鲜影像——以崔溥〈漂海录〉为中心》（指导教师：王立民）

陈　珏 《上海女犯改造70年变迁研究（1949—2019）》（指导教师：王立民）

王瑞超 《民国时期上海女律师研究》（指导教师：王立民、陈灵海）

徐志强 《清至民国时期的"会"研究》（指导教师：龚汝富）

法律文化方向

胡裕岭 《指纹证据技术的引入、发展与分歧（1904—1949）》（指导教师：徐永康）

余　洋《诉讼的话语：民国河口档案中民众的法律实践》（指导教师：徐永康）

2018级法律史博士学位论文

外国法制史方向

李　琴《法国〈环境宪章〉研究》（指导教师：何勤华）

翟　欢《英国死因裁判官制度历史研究》（指导教师：何勤华）

谢之杰《奥克肖特法思想研究》（指导教师：苏彦新）

汪　单《法律如何面对公共艺术——美国公共艺术法的变迁》（指导教师：何勤华、陈　颐）

比较法律史方向

毛皓强《都铎时期英国法院的现代性转向研究》（指导教师：李秀清）

陈　川《美国正当防卫制度研究》（指导教师：李秀清）

詹继续《近代早期以来英国域外管辖研究——以土耳其与中国为例（1580—1843）》（指导教师：李秀清、屈文生）

中国法制史方向

陈宇超《民国时期江苏高等法院研究》（指导教师：王立民）

谢　超《民国铅山县土讼群体研究——以河口司法档案为中心》（指导教师：龚汝富）

法律文化方向

乔志鑫《秦令考论——以岳麓秦简为中心》（指导教师：徐永康）

2019级法律史博士学位论文

外国法制史方向

侯　莎《鼓浪屿租界法制研究》（指导教师：何勤华）

周小凡《概念法学源流考》（指导教师：何勤华）

王力康《财产权、市场与政府：亚当·斯密法律思想研究》（指导教师：苏彦新）

比较法律史方向

叶　湘《20世纪上半叶美国在华条约特权研究》（指导教师：屈文生）

中国法制史方向

刘　毅《清代民船管理法律制度研究（1644—1867）》（指导教师：陈灵海）

谢行焱《民国时期杀人案件的司法运作研究——以南昌地方法院"杀人案"司法档案为中心》（指导教师：龚汝富）

历届硕士学位论文题录（524篇）

1981级法律史硕士学位论文

外国法制史方向

何勤华 《论〈德国民法典〉》（指导教师：徐轶民）

高　桐 《试论英国衡平法的产生和发展》（指导教师：徐轶民）

任自昌 《论美国南北战争时期最高法院的地位》（指导教师：徐轶民）

蒋　迅 《试论印度沦为英国殖民地时期的法律制度》（指导教师：徐轶民）

中国法制史方向

徐永康 《论中华法系的解体》（指导教师：王召棠）

程维荣 《我国封建犯罪预防的探讨》（指导教师：王召棠）

姜永琳 《试论明初强化吏治政策的刑事法律化特征》（指导教师：王召棠）

1982级法律史硕士学位论文

外国法制史方向

傅东辉 《论法国行政法院的形成和发展》（指导教师：徐轶民）

中国法制史方向

王立民 《论〈唐律疏议〉中的法律协调关系》（指导教师：王召棠）

胡银康 《唐代户籍法规初探》（指导教师：王召棠）

1983级法律史硕士学位论文

外国法制史方向

段祺华 《英国与香港司法制度的历史考察》（指导教师：徐轶民）

刘小冰 《美国律师制度论》（指导教师：徐轶民）

中国法制史方向

殷啸虎 《北宋前期司法制度系统考察》（指导教师：王召棠）

杨心明 《唐代监临主守赃罪考》（指导教师：王召棠）

1986级法律史硕士学位论文

外国法制史方向

周伟文 《论美国宪法的实践》（指导教师：徐轶民）

刘大力 《论英国法的遵循判例制度》（指导教师：徐轶民）

中国法制史方向

顾俊杰 《先王世界崇拜与中国古代法》（指导教师：王召棠）

蒋集耀 《魏晋律学探微》（指导教师：王召棠）

1987级法律史硕士学位论文

外国法制史方向

沈建平 《论美国宪法的解释》（指导教师：徐轶民）

中国法制史方向

金　敏《简论中国封建法制指导思想的基石》（指导教师：王召棠、陈鹏生）

1989级法律史硕士学位论文

外国法制史方向

蓝若兰《论欧美产品责任法的产生与发展》（指导教师：徐铁民）

1990级法律史硕士学位论文

外国法制史方向

陈立彤《论西方国家证券立法的产生和发展》（指导教师：徐铁民）

中国法制史方向

谭伟平《中国传统法的形成和特点》（指导教师：王召棠）

1991级法律史硕士学位论文

外国法制史方向

王　春《论西方国家民法侵权归责原则的演进》（指导教师：徐铁民）

1992级法律史硕士学位论文

外国法制史方向

秦瑞亭《西方国家期货立法透视》（指导教师：张寿民）

中国法制史方向

李本森 《试论中国近现代证券法之演变》（指导教师：王召棠）

1993 级法律史硕士学位论文

外国法制史方向

晏圣民 《西方国家公司法初探》（指导教师：徐铁民、张寿民）

中国法制史方向

魏　琼 《近代中国民商法制演变暨效益分析》（指导教师：王召棠、陈鹏生）

1994 级法律史硕士学位论文

外国法制史方向

王　鑫 《美国银行法研究》（指导教师：张寿民）

中国法制史方向

张德强 《私法文化与社会变迁》（指导教师：陈鹏生、郝铁川）

1995 级法律史硕士学位论文

中国法制史方向

孙丽娟 《中国五十年代法律思潮的法文化剖析》（指导教师：陈鹏生、郝铁川）

1996 级法律史硕士学位论文

外国法制史方向

郭光东 《法国民事诉讼法史论纲》（指导教师：何勤华、张寿民）

中国法制史方向

吴晓梅 《中国传统契约法文化的形成、特色及反思》（指导教师：陈鹏生、郝铁川）

1997 级法律史硕士学位论文

外国法制史方向

吴秋发 《破产财产管理人制度比较研究》（指导教师：何勤华、张寿民）

张　奕 《信托：英美法系的奇葩》（指导教师：何勤华、张寿民）

中国法制史方向

邵爱红 《建国初期知识产权法制初创状况研究》（指导教师：陈鹏生、郝铁川）

蒋序刚 《中国社会百年变迁与律师法律服务需求的形成》（指导教师：陈鹏生、徐永康）

1998 级法律史硕士学位论文

外国法制史方向

陈灵海 《解释学与法律解释》（指导教师：何勤华、张寿民）

中国法制史方向

李孝猛 《中国十九世纪晚期基层司法文化研究——以〈汝东判语〉为文本》（指导教师：陈鹏生、王立民、郝铁川）

法律硕士

吴建萍 《论人权与刑事法律》（指导教师：何勤华）

肖俊涛 《英美独立董事制度研究》（指导教师：何勤华）

谭笑阳 《诸葛亮法律思想研究》（指导教师：何勤华）

杨成炬 《中国传统法律文化刑事性的哲学基础》（指导教师：陈鹏生、徐永康）

包　珍 《中国百年选举制度的演进及反思》（指导教师：徐永康）

魏　晔 《上海人民调解工作的历史沿革、变化发展及其思考》（指导教师：王立民）

1999 级法律史硕士学位论文

外国法制史方向

陈　颐 《从中世纪商人法到近代民商法典——1000—1807 年欧陆贸易史中的法律变迁》（指导教师：何勤华、张寿民）

吴旭阳 《盎格鲁－撒克逊时代刑事法律研究》（指导教师：何勤华、张寿民）

中国法制史方向

赵海晨 《论近代中国民事法律制度的现代变迁与传统演进——以房屋租赁契约法律制度为例》（指导教师：陈鹏生、徐永康）

法律硕士

蒋莹磊 《电子商务在我国保险业的法律适用》（指导教师：何勤华）

徐伟菊 《论监狱分类》（指导教师：李秀清）

车　骐 《清朝中央政府治藏法律制度研究》（指导教师：丁凌华）

费震宇 《现行合同法律制度与南京国民政府契约法律制度比较研究——合同履行、违约责任比较及原因初探》（指导教师：王立民）

曹小明 《孙中山五权宪法思想评析》（指导教师：陈鹏生）

2000级法律史硕士学位论文

外国法制史方向

任　超 《西欧中世纪法律职业阶层的兴起——兼及其对法治文明传承的作用》（指导教师：何勤华）

程　维 《宪政与宗教——英国王权与教权之关系的历史考察》（指导教师：何勤华、李秀清）

张　斐 《欧洲法律一体化研究——以制定〈欧洲民法典〉为中心》（指导教师：何勤华、李秀清）

廖初民 《论1950年〈印度共和国宪法〉》（指导教师：何勤华、周伟文）

王铁雄 《域外古代土地产权制度比较研究——从服务于我国集体土地所有与利用制度变迁之角度》（指导教师：何勤华、周伟文）

中国法制史方向

高　珣 《南宋民事法制与社会变迁》（指导教师：陈鹏生、丁凌华）

林华昌 《墨家平等法律观研究》（指导教师：陈鹏生、丁凌华）

郑　取 《皖南教案的法制分析——以一种法律的眼光解读》（指导教师：王立民）

吉霁光 《南京国民政府公司法及公司制度》（指导教师：徐永康）

法律硕士

李　军 《民国时期审判独立制度探析》（指导教师：徐永康）

蔡黎明 《清末修律的再认识》（指导教师：陈鹏生）

岳琦宙 《简论中国古代担保制度》（指导教师：何勤华）

2001 级法律史硕士学位论文

外国法制史方向

冷 霞 《中世纪西欧城市自治研究》（指导教师：何勤华）

王 沛 《遗嘱继承制度的历史考察——从中西方比较的角度》（指导教师：何勤华、李秀清）

王晓锋 《英国比较法纵论》（指导教师：何勤华、李秀清）

马 贺 《法国比较法两百年》（指导教师：周伟文）

刘 洋 《罗马宪政研究》（指导教师：周伟文）

中国法制史方向

唐红林 《初唐西州债法制度研究——以吐鲁番出土文书为中心》（指导教师：陈鹏生）

王红梅 《中国近代商会法律制度研究》（指导教师：王立民）

张煜昊 《中国古代法律儒家化的初步》（指导教师：徐永康）

徐 明 《论左宗棠的法律思想与实践》（指导教师：丁凌华）

丁长二 《中国古代民本思想的形成、发展及其对中国传统法律文化的影响》（指导教师：陈鹏生）

法律硕士

朱淑丽 《德国比较法学纵论》（指导教师：李秀清）

周东方 《清末司法改革之历史借鉴》（指导教师：王立民）

2002 级法律史硕士学位论文

外国法制史方向

张 彬 《美国早期州宪权力制约机制初探》（指导教师：何勤华）

徐　清　《美国联邦最高法院的案件受理决定权》（指导教师：李秀清）

游云庭　《论美国殖民地时期对英国普通法制度的继受》（指导教师：李秀清）

徐震宇　《中央与限权——中世纪英格兰宪政发展的一种解读》（指导教师：周伟文）

赵　丹　《专制权力与宪政自由——宪政视角下的澳大利亚殖民史》（指导教师：周伟文）

中国法制史方向

肖征祁　《清代州县刑事诉讼程序研究》（指导教师：陈鹏生）

王春丽　《南京国民政府时期地方刑案的法文化考察——以1928—1937年上海地区法院百例刑案为文本》（指导教师：陈鹏生、赵元信）

姜茂坤　《二十世纪前三十年典的考察与反思》（指导教师：王立民）

黄冬云　《宋代孀妇财产权浅析》（指导教师：徐永康）

郑　志　《太平天国刑法思想与刑法制度》（指导教师：丁凌华）

法律硕士

王轶虹　《中国近代刑事审判制度的演变》（指导教师：丁凌华）

2003级法律史硕士学位论文

外国法制史方向

陈　颖　《论苏格兰地方议会的选举制度》（指导教师：何勤华）

胡　骏　《雅典司法制度初探》（指导教师：何勤华）

颜晓闽 《经济团体法律人格的变迁》（指导教师：李秀清）

顾盈颖 《中世纪西欧王权与法律关系的变革——论王室法的兴起》（指导教师：李秀清）

胡建会 《从“橡皮图章”到中流砥柱——欧洲议会的扩权历程及原因分析》（指导教师：李秀清）

彭　杨 《刍议英国皇家检察署》（指导教师：李秀清）

刘　君 《英国星宫法院研究》（指导教师：周伟文）

焦　月 《俄罗斯民法法典化进程略论——兼谈对我国民法法典化的借鉴》（指导教师：周伟文）

施春强 《英美诽谤法的历史发展》（指导教师：周伟文）

陈芳洲 《德英两国行政裁量及比较》（指导教师：周伟文）

中国法制史方向

唐建平 《中国近代专利制度研究》（指导教师：王立民）

杨　辉 《中国“亲亲相隐”制度研究》（指导教师：徐永康）

朱作鑫 《郑观应的法律思想》（指导教师：丁凌华）

刘金平 《宋代货币立法考论》（指导教师：丁凌华）

刘　一 《民国时期女子财产继承权的肇端》（指导教师：赵元信）

冯　尚 《南京国民政府禁止烟毒立法浅析——以南京国民政府“二年禁毒、六年禁烟”时期（1935—1940）为中心》（指导教师：赵元信）

高校教师攻读硕士学位论文

步海英 《我国高校本科学生管理制度的演变及思考》（指导教师：王立民）

陈　琛 《美国司法审查起诉资格的百年演进及其借鉴意义——兼谈我国行政诉讼起诉资格的重构》（指导教师：何勤华）

储桂节 《上海市青少年暴力犯罪的演变及其对策思考》（指导教师：王立民）

樊艳霞 《论证明妨碍制度》（指导教师：周伟文）

李　琴 《清代民事纠纷解决机制研究》（指导教师：赵元信）

栾　军 《澳门司法权的历史沿革及其研究》（指导教师：王立民）

马　霞 《洛克、孟德斯鸠和卢梭的政府观比较》（指导教师：李秀清）

孙大明 《我国古代司法鉴定制度考论》（指导教师：丁凌华）

覃　奕 《清朝“改土归流”前后广西壮族土司司法制度探析》（指导教师：周伟文）

王　戎 《上海少年法庭的历史发展与展望》（指导教师：王立民）

吴　敏 《论清朝的监狱制度》（指导教师：徐永康）

肖玉英 《从中世纪商人法到现代商法的历史演进——兼谈对我国商法学研究的借鉴意义》（指导教师：李秀清）

应培礼 《论社会治安综合治理的法制化进程——对社会治安综合治理立法工作的二十年回顾》（指导教师：王立民）

在职法律硕士

蔡　煜 《明代法律俗语研究》（指导教师：王立民）

2004级法律史硕士学位论文

外国法制史方向

于　明 《爱德华·柯克爵士与英国法学近代化——对〈柯克报告〉与〈英国法总论〉的初步考察》（指导教师：何勤华）

张　玲 《略论拉丁美洲的法学教育》（指导教师：何勤华）

朱　怡《美国银行的早期发展史初探》(指导教师：何勤华)

刘长跃《印度宗教自由权研究——以宪法为中心》(指导教师：李秀清)

胡　娟《近代日本法治思想源流考》(指导教师：李秀清)

解　锟《"样板"殖民地的法制模式——1897—1914年德属胶澳租借地时期法制考略》(指导教师：李秀清)

陈碧文《澳大利亚法人犯罪及其刑事责任研究》(指导教师：李秀清)

张　平《20世纪美国无过失汽车保险法的进退》(指导教师：周伟文)

朱　佳《英格兰离婚立法沿革——从禁止离婚到无过错离婚》(指导教师：周伟文)

徐诗洋《美国过失导致的精神损害赔偿案审判规则的发展》(指导教师：周伟文)

任传宇《布雷克顿的法学理论》(指导教师：周伟文)

中国法制史方向

姚　远《1940年上海第一特区地方法院涉外刑事案件论析》(指导教师：王立民)

王宇翔《中国古代优先购买权对契约自由的限制——对当代中国民法的启示》(指导教师：徐永康)

顾旻娜《宋代立嗣制度研究》(指导教师：丁凌华)

蒋云飞《〈二年律令〉与汉初官吏控制法》(指导教师：丁凌华)

邓慧明《南京国民政府劳资争议立法研究(1927—1937)》(指导教师：丁凌华)

孔　晶《北齐法制及其实施状况考》(指导教师：杨师群)

魏栋培 《唐代食实封制度探析》（指导教师：赵元信）

余金鸽 《两宋时期田宅典卖制度研究》（指导教师：赵元信）

法律硕士

吴雯竹 《法律上关于医疗事故处理方式的回顾与完善》（指导教师：王立民）

在职法律硕士

戴秀河 《日本立宪史研究——日本宪政体制转型中的传统与现实考论》（指导教师：周伟文）

胡　燕 《中国涉外法权变迁史研究》（指导教师：丁凌华）

2005 级法律史硕士学位论文

外国法制史方向

张　洁 《议会议事录在英国法律解释中的命运——对佩珀诉哈特案的历史分析》（指导教师：何勤华）

武　嘉 《荷属东印度法制略考》（指导教师：何勤华）

吕　琦 《救世主何以救世——从功能性角度评〈萨班斯－奥克斯利法案〉》（指导教师：李秀清）

厉星星 《曼斯菲尔德与 18 世纪英国法》（指导教师：李秀清）

陈　龙 《美国精神损害赔偿制度——历史的考察》（指导教师：李秀清）

岳丛啸 《20 世纪 60 年代的美国民权立法》（指导教师：周伟文）

王轺迦 《第四脚注与美国司法审查制度——卡罗琳产品案的历史分析》（指导教师：周伟文）

马　瑛 《中世纪的王座法院》（指导教师：周伟文）

中国法制史方向

李冬冬 《宋代法律人才选拔制度研究》（指导教师：王立民）

肖　燕 《清代家庭经济纠纷的诉讼解决——以清代地方官判牍中的案例为中心》（指导教师：徐永康）

王　捷 《从"律令格式"到"敕令格式"——以宋代立法机构编敕所的专门化为中心观察唐宋之际法典体系变革》（指导教师：丁凌华）

王文涛 《北宋中央司法官员的选任管理制度研究》（指导教师：丁凌华）

刘承涛 《〈民国民法·永佃权〉考》（指导教师：俞江）

彭芸安 《江苏高等法院第二分院的运行状况研究——兼谈民国收回领事裁判权运动状况》（指导教师：俞江）

陈　慧 《唐代水利立法及相关社会状况研究》（指导教师：杨师群）

唐　焱 《法律视野下的徽州盐商——从万历至道光》（指导教师：赵元信）

法律硕士

叶春弟 《论军巡院的司法与执法职能》（指导教师：丁凌华）

在职法律硕士

诸建光 《中国民事强制执行法律制度历史、现状、改革之研究》（指导教师：王立民）

万　梅 《红楼梦与清代婚姻法律制度评论》（指导教师：王立民）

沈菊芳 《明清徽州坟山、祀田状况及其纠纷研究》（指导教师：丁凌华）

2006级法律史硕士学位论文

外国法制史方向

李明倩 《约翰·霍尔特法官评述》（指导教师：何勤华）

王伟臣 《乱伦禁忌——简单社会的法律》（指导教师：何勤华）

方　宇 《神明裁判的终结——第四次拉特兰会议第十八条教规研究》（指导教师：李秀清）

王姝苏 《美国宪法第十九条修正案的历史考察及评析》（指导教师：李秀清）

蒋文星 《论日本少年矫正教育的发展——从少年院演变史的视角》（指导教师：李秀清）

余甬帆 《美国"黄狗"合同的历史探析》（指导教师：李秀清）

刘晓东 《论美国联邦法官助理制度》（指导教师：李秀清）

刘璧君 《英国"宗教改革议会"研究》（指导教师：周伟文）

张　雪 《联邦最高法院的反托拉斯理念与实践——1890至1920年》（指导教师：周伟文）

张　伟 《美国意见证据可采性研究》（指导教师：周伟文）

方　堃 《禁酒立法四十年——以美国联邦与州的权力争夺为主线》（指导教师：周伟文）

廖灿强 《"所有人的正义"——英国现代法律援助制度的发展》（指导教师：周伟文）

中国法制史方向

孙晓鸣 《日伪时期上海公共租界法制变异》（指导教师：王立民）

李爱然 《鬼神报应与明清法律文化》（指导教师：徐永康）

殷唯青 《南京国民政府时期（1927—1937）保险法立法浅析》（指导教师：丁凌华）

王　惠 《秦简律目衔微》（指导教师：丁凌华）

贾丽娜 《南京国民政府初期的高等法院（1927—1930年）》（指导教师：丁凌华）

蒋蓓妮 《秦汉医事法律制度述论》（指导教师：杨师群）

胡琳琳 《清代提刑按察使司述论》（指导教师：杨师群）

李　梓 《明朝户部机构及其职能运作刍议》（指导教师：赵元信）

2007级法律史硕士学位论文

外国法制史方向

吴　玄 《马基雅维利与威尼斯城市共和国宪政》（指导教师：何勤华）

张　倩 《试论11~13世纪英格兰王权的扩张——兼论普通法形成的原因》（指导教师：何勤华）

尤维丽 《美国二十世纪五六十年代黑人投票权的实现》（指导教师：李秀清）

应慧娟 《中世纪教会结婚仪式研究》（指导教师：李秀清）

者丽琼 《英国反家庭暴力法律的历史分析》（指导教师：李秀清）

顾　婷 《从〈王位继承法〉看英国王位继承制度》（指导教师：李秀清）

肖崇俊 《英国海事法院的历史探析（1360—1873）》（指导教师：周伟文）

恽艳茹 《论东盟不干涉内政原则的发展》（指导教师：周伟文）

郭春阳 《司法能动抑或司法克制——“洛克纳案”之辩》（指导教师：周伟文）

陈　楠 《美国反倾销法早期发展轨迹》（指导教师：周伟文）

刘　征 《美国堕胎立法之历史沿革》（指导教师：周伟文）

中国法制史方向

姚笑圆 《上海公共租界临时法院研究》（指导教师：王立民）

高　原 《上海法租界最后三年（1941—1943）的法制变异》（指导教师：王立民）

刘文佳 《中国古代的清官和民众的“青天”崇拜倾向》（指导教师：徐永康）

陈志湘 《从两岸物权法的制定与发展看德国法对中国民法典的影响》（指导教师：徐永康）

曾　璐 《明清江南宗族族产制度研究》（指导教师：丁凌华）

袁　唯 《20世纪20年代湖南省宪运动中的选举风潮》（指导教师：丁凌华）

陈　影 《明代南京都察院初探》（指导教师：丁凌华）

崔懿晟 《清代理藩院及其立法研究》（指导教师：丁凌华）

周　嫣 《中国巡回审判史述论》（指导教师：杨师群）

文　竹 《明朝中后期的商业走向及其策略变化——兼窥西欧同时期的商业动向》（指导教师：赵元信）

熊　猛 《浅论明朝户部的职能及其运行的法律制度》（指导教师：赵元信）

高校教师攻读硕士学位论文

符超翔 《法律史中的“阐释”与“史料”——以苏力的〈法

律与文学〉为切入点》（指导教师：周伟文）

陈晖阳 《黎族婚俗视野下的法律思考——以海南黎族婚姻家庭习俗为中心》（指导教师：李秀清）

曾德伟 《浅析中国古代容隐制度及其现代价值》（指导教师：周伟文）

王时锐 《海南黎族习惯法研究》（指导教师：王立民）

周　勋 《南京国民政府监狱行刑制度研究——以上海地方监狱为例》（指导教师：王立民）

欧阳娇 《封建法制的悲剧性人物——评海瑞的法律思想与法律实践》（指导教师：丁凌华）

2008 级法律史硕士学位论文

外国法制史方向

严佳斌 《宪法至上还是立法机关至上？——二战后新加坡的宪法、议会、司法之关系试析》（指导教师：何勤华）

卢　然 《英格兰封建制的确立与土地支配权之变迁——以诺曼征服时期的土地制为视角》（指导教师：何勤华）

陈佳吉 《论西班牙二十世纪七十年代末宪政改革》（指导教师：何勤华）

舒　曼 《20 世纪苏格兰少年司法制度研究——以儿童听证制度为视角》（指导教师：何勤华）

段　征 《试论 20 世纪以来英国贵族院的改革》（指导教师：李秀清）

顾寅跃 《1937 年“宪法革命”与美国最高法院的转变》（指导教师：李秀清）

余　莉 《论英国 20 世纪律师制度改革》（指导教师：李秀清）

秦贝贝 《日本江户时代的大名留守居制与参勤交代制度——兼论幕藩体制国家的权力关系》（指导教师：李秀清）

刘　佳 《论新加坡同性恋入罪条——以2007年刑法典修订为线索》（指导教师：周伟文）

金芳翠 《美国劳工禁令的衍变》（指导教师：周伟文）

王　翔 《1875年〈司法条例〉与十九世纪英国司法改革》（指导教师：周伟文）

陶业峰 《美国行政法法官独立趋势研究》（指导教师：周伟文）

茹　茹 《显失公平原则在美国合同法上的演进——以〈统一商法典〉2-302条款为中心》（指导教师：周伟文）

张静文 《美国司法审查制度的起源》（指导教师：陈颐）

聂　潍 《美国司法独立的早期史》（指导教师：陈颐）

胡震宇 《美国证券律师在证券发行中职责的演变》（指导教师：陈颐）

栾绿川 《美国修宪史上的"平等权利修正案"及其失败》（指导教师：陈颐）

中国法制史方向

蒋永锵 《南京国民政府时期检察制度的演变——以检察机构与检察权为中心》（指导教师：王立民）

龚　坚 《宋真宗时期法制探微（997—1022）》（指导教师：丁凌华）

朱志培 《明代刑部大理寺职能嬗变考》（指导教师：丁凌华）

董　能 《法律视角下的周汉反教案》（指导教师：杨师群）

徐　娜 《清末财政立宪状况考察——以财政预算案为视角》

（指导教师：徐永康）

陈　艳《20世纪80年代中国法制史学的发展与反思》（指导教师：王立民）

高校教师攻读硕士学位论文

蔡　薇《海南流贬制度研究——以唐宋两代为中心》（指导教师：王立民）

倪萍丽《清代海南建置制度考》（指导教师：丁凌华）

法律硕士

邬　勖《睡虎地秦简〈封诊式〉所见司法程序研究》（指导教师：洪佳期）

在职法律硕士

韩　蕾《改革开放以来上海市徐汇区文化遗产保护法律制度的完善》（指导教师：丁凌华）

周　阳《论曾国藩的法律思想及其实践》（指导教师：洪佳期）

郑海萍《改革开放以来象山县普法的发展与思考》（指导教师：王立民）

2009级法律史硕士学位论文

外国法制史方向

阮小婧《日本音乐著作权法律保护发展史略》（指导教师：何勤华）

许钗玲《论〈印度宪法〉中的保留制度》（指导教师：何勤华）

郭文青《欧洲中世纪封建地方法考略》（指导教师：何勤华）

占志铖《罗马共和宪政的渊源、内容和价值——一种古代宪

政模式的考察》（指导教师：何勤华）

卢煜林 《论法官知法原则及其在国际商事仲裁之中的运用》（指导教师：李秀清）

杨　颖 《英国死刑废止进程研究》（指导教师：李秀清）

肖毅立 《英国藐视法庭罪的历史考察》（指导教师：李秀清、冷　霞）

陈　旭 《论魁北克民事诉讼法的混合法特征的形成》（指导教师：李秀清）

田芳菲 《瑞士公民投票制度研究》（指导教师：李秀清、冷　霞）

徐黄凯 《美国“萨班斯法案”焦点问题研究》（指导教师：周伟文）

姜林林 《试论亨利二世司法改革》（指导教师：周伟文）

朱耀文 《英国公共受托人制度研究》（指导教师：周伟文）

赵博阳 《伊夫〈法律大全〉研究》（指导教师：周伟文）

江小夏 《普通法学家与19世纪英国法学的转型——以波洛克对契约法体系的贡献为例》（指导教师：陈　颐）

沈　杰 《美国特拉华州公司法对董事自我交易的规制》（指导教师：陈　颐）

王　旋 《类案侵害之诉初论》（指导教师：陈　颐）

孙　科 《对欧盟基础条约宪法性质的判断》（指导教师：陈　颐）

中国法制史方向

刘　颖 《上海第一特区地方法院涉外民事案件研究——以1940年档案为中心》（指导教师：王立民）

李颖杰 《论汉初儒法并举的法律原则——以〈二年律令·贼

律〉及〈睡虎地秦墓竹简〉为研究中心》（指导教师：王立民、王　沛）

王安廷　《20 世纪 80 年代中国法制史学研究》（指导教师：王立民、高　珣）

马晶莹　《南京国民政府新闻法制研究（1927—1937 年）》（指导教师：丁凌华）

姚宝国　《出土文献所见汉初傅籍制度研究》（指导教师：丁凌华）

应婵珺　《1927—1937 上海律师公会研究》（指导教师：洪佳期）

何明钢　《民国北京政府惩治盗匪法规及其实施》（指导教师：徐永康）

康大玮　《宋代买扑制度的法制规则探讨》（指导教师：杨师群）

法律硕士

裴乾坤　《战国时期禅让观探微——以中山王器为中心的考察》（指导教师：高　珣）

2010 级法律史硕士学位论文

外国法制史方向

王思杰　《12 至 13 世纪意大利的法学教育》（指导教师：何勤华）

何元龙　《1776 年〈宾夕法尼亚州宪法〉研究》（指导教师：何勤华）

沈　伟　《越南丁陈时期“佛教——法律文化”研究》（指导教师：李秀清）

尚　锴《美国中立法案研究（1935—1939）》（指导教师：李秀清）

陈　沛《百年〈泡沫法〉：从颁布到废止——兼论其对公司制度的影响》（指导教师：周伟文）

林　海《英国中世纪的诉状起诉现象》（指导教师：周伟文）

杨　寻《查尔斯·A. 比尔德对美国制宪的解释及其影响》（指导教师：陈　颐）

李海有《英国过失侵权行为法起源初探——以 Donoghue v.Stevenson 案为中心》（指导教师：陈　颐）

李秋实《16 世纪英国陪审团废止权》（指导教师：冷　霞）

佟思进《国际海上货物运输承运人责任制度演变研究》（指导教师：冷　霞）

沈　群《清教契约思想与马萨诸塞殖民地早期的政治实践》（指导教师：冷　霞）

中国法制史方向

黄　晶《南京国民政府后期电影检查制度研究（1945—1949）》（指导教师：王立民）

刘　倩《二十世纪九十年代中国法制史学探究》（指导教师：王立民）

苏静瑜《清前期政府应对瘟疫的措施研究》（指导教师：徐永康）

胡志勇《奕劻与清末新政》（指导教师：徐永康）

黄筱群《宋代官府窑业制度探析》（指导教师：丁凌华）

纪宗猛《明代火政制度研究》（指导教师：丁凌华）

李　林《二十世纪九十年代中国法制史学研究》（指导教师：王立民）

王　佳　《山西票号的规则及运作机制研究》（指导教师：洪佳期）

严佳瑾　《民初上海女性诉讼案件研究——基于对〈申报〉的考察（1912—1914）》（指导教师：洪佳期）

张　欣　《宋代司法官责任制度研究——以〈宋刑统〉为基础》（指导教师：高　珣）

朱龙娟　《宋代户绝财产继承制度研究——以〈名公书判清明集〉为文本》（指导教师：高　珣）

童兰兰　《明成祖时期的法制研究（1402—1424）》（指导教师：丁凌华）

杨文君　《〈孔子家语〉法律思想辨析》（指导教师：王　沛）

李　洋　《论乾隆时期法律与皇权的关系——以文字狱案件为研究中心》（指导教师：王　沛）

2011级法律史硕士学位论文

外国法制史方向

徐奕斐　《詹姆斯·肯特的国际法思想初探》（指导教师：何勤华）

单　纯　《欧洲法院助审官制度研究兼论法院的社会合法性——以助审官制度为视角》（指导教师：李秀清）

宗　华　《19世纪英国专利废除之争》（指导教师：李秀清）

马龙君　《伊朗1979年〈宪法〉：神权政治与民主政治的二元体》（指导教师：李秀清、屈文生）

周梦远　《公司表决权信托制度在美国的确立》（指导教师：周伟文）

林　甲　《论十九世纪英国枢密院司法委员会的流变与英属殖民地普通法系的扩张》（指导教师：周伟文）

叶天琼 《英国陪审制度的起源与变迁——民主与专业的相互博弈》（指导教师：周伟文）

候　宁 《英国公簿持有制初探》（指导教师：陈　颐）

张雯倩 《英国权利请求法院研究》（指导教师：陈　颐）

缪丽园 《以色列违宪审查制度评述》（指导教师：陈　颐）

袁杲炜 《日本庄园制的法律问题研究——以法制史的视角分析》（指导教师：冷　霞）

马　泽 《英国普通法中的法律拟制——以诉讼形式为考察对象》（指导教师：冷　霞）

李　润 《从国王身体到国家尊严——英国叛逆罪的历史转型》（指导教师：冷　霞）

中国法制史方向

韦　力 《南京国民政府时期上海戏剧审查制度研究（1927—1937年）》（指导教师：王立民）

黄毛毛 《上海公共租界领事公堂研究》（指导教师：王立民）

孙　婷 《晚清中国法制史学探究（1840—1900）——以中国地区研究为中心》（指导教师：王立民）

孙　博 《清光绪年间关于赈灾的法律问题研究——以防控流民为视角》（指导教师：徐永康）

张　瑜 《论明清中央司法机构的嬗变》（指导教师：徐永康）

钱逸琼 《明洪武至嘉靖中日使臣派遣制度研究（1368—1549年）》（指导教师：丁凌华）

张　蕾 《“小社会”之大法制——明代监狱制度研究》（指导教师：丁凌华）

何少芳 《孙吴仓库制度初探——以长沙走马楼吴简为中心》（指导教师：陈灵海）

李永增 《东汉刑徒砖相关问题研究》（指导教师：陈灵海）

边　鹏 《商代军事法令初探》（指导教师：陈灵海）

龚　雪 《清代徽州坟产纠纷研究》（指导教师：洪佳期）

马芳林 《清代亲属间“威逼人致死”研究》（指导教师：洪佳期）

何　娜 《清代的“亲属相奸”研究》（指导教师：洪佳期）

罗　越 《清代“防卫杀人”研究——以〈刑案汇览〉为文本》（指导教师：高　珣）

曹晓玮 《明代判牍〈谿辞〉研究——以文本考察为中心》（指导教师：高　珣）

李俊海 《民国元年江苏民事审判实践研究——以〈江苏司法汇报〉为中心的考察》（指导教师：王　沛）

陈　迪 《秦“谳”初探——以〈岳麓书院藏秦简三〉为视角》（指导教师：王　沛）

2012 级法律史硕士学位论文

外国法制史方向

孙斯文 《女性主义视野中的社会正义——以艾利斯·扬的女性主义正义思想为中心》（指导教师：陈　颐）

严　玮 《日本解决医疗纠纷制度研究——以医疗 ADR 机制的设置为中心》（指导教师：李秀清）

胡一旭 《夏威夷王国法律变革研究（1795—1855）》（指导教师：李秀清）

王　凯 《国王审判与宪制转型——以查理一世案为中心》（指导教师：陈　颐）

陈晓燕 《划分英国公私法的“外科手术刀”——奥雷利诉麦

克曼案的历史分析》（指导教师：冷 霞）

侯 磊 《1802年〈工厂法〉研究》（指导教师：冷 霞）

薛 谦 《英国最高法院运行五年分析》（指导教师：何勤华）

卜音英 《论美国公立大学种族入学政策的司法审查——以审查标准为中心》（指导教师：周伟文）

孙莲莲 《英国股东派生诉讼制度之改革研究》（指导教师：李秀清）

李宜利 《美国破产法院管辖权研究》（指导教师：周伟文）

薛 欢 《美国1965年格里斯沃尔德案与自然权利理念》（指导教师：陈 颐）

陈孟德 《英国死因裁判制度改革：1902—1926》（指导教师：周伟文）

郑鹏程 《"国王的和平"与中古英格兰的国家建构》（指导教师：冷 霞）

魏 巍 《宪法史视角下的美国总统战争权研究》（指导教师：于 明）

杨钦云 《令状的成熟与变化——对〈论英格兰王室的法律与习惯〉的初探》（指导教师：周伟文）

黄赛楠 《浅析美国内战中的南北论战》（指导教师：何勤华）

中国法制史方向

何仁俊 《中国法制史学研究（1949—1978）》（指导教师：王立民）

杨 颖 《清代刑部"说帖"制度研究》（指导教师：陈灵海）

朱 琳 《唐代律令制下粟特人的法律生活研究》（指导教师：洪佳期）

徐 琪 《明代万历年间"两湖"地区强盗案件研究》（指导教

师：王立民）

单若昱 《秦汉髡刑及其相关刑若干问题研究》（指导教师：陈灵海）

毛子辰 《唐代奖赏制度研究——以功臣奖赏为例》（指导教师：徐永康）

王晓彤 《清代“居丧嫁娶”法律禁止与实践研究》（指导教师：洪佳期）

李康宁 《论明清“例分八字”理论的流变——以〈大明律〉和〈读律佩觿〉为文本》（指导教师：丁凌华）

鲍舒婷 《魏晋南北朝时期的“禁锢”研究》（指导教师：高　珣）

项天伦 《明代官印制度研究》（指导教师：丁凌华）

方　胤 《民初正当防卫原则立法与实践研究——以大理院判例为中心》（指导教师：王　沛）

马心怡 《清入关前〈离主条例〉探析》（指导教师：高　珣）

刘　慧 《“公羊三世”说与清末改制》（指导教师：丁凌华）

羊　彬 《〈九朝律考·汉律考·刑名考〉考析》（指导教师：王　沛）

王哲华 《明嘉靖时期南方“儒学”整饬的探究——以部分明人文集所载地方教育法规为主》（指导教师：王立民、姚　远）

2013级法律史硕士学位论文

外国法制史方向

李　雪 《日本镰仓幕府的诉讼制度研究——以诉讼机关引付为中心》（指导教师：李秀清）

宋天馨 《公司内部监督机制的重构——日本2002年商法修改

评述》（指导教师：陈　颐）

蒋　辰　《〈1860年印度刑法典〉述评》（指导教师：冷　霞）

杨晓艳　《英国商人法纳入普通法的历史探析（1606—1788）》（指导教师：于　明）

王　帅　《母权神话的开始——巴霍芬和麦克伦南母权理论比较研究》（指导教师：何勤华）

宋　麟　《司法中的理性与非理性——法国大革命时期的革命法庭研究》（指导教师：于　明）

李守进　《俄罗斯刑事陪审团制度初探》（指导教师：何勤华）

王鹏飞　《王权的困境——造船费案及其争议（1637—1641）》（指导教师：陈　颐）

陶亚骏　《论德国〈基本法〉社会国原则在联邦宪法法院的适用》（指导教师：李秀清）

姜　威　《詹姆斯·威尔逊的司法审查理论与实践》（指导教师：冷　霞）

杨安舒　《〈英国法释义〉与早期美国法：1770—1860》（指导教师：冷　霞）

胡妮娜　《在隐私与安全之间——美国电子通讯监听法律规制》（指导教师：陈　颐）

俞　梦　《民法与忠孝——明治民法对家制的塑造》（指导教师：陈　颐）

张　晓　《试论美国法学教育现代化视野下的判例教学法》（指导教师：何勤华）

肖芳婷　《禁酒令与辩诉交易的成型：1851—1919》（指导教师：陈　颐）

周书琪　《美国独立检察官制度探析》（指导教师：李秀清）

张　宁　《奥古斯丁神学自然法思想》（指导教师：李秀清）

郑欣沂　《遗嘱信托的德国法命运》（指导教师：冷　霞）

中国法制史方向

刘　璐　《清末民初“妇女改嫁”法律问题研究》（指导教师：洪佳期）

黄　海　《曶鼎铭文法律问题研究》（指导教师：王　沛）

金淑媛　《江苏上海第二特区地方法院烟毒案件研究——以1940年档案为中心》（指导教师：王立民）

盛丹丹　《唐五代敦煌吐鲁番奴婢制度研究》（指导教师：陈灵海）

姜　增　《上海法政学院毕业生就业问题研究（1927—1937）》（指导教师：龚汝富）

袁钰超　《唐宋“报杀”考》（指导教师：陈灵海）

王冰洁　《上海法制史学研究》（指导教师：王立民）

张　武　《汉晋劳役刑考论》（指导教师：姚　远）

郑小青　《民国时期河口地方法院同居案例研究》（指导教师：丁凌华）

2014级法律史硕士学位论文

外国法制史方向

张琳琳　《美国联邦人身保护令制度研究——以19世纪60年代后的历史挑战为中心》（指导教师：冷　霞、董春华）

裘越萍　《日本裁判员制度运行实效分析》（指导教师：陈　颐）

于　莹　《美国联邦上诉法院建立史》（指导教师：李秀清）

刘芸伊　《津贴制与古典时代雅典政制建构》（指导教师：于　明）

朱　婷《美国社区检察制度探析》（指导教师：李秀清）

袁　也《〈近江令〉的历史书写——以奈良中期的藤原氏家族政治为中心》（指导教师：何勤华）

赵　阳《中世纪匈牙利的宪政主义初探（997年—1526年）》（指导教师：于　明）

高童非《近代早期英格兰的巫术诉讼》（指导教师：何勤华）

黄　桦《英王爱德华一世时期立法活动研究》（指导教师：冷　霞）

赵　宝《论美国联邦治安法官制度》（指导教师：董春华、陈　颐）

林　昀《英国现代法律教育制度的建立——以欧姆劳德报告为中心》（指导教师：陈　颐）

解　琪《日本司法考试制度的历史变革》（指导教师：冷　霞）

中国法制史方向

马　灯《南京国民政府盐业法制改革研究（1927—1937年）》（指导教师：洪佳期）

翟晓强《"直诉"考辨》（指导教师：高　珣）

胡俊成《唐宋时期大不敬罪研究》（指导教师：陈灵海）

陈　一《南京国民政府时期旅沪浙江籍律师研究》（指导教师：龚汝富）

周　欢《明代理问所考析》（指导教师：陈灵海）

朱　琳《清代"疯病"杀人法律研究》（指导教师：徐永康）

朱　雪《明朝嘉靖"事例"研究——以〈嘉靖事例〉为考察中心》（指导教师：洪佳期）

黄子娴《岳麓秦简（肆）〈亡律〉释读与研究》（指导教师：姚　远）

魏雪飞 《〈新编吏治悬镜〉中的基层法制治理》（指导教师：王　沛）

陈莅蓓 《清末至民初父母惩戒权变迁研究（1840—1927）》（指导教师：高　珣）

杜　波 《刑名幕友与清代地方司法——以王又槐〈刑钱必览〉为基础的考察》（指导教师：王　沛）

李梁念 《南京国民政府银行业立法浅析》（指导教师：徐永康）

宋伟哲 《中国刑罚史研究三十五年》（指导教师：王立民）

刘　力 《唐宋部曲法律规定比较研究》（指导教师：姚　远）

王瑞超 《民国时期上海的女律师》（指导教师：龚汝富）

2015级法律史硕士学位论文

外国法制史方向

龙嫚雨 《美国音乐版权一揽子许可制度的历史沿革》（指导教师：于　明）

李思逸 《德国难民法的历史基础与现实困境——基于宪政视域下的分析》（指导教师：冷　霞）

谢佳欢 《英国18世纪宪制改革的腐败诱因》（指导教师：苏彦新）

郭梦蝶 《欧洲竞争法律一体化的方法研究》（指导教师：何勤华）

尤娇娇 《澳大利亚反腐法律制度研究——以联邦立法为中心》（指导教师：何勤华）

陈建斌 《布莱尔宪制改革研究——以最高法院司法权为中心》

（指导教师：苏彦新）

查芳红 《英国诉答程序的发展变化与程序先于权利观念的转变》（指导教师：李秀清）

韩龙河 《宪政视域下的美国联邦早期关税问题研究》（指导教师：陈　颐）

龚宇婷 《美国警察盘查权研究》（指导教师：何勤华、于　霄）

毛皓强 《莫普改革与近代国家的主权建构》（指导教师：于　明）

张文君 《英国公司法董事信义义务的历史考察》（指导教师：冷　霞、董春华）

朱　琦 《澳大利亚同性婚姻合法化探析》（指导教师：陈　颐）

中国法制史方向

许　欢 《宋代继母法律地位研究》（指导教师：高　珣）

乔志鑫 《秦汉的罪数问题研究——以两则奏谳案例为中心》（指导教师：王　沛）

李怡蓓 《明代赎刑则例研究》（指导教师：洪佳期）

薛　慧 《北洋政府时期女性婚姻自主权研究——以江苏高等审判厅的婚姻案件为对象》（指导教师：高　珣）

周广愉 《民国时期庙产纠纷问题研究——以僧侣维护寺庙产权为核心》（指导教师：徐永康）

李朋志 《民国司法改革过程的探索——以民国司法会议记录为切入点》（指导教师：龚汝富）

祝天剑 《上海公共租界司法权力之争——以卢兴原免职案为例》（指导教师：龚汝富）

向　阳 《民初略诱及和诱犯罪研究——以大理院判例为中心》（指导教师：王立民、王　捷）

田珍芳 《清代地方法规研究——以〈福建省例〉为中心》（指导教师：陈灵海）

潘思羽 《中国法律史学四十年——以三大权威期刊中的法学论文为中心》（指导教师：王立民）

陈曦宇 《破旧能否立新？——从清末“无夫奸”论争看近代法律秩序的重构》（指导教师：姚　远）

2016级法律史硕士学位论文

外国法制史方向

林友标 《李尔本与英国法的连续性——以1649年李尔本审判为中心》（指导教师：于　明）

文　博 《论英国现代版权制度的形成》（指导教师：冷　霞）

毛兴满 《杨斯顿钢铁扣押案评述》（指导教师：陈　颐）

陈　梅 《法律史学家约翰·塞尔登》（指导教师：何勤华、冷　霞）

王率先 《论人工智能在法院裁判中的定位——以美国COMPAS量刑辅助系统的应用历史为视角》（指导教师：董春华）

杨城新 《19世纪英国〈已婚妇女财产法〉研究》（指导教师：冷　霞）

徐心怡 《美国司法部设立的历史考察》（指导教师：于　明）

罗　带 《晚清外交官之西方法律观——关于郭嵩焘与曾纪泽的比较研究》（指导教师：李秀清）

张雪莹 《论欧盟高等教育跨境流动的法律规制》（指导教师：苏彦新）

曾润轩 《意大利鉴定意见证据制度研究》（指导老师：于　霄）

仇　睿 《优先考虑小型公司——英国〈2006年公司法〉小型

公司法律改革述评》（指导老师：陈　颐）

柴　雯《德国公司法中的共同决定制及其欧盟化》（指导老师：陈　颐）

中国法制史方向

郑　昕《明代黄册制度研究——以法律规制为视角》（指导教师：王　捷）

张雯珺《中译本〈法国律例〉研究》（指导教师：王　捷）

陈婉琴《秦及汉初家庭内部人身犯罪研究——以出土文献为中心》（指导教师：姚　远）

苗雨鹤《清代苏州示禁碑研究》（指导教师：王　沛）

刘　璐《明代洪武朝榜文研究》（指导教师：洪佳期）

胡序震《清代议罪银制度研究》（指导教师：陈灵海）

邱滨泽《宋初专使行为规范与惩戒》（指导教师：王立民）

张博文《告身制度兴衰考》（指导教师：王　沛）

李雪涛《〈祥刑遗范〉研究》（指导教师：龚汝富）

2017级法律史硕士学位论文

外国法制史方向

邓　丛《美国毒品规制的法制初衷与实践背逆——从“毒品战争”到“非裔人群的监狱”》（指导教师：于　霄）

曹诗腾《论美国宪法实质正当程序条款适用的变革——以同性婚姻判决为视角》（指导教师：何勤华、董春华）

罗　锐《英国骑士法院研究——以英国继受罗马法为线索》（指导教师：何勤华）

李　毅《英国法律史中的诺曼征服问题》（指导教师：于　明）

翁亚娜《从莎士比亚戏剧文学看中世纪英格兰宪政的发展》

（指导教师：李秀清）

王志苹 《美国〈1978年破产改革法〉研究》（指导教师：冷　霞）

张耀文 《美国侵权法中的表面侵权研究》（指导教师：董春华）

唐　梅 《威廉·加罗与18世纪末英国刑事审判变革》（指导教师：冷　霞）

庞　潇 《托依布纳的反身法理论研究》（指导教师：于　霄）

董安静 《英国事务律师制度变革（19世纪至21世纪）》（指导教师：苏彦新）

中国法制史方向

管笑雪 《秦至汉初特权群体诉讼审判程序研究》（指导教师：姚　远）

吴志勇 《蒙元的生态法律：文本、思想及其实践》（指导教师：王　沛）

晁芸芸 《明代诬告犯罪研究》（指导教师：洪佳期）

丁霖暄 《乾隆时期州县民事调处程序论述》（指导教师：王立民）

高凌艳 《民国上海地区买卖人口犯罪研究以〈申报〉案例为中心》（指导教师：洪佳期）

蒋世平 《明代都察院司法职权探究》（指导教师：徐永康）

胡瑜锴 《秦代刑罚等序体系新探》（指导教师：王　捷）

陈天成 《乡约与明代基层法秩序构建——以公权力角色变迁为视角》（指导教师：王　沛）

李一枝 《明末清初府级司法实践探究——以李渔〈资治新书〉为中心》（指导教师：洪佳期）

陈迁美 《团练制度下的基层解纷机制研究（1912—1935）——以会理县档案为中心》（指导教师：龚汝富）

刘佳芸 《清末法部的形成与权力调整研究》（指导教师：姚　远）

王牧云 《岳麓书院藏秦简所见秦令研究》（指导教师：王　捷）

蒋　岚 《明初里老人理诉制度探析——以〈教民榜文〉为中心》（指导教师：洪佳期）

董亭君 《清代圈禁制度研究》（指导教师：陈灵海）

王　晓 《唐代“医疾”立法研究》（指导教师：姚　远）

2018级法律史硕士学位论文

外国法制史方向

韦　达 《体系与规则之间——德国法上继承契约源流研究》（指导教师：苏彦新）

徐开来 《美国雇佣自由原则的发展——彼得曼案评述》（指导教师：于　霄）

潘佳妮 《意大利辩诉交易本土化研究》（指导教师：李秀清）

张晓倩 《美国证券法外国发行人监管规则的变迁》（指导教师：董春华）

李　烨 《公司性质的公私之辨：美国公司法的历史经验与思考》（指导教师：冷　霞）

杨方惠 《英国儿童刑事责任的历史变革——以无犯罪能力推定的废止为中心》（指导教师：陈　颐）

胡　晓 《江户时代“四民”社会变迁中的相对济令》（指导教师：陈　颐）

张文玉 《美国强制绝育法研究》（指导教师：李秀清）

李锦元 《1897年日本〈传染病预防法〉研究》（指导教师：何勤华、王海军）

胡欣悦 《雅典公民大会及其法治解决路径——以伯罗奔尼撒战争时期为中心的考察》（指导教师：于　明）

田好奇 《普通法形成时期中的郡法庭》（指导教师：于　明）

顾非易 《帕特·奥马利法社会学思想研究——以风险理论为中心》（指导教师：何勤华、胡　骏）

张瑞琦 《威廉·谢泼德与克伦威尔法律改革》（指导教师：冷　霞）

中国法制史方向

庞　蕾 《孔府档案所见清代集市案研究——以雍正至光绪时期为例》（指导教师：王立民）

朱群杰 《长沙五一广场东汉简牍中的赃罪》（指导教师：王　沛）

孙精远 《明代南京刑部研究》（指导教师：陈灵海）

刘学娜 《明代徽州土地纠纷与解决》（指导教师：洪佳期）

孟　瑶 《宋代官员从商的禁与罚》（指导教师：姚　远）

朱世超 《秦汉令比较研究》（指导教师：王　捷）

高凌燕 《〈槐卿政绩〉所见清代地方司法裁判研究》（指导教师：王　沛）

王新蕾 《秦简所见“债”相关问题研究》（指导教师：王　捷）

杨芳芳 《宋代提点刑狱公事研究》（指导教师：洪佳期）

张雪瑞 《〈诸司职掌〉研究》（指导教师：姚　远）

尤佳君 《明代开中则例研究》（指导教师：王　捷）

杜晓松 《南京国民政府惩治司法腐败研究——以1931—1937

年弹劾案与惩戒案为例》（指导教师：龚汝富）

2019级法律史硕士学位论文

外国法制史方向

吴　怡　《“杀死”罗伊——近50年美国堕胎权论争剖析》（指导教师：何勤华、魏　敏）

段　定　《英格兰宗教高等委员会法庭初探》（指导教师：于　明）

苑宝丹　《印度企业社会责任立法的嬗变》（指导教师：冷　霞）

詹　瑞　《美国职场性骚扰的管理监督者责任》（指导教师：董春华）

高海霞　《20世纪美国过失性虚假陈述经济损害责任研究》（指导教师：冷　霞）

袁晨风　《美国法律平权运动的困局与出路》（指导老师：何勤华、王　婧）

沈依逸　《英国在港早期司法权研究(1839—1870)》（指导老师：于　明）

徐天骄　《论美国侵权法对惩罚性赔偿的限制》（指导教师：苏彦新）

陈明睿　《美国证券法规制范围的变迁》（指导老师：李秀清）

王　隆　《美国公司法授权资本制度演进研究》（指导教师：苏彦新）

刘玙习　《杰伊条约与近代国际仲裁的开端》（指导教师：于　明）

刘　琪　《盎格鲁－撒克逊时期妇女法律地位》（指导教师：王

海军）

张凯静 《亚里士多德“衡平”法律思想研究》（指导教师：胡　骏）

中国法制史方向

伏春雨 《上海总商会调解商事纠纷研究》（指导教师：洪佳期）

王嘉仪 《1943—1948年上海地区违警案件研究》（指导教师：洪佳期）

陈怡玮 《明宣德时期法制状况研究（1425—1435）》（指导教师：洪佳期）

王加好 《秦汉简所见“式”研究》（指导教师：王　捷）

林琦靖 《汉代基层官吏的司法渎职研究》（指导教师：王　沛）

徐琨捷 《〈大清民律草案〉在民初的法源地位——以大理院民事裁判为中心》（指导教师：龚汝富）

李　斌 《清代复仇案例研究》（指导教师：王　沛）

张妮娜 《民国时期上海女性法政教育研究——以上海女子法政学校为例》（指导教师：姚　远）

沈子渊 《秦简所见“比”研究》（指导教师：王　捷）

韩林妤 《西汉廷尉“治狱”研究》（指导教师：姚　远）

应浩珍 《上海圣约翰大学法律教育研究》（指导教师：姚　远）

王继慧 《〈莆阳谳牍〉所见明末福建海盗案件研究》（指导教师：王　沛）

贾高邦 《秦法中的交通规制研究——以出土文献为中心》（指导教师：王　捷）

七、学会活动

全国外国法制史研究会历年活动回顾

全国外国法制史研究会是由全国各高等法律院校、科研机构从事外国法制史教学与研究的学者自愿组合的全国性的学术团体。研究会成立于 1982 年 4 月，主管单位为教育部，登记注册单位为民政部，挂靠单位设在武汉大学。1999 年，经民政部变更登记，研究会的挂靠单位变更为华东政法学院。从这一时期开始，华政法律史学科也更多参与到研究会的各项工作与活动组织之中，为推动研究会的发展壮大作出了更大的贡献。

一、研究会早期发展概况（2000 年之前）

1979 年 9 月，为推动法律史学科的建设与发展，全国各高校和科研机构从事法律史教学与研究的学者自发成立了“中国法律史学会”，成为中国改革开放以来法学界最早成立的全国性学术团体。当时，外国法制史与中国法制史、中国法律思想史和西方法律思想史 4 个学科共同构成了中国法律史学会的主体。

1982 年 4 月，为进一步推动外国法制史学科的深入发展，在陈盛清、林榕年、徐轶民、张学仁等从事外国法制史教学和研究的前辈学者的带领下，又成立了“外国法律制度史研究会”（2003 年更名为“全国外国法制史研究会”），作为专门从事外国法制史研究的全国性学术团体。4 月 26~30 日，研究会在武汉大学召开了成立大会暨首届学术讨论会，来自全国 24 所高校法律院系的 30 多位代表参加了大会。大会选举陈盛清、林榕年、徐轶民、林向荣、张学仁为理事，陈盛清为会长，林榕年为副会长，张学仁为秘书长，聘请著名法学家卢干东、姚梅镇、周枏为顾问。研究会秘书处设在武汉大学。时任武汉大学副校长刘道玉以及著名历史学家吴于廑教授亲临祝贺并发表讲话。与会学者提交了有关外国法制史的论文 22 篇，就罗马法、日本经济立法史等问题进行了深入讨论。大会制定了近期协作编写“外国法律制度史丛书”和《外国法制史》（多卷集）的远景科研规划。

1984 年 1 月，研究会在厦门大学召开了第二届年会，会议主题为“如何建立具有中国特色社会主义的外国法制史学科体系”，全国 30 多家单位共 70 余位代表参加了大会。会议增设常务理事职务，选举陈盛清、林榕年、徐轶民、林向荣、张学仁为常务理事，陈盛清为会长，林榕年、徐轶民、林向荣为副会长，张学仁为秘书长，新增著名法学家潘汉典为顾问。研讨会重点讨论了在外国法制史教学和研究领域内如何清除和防止精神污染等问题和如何建立具有中国特色社会主义特色的外国法制史学研究体系的问题。

1985 年 7 月，研究会在云南大学召开了第三届年会，会议主题为“研究当代外国法制史度的发展状况”，与会代表近 70 人。会议选举产生了研究会的第二届理事会，选举由嵘、李启欣、李昌道、胡大展、何勤华、高鸿钧、梁治平等 25 人为理事。理事会选举陈盛清、林榕年、徐轶民、林向荣、张学仁为常务理事，陈盛清为会长，林榕年、徐轶民、林向荣为副会长，张学仁为秘书长，聘请卢干东、姚梅镇、周枏、潘汉典为顾问。会议期间，与会代表对当代外国法律制度的发展现状、发展规律及若干重要理论问题展开了积极研究与热烈讨论。

1986 年 11 月，研究会在华政召开了第四届年会，会议主题为“外国法制史学科如何为中国社会主义法制建设服务”以及“外国法制史学科体系的设想”。1987 年 12 月，研究会在四川大学召开了第五届年会，会议的主题为“如何开展外国法制史研究”与“交流教学经验和教学改革”。

1989 年 3 月，研究会在中山大学召开了第六届年会，会议的主题为“当代外国法制丛书”的撰稿和出版工作，探讨如何建立具有中国特色的中、外法制史学科体系。本次会议选举了研究会第三届理事会，选举方立新、冯卓慧、由嵘、何勤华、里赞、张梦梅、李启欣、李昌道、杨联华、胡大展、高鸿钧等 37 人为理事。理事会选举陈盛清、林榕年、徐轶民、林向荣、张学仁为常务理事，陈盛清为会长，林榕年、徐轶民、林向荣为副会长，张学仁为秘书长，聘请卢干东、姚梅镇、周枏、潘汉典、端木正为顾问。研讨会对外国法制史研究遭遇的困境作了深入的讨论，并讨论了加强外国法制史学科建设的方式、方法。

1990 年 8 月，研究会在黑龙江大学召开第七届年会，会议主题为“如何更好地将外国法制史与时代的要求结合起来”。1991 年 10 月，研究会在山东济南山东政法管理干部学院召开了第八届年会，会议的主题是“探讨进一步适应形势需要，开拓和创新外国法制史学科”以及如何修订教材和编写 《外国法制通史》的设想。

1992 年 8 月，研究会在中国政法大学召开了第九届年会，会议的主题为“总结外国法制史研究会成立十周年的教学和科研成果”以及“着重研究周边国家尤其是东南亚诸国的法律制度”。本届年会选举产生了研究会第四届理事会，已经退休或多年未参加年会的理事不再选作理事，增选一批年轻会员为理事。改选后的第四届理事会由 36 人组成，45 岁以下的占 1/3。理事会选举林榕年、徐轶民、林向荣、由嵘、张学仁为常务理事，林榕年接替陈盛清担任新一届研究会会长，徐轶民、林向荣、由嵘、张学仁为副会长，张学仁兼任秘书长。研究会增设副秘书长，由皮继增担任。

1994 年 10 月，研究会在广西大学召开了第十届年会，会议主题为“社会主义市场经济和外国法制史的关系”。1996 年 7 月，研究会在陕西西安召开第十一届年会，会议主题为“社会主义市场经济暨西部开发与外国法制研究”。会议选举产生了研究会第五届理事会，选举李昌道等 30 位学者为理事。理事会选举林榕年、徐轶民、林向荣、由嵘、张学仁、何勤华、曾尔恕为常务理事，林榕年为会长，徐轶民、林向荣、由嵘、张学仁为副会长，张学仁兼任秘书长。

1997 年 10 月，研究会在华政召开了第十二届年会，会议主题为“社会主义市场经济与外国法制研究”。林榕年和与会代表认为，党的十五大报告为外国法制史研究提供了很好的机会，我国要在相当长的时间里深入研究国外的法律；今后外国法制的研究应着重研究外国法制的背景，一项法律制度为什么产生、要解决什么问题，并进行历史的考察。会议还就“法治”与“法制”问题、社会主义市场经济与外国法制史研究的关系等进行了讨论。

二、2000 年后历届年会回顾

1. 第十三届年会（湘潭年会）

2000 年 4 月，研究会在湖南湘潭大学召开了第十三届年会，会议的主题为“法律移植和法律的本土化”。本次会议的讨论聚焦“外来法与本土法”。围绕“法律移植的理论与实践”“外来法与本土法：非洲与亚洲的实践”“中国近代以来外来法语本土法之间的冲突与融合”等专题展开讨论。研讨会就法律移植的内涵、法律移植的可行性、法律移植的可操作性、法律移植与法律文化的关系、法律移植本土化的内涵、非洲继受外国法的模式、日本与中国的法律近代化的比较、澳门特别行政区对葡萄牙法的借鉴、中国近代司法改革与法律移植的关系等问题进行了深入讨论，达成了广泛共识。

本届年会同时进行了换届改选。会议选举产生了研究会第六届理事会，选举杨联华、皮继增、王宗华等 36 人为理事。理事会何勤华、曾尔恕、叶秋华、方立新、王人博、郑祝君、高鸿钧、胡旭晟等 9 人为常务理事，选举何勤华接替林榕年担任会长，曾尔恕、叶秋华、高鸿钧等为副会长，董茂云为秘书长，李秀清为副秘书长。聘请潘汉典、陈盛清、林榕年、徐轶民、林向荣、由嵘、李昌道、胡大展、满达人、张学仁、李启欣为研究会顾问。

2. 第十四届年会（兰州年会）

2001 年 8 月，研究会在兰州大学召开了第十四届年会，会议的主题为“20 世纪外国经济法的理论与实践”，与会学者围绕“外国经济法的理论及对中国的借鉴”“各国经济法的实践及对中国的借鉴”“西部大开发中的法律问题”等专题展开讨论。研讨会就法律史角度看经济法的产生与发展、法律史视角下经济法的本质、英美法系和德日等大陆法系国家的经济法实践发展历程、德国竞争法体系对我国完善竞争法的参考价值、非洲国家经济法实践发展等具体学术问题进行了深入讨论，达成了广泛共识。

本届会议决定授予潘汉典、陈盛清、林榕年、徐轶民、林向荣、由嵘、李昌道、胡大展、满达人、张学仁、李启欣 11 位教授为研究会“功勋会员”的称号。

3. 第十五届年会（贵阳年会）

2002 年 8 月，研究会在贵州大学召开了第十五届年会，会议的主题为“20 世纪外国司法制度的改革”。本次参会学者就一些国家和地区的典型司法制度及其改革进行了探讨和交流，主要分为“我国司法制度改革的现状与问题及挑战”“罗马法研究”等主题开展。学者围绕如下问题开展深入探讨：英美法上司法适用技术、陪审制、律师分立制度、对抗式诉讼模式、司法审查制，日本自明治维新以来 3 次重大司法制度改革的得失和经验教训，英美法对亚非国家法治的影响等。最终对我国司法改革实践的发展方向展开了深入探讨，并在此基础上对可考察之处形成共识。

本次会议增补董茂云和徐国栋为常务理事，选举李秀清为秘书长。

4. 第十六届年会（烟台年会）

2003 年 10 月，研究会在烟台大学召开了第十六届年会，会议的主题为“20 世纪外国民商法的改革”。会议主要围绕“民法典研究”“民法基本制度研究”“商法制度研究”3 个板块进行。与会学者围绕法国《民法典》、德国《民法典》的制定颁布和特色以及其在 20 世纪中后期的新发展变化、欧洲《民法典》和欧洲法律一体化进程的关系、人格权法和个人数据保护发展史、欧洲与日本家庭法中的继承法制度史、知识产权中商业秘密保护发展史、日本商法董事制度发展史等学术主题进行讨论。对 20 世纪外国民商法的理论和实践重大问题进行分析讨论，研究其中的一般规律，以期为我国民商法领域的立法和修订提供有益参考。

5. 第十七届年会（太原年会）

2004 年 9 月，研究会在山西大学召开了第十七届年会，会议的主题为“20 世纪西方宪政的发展及其变革”。本届会议围绕“西方宪政的发展”“英美宪政制度”“欧洲宪政”“非洲宪政”等主题展开了深入讨论。本届年会呈现不同往届的三大特色：围绕年会主题分阶段地组织多场深入且丰富多彩的专题讨论；专题讨论在充分发扬学术民主的基础上趋于规范化；致力于中青年学者的激励和培育，为外国法制史学科持续发展奠基。

潘汉典教授还回顾了外国法制史学科自20世纪80年代以来的发展历程，指出目前外国法制史的发展处于蓬勃向上时期，加强对当代发达国家法治成果的研究，为中国实施依法治国和建立社会主义法治国家的方略作出贡献。

6. 第十八届年会（西宁年会）

2005年9月，研究会在青海省西宁市召开了第十八届年会。会议的主题为“20世纪外国刑事法律的理论与实践”。与会学者主要围绕相关论文主题中的刑法思想、刑法哲学和刑罚理论等变迁，探讨19世纪以来大陆法系刑法史变迁并解释三者的历史联系。另外还就废除死刑为代表的人道主义、以人本主义和自然主义为本位的二元主义、国际刑法、环境刑法等刑法学科和法律史学科交叉领域的论文主题进行探讨。对于世界范围内英、美、日等国刑事法律制度、非洲法的刑法制度研究、日耳曼法及欧洲中世纪其他地区习惯法有关的刑法史研究、刑法史与文学影视作品关系等，也是本次大会学术研讨的亮点。

本届年会举行了研究会的换届改选。会议选举产生了研究会第七届理事会，选举程延军、陈颐等64人为理事。理事会选举王人博、王云霞、方立新、叶秋华、何勤华、汤唯、张锐智、李秀清、郑祝君、夏新华、高鸿钧、徐国栋、曾尔恕、董茂云等15人为常务理事，选举何勤华为会长，曾尔恕、叶秋华、高鸿钧、方立新、郑祝君、董茂云、徐国栋、李秀清等9人为副会长，李秀清兼任秘书长，夏新华、李红海、陈颐为副秘书长。聘请陈盛清、潘汉典、林榕年、徐轶民、林向荣、由嵘、李昌道、胡大展、张学仁、李启欣为研究会顾问。

7. 第十九届年会（呼和浩特年会）

2006 年 8 月，研究会在内蒙古大学召开了第十九届年会，会议主题为“多元的法律文化”，共举行 6 场相关内容的研讨会。来自全国 50 多所高校和 10 余家法学期刊、出版机构的 130 多位学者出席了本次会议，并按照各场专题研讨会分别展开了深入的交流。内容大体涵盖三个方面：一是有关多元的法律文化的理论思考；二是发达国家在多元法律文化上的历史与实践；三是中国在这一问题上的历史与实践。何勤华教授总结指出，本次年会是有史以来参加人数最多、规模最大、提交论文数量最多的一次，取得了较多成果。

8. 第二十届年会（南昌年会）

2007 年 10 月，研究会在江西财经大学召开了第二十届年会，会议主题为“混合的法律文化”，来自全国各大高校、科研机构、出版单位的 130 多位学者参加本次会议。其间举行相关内容的研讨会 6 场，内容大体涵盖三个方面：一是有关混合法律文化的理论思考；二是发达国家在混合法律文化上的历史与实践；三是中国在这一问题上的历史与实践。何勤华教授指出本届会议一大亮点是邀请两名日本专家与会，他们的理论观点和研究方法给予了国内学者一些启示，期待通过中外学者的讨论使本学科的研究能够更加深入、更加切合外国法制史的实际。

9. 第二十一届年会（武汉年会）

2008 年 9 月，研究会在华中科技大学召开了第二十一届年会，会议主题为“英美法系及其对中国的影响”。来自全国各大高校、科研机构和出版单位的 100 多位专家学者出席了本次会议。会议期间共举行相关内容的研讨会 6 场，其内容大体涵盖了 4 个方面：一是英美法系的一般理论；二是英美法系与中国私法；三是英美法系与中国司法；四是英美法系的传播及域外影响。与会专家学者分别从普通法的历史之维、普通法发展变革中的传统因素、普通法形成的文化基因等角度论述英美法系的一般理论。司法与英国法治文明、司法改革的困境与路径、东印度公司贸易体制对清朝前期立法的影响等主题论文也开拓了学者关于英美法系传播及域外影响等方面的认知。

10. 第二十二届年会（沈阳大学）

2009 年 9 月，研究会在辽宁大学召开了第二十二届年会，会议中心议题为“大陆法系及其对中国的影响”，来自全国多所高校、科研机构和出版单位的 141 位专家学者出席本次会议。由于会议中心议题所涉领域十分广泛，会议具体分为“大陆法系及其对中国影响的一般理论”“公法领域中大陆法系及其对中国的影响”“私法领域中大陆法系及其对中国的影响”“大陆法系的司法和传播及域外影响”4 个单元。此外，会议还增设主题为“外国法制史学科 60 年——成就、问题及展望”的专场研讨会作为年会特别单元，曾尔恕、方立新等 5 位教授分别从学科启蒙、教材建设、年会历程、实践影响、学科关系等多角度对新中国成立 60 年来外国法制史学科的发展进行了回顾，最后何勤华教授对外国法制史今后的发展做出了展望。

11. 第二十三届年会（广州年会）

2010 年 12 月，研究会在华南师范大学召开了第二十三届年会，会议主题为“法与宗教的历史变迁”。来自全国 50 多所高校和一些法学期刊、出版机构的 190 多位学者出席了本次会议，与会学者就“基督教与法的关系”“佛教与法的关系”“其他宗教与法的关系”“法律史中的宗教情怀”等专题进行了深入交流。

本届年会还举行了研究会的改选，会议选举产生了研究会第八届理事会，选举陈强、陈熹、陈颐等105人为理事。理事会选举董茂云、方立新、高鸿钧、何勤华、李红海、李秀清、刘艺共、任强、苏彦新、汤唯、王涛、王兰萍、王人博、王云霞、夏新华、徐国栋、叶秋华、曾尔恕、张飞舟、张锐智、郑祝君等22人为常务理事，选举何勤华为会长，曾尔恕、叶秋华、高鸿钧、方立新、郑祝君、董茂云、徐国栋、李秀清等为副会长，陈颐为秘书长，简海燕、高仰光、冷霞为副秘书长。研究会聘请林榕年、由嵘、李昌道、潘汉典、胡大展、张学仁、李启欣、冯卓慧、孟昭容为顾问。

12. 第二十四届年会（海口年会）

2011年10月，研究会在海南大学召开了第二十四届年会，会议主题为“公法与私法的互动”。来自全国50多所高校和近10家法学期刊、出版社的近150位专家出席了本届年会。公法与私法的划分是大陆法系研究中的重要建树，“公法涉及政体，私法则涉及个人利益”经注释法学派的理论确认及其后的实践，“公法”与“私法”的价值观念不断发展，在世界法学理论研究和法体制度的建构中产生了深刻的影响。会议分别以“公法与私法：起源与界分”“公法的私法化”“私法的公法化”“公法与私法：西方古典”“公法与私法：西方现代”等为专题进行了广泛且深刻的研讨。

13. 第二十五届年会（成都年会）

2012年9月，研究会在四川大学召开了第二十五届年会，会议主题为“超国家法的历史变迁”。来自全国各大高校、科研机构和出版单位的160余位专家学者出席了本届年会。会议围绕“超国家法的历史源流”“超国家法的理论建构”“超国家法的实践”“全球化、超国家法与中国法治”等论题展开了深入而广泛的讨论。本届年会还增设特别单元，即主题为“全国外国法制史研究会成立

30周年纪念暨全国外国法制史研究会30周年文集首发式”的专场研讨会，首发式上何勤华教授等向年轻学者进行赠书，叶英萍教授等向外国法制史研究会老学者、老前辈表达了深深的敬意和祝福，高鸿钧教授等就研究会的未来工作开展状况提出了各自的畅想和展望。

14. 第二十六届年会（南京年会）

2013年9月，研究会在南京市东南大学召开第二十六届年会，会议主题为“大学的兴起与法律教育”。来自全国多所高校、科研机构和出版单位的140余位专家学者出席本届年会。与会学者围绕“法律教育溯源”“大学的兴起与法律教育”“大陆法系的法律教育”“英美法系的法律教育”“近代以来的中国法律教育”“中国法律教育：实践、反思与展望”六大主题进行了真诚讨论。何勤华教授对本届年会主题进行了诠释与阐发，希望通过对大学发展和法律教育的历史轨迹的梳理与研讨，为当下中国法律教育的改革和进步提供智力支持。

15. 第二十七届年会（厦门年会）

2014年，研究会在厦门大学召开第二十七届年会，会议主题为“罗马法与现代世界”，来自全国众多高校、科研机构、出版单位的近200名专家学者出席本届年会，期间学者们围绕“罗马法的意义”“罗马公法”“罗马私法”“罗马法复兴运动”等主题进行了广泛探讨。希望通过本次会议，使罗马法研究能够承前启后，继往开来，专家学者们对罗马法发展的历史轨迹进行的梳理和探讨，对现代社会的革新和进步提供了有力支持。同时，会议还举办了“研究会第二届年会30周年纪念”专场研讨会，邀请30年前的青年人为今天的青年人叙述研究会的这段历史，何勤华教授向30年前为年会作出贡献的各位老师表示了由衷感谢。

16. 第二十八届年会（南宁年会）

2015 年 10 月 24 日，研究会在南宁市广西民族大学举办第二十八届年会，会议主题为“《大宪章》与近代宪法”，来自全国多所高校、科研机构以及部分海外高校的 150 多名专家学者出席了本次年会。英国牛津大学法学院的鲍德温·西尔克斯（Boudewjin Sirks）教授、北京大学法学院李红海教授、华东政法大学何勤华教授分别以《大宪章的历史与未来》《历史与神话：800 年的传奇》《大宪章成因考》为题作了大会主旨发言。在随后两天的讨论中，研讨会围绕“大宪章之前的宪法发展”“大宪章的时代”“大宪章的流变与影响”“大宪章在中国”等主题展开了热烈的研讨，对西方宪法的历史脉络和发展规律进行了深入探讨，并在此基础上展开批判性的研讨，总结了对中国法学理论与法治发展的有益实践。

本次会议还选举产生了研究会第九届理事会，选举蔡迪等 173 人为研究会理事。理事会选举何勤华、高鸿钧、方立新、郑祝君、董茂云、徐国栋、李秀清、张锐智、王云霞、苏彦新、王人博、夏新华、汤唯、张飞舟、王涛、王兰萍、任强、刘艺工、李红海、张彩凤、高尚、洪永红、马明贤、滕毅、肖光辉、余辉、赵立新、陈颐、程波、崔林林、季金华、李艳华、刘海鸥、项焱、张海斌、伍光红、叶英萍、赵立行等 39 人为研究会常务理事，选举何勤华为会长，高鸿钧、方立新、郑祝君、董茂云、徐国栋、李秀清、张锐智、王云霞、苏彦新等为副会长。理事会选举陈颐为秘书长，高仰光、冷霞为副秘书长。

17. 第二十九届年会（大庆年会）

2016 年 9 月 17~18 日，研究会在黑龙江大庆师范学院召开第二十九届年会，会议主题为“民法典编纂的域外资源”，来自全国多所高校、科研机构的 150 余名专家学者出席了本届年会。与会学者围绕“民法典编纂：世界与中国”“民法典与历史”“民法典与政治”“民法典与科学”“法系融合语境中的民法典”“民法典编纂在中国”六大主题进行了广泛且深刻的探讨。在深入研讨的基础上，研究会就人格权独立成编、民法典制定分三步走、民法典对习惯法的吸收、民法典的个人本位与社会本位等问题达成了广泛共识，充分调动研究会的国外法研究优势为我国民法典的编纂提供经验。

18. 第三十届年会（兰州年会）

2017 年 9 月 9~10 日，研究会在兰州市甘肃政法学院召开第三十届年会，年会主题为“法律 · 贸易 · 文化——探寻中西法律文化交流的轨迹”，来自全国多所高校和科研机构的 160 余名学者出席了会议。研讨会围绕“古代东西方法制文明的交流”“西法东渐与东西方法律文明的碰撞”“一带一路倡议与法律文化交流”等主题展开了深入研讨。与会学者一致认为，在“一带一路”的建设中，外国法制史的研究领域非常宽广，“一带一路”上的国家或地区的法律都有待深入研究，“一带一路”沿线涉及的中华法系、印度法系、大陆法系、伊斯兰法系的法律文明交流也都将成为未来一段时间内外国法制史研究的重点课题。

19. 第三十一届年会（合肥年会）

2018 年 9 月，研究会在安徽省合肥市召开第三十一届年会，会议主题为“法律文明的起源与变迁——以五大古文明为中心”，来自全国各大高校、科研机构的 180 余名学者出席会议。会议共设研讨会 6 场，分别围绕“法律文明起源和变迁的理论研究”“西亚、埃及、印度法律文明的起源和变迁”“东亚法律文明的起源和变迁”“西方法律文明的起源和变迁”“中外法律文明的比较与互动”“法律文明的现代化和全球化”等论题展开了广泛而深入的交流。会议一致认为，随着外国法制史研究的深入，一些深层次问题开始受到学者的关注，如罗马法文明和教会法文明、伊斯兰教法文明之间的关系等问题还将是未来值得不断深入研究的课题。

20. 第三十二届年会（太原年会）

2019 年 8 月，研究会在山西大学举办第三十二届年会，会议主题为“近代宪法文明的起源与变迁——暨《魏玛宪法》颁布一百周年纪念”，来自全国多所高校、科研机构的 160 余名专家学者出席了本次会议。华东政法大学何勤华教授、华南师范大学王涛教授、南京师范大学季金华教授分别就“新时代宪法学研究的前沿问题”“魏玛的历史、地理与文化”“宪法性的问题、方法与意义”等主题做了基调演讲。随后，会议围绕“魏玛宪法的制度与思想”“魏玛宪法的历史反思”“英美法系的宪法经验”“大陆法系的宪法历程”“宪法学的理论与实践”“中国宪法的近现代变迁”六大主题进行了广泛且深入的探讨，就《魏玛宪法》的内涵、制度与得失，以及宪法文明的内在发展规律及其对中国宪法发展的有益经验达成了广泛共识。

21. 第三十三届年会（长沙年会）

2020 年 10 月，研究会在湖南师范大学举办第三十三届年会，会议主题为“法律移植与法治发展——亚非拉地区的实践与经验”，来自全国多所高校、科研机构、出版单位的 200 余名学者出席了本届会议。会议期间共设有 6 场专题研讨会，与会学者围绕“法律移植的理论与实践”“亚洲地区的法律移植与法律多元”“非洲大陆的法律移植与法治探索”“欧美法律移植与法治构建”“中国近现代的法律移植与法治历程”“中国法与外国法：传统与现代”六大主题进行了广泛而深入的讨论。本次会议还按民政部的规定开展了章程修改工作，会员代表大会通过《全国外国法制史研究会修改建议案》。

22. 第三十四届年会（上海年会）

2021 年 12 月，研究会采取线上、线下结合的方式，在华政举办第三十四届年会，会议主题为“国际法与涉外法的历史变迁”，来自上海的近 50 名代表线下参会，其他地区的代表线上出席了本届年会。与会学者围绕“国际法与涉外法的历史演进”“近代中国的国际法与涉外法”“全球视野下国际法与涉外法的新发展”“国际法与涉外法的理论变迁”四大主题进行了广泛讨论。

本届年会期间，还顺利举行了全国外国法制史研究会的换届选举大会，何勤华教授代表第九届理事会向大会报告了过去 5 年的工作，大会选举产生了研究会第十届理事会，选举蔡迪等 173 人为理事。理事会选举陈颐、陈鹏飞、程波、崔林林、淡乐蓉、董茂云、高尚、高仰光、洪永红、黄美玲、季金华、解锟、冷霞、李栋、李红海、李秀清、李艳华、李拥军、里赞、刘海鸥、刘艺工、鲁楠、马明贤、乔飞、屈文生、任强、申建平、苏彦新、王沛、王涛、王伟、王蓓、王兰萍、王笑红、王银宏、王云霞、伍光红、夏扬、夏新华、项焱、肖光辉、徐爱国、徐国栋、叶英萍、于明、余辉、张海斌、张怀印、赵立新、赵立行等 51 人为研究会常务理事，选举何勤华为会长，董茂云、徐国栋、李秀清、王云霞、苏彦新、夏新华、项焱、赵立行、李红海等为副会长。理事会选举于明为秘书长，任命冷霞、高仰光、王银宏为副秘书长。高鸿钧、郑祝君、方立新、张锐智 4 位副会长，因已在工作单位退休，不再继续兼任副会长，被研究会聘为顾问。四位老师通过视频发表了热情洋溢的讲话，对外国法制史的青年学者提出了殷殷期盼。

中国儒学与法律文化研究会30年回顾*

中国儒学与法律文化研究会成立于1990年，至今已有30余年历史。研究会的宗旨是深入研究儒学与传统法律文化，借鉴其中的优秀部分，为中国的法治建设提供优质资源。这是我国第一个对儒学和传统法律文化开展综合研究的学术团体，其成立具有十分重要的意义。研究会吸引了很多国内外知名的专家学者加入，同时培养了大批优秀的中青年法律文化研究者，他们为实现儒学与中国传统法律文化的当代价值提供了新思路和新方向。研究会一直坚持定期召开国际性或全国性的学术研讨会并出版论文集，在儒学和传统法文化研究领域中取得了不俗的成绩，为促进国内外学术交流、弘扬中华优秀传统文化作出了重要贡献。

一、中国儒学与法律文化研究会的诞生

（一）研究会成立的背景

中国儒学与法律文化研究会是由陈鹏生教授于1990年牵头创办的。陈鹏生教授十分重视借鉴中国传统法文化中的优秀部分和研究领域的拓展。在20世纪80年代，陈鹏生教授认为，中国的法文化研究应该急起直追。这是因为中国传统法文化历史悠久、博大精

* 本文作者陈欣如，华东政法大学2021级法律史专业硕士研究生。

深，内涵丰富、影响很大，尤其是其中的优秀部分，值得借鉴并为中国的法治建设提供源源不断的优质资源。[1]同时，陈鹏生教授研究儒学，深懂儒道，[2]他一直认为，中国的法律思想与儒家思想是密不可分的。他曾提出，“我们国家在封建时代讲法就是讲理，而这里的‘理’实则就是儒家思想。这是中国的特色，中国是儒学的源地，对于中国法律思想与儒家思想的研究，也只有中国人才能把这件事做好”。鉴于儒家思想对中国传统法律文化的深厚影响，为了深入研究儒学与法律文化，1990年时任华政副院长的陈鹏生教授以华政法制史教研室为基础，成立了中国儒学与法律文化研究会，并报民政部批准。研究会是中国法律史学会下属的二级学会，也是中国唯一的一家对儒学、法学和传统法文化等开展综合研究的学术团体。

（二）研究会成立后的主要活动

研究会自成立以来，在组织和推动孔子、儒学与中国法律文化研究方面做了大量的工作。

研究会着力推进中国儒学与传统法文化的研究，以研究中国法制史为基点，从中国传统法文化与相关中国现实的法制问题两个角度拓展。在陈鹏生教授的领导下，研究会凝聚了境内外的学者共同进行研究。[3]30年来，研究会一直坚持定期召开年会或学术研讨会，并于每次会后都出版一本论文集。2012年以前，研究会平均每两年召开一次国际性的或全国性的学术研讨会，广邀国内外的知名学者共同参加。2012年以后，研究会将召开学术研讨会的频率提高

〔1〕 王立民：《殚智教书　竭力育人——忆恩师陈鹏生教授》，载《法治日报》2022年4月6日，第9版。

〔2〕 俞荣根：《立人达人——写在陈鹏生先生八十大寿之时》，载陈鹏生：《陈鹏生法学文集》，法律出版社2011年版，附录一。

〔3〕 王立民：《殚智教书　竭力育人——忆恩师陈鹏生教授》，载《法治日报》2022年4月6日，第9版。

到每年一次，截至2022年8月，共召开了17次学术讨论会。同时，研究会在国内一些高校及儒学研究机构中积极发展会员，聚集了一大批来自全国各地的老中青优秀学者。

陈鹏生教授认为，我国的一些周边国家和地区对儒学研究有较深的基础，于是积极奔走海内外，对当地的儒学研究机构以及有影响的专家进行专访。研究会广泛联系我国香港特别行政区、台湾地区，以及新加坡、日本等国家的相关学术机构和组织，开展学术研讨会，出版学术刊物，共同促进中华传统优秀文化的繁荣和传播。

二、中国儒学与法律文化研究会的发展历程

（一）组织建制的沿革

从1990年成立至今，研究会共进行过4次换届。

1990年，研究会会长为陈鹏生，秘书长为何勤华。

2004年，研究会会长为陈鹏生，副会长为何勤华、武树臣、俞荣根、段秋关、徐永康、陈金钊、夏锦文，秘书长为徐永康，副秘书长为丁凌华，常务理事共39人。[1]此外，研究会曾设名誉顾问4人，[2]名誉理事3人。[3]

2013年，研究会会长为徐永康，名誉会长为陈鹏生、俞荣根，执行会长为陈金钊、夏锦文、侯欣一、龙大轩、俞江、袁兆春，秘书长为高珣，常务理事32人。[4]

---

〔1〕 2007年常务理事：丁凌华、马小红、艾永明、叶敦平、江山、刘作翔、刘恒焕、李交发、李鸣、乔丛启、汪汉卿、杨永华、何勤华、张中秋、张少瑜、张铭新、陈汉生、陈景良、陈鹏生、武树臣、范忠信、郭建、赵晓耕、郝铁川、俞荣根、段秋关、姚荣涛、徐士英、徐中起、徐永康、萧伯符、霍存福、陈金钊、夏锦文、方慧、戴建国、徐忠明、袁兆春、周东平。

〔2〕 2007年名誉顾问：反町勝夫、张瑞猛、青山登志朗、蒋秋霞。

〔3〕 2007年名誉理事：万年山启、石川英昭、李宁。

〔4〕 2013年常务理事：丁凌华、马小红、马作武、龙大轩、刘作翔、孙光妍、杨成炬、何柏生、宋四辈、张中秋、张仁善、张先昌、张全民、张明新、张勤、陈灵海、陈金钊、陈晓枫、陈景良、易江波、周东平、春杨、柏桦、侯欣一、俞江、夏锦文、徐永康、高珣、蒋传光、曾振宇、戴建国。

2019年，研究会会长为龚汝富，名誉会长为陈鹏生、俞荣根，执行会长为陈金钊、李力、夏锦文、袁兆春、尤陈俊、张勤，秘书长为姚远，常务理事共37人。[1]

（二）历年学术研讨会综述

1. 第一届学术研讨会（1991年6月）

1991年6月，研究会在江苏省无锡市的太湖之滨举行了首届学术研讨会，来自我国大陆的约50名专家学者以及一些日本、我国台湾地区的学者参加了此次会议。此次会议的讨论主题是“儒学与法律文化”，会议共收到论文30余篇，会后汇集成论文集，以《儒学与法律文化》为书名，由复旦大学出版社于1992年出版。会议围绕儒学法律思想的价值、中国传统法律文化的基本特征、儒家法文化的近代化等课题展开了充分而认真的讨论。就儒学法律思想的社会价值，与会学者提出了“基本否定说”“全面肯定说”“具体分析说”3种不同的见解。关于中国传统法律文化的基本特征这一问题，学者的发言更踊跃并提出了种种颇有见地的观点。但他们普遍认为，所谓中国传统法律文化的特点应当包含优点和缺点，而不应仅是优点。学界对中国传统法律文化的描述只是初步的，因此，加强这一领域的研究，是今后的重大课题之一。此外，与会者一致认为，尽管儒家法文化在通往近代化的路上步履维艰，困难重重，但仍有值得借鉴和弘扬的地方。建设中国现代法律文化是一项宏伟的事业，需要多数人的力量，必须集思广益。因此，在这个问题上存在各种不同的观点是正常的且有益的。只有经过充分的争鸣与讨

[1] 2019年常务理事：陈金钊、陈灵海、柴松霞、陈小洁、春杨、戴建国、龚汝富、侯欣一、胡嘉麟、胡伟、黄东海、蒋传光、荆月新、李力、吕芳、马腾、钱宁峰、汪雄涛、王捷、王沛、王志强、夏锦文、徐公喜、徐祖澜、姚远、袁春兰、袁兆春、尤陈俊、曾振宇、张明新、张勤、张仁善、张先昌、张中秋、郑显文、周东平、朱腾。

论，才能得出比较完善和科学的理论与对策。[1]

2. 第二届学术研讨会（1993 年 1 月）

1993 年 1 月 9~12 日，研究会在古城南京举办了第二届学术研讨会，聚集了来自全国各地的 50 余名法律史学者和法律文化研究者。本届会议的主题是“《论语》思想的现代法文化价值”，会后由上海交通大学出版社于 1995 年 1 月出版名为《〈论语〉的现代法文化价值》的论文集。与会专家、学者在中国发展市场经济、迈向现代化的年代，围绕历史悠久的中国传统文化的话题展开了热烈研讨。学者就发展市场经济的同时如何扬弃儒家法文化这一问题进行讨论，争论的热点可以简要归纳为以下 3 个问题：一是《论语》思想是否有利于培养发展市场经济所需要的具有独立意志的市场主体？二是《论语》思想是否有利于发展市场经济所需要的安定的社会秩序和健全的法制环境？三是如何在发展市场经济中从总体上对儒家法文化进行创造性转化？同时，代表在提交的论文和发言中，对《论语》思想的现代法文化价值也进行了广泛探讨。随着我国改革开放和经济建设的深入，一些学者对《论语》中的某些主张提出了新的认识和评价，同时，对如何在传统的基础上重建我国法文化也发表了各自的见解。[2]

---

〔1〕 第一届学术研讨会综述，参见《中国儒学与法律文化学术讨论会在无锡举行》，载《中外法学》1991 年第 5 期；徐永康：《中国儒学与法律文化首届学术讨论会综述》，载《法律科学（西北政法学院学报）》1991 年第 6 期；何勤华：《弘扬中华法律文化增进国际学术交流——中国儒学与法律文化首届学术讨论会综述》，载《法学》1991 年第 9 期；郝铁川、徐永康：《“儒学与法律文化”学术讨论会综述》，载《孔子研究》1991 年第 4 期；郝铁川：《扬弃儒家法文化重铸民族法心理——“儒学与法律文化”学术讨论会综述》，载《中国法学》1991 年第 6 期。

〔2〕 第二届学术研讨会综述，参见咏康：《〈论语〉思想的现代法文化价值——中国儒学与法律文化第二届学术讨论会综述》，载《法律科学（西北政法学院学报）》1993 年第 3 期；徐永康：《〈论语〉·法文化·现代化——“〈论语〉思想的现代法文化价值”学术讨论会综述》，载《中南政法学院学报》1993 年第 2 期；郝铁川：《〈论语〉思想的现代法文化价值研讨会综述》，载《中国法学》1993 年第 2 期。

3. 第三届学术研讨会（1995 年 8 月）

1995 年 8 月 14 日至 16 日，研究会在安徽省黄山市举行了第三届学术研讨会，来自中国大陆和台湾地区以及日本的 40 余名专家学者参加了此次会议。此次会议的主题为“儒家义利观与市场经济”，出席会议的学者提交了约 40 篇论文，在会后汇编成论文集，书名为《儒家义利观与市场经济》，由上海社会科学院出版社于 1996 年 4 月出版。与会学者围绕对儒家义利观的内容剖析、对儒家义利观的历史作用之评价、儒家义利观与市场经济的关系和研究儒家义利观的目的及方法四个方面展开了热烈讨论。学者对儒家“重义”的观点基本无异议，但对儒家是否“轻利”以及如何“轻利”，看法却有不同。会议的主题促使学者把对历史问题的讨论带回到现实生活中，认真分析在市场经济的条件下儒家义利观是否依然能够对人们的生活产生影响，以及如何平衡市场经济条件下的道德和法律。在 20 世纪 90 年代的市场经济新形势下，如何利用和改造儒家义利观成为备受关注的热点问题。会议上，学者围绕“义利之辩”和“儒商”问题展开讨论。多数学者强调了利用和改造义利理论这一工作的重要性和紧迫性，并批评了“市场经济应该重利轻义”的观点。[1]

4. 第四届学术研讨会（1997 年 5 月）

1997 年 5 月 22~24 日，研究会在古城开封的河南大学校园里举行了第四届学术研讨会，此次会议由河南大学法学院协办。本次会议的主题是“儒家思想与现代道德和法治”，参加会议的有来自中国内地、中国香港特别行政区以及美国及日本的 40 多位学者，

〔1〕 第三届学术研讨会综述，参见徐永康：《儒家义利观与市场经济——中国儒学与法律文化研究会第三届年会综述》，载《法律科学（西北政法学院学报）》1996 年第 1 期；徐永康：《“儒家义利观与市场经济”讨论会综述》，载《中国法学》1995 年第 5 期。

会议收到的论文最终汇编成《儒家思想与现代道德和法治》一书，由吉林人民出版社于1998年6月出版。会议主要围绕儒家思想与传统法律文化、儒家思想与现代法治、现代社会中法律与道德的关系、现代法治与传统文化的衔接四个方面展开讨论。学者从不同角度切入，对儒家思想与中国古代法制的关系和儒家思想对传统法律文化的影响进行了分析。关于在现代法治建设中如何认识及对待儒家思想，学者提出了不同的观点，并对现代社会中法律与道德的正确定位及儒家思想现代化的途径展开了讨论。[1]

5. 第五届学术研讨会（2001年11月）

2001年11月5~7日，研究会和中国法律史学会在福建省厦门市联合举行第五届学术研讨会，此次会议由厦门大学承办。会议的主题为“走向21世纪的中国法文化”，与会的80余名中日学者紧紧围绕会议主题及相关的学科研究热点问题展开了深入的探讨。会议主要从中国传统法文化的价值及新世纪对其提出的要求、“法治”与“德治”、中国法制史的生命力和中国法制史的研究方法四个方面展开讨论。学者对上述议题各抒己见，表达了不同的观点和看法，例如，在“法治”与“德治”的议题中共提出3种不同的观点。此外，与会学者对我国的司法改革、国家法与民间法的区别、中国古代的反腐治吏等问题也发表了自己的真知灼见。本次研讨会共收到70多篇论文，会后经整理汇编成名为《走向二十一世纪的中国法文化》的论文集，由上海社会科学院出版社于2002年9月出版。[2]

〔1〕 第四届学术研讨会综述，参见徐永康、吴晓梅：《儒学与现代道德和法治的对话——“中国儒学与法律文化研究会第四届年会”综述》，载《法律科学（西北政法学院学报）》1997年第6期；吴晓梅：《儒家思想与现代道德和法治——中国儒学与法律文化研究会第四届年会综述》，载《法学》1997年第10期。

〔2〕 第五届学术研讨会综述，参见周东平：《中国法律史学会暨儒学与法律文化研究会2001年学术年会综述》，载《中国法学》2002年第1期；高珣、林华昌、吉霁光、郑取：《中国法律史学会暨儒学与法律文化研究会2001年年会综述》，载《法学》2002年第1期。

6. 第六届学术研讨会（2004 年 5 月）

2004 年 5 月 28~31 日，研究会在山东省威海市举办了第六届学术研讨会，此次会议由山东大学威海分校协办，会议的主题为“全球化背景下的法文化”。来自包括我国台湾地区在内的多所高校和研究机构以及韩国、日本的 50 余名专家学者参加了此次会议并提交论文。会议结束后，有关论文汇编成名为《全球化背景下的儒家法文化》的论文集，由吉林人民出版社于 2006 年 7 月出版。此次会议以 3 场研讨会的形式，从“全球化背景下是否存在法文化全球化”“全球化对法文化的影响”“全球化背景下法文化研究如何应对”三个方面围绕会议主题展开了研讨。在经过主题发言、自由发言与评议人评议 3 个环节后，学者充分探讨、广泛交流，圆满完成研讨会的各项议题，深化了对全球化的认识，初步达成了一些共识。此次会议还探讨了研究会自身的建构，为扩大研究会与各界的交流，壮大研究会的队伍，理事会决定增选陈金钊教授、徐永康教授、夏锦文教授为研究会副会长。并且，理事会决定在 2004 年的适当时候专门召开理事会以设立常务理事一职，增加理事人选。[1]

7. 第七届学术研讨会（2006 年 8 月）

2006 年 8 月，研究会在江苏省连云港市举办了第七届学术研讨会，此次会议的主题为“传统法文化与和谐社会”。全国各地的 50 多位学者出席会议并提交了论文，会后由吉林人民出版社于 2008 年 5 月出版名为《儒家法文化与和谐社会》的论文集。参会学者从不同角度探讨我国传统法文化思想与构建和谐社会的关系以及如何利用传统法文化思想建设和谐社会。

〔1〕 第六届学术研讨会综述，参见高珣：《全球化背景下的法文化——中国儒学与法律文化研究会 2004 年学术研讨会综述》，载《华东政法学院学报》2004 年第 4 期。

8. 第八届学术研讨会（2008年5月）

2008年5月10~11日，研究会在广东省汕头市举办了第八届学术研讨会。这次会议由汕头大学法学院和《太平洋学报》编辑部承办。参加这次研讨会的有来自中国人民大学、南开大学、南京大学、汕头大学、复旦大学、中国社会科学院和华东政法大学等高校和研究机构的约50位专家学者。与会学者就“中国传统法文化的有关问题”“中国传统法文化与现代化”“中国传统法文化的民间特点”等内容展开了热烈讨论。王立民教授、铃木敬夫教授以及鄢圣华教授分别就礼法结合、宽容主义、孔子的法思想3个议题发言，其余专家学者也畅所欲言，纷纷发表自己的看法。在现代化过程中，如何平衡中国传统法文化与被移植的西方法文化之间的关系是本次会议的重要议题之一。学者普遍认为，必须正视中国传统法文化，不能以西方法文化的价值标准否定中国传统法文化。针对传统法文化的民间特点和民族特色这一问题，学者达成共识，认为对传统法文化的认识不能只分析法律文本的字面意思，而应该扎根于民众的现实生活。本次会议提交的论文在会后汇编成论文集，名为《现代化与中国传统法文化》，由吉林人民出版社于2010年4月出版。[1]

9. 第九届学术研讨会（2010年5月）

2010年5月15日，研究会在浙江省义乌市举行第九届学术研讨会。本次会议的主题是“传统法文化的反思与传承”，来自中国政法大学、中山大学、中国社会科学院和华东政法大学等科研院校的近50位专家学者出席了此次会议。会议收到的几十篇论文，按惯例于会后汇编成为论文集，名为《传统法文化的反思与传承》，

〔1〕 第八届学术研讨会综述，参见倪铁：《现代化过程中如何看待传统法文化——中国儒学与法律文化研究会2008年年会综述》，载《华东政法大学学报》2008年第4期。

由吉林人民出版社于2012年5月出版。参加会议的学者从儒学与传统法律文化的精神、传统法律的制度设计与文化反思、域外视野与本土资源等方面展开了热烈而理性的讨论。针对中华法系对当今法治建设的意义这一议题，俞荣根教授在会上提出了“重建新的中华法系”的理论设想，徐永康教授则从社会治理的演变过程分析了中国传统的士人精神。本次研讨会所提交的探讨儒学与传统司法实践活动的论文，从不同角度深化了人们对司法实践中的法律儒家化的认识。会议上，学者提交了从不同角度梳理中国法律制度史的论文，均颇可一观。[1]

10. 第十届学术研讨会（2012年5月）

2012年5月12~13日，研究会在江苏省徐州市举办了第十届学术研讨会，这次会议由华东政法大学和江苏师范大学法律政治学院联合承办。会议的主题为“儒学与法律价值观”，来自全国各地近50位专家学者出席会议并提交论文，会后由吉林人民出版社于2013年出版名为《儒学与法律价值观》的论文集。会上，学者就如何弘扬以儒学为代表的中国传统文化以及儒学在现代法治建设中的作用等问题阐述了自己的学术观点并展开了深入的研讨。此次会议还进行了研究会的换届选举工作：陈鹏生教授和俞荣根教授当选为名誉会长；徐永康教授当选为会长；夏锦文教授、陈金钊教授、侯欣一教授、龙大轩教授、俞江教授、袁兆春教授当选为执行会长；高珣教授当选为秘书长；会议共选出32名常务理事。在闭幕式上，徐永康教授对研究会过去22年中取得的成就进行了总结，表示将继续发扬研究会形成的优秀学术传统，积极弘扬儒学价值

〔1〕 第九届学术研讨会综述，参见李远明、刘承涛：《传统法文化的反思与传承——中国儒学与法律文化研究会2010年年会暨学术研讨会综述》，载《华东政法大学学报》2010年第4期。

观，推动中国传统法律文化的理论研究工作。[1]

11. 第十一届学术研讨会（2013 年 6 月）

2013 年 6 月 8~9 日，研究会在天津市南开大学的范孙楼举行第十一届学术研讨会，此次会议由南开大学法学院和南开大学比较法律与文化研究中心承办。本次会议的主题为“儒家文化与中国宪法建设”，来自全国 34 家高校及研究机构的 53 名学者齐聚一堂，同议儒家思想，共谈中国宪治。本次会议分为儒学与宪治、政法思想论衡、政法制度探赜和政法制度思想 4 个单元，学者充分表达自己的学术观点，并展开热烈的讨论，对诸多问题达成了共识。

12. 第十二届学术研讨会（2014 年 5 月）

2014 年 5 月 24 日，研究会在江苏省扬州市召开了第十二届学术研讨会，此次会议由扬州大学法学院和扬州大学中国法律文化与法治发展研究中心承办。本次会议的主题为“传统法律文化与法治中国建设”，来自北京大学、中国人民大学、南京大学、山东大学、中国政法大学、华东政法大学、西南政法大学等高校的 50 多位学者参加会议并提交了论文。会上，学者对传统法律文化中的重要经验及其对法治中国建设的启示等议题进行了热烈而深入的探讨，对部分问题形成了一致性看法。他们认为，中国传统法律文化同现代法治文明的关系应当是相互交融的，这也是建设法治中国的核心要义，对这种交融的内容和机制进行研究是一项十分重要的课题。

13. 第十三届学术研讨会（2015 年 4 月）

2015 年 4 月 25～26 日，研究会在重庆市召开了第十三届学术研讨会，本次会议由西南政法大学中国法文化研究传播中心承办。

〔1〕 第十届学术研讨会综述，参见《张勤博士参加儒学与法律文化研究会 2012 年年会》，载汕头大学法学院网 2012 年 5 月 16 日，https://law.stu.edu.cn/info/1055/2777.htm；《陈金钊当选儒学法律文化研究会执行会长》，载山大视点网 2012 年 5 月 18 日，https://www.view.sdu.edu.cn/info/1021/30619.htm。

本次会议的主题为“法治中国视阈下的儒家思想与中华法系再认识”，来自全国各地25个教学科研机构的近60名专家学者参加了此次会议。本次会议分为儒家思想与中华法系、礼法合治与启示借鉴两个单元。与会学者以不同视角，广泛而深入地分析了中国法治思想史上的诸多问题。会议对自上古至现代的儒家法文化及其法思想的理论特质、表现形态及其在社会中的演变发展等方面展开了讨论，为深入研究儒家文化和以儒家思想为主的传统文化提供了一个法律维度，在一定程度上为儒家“德主刑辅、礼法合治”的法思想作了正本清源式的梳理和阐释。学者针对法治中国视阈下的理论新探索发表了很多真知灼见，内容涉及礼法传统的当代价值、传统法文化、古代司法制度、古代立法与实践、近代法制变革等方面。〔1〕

14. 第十四届学术研讨会（2016年5月）

2016年5月21~22日，研究会在山东省曲阜市召开了第十四届学术研讨会，本次会议由中国儒学与法律文化研究会、山东省法学会法律史研究会主办，曲阜师范大学法学院和曲阜师范大学区域法律文化研究所承办。会议的主题为“儒学复兴与法律文化重建”，来自全国各地的25所高校、研究所、法院、检察院及律师事务所的50多位专家学者齐聚一堂，共议儒学与法律文化。会议上，学者紧紧围绕“儒学与法律文化”的理论、发展和内涵进行了深入而热烈的讨论。此次会议共分为4个单元，分别是：对中国传统上的忠、孝地位和德刑关系进行分析；对中国新、旧传统中的纠纷解决和儒学中的等级秩序进行分析；从德与礼等方面探讨儒学中的法与礼在法律方面的运用及变革社会中的法律发展问题；分析中国儒学

〔1〕 第十三届学术研讨会综述，参见李维睿：《法治中国视阈下的儒家思想与中华法系再认识——中国儒学与法律文化研究会2015年年会综述》，载《西南政法大学学报》2015年第4期；《我院袁兆春教授参加中国儒学与法律文化研究会年会》，载曲阜师范大学法学院网2015年5月18日，https://fxy.qfnu.edu.cn/info/1122/3606.htm。

文化与具体实务之间的联系及如何利用儒学思想解决实务中的具体问题。近30位学者提交了论文或学术报告，内容丰富且观点鲜明，广泛深入地探讨了法律与儒学之间多个维度上的问题。通过评议人与发言人之间的观点碰撞，很多学者对于儒学复兴与法律文化重建问题产生了新的思路和灵感。[1]

15. 第十五届学术研讨会（2018年5月）

2018年5月12日，研究会在山东省济南市召开了第十五届学术研讨会，会议由山东师范大学法学院承办。本次会议的主题为“儒家法文化的传承与反思”，来自全国各地高校的60名专家学者参与了本次会议。本次会议分为4个单元和1个自由讨论环节，与会学者分别围绕“儒家法治之两体——礼与法”“儒家与传统法律文化”“儒家思想与现代法治的完善”“儒家思想与当代法律的诠释”进行学术交流。共15位学者先后作主题报告，4位专家进行了精彩评议，从不同角度反思儒家法文化，探讨如何在新时代传承儒家法文化，促进传统儒学与现代法学的结合。会议期间，学者为山东师范大学法学院的学生作了3场高水平的学术报告，进一步增强了高校法学院之间的学术交流。此次会议体现了党的十九大精神以及中国特色社会主义，契合了时代主题，有利于推进社会主义新时期的法治建设和文化建设。[2]

〔1〕 第十四届学术研讨会综述，参见《中国儒学与法律文化研究会2016年年会暨“儒学复兴与法律文化重建”学术研讨会召开》，载曲阜师范大学新闻网2016年5月25日，https://www.qfnu.edu.cn/info/1034/1323.htm；《中国儒学与法律文化研究会2016年会暨“儒学复兴与法律文化重建”学术研讨会召开》，载儒家网2016年6月6日，https://www.rujiazg.com/article/8301。

〔2〕 第十五届学术研讨会综述，参见刘维：《中国儒学与法律文化研究会举办2018年年会》，载华政法史网，https://fashi.ecupl.edu.cn/2018/0522/c501a110885/page.htm；《中国儒学与法律文化研究会2018年年会在我校召开》，载山东师范大学法学院网2018年5月18日，http://www.qlshx.sdnu.edu.cn/info/10445/108651.htm?from=singlemessage。

16. 第十六届学术研讨会（2019 年 5 月）

2019 年 5 月 11~12 日，研究会在华政华谊楼举办了第十六届学术研讨会。本次会议的主题为“传统法文化再探讨”，来自全国各地高校、科研院所的 59 位专家学者出席了此次会议，共收到 23 份论文。会议分为 5 个单元进行，共 18 名学者作主题报告，5 名学者进行评议。本次会议在进行学术研讨的同时还开展了研究会理事会的换届选举工作。新一届的会长由龚汝富担任，执行会长由陈金钊、李力、夏锦文、袁兆春、尤陈俊、张勤 6 人担任，秘书长由姚远担任，选举出新任常务理事 37 人。

17. 第十七届学术研讨会（2021 年 5 月）

2021 年 5 月 29~30 日，研究会在河南省安阳市举办了第十七届学术研讨会，本次会议由中国儒学与法律文化研究会、上海市法学会法理法史研究会主办，安阳师范学院承办。会议的主题为“儒学法文化与国家治理现代化”，来自全国各地的 70 余位专家、学者及实务界代表出席了此次会议，与会学者围绕“传统儒学与国家治理关系的反思”“儒学法文化与国家治理能力的提升”“儒学法文化与国家治理体系的完善”3 个专题进行深入、精彩的学术交流。本次研讨会上共有 23 篇论文发表，可细分为两个方面：一是古代法律思想，尤其是儒家法律文化的研究；二是对国家治理制度的阐述。在古代法律思想的主题研究中，有学者聚焦于先秦时期法律思想的研究，也有学者直接以儒学法律文化为切入点进行研究。在国家治理方面的讨论中，学者主要聚焦于古代具体的法律制度。本次研讨会不仅对中国古代各朝、各阶层的法律思想和相关的法律制度进行了讨论，还对古代的法律史研究如何在国家治理中实现当代价值作了进一步升华，为实现中华优秀传统法律文化的创造性转化与创新性发展提供了新思路。[1]

三、中国儒学与法律文化研究会的重要贡献

中国儒学与法律文化研究会开创了国内儒学与法文化研究的先河，在当时的中国引起了极大的轰动。每一届学术研讨会召开时都能够吸引大批国内外学者前来参会，大家在会上畅所欲言，认真交流讨论，形成丰富的学术成果。研究会把每一届学术会议的讨论成果出版成专集，有时还会和日本合作在两地出版、发行。这些论文集成为中国第一套儒学与法文化研究的系列丛书，在社会上产生很大影响。研究会吸引了很多国内外知名的专家学者加入，同时培养了大批优秀的中青年法律文化研究者。他们积极投入儒学与法律文化的研究，为实现儒学与中国传统法律文化的当代价值提供了新思路和新方向，极大地推动儒学与传统法文化的发展。

同时，中国儒学与法律文化研究会对促进境内外学术交流起到了重要作用。研究会获得了我国台湾地区孔孟学会、日本儒学研究与法文化研究中心和我国香港特别行政区的孔教学会的支持，每一届学术会议都有许多外国学者来国内交流最新的学术成果，形成了研究合力。随着研究会的发展，逐步与我国台湾地区弘儒学会、台湾地区老庄学会、日中文化经济交流发展基金会、日本神户学院大学、东京法思株式会社等建立了密切联系，在国际上影响力颇大。

〔1〕 第十七届学术研讨会综述，参见乔志鑫：《中国儒学与法律文化研究会2021年年会暨"儒学法文化与国家治理现代化"学术研讨会顺利举行》，载华政法史网，https://fashi.ecupl.edu.cn/2021/0601/c500a180240/page.htm。

上海市法学会外国法与比较法研究会历年活动回顾

上海市法学会外国法与比较法研究会成立于2006年2月23日，研究会以“繁荣法学研究，推进依法治国”为主要职责，致力汇集、凝聚、协调上海市外国法与比较法的教学科研力量，强化与国内外同行的交流合作，有计划地追踪世界先进国家法制发展动态，深入挖掘世界各国法制现代化的经验教训，为上海建设国际化大都市战略目标的稳步推进，为建设社会主义法治国家提供专业、系统的外国法与比较法领域的学术支持。

一、上海市法学会外国法与比较法研究会组织机构的建立与完善

自成立至今，上海市法学会外国法与比较法研究会于2006年、2010年、2015年及2020年先后成立了4届理事会（干事会）。

2006年2月23日召开的外国法与比较法研究会成立大会产生了第一届干事会，由何勤华担任总干事，董茂云、徐静琳、李秀清3人任副总干事，陈颐等7人任常务干事，陈融等14人任干事，陈颐担任秘书长，冷霞担任副秘书长。第一届干事会成员共25名，基本汇集了沪上各高校、科研院所外国法与比较法教学研究的顶尖力量，成员囊括了华东政法学院、复旦大学、上海大学、同济大

学、上海政法学院、华东师范大学、上海市法学会、上海交通大学、上海财经大学、上海社科院法学所、上海外国语大学、东华大学等主要高校、科研院所本领域科研教学的骨干力量，具有较好的广泛性和代表性。

2010 年 4 月 7 日，根据研究会章程，经上海市法学会批准，外国法与比较法研究会进行了换届。根据上海市法学会的建议，研究会不再设常务理事。新一届理事会由李秀清担任研究会会长，何勤华改任名誉会长，不再担任研究会会长一职。同时，本着单位和学科均衡的原则，除董茂云和徐静琳两位留任副会长之外，又增补李清伟、蒋传光、肖光辉、陈颐等 4 人为副会长；冷霞任研究会秘书长；增补李清伟等 14 人为研究会理事；陈绪刚、俞江因工作调动原因不再担任研究会理事。理事人数总计为 33 人。2011 年根据实际工作需要，研究会对理事会班子作了个别调整，增补芦雪峰等 7 人为理事。至此，理事人数增至 40 名。

2015 年 11 月 7 日，根据研究会章程，经上海市法学会批准，研究会再次换届。何勤华被聘为名誉会长，李秀清连任研究会会长，蒋传光、李清伟、赵立行、肖光辉、陈颐副、胡凌、冷霞 7 人当选为副会长，冷霞兼任研究会秘书长，汪强当选副秘书长。董茂云、徐静琳被聘为顾问。新一届研究会理事人数总计 46 人。

2020 年 12 月底，根据研究会章程，经上海市法学会批准，研究会再次换届。此次换届贯彻了上海市法学会精简各研究会理事会的要求。经理事会选举，何勤华被聘为名誉会长，于明当选为会长，赵立行、肖光辉、陈颐、胡凌、冷霞 5 人当选副会长，冷霞兼任秘书长。王伟臣及王静担任副秘书长。本研究会新一届理事会理事总人数为 30 人。除理事会外，研究会增设学术委员会，何勤华、李秀清、李清伟、蒋传光、郭延军、芦琦、刘显娅 6 人任学术委员，何勤华任学术委员会主任。与此同时，研究会还根据上海市法学会的要求建立了党的工作小组，组员共3人，组长为于明，小组成员为副会长肖光辉和冷霞。

二、上海市法学会外国法与比较法研究会历年学术研讨会综述

外国法与比较法研究会自成立以来，非常重视有效的学术交流平台的搭建。每年固定召开学术年会，年会主题兼顾历史与现实、理论与实践的互动，注重东西方之间的法律文化交流，并且始终保持对当前法学理论研究热点和重大问题的关注。自2003年成立至今，本研究会已经成功举办了14届年会。

2006年2月23日，外国法与比较法研究会在华政召开了成立大会暨2006年年会，年会主题为“西法东渐与上海近代法文化”。出席本次会议的领导有时任上海市高级人民法院院长滕一龙，时任上海市委政法委副秘书长胡燕平，时任上海市法学会会长、上海市人大常委会法工委主任沈国明，上海市法学会常务副会长史德保，时任上海市社会科学院副院长熊月之，上海市仲裁委副主任、原上海市高级人民法院副院长王祖德等。北京大学李贵连教授，中国法学会比较法研究会副会长、中国政法大学米健教授，清华大学法学院张明新教授，商务印书馆王兰萍博士等等应邀出席。来自复旦大学、同济大学、华东政法学院、上海大学、上海市社会科学院等各高校、研究机构热心于外国法与比较法研究的学者40余人参加会议。与会专家学者围绕“西法东渐与上海近代法文化”这一主题，畅所欲言，气氛热烈，对“西法东渐”过程中上海近代法文化的发展以及相关问题进行了多层面探讨，通过主题发言与自由发言相结合的形式，就“西法东渐与上海近代法学及法学教育的发展”“租

界法律制度与上海法制现代化”“近代上海司法的多元化与会审公廨的审判”等专题展开了充分、深入的研讨。

2008 年 10 月 25 日，外国法与比较法研究会 2008 年年会在华政长宁校区交谊楼圆桌会议室召开，主题为“法治改变了中国——纪念改革开放 30 周年”。来自复旦大学、同济大学、华东政法学院、上海大学、上海市社会科学院等各高校、研究机构热心于外国法与比较法研究的 30 余名学者参会。时任上海市法学会会长吴光裕与会致辞。研讨会围绕“改革开放与中国法治进程”“改革开放与社会主义法律体系的建构”“改革开放与依法行政的制度化”“改革开放与司法体制改革”“改革开放与法律教育的进步”“改革开放与民众法律意识的现代化”六个专题展开。

2010 年 4 月 7 日，外国法与比较法研究会在华政长宁校区召开研究会换届选举暨 2010 年年会，主题为“英国法专题”。来自上海市法学会以及复旦大学、上海大学、上海财经大学、华东师范大学、上海师范大学、东华大学、上海市委党校、上海社科院、华东政法大学、上海政法学院、上海海事大学、华东理工大学的 40 余位专家学者参加了会议。此次会议对英国法的普通法、衡平法、制定法三大历史渊源、法律史的研究方法、中英两国法律文化的比较等问题展开了热烈讨论。复旦大学的史大晓博士、华东政法大学的屈文生博士、华东师范大学的陈融博士以及华东政法大学的冷霞博士作了主题发言，上海财经大学李清伟博士、上海政法学院的肖光辉博士、上海市委党校的梁晓俭博士以及上海师范大学的蒋传光博士分别对以上发言进行了评议。

2011 年 11 月 15 日，外国法与比较法研究会 2011 年年会在上海大学图书馆 305 会议室召开，来自上海大学、华东政法大学、上海市社科院、复旦大学、华东师范大学、上海交通大学、上海外国语大学、上海师范大学、上海政法学院、上海财经大学、上海人民出版社等多家法学院校和出版机构的20余位专家、学者出席了本次会议。研讨会围绕“美国法研究的新进展”这一主题，分别由华东师范大学陈融副教授作了题为《英美“程序先于实体”法律传统的实例:〈菲尔德法典〉及其对商事合同法的促进》的发言；华东政法大学吴一鸣博士作了题为《英美法中是否存在所有权？——“ownership”在英美不动产法中的真实含义》的发言；上海交通大学郭延军副教授做了题为《就业性别歧视的法律判断标准——基于美国法律实践的考察》的发言；华东政法大学助理研究员王婧博士作了题为《庞德与卢埃林论战简析》的发言。主题发言结束后，与会专家、学者对于4位发言人的主题发言，进行了热烈、融洽的讨论，深化了对“美国法研究新进展”的认识。

2012年11月20日，外国法与比较法研究会2012年年会于上海财经大学行政楼三楼会议室召开，年会主题为“比较法视野下的中国百年法律变革”。由上海市法学会、华东政法大学、上海财经大学、上海师范大学、上海大学、复旦大学、同济大学、华东理工大学、上海政法学院、上海社会科学院等沪上高校及研究机构的数十名学者与会交流。上海市外国法与比较法研究会会长、华东政法大学的李秀清教授作了《“五四宪法”文本中“司法”的缺失及其影响》的主题报告；华东政法大学副教授张卓明作了《历史视野下的人民民主》的报告；华东师范大学的胡雪梅教授作了名为《我国正常成年患者医疗同意权行使制度之合理构建——从比较法的视野和维度出发》的主题报告；华东理工大学法学院的郭曰君副教授作了《人权：当今时代的主题及我国的战略抉择——国际人权法视野下30年来中国人权发展的回顾与前瞻》的主题报告。复旦大学法学院的史大晓老师、华东政法大学科学研究院的王婧老师、华东政法大学陈颐副教授、上海外国语学院法学院张海斌副教授分别对上述主题发言进行评议。

2013 年 11 月 8 日，外国法与比较法研究会 2013 年年会于华东政法大学长宁校区交谊楼圆桌会议室召开，本次年会主题为“纪念宋教仁先生逝世一百周年”。由中国社会科学院、北京大学、清华大学、首都师范大学、中国政法大学、复旦大学、上海社会科学院、重庆大学、华东政法大学等全国高校及研究机构的数十名学者以及新浪网历史频道等媒体从业人员与会。北京大学李贵连教授致开幕词，此后与会者围绕“宋教仁的思想与遗产、‘宋案’回顾与反思、近代宪法的展开”等问题进行了热烈的交流和讨论。

2014 年 11 月，外国法与比较法研究会 2014 年年会于华政召开，年会主题为“清末民国法律知识的建构与传播”。该次会议邀请了来自北京大学、清华大学、复旦大学、中国政法大学的著名学者以及“清末民国法律史料丛刊”各卷的点校、勘校者参加。澎湃新闻网、《光明日报》、《法制日报》（现《法治日报》）、《东方早报》、《文汇读书周报》等多家媒体均对本次会议进行了报道。

2015 年 11 月 6 日，外国法与比较法研究会 2015 年年会在上海外国语大学虹口校区综合楼英伦厅顺利召开，此次年会主题为“法治与法西斯主义的抗争”，沪上高校及研究机构 60 余名从事外国法与比较法研究的专家、学者参加了本次会议。在此次年会的研讨阶段，华东政法大学何勤华教授、上海社会科学研究院朱淑丽副教授、华东政法大学马贺博士、上海外国语大学法学院王海镇教授、华东理工大学法学院郭曰君教授、上海政法学院王娜副教授分别就东京审判、纽伦堡审判、中国劳动对日索赔的法律问题、国际人权法中的国家间来文程序、赦免制度的本质等问题进行主题发言，复旦大学法学院季立刚教授、上海交通大学法学院庄加园副教授、华东师范大学法政学院黄翔博士、上海大学法学院徐静琳教授、华东政法大学陈颐副教授以及上海财经大学法学院胡凌副教授分别就上述发言进行了精彩的评议。

2016年11月11日，上海市法学会外国法与比较法研究会2016年年会在复旦大学卢湾校区顺利举行，年会主题为“比较法视野下的中国法律教育”，来自复旦大学、华东政法大学、同济大学、上海财经大学、南京大学的近40位学者与会。此次会议关注和探索中国法学发展的前景和道路。华东政法大学的龚汝富教授从地方法律人才培养的角度，以《寻找民国江西法律人的前世今生》为题，就江西地方的基层法律人才的历史发展作了详细介绍。他以法律人的档案为线索，通过档案来还原当年江西法律人的生活际遇。东华大学的袁哲博士以上海律师公会的沿革为切入点，向我们介绍了法科留学生的历史贡献。南京大学法学院张仁善教授对以上2位学者的发言作出了点评。上海市委党校第二分校的沈伟博士以档案为根据，对20世纪30年代上海法学院校中的考试舞弊情况作出了自己的分析。复旦大学法学院王伟教授针对留学教育中的“法科速成”现象谈了自己的看法，对于“欲速则不达还是不速更不达”的问题进行了深入剖析。中国社会科学院孙家红副研究员对二位学者的发言作了点评。同济大学法学院卢鹏教授从哲学的高度对卓越法律人才的培养问题表达了自己的看法。他反思同济大学2010~2013法学院教改计划，发出了“究竟何为卓越”的思考。上海财经大学法学院胡凌副教授对卢鹏教授的发言作出了点评。

2017年10月10日，上海市法学会外国法与比较法研究会2017年年会在华东师范大学中北校区顺利举行，此次会议以“世界东西：比较法律史的阐释”为主题，深入探讨外国法与比较法的学术前沿问题，关注和探索中国法学发展的前景和道路。来自华东师范大学、华东政法大学、上海师范大学、复旦大学、上海交通大学、上海大学、上海政法学院、东华大学、上海开放大学、上海社科院等高校及科研机构近40位学者与会。围绕会议预定主题，与会学者在美国比较法学的发展、晚清域外日记中的英国议会形象、“中国礼仪之争”中的法律冲突、中国土地典制度与英国土地信托制度比较、法律的历史维度等方面作出了精彩的发言。上海社会科学院政治与公共管理研究所朱淑丽副研究员以《施莱辛格与美国比较法的发展》为题，考察了施莱辛格在美国展开的比较法研究工作及其范式危机，华东师范大学法学院田雷教授进行了评议。上海师范大学哲学法政学院的汪强博士就《晚清域外日记中的英国议会（1865—1885）》一文向大家作了汇报。上海交通大学凯原法学院赖骏楠博士进行了评议。上海社科院宗教研究所赵博阳助理研究员介绍了“中国礼仪之争”中的法律冲突问题，上海大学法学院的潘传表副教授进行了评议。对外经贸大学金融学院汪其昌副教授对中国传统典制度与英国信托制度进行了比较，华东师范大学法学院陈融副教授进行了评议。复旦大学法学院赵立行教授就“法律的历史维度”进行了发言，华东理工大学法学院郭曰军教授进行了评议。

2018年11月4日，上海市法学会外国法与比较法研究会2018年年会在上海政法学院顺利举行，来自上海政法学院、华东政法大学、上海交通大学、复旦大学、上海师范大学、上海大学、上海财经大学、东华大学、华东理工大学、上海海事大学等高校及科研单位的近40位学者与会。此次会议紧扣时代的前沿，以“人工智能与法律变革”为主题，深入探讨了外国法与比较法领域中有关人工智能的前沿问题，关注和探索在面临时代、技术进步的挑战时法学发展的前景与道路。上海交通大学凯原法学院何渊副教授以《论人工智能风险的四重双向法律治理系统》为题，考察了人工智能风险治理的相关法律问题，探讨了治理过程中政府与法律的作用。上海大学法学院陈吉栋老师以“自动驾驶汽车生产者的发展风险抗辩”为题，从民法的视角论证了随着人工智能在自动驾驶汽车中的普遍运用，法律应当为生产者设立“发展风险抗辩”及规定抗辩的内容、限制及保障措施。上海大学法学院岳林老师以《法律思维自动化的两条路径》为题，从法理学入手，分析了法律思维自动化的可能的两条道路，并结合当代人工智能的实践，设想了司法 AI（人工智能）发展的可能性方向，并提出了三层递进的逻辑结构。上海财经大学法学院胡凌副教授进行了以《人工智能视域下的网络法》为主题的报告，将人工智能置于互联网的演变过程（特别是生产过程）中，观察其对既有赛博空间秩序的影响，以及法律对其的回应。上海政法学院王娜副教授作了以《论人工智能与自由意志》为主题的报告，她从人对人工智能的 3 种不同态度入手，讨论了人工智能可能获得的法律地位种类以及人工智能的意志自由将如何界定与制约。上海交通大学凯原法学院郭延军教授指出，要警惕人工智能超越乃至威胁人类的生活。事实上，我们的社会生活已经被 AI 所控制，值得担心的事情并非人工智能意志自由对人类自由的可能性侵蚀，而是 AI 的生产者或控制算法的人对人们的操控。

2019 年 12 月 6 日，上海市法学会外国法与比较法研究会 2019 年年会在上海市法学会机关成功举办，此次年会主题为“比较法视野中的国家、贸易与法律”。来自华东政法大学、上海大学、上海师范大学、同济大学、华东师范大学、上海政法学院、上海对外贸易大学、上海外国语大学、上海海事大学、上海社科院等高校、科研机构及实务部门的近 40 名外国法与比较法学领域的专家、学者、法律实务工作者参加了本次会议。围绕会议的预定主题，上海政法学院卢玮副教授作了题为《困境与重构：比较法视域下的食品安全责任保险制度》的主旨发言，华东师范大学陈融教授作了题为《治理现代化视角下英国雇佣法院最新改革评述——兼对中英劳动诉讼机制的比较》的主旨发言。上海对外经贸大学汪其昌副教授作了题为《英国封建制度与信托法原理的理解》的主旨发言，英国富时指数公司的赵亮博士作了题为《跨国公司法务、合规及风险管理概要》的主旨发言。华东政法大学董春华副教授作了题为《论侵权法中的恶意》的主旨发言。华东政法大学吴一鸣副教授以《民法典立法的名与实》为题进行主旨发言。

2020 年 11 月 20 日，上海市法学会外国法与比较法研究会 2020 年学术年会在上海市法学会机关成功举办。来自沪上高校、科研机构及实务部门的 40 名外国法与比较法领域的专家、学者参加了本次会议。此次年会主题为“比较法视野下的公共卫生安全治理”。上海财经大学的胡凌副教授作了《扫码：流动性治理的技术与法律》的主题发言；华东政法大学的孙煜华副研究员作了《将“保护公共卫生”纳入野生动物立法目的之证成》的主题发言；华东政法大学的王静老师作了《1918 年西班牙大流感和 2019 年新冠疫情对西班牙公共卫生法发展的影响》主题发言；译林出版社的王笑红编审作了《公共卫生：历史与镜鉴》的主题发言。此外，华东师范大学田雷教授作了《问题出现我再告诉大家——美国宪法的“乱纪元”》的发言。

2021 年 11 月 21 日，上海市法学会外国法与比较法研究会 2021 年年会在上海外国语大学虹口校区第二报告厅举行，此次年会主题为“国别与区域法的新视野”。来自复旦大学、上海交通大学、同济大学、华东师范大学、上海外国语大学、东华大学、华东政法大学、上海对外经贸大学、上海师范大学、上海海事大学、上海政法学院等高校及中伦律师事务所、译林出版社等单位近 50 名专家学者出席研讨会。上海外国语大学张龙老师围绕犯罪论体系的选择，对刑法三阶层和四要件理论进行了比较，剖析了大陆法系刑法阶层论对中国的影响。上海对外经贸大学汪其昌老师通过两个典型判例的比较，展现了两大法系所有权的区别，探讨了物权法与财产法冲突的解决路径。华东政法大学马贺老师以纽伦堡审判、东京审判中的实体问题和程序问题为例，结合危害人类罪等典型罪名，阐述了国际刑事法庭对比较法和外国法的重视。上海交通大学刘维老师通过考察主要国家法律对独创性判断标准的规定，阐释了作品独创性判断趋同的国际趋势，并结合具体案例介绍了作品独创性判断的方法。上海师范大学吴玄老师从网络空间主权的界定出发，梳理了网络空间主权理论的发展，从理论和实践两个维度探讨了数据主权视野下个人信息跨境机制的建构。华东师范大学姜峰老师探讨了就业歧视立法模式问题，认为我国反就业歧视立法属于“一体化模式”，而比较法上则体现为“区分模式”，并对两种立法模式的理论基础进行了反思。华东政法大学王静老师梳理了门罗主义出现的背景，结合具体案例，阐释了门罗主义的内涵及西班牙殖民帝国瓦解的原因。上海市政协委员、中伦律师事务所合伙人徐珊珊围绕“301 关税”加征问题，对美国原产地规则与“实质性转变”标准进行了探讨，提出了应对“301 关税”加征的方案。上海外国语大学多语种法律硕士生高蕴洁以卢旺达法律制度改革为主线，探讨了该国全面法律制度改革对传染病防治的影响。

除每年年会外，外国法与比较法研究会还多次和相关科研院所共同举办相关主题的国际性的或者全国层面的理论与学术研讨会，大力推进上海外国法与比较法研究学者走向国际论坛。

例如，研究会于 2010 年 8 月 23 日，联合华政外国法与比较法研究院、国家重点学科华政法律史学科共同举办了“全球化视野下的亚洲法的变革”国际学术研讨会，来自东京大学、北海道大学、九州国际大学、北京大学、中国人民大学、中国政法大学、复旦大学、上海社会科学院、法律出版社、商务印书馆等20余所高校及出版单位的60余位国内外专家学者出席了此次会议；于2010年11月19日，联合华政外国法与比较法研究院、韩国韩中法学会共同举办了“中韩法学的新发展”国际学术研讨会，我国与韩国近30名学者参加了本次研讨会；于2010年11月12~13日，联合华政外国法与比较法研究院、华政刑事司法学院共同承办了“生命法国际比较研讨会暨第四届法中生命法大会”，来自法国、西班牙、比利时、日本等国家和我国台湾地区的19名专家、学者和我国大陆近60名学者参加了大会；于2012年11月29日，联合华政法律史国家重点学科、华政外语学院、韩国法研究中心和韩国国立首尔大学法学院共同主办了“法律翻译与法律移植”国际学术研讨会；于2012年11月17日，联合华政法律史国家重点学科和《华东政法大学学报》编辑部共同主办了“法律与社会认知神经科学”学术研讨会；于2013年8月12日，联合上海师范大学法政学院与上海三联书店共同主办了“法律与政治”小型学术研讨会，来自上海、北京各法学院校的近40名专家学者及媒体工作者参加了本次会议,《纽约时报》畅销书《誓言：奥巴马与最高法院》的作者杰弗里·图宾作了名为《美国联邦最高法院与法治》的视频发言；于2016年协办“上海法学研究30年暨上海社科志‘法学章’编纂研讨会”；于2017年12月3日，协办了“西方司法文明史研讨会”；于2018年12月8日，协办了“耶林法学思想研究——纪念耶林诞辰200周年学术研讨会”；于2021年4月2日协办了“来自何处——中国法律教育史研讨会”。此次会议分“主旨演讲”“专题研讨”“与谈及讨论”“会议总结及闭幕”4个环节。40余位学者相聚于圣约翰大学原址，交流中国法律教育史研究的最新动态，探讨并比较近现代公立、私立法政学堂（学校）以及法律院系的起源和变迁、经验和教训。

以上会议为扩展本研究会在学界与社会影响起到了积极作用，为上海市外国法与比较法学界的学术交流搭建了良好平台，提升了研究会的社会影响力。

三、上海市法学会外国法与比较法研究会的出版成果

外国法与比较法研究会还非常注重对外国法与比较法领域的优秀图书的整理出版工作，已经取得了大批成果。如出版“比较法文丛”“清末民国法律史料丛刊”“法律·社会·历史文丛”“法政文丛”等系列书籍，引起了学界的广泛关注和认可。

由何勤华教授主编、法律出版社出版的“比较法文丛”已经出版了近40种优秀的著作，为我国比较法的研究和出版开辟了新的途径，也为我国比较法研究的进步与发展作出了新的贡献。由何勤华、李秀清、陈颐担任主编的“清末民国法律史料丛刊”已经由上海人民出版社出版。该丛书规模庞大，共分为京师法律学堂笔记、朝阳法科讲义及汉译六法三大系列，共34册。该项目获得了国家级出版基金的资助。该丛书也获得了上海市第十三届哲学社会科学优秀成果著作类一等奖。

由李秀清教授担任主编，并且由本研究会多位成员参与的“法律·社会·历史文丛”（上海人民出版社出版）定位为精致、高品位的法学学术论丛，汇集了有浓厚的社会人文关怀和恢宏的历史视野的真正学术人对于法律问题进行认真思考和用心研究的成果，迄今已经出版12部著作，在学界获得了较大的学术影响力。同时，

何勤华、李秀清教授主持的由上海三联书店出版的“法政文丛”，已经出版了一系列有较大影响力的译著，如《誓言：奥巴马与最高法院》《正义的慈悲》等，引起了学界的广泛关注。

此外，外国法与比较法研究会的所有副会长和理事，始终都在各自的研究领域辛勤耕耘，发表论著，对于介绍外国法律和推进比较法研究的深入，作出了各自的贡献。自成立至今，上海市法学会外国法与比较法研究会团结了一支高水平的外国法与比较法骨干队伍，推出了一批外国法与比较法研究领域的优秀成果，形成了一套有序运行的机制，呈现了上海外国法与比较法研究的特色，在我国外国法与比较法学界具有一定的影响力。

编后记

一个国家时常要记录自己的历史，一个学科也同样如此。作为全国最早的法律史硕士点和较早的法律史博士点，华政法律史专业的研究生教育已成为新中国法学教育中引人注目的绚丽风景，40年的风雨历程更是值得被记录下来。

10年前，我们曾在2011年9月隆重举办“硕士研究生招生30周年、博士研究生招生10周年纪念大会”，并出版了12卷本的“纪念文丛”。2021年又值华政法律史研究生招生40周年，按原本的规划，学科决定在2021年秋天召开40周年的纪念大会，并在会后出版纪念文集。但由于新冠肺炎疫情，本已进入筹备阶段的纪念大会因为学校防控政策收紧只能延期举办。进入2022年，上海的疫情让华政和这座城市都经历了一段刻骨铭心的历史，也使纪念大会的召集变得更加困难。于是我们决定先行启动本书的编撰工作，并赶在华政70周年校庆之前出版，既是对学科研究生教育40年的纪念，也是向母校70周年校庆的献礼。

由于上述原因，本书的编撰时间变得十分紧张。从档案资料的挖掘、历史记录的整理、纪念文章的撰写、图片影像的搜集，直至最终的统稿定稿，都要在很短的时间内完成。好在我们的团队从来都是高效和有战斗力的，在全学科师生的紧密配合、团结协作之下，在学校领导和海内外校友的大力支持下，我们最终还是克服了种种困难，在最短的时间内高质量完成了纪念文集的编撰。这项工作的完成，本身也是华政法律史学科的实力和凝聚力的一次展现。

本书由影像、大事记、人物、随笔、访谈、学位论文、学会活动7个部分构成。影像是学科历史上的一些老照片和师生合影，但由于年代久远，很多照片都散失了，这次照片的收集得到了何勤华、王立民、徐永康、李秀清等老师的大力支持，贡献了很多有价值的老照片。何老师更是亲自负责博士合影的搜集，最终将历届博士合影全部收齐。但由于硕士合影跨越40年，无法做到全部收齐，而且体量也非常大，所以这次只选择了各时段的部分合影作为代表。照片中还包含了部分的档案文献，包括硕士点、博士点的获批文件，首届论文答辩的评议书，1983年入学考试的试题等，都是从校档案馆收集、复制的非常珍贵的文献。孙晓鸣、陈颐、高珣、洪佳期、王捷、姚远、方砚、汪强等老师也寻找到了很多重要的影像。

本书编纂中难度较大的是“法律史专业建设大事记”。学科直到2007年获批国家重点学科后才开始编撰一年四期的学科简报，也才有了较完整的历史记录。这项工作一直是由学科秘书孙晓鸣老师在承担，因此，大事记的主体内容都来自她多年的默默付出。从学科简报中，我们遴选了学科每年主办的会议、讲座、省部级以上奖励、研究生导师评定、研究生招生等信息，力求完整反映专业点建设的全貌。当然，其中最困难的，还是20世纪八九十年代的资料收集，其中很多信息都是于明老师和研究生同学从档案馆文献中一点点梳理出来的，同时也有赖何勤华、王立民、徐永康、李秀清、屈文生、洪佳期、陈颐、王沛、冷霞等老师提供的重要信息。只是由于资料有限，2007年之前的记录还很单薄，希望将来有机会进一步补充完善。

人物部分包括专业点历届研究生导师简介和历届博士、硕士、博士后名单。由于特殊原因，一些20世纪八九十年代硕士研究生的数据已不完整，经档案馆资料反复确证，这次应该是目前最完整的版本。历届博士研究生信息中我们收录了现工作单位，但一些毕业多年的校友已很难联系到，要短时间内收集308位博士的准确信息也很不容易，特别感谢承担这项工作的王沛老师以及各年级的联络人和毕业校友的支持，才最终有了这份完整的名单。

随笔和访谈（以受访者在本专业就读和工作的时间先后为序）是此次文集编纂的主体。随笔由上下两编构成，上编收录了《王召棠法学文集》《徐轶民法学文集》《陈鹏生法学文集》中的一些随笔，这些文章多是对3位先生的回忆，本身就构成了20世纪八九十年代研究生教育的生动写实，为展现专业历史的完整性，此次编纂时也选择部分篇章予以收录。下编是为本书专门撰写的随笔，由于时间紧张和篇幅有限，我们只在学科教师和2011年之前毕业的博士校友中征稿，共收到稿件29篇。在此要特别感谢撰写随笔的各位老师和校友的支持，因为他们饱含深情而又妙趣横生的文字，才让这段历史变得更加鲜活生动。除随笔外，我们还从何勤华老师主编的《中国法学家访谈录》中遴选了曾在学科工作的教师的访谈，其中包含的人生经历早已融入了学科历史，因此也一并收录。

历届学位论文的题录也是本书中很有价值的内容。华政法律史专业迄今共招收博士、硕士研究生856名，除去目前在读和少数未完成论文的研究生，这次共收录博士学位论文267篇和硕士学位论文524篇。这些论文题目因之前从未整理过，要全部查清也颇为不易，经王沛、孙晓鸣、洪佳期、冷霞、于明等老师多方查找才形成现有规模，并经何勤华、李秀清老师的多次修订。我们曾考虑过将所有论文的摘要一并收入，但因篇幅过大，此次还是只收录了论文题目。但即便如此，近800篇法律史学位论文题目的集中展示，已是非常壮观的学术文献，也有相当的史料价值。我们虽不敢说这些文章都称得上学术精品，但这些论文的选题与视角本身已构成了一份学术史的客观记录，在新中国的法律史学史上亦当有其地位。

最后，华政法律史专业的影响力，也与全国性和地方性学术社团的组织活动密切相关。自2000年华政成为挂靠单位后，全国外国法制史研究会的历届活动都以华政法律史学科作为共同承办单位，中国儒学与法律文化研究会和上海市法学会外国法与比较法学研究会更是由学科前辈作为主要发起人的学术社团，我们也将3个研究会的历年活动整理出来，作为学科发展历程的一个侧记。感谢于明、姚远、冷霞3位秘书长和部分研究生参与的资料整理工作。

以上就是对本书各部分编辑情况的简要说明。不难看出，本书的编纂，完全是学科师生和校友共同努力的结晶。除上述已感谢的人外，还要特别感谢的是我们的研究生团队，他们从2022年6月底接到编辑任务开始，就不分昼夜全身心投入到工作之中。无论任务有多紧、多重，他们都细致认真、任劳任怨，在最短时间内高质量完成此项工作。他们之中包括在档案馆查阅复制文献的田好奇、许克明同学，负责文字编辑的黄为钊、蒋羽、阮芳惠同学，负责大事记编辑的蔡剑锋、黄嘉鸿同学，负责图片整理的周皓伦、汤怡琳同学，负责毕业生信息的朱群杰同学，参与研究会资料整理的陈欣如同学。田好奇、许克明同学还承担了部分统稿和校对工作。

此外，还要感谢学校许多部门的大力协助。本书中的档案照片、研究生信息、大事记、论文题录等很多内容都来自此次在校档案馆查阅的相关档案文献，担任研究生院院长同时也是学科骨干的屈文生老师积极帮助联系查档工作，校档案馆朱敏馆长和彭国云老师也提供了极大的便利，这里要致以特别的感谢。科研处的陆宇峰处长、甘芬老师，发展规划处的邹鹏老师都为资料收集提供了帮助，在此一并致谢。本书中的部分内容来自《华东政法大学校志》和“华东政法大学法律史硕士点招生三十周年、博士点招生十周年文丛”，因此也要向校志总编纂王立民老师和文丛主要负责人陈颐老师表示感谢。

本书的及时出版也离不开出版社的支持。感谢法律出版社法治与经济分社分社长沈小英编审和陈妮副编审，她们在10年前承担了“华东政法大学法律史硕士点招生三十周年、博士点招生十周年文丛”的出版工作，10年后又在时间非常紧张的情况下接下了本书的出版重任，使本书在华政70周年校庆之际问世成为可能。也特别感谢毛镜澄编辑在本书编校中付出的辛劳。

由于种种原因，本书还是留下了很多遗憾，也还有不少错漏。但所幸的是，这项工作还将继续，期待在研究生教育50周年时，会有更完善的文集问世。到那时，从1952年开始的华政法律史学科也将迎来八十华诞，也希望有人接续这些工作，记录下更完整的历史。

本书编者

2022年8月8日